HISTOIRE

DE

L'UNIVERSITÉ DE LOIS

D'ORLÉANS.

ORLÉANS, IMPRIMERIE D'A. JACOB.

HISTOIRE

DE

L'UNIVERSITÉ DE LOIS

D'ORLÉANS,

PAR JEAN-EUGÈNE BIMBENET,

GREFFIER EN CHEF A LA COUR IMPÉRIALE DE CETTE VILLE.

PARIS,

DUMOULIN, LIBRAIRE, QUAI DES AUGUSTINS, 13.

ORLÉANS,

GATINEAU, LIBRAIRE, RUES ROYALE ET JEANNE-D'ARC.

1853.

A MONSIEUR TROPLONG,

PREMIER PRÉSIDENT DE LA COUR DE CASSATION,

MEMBRE DE L'INSTITUT.

Monsieur le Premier Président,

Vous avez daigné m'encourager dans l'accomplissement de la tâche que je me suis imposée, et me permettre de placer cet ouvrage sous l'autorité de votre nom.

Ce n'était pas assez d'être cher aux amis de la science par la science elle-même, vous avez voulu leur être cher par la bienveillance et la protection.

Je ne serai pas seul à vous en glorifier : en moi vous avez encouragé tous ceux qui bravent l'obscurité pour payer leur tribut aux travaux de l'intelligence.

Et tous partageront, en mesurant les distances qui me séparent de vous, le sentiment de reconnaissance dont je suis animé pour le reste de ma vie.

Je suis avec un profond respect,

Monsieur le premier Président,

Votre très-humble et très-obéissant serviteur,

EUGÈNE BIMBENET.

HISTOIRE

DE

L'UNIVERSITÉ DE LOIS

D'ORLÉANS.

CHAPITRE PREMIER.

ORIGINE ET FONDATION DE L'UNIVERSITÉ.

La ville d'Orléans, que les anciens appelaient *Umbilicus Ligeris*, était, au temps le plus rapproché de l'établissement du christianisme dans les Gaules, le siége d'écoles déjà célèbres.

Celles de Sainte-Croix, sa magnifique cathédrale (1), étaient riches en savants docteurs, et ses écoliers peuplaient un grand nombre de monastères répandus dans la ville et dans ses environs.

L'abbaye de Saint-Benoit-sur-Loire, située dans son voisinage, brillait alors, à cause de son enseignement et de la science de ses pieux habitants, d'une illustration qui a traversé le moyen-âge.

Il était impossible que ces établissements scientifiques n'attirassent pas dans cette antique cité quelques-uns des controversistes qui, à l'époque où l'Église préparait son unité, parcouraient le monde civilisé pour y répandre leur doctrine, leurs croyances, leurs doutes et leurs hérésies.

---

(1) Inter ædificia publica eminet magnificentissimum templum Sanctæ Crucis, cui simile vix habet Gallia (GOLNITZ, *Ulysses*).

Les études, suivant la marche des choses humaines, durent, avec le temps, se régulariser, se perfectionner, s'étendre.

Les progrès des grandes écoles de Sainte-Croix se manifestèrent par l'enseignement du droit canonique.

Fort restreint, sans doute, dans son principe, il prit peu à peu une grande importance, à ce point que, bien avant la transformation de ces écoles en *Université de lois*, l'étude du droit y était à peu près aussi élevée qu'elle le fut dans la suite.

Cet état de choses explique tout naturellement comment le 6 des kalendes de février de l'année 1305 (27 janvier), le pape déclara les constituer en universités, sur le modèle de celle de Toulouse(1).

Leur célébrité était telle dans les temps *antérieurs*, que le pape Boniface VIII, par une bulle publiée en l'année 1298, soumit un livre (2) de ses décrétales à l'examen de l'Université de Bologne et des grandes écoles d'Orléans.

Le fait de l'établissement, à la fin du XIIIe siècle, d'une Université *de lois* dans cette dernière ville était donc accompli lorsque parut la bulle d'institution.

Elle est empreinte de quelques ménagements dont la situation des grands pouvoirs, à cette époque, et les faits qui la suivirent, donnent l'explication.

Le pape s'exprime ainsi : *Per hoc autem juridictioni regiæ non intendimus derogare, sed ea privilegia in quantum dependent ab ipso rege, suæ approbationis et voluntatis arbitrio reservamus* (3).

De son côté, l'autorité royale, tout en refusant de donner son ap-

(1) Cùm igitur in aurelianensi civitate literarum studium in utroque jure ac præsertim civili, laudabiliter viguerit, ab antiquo ; et ad præsens, domino favente, refloreat,—præsentium authoritate concedimus ut doctores et scholares in dicto aurelianensi studio nunc et in posterum immorantes, habeant universitatem et collegium regendum et gubernandum, ad modum universitatis et collegii generalis studii Tholosani.

(2) Le sixième.

(3) Il est vrai que ces mots suivent immédiatement la disposition de la bulle relative à la juridiction ecclésiastique, à laquelle le pape soumettait le corps universitaire ; mais la généralité des termes de ce passage manifeste clairement l'intention du souverain Pontife de ne pas se mettre en opposition ouverte avec le pouvoir royal. Il est évident que sa réserve de l'approbation du roi comprend tous les priviléges contenus dans cette bulle : *Sed ea privilegia* in quantùm *dependent.*

probation à la bulle (1) ne s'opposa point à sa mise en pratique ; elle laissa s'installer la nouvelle Université.

Mais les habitants d'Orléans prirent l'initiative de la résistance, et avec une telle énergie, que l'existence même de l'institution courut les plus grands dangers.

Ils se portèrent, en l'année 1309, au couvent des Jacobins, où, dans une assemblée solennelle, on allait faire la lecture et publication des priviléges accordés par le pape pour *les faire observer et se mainte-nir en iceux, et disant la mort aux docteurs et aux écoliers, ils les dis-persèrent après avoir enfoncé les portes.*

« Nous n'aurons, s'écriaient-ils, repos et paix avecque eux s'ils « ne renoncent aux priviléges qu'ils ont obtenus du pape. »

Et ils rappelaient à ceux qu'ils poursuivaient de leur colère, « qu'il n'y avait pas soixante-neuf ans que leurs prédécesseurs avaient « tué plusieurs escholiers ; que s'étant absentés et allés en voyage « de terre sainte, du règne de saint Louis, ils avaient eu leur grâce « et rémission.

« Les docteurs et les escholiers, considérant que la cause motive « de la division d'entre lesdits citoyens et eux provenait de ce que « leurs priviléges du pape n'étaient confirmés et approuvés du roi « Philippe-le-Bel, il les font confirmer par icelui, les mois de juillet « et décembre 1312 (2). »

C'est ainsi que fut constituée régulièrement l'Université d'Orléans ; ce ne fut pas non plus cependant sans hésitation de la part du pouvoir royal, hésitation attestée par cet édit du mois de décembre que Lemaire considère, à tort, comme confirmatif de ces priviléges ; mais, avant d'aller plus loin, il est nécessaire de nous arrêter encore aux causes de l'émeute de 1309.

Il est certain qu'elle a pris son origine dans un principe qui s'est transmis intact depuis le commencement de la monarchie jusqu'à nos jours : la haine des gouvernements étrangers, de leur influence, de leurs institutions.

Ce motif n'était pas le seul.

Le droit coutumier était cher à toutes les provinces composant la

_____

(1) LEMAIRE, d'après Nicole-Gilles dans la *Vie de Philippe-le-Bel.*
(2) LEMAIRE.

monarchie ; mais cette législation ne pouvait suffire aux besoins nouveaux et toujours croissants de la société française.

Le mal était d'autant plus grand que *les coutumes* non encore codifiées exprimaient avec une trop parfaite exactitude la nature des lois (1).

Il n'y avait donc rien de plus incertain que la règle à laquelle, cependant, les populations étaient assujetties ; et cette incertitude prenait une nouvelle gravité des communications qui commençaient à s'établir entre les habitants des provinces les plus éloignées les unes des autres : celles-ci soumises au droit écrit, celles-là au droit coutumier, les autres à l'empire simultané du droit coutumier et du statut réel et personnel (2).

On sentait le besoin de suppléer au silence de ces législations croisées, à leurs immenses lacunes ; et la pratique du droit romain, qu'on a appelé la *raison écrite,* devenait chaque jour plus nécessaire.

Les hommes graves et studieux s'attachaient à cette législation empreinte de la grandeur du peuple qui avait conquis le monde, plus encore par son génie civilisateur que par sa valeur guerrière ; et *les traditions romaines, maintenues par le clergé romain, s'infiltraient, sous son influence, dans les institutions franques qu'elles finirent par remplacer* (3).

Le clergé et les *hommes doctes* qui obéissaient à ses inspirations rencontrèrent plusieurs obstacles presque insurmontables à la réalisation de leurs desseins.

Le premier fut l'instinct qui portait l'aristocratie et le peuple à repousser cette innovation : l'une prévoyant qu'elle serait destructive de son autorité, l'autre attaché par routine aux seuls usages qui avaient réglé jusque-là sa position dans le monde, et n'y apportant de changement qu'avec une extrême répugnance.

Le second fut l'événement de l'hérésie vaudoise et les traces qu'elle laissa dans les esprits.

(1) On les appelait alors indistinctement *Consuetudines, Mores,* ainsi que cela ressort des actes que nous analyserons dans la suite.

(2) Pour savoir quelle coutume on doit suivre, il faut distinguer entre les dispositions personnelles et les dispositions réelles (FERRIÈRES).

(3) DE MONTLOSIER.

La province de l'Orléanais, et particulièrement la ville d'Orléans, avaient adopté les doctrines de cette étrange secte (1) : les lois qui venaient de l'Italie, c'est-à-dire du pape, et que par conséquent le clergé voulait propager, y étaient vues avec antipathie, au double titre de lois imposées par une puissance étrangère et par la puissance religieuse.

Mais les docteurs s'opiniâtrèrent à enseigner le droit romain dans la ville d'Orléans, et c'est en partie ce qui fait dire à Estienne Pasquier (2) :

« Tellement s'il vous plaist entendre de moi ce que je pense avoir « introduit les universitéz de lois dans notre pays coustumier, je vous « dirai qu'encore que du commencement l'étude du droit romain nous « fust suspecte, craignant que, par son moyen on assujettist les Fran- « çois sous une domination estrangère ; toutefois la longue opiniastreté « des gens doctes qui, de leur propre mouvement l'enseignoient de- « dans Orléans, la firent passer en tolérance (comme il arrive souvent « ès affaires d'estat, pour exquiver à plus grand mal) et de tolérance « en nécessité. »

Les Universités se divisaient donc en deux catégories distinctes, celles dans lesquelles on enseignait la théologie et les lettres, celles dans lesquelles on enseignait le droit canon et le droit écrit, et qui, pour cela, étaient appelées *Universités de lois.*

Cette persévérance des *hommes doctes* d'Orléans coïncidait avec une circonstance bien remarquable.

Déjà les cours de justice, jusque-là ambulantes et périodiques, se constituaient d'une manière stable et permanente ; le parlement lui-même cessait de suivre les rois, dont la vie était fort agitée, et se fixait à Paris.

« Le tout pour faciliter le cours de la justice aux pauvres parties « à moindre frais ; et combien que les juges fussent composés part « des gens d'épée, part de robe longue, toutefois, la robe longue se « trouvant avoir plus d'avantage sur la partie que l'épée, aussi com- « mença-t-on d'embrasser le droit romain à force ouverte : et ores « qu'en la ville de Thoulouze, séjour ordinaire du parlement, fut

(1) SYMPHORIEN GUYON.
(2) Tome Ier, p. 989.

« l'Université de lois approuvée, toutefois, on ne fist pas semblable en
« celle de Paris, obstant les défences à elle faites par Honoré III;
« mais en ce défaut fust choisie la ville d'honneur la plus proche qui
« estait Orléans pour y être les lois romaines enseignées.

« Cette ville est la première de toutes les autres qui sont au pays
« coustumier, voire de toute la France qui porta le nom d'*Université*
« *de lois*, et eut pour parrains le pape Clément V, et notre roi Phi-
« lippe-le-Bel, quatrième du nom (1).

Telle est l'origine de l'Université d'Orléans, d'autant plus respectable qu'elle est antérieure non-seulement à sa régularisation par les
lettres patentes du roi, mais même à son institution par le pape,
ainsi qu'ils le reconnaissent, en se servant des mêmes expressions (2).

La destination de ces *grandes écoles* ne fut cependant pas unique,
ainsi que les textes déja rapportés en témoignent; elles eurent plusieurs branches d'enseignement qui furent d'abord exclusives les unes
des autres.

On peut les diviser ainsi : d'abord l'instruction primaire, le cathé-
chisme et les lettres; puis les lettres et la théologie; ensuite les lettres,
la théologie et le droit canonique; et enfin le droit canonique et le droit
écrit, auxquels les édits de Louis XIV ajoutèrent le *droit français*.

Telles sont les diverses phases que parcourut ce centre d'enseignement et dans lesquelles nous le suivrons depuis le VIe siècle jusqu'à
l'année 1793, époque à laquelle il a disparu.

Du VIe au XIIIe siècle, aucun fait remarquable ne signale les grandes
écoles d'Orléans à l'attention publique; notre intention n'étant
d'ailleurs de nous occuper d'elles qu'au moment où, sous l'influence
du pouvoir pontifical, elles deviennent *Université de lois* : ce que nous
dirons de cette première période n'aura d'autre objet que de suivre
la chronologie et de constater la célébrité dont elles jouissaient antérieurement à leur transformation régulière et définitive.

On raconte que Gontran, à son entrée dans la capitale de son royaume,
fut complimenté en plusieurs langues; une foule immense s'avança au-
devant de lui avec des étendards et des drapeaux, en chantant ses

(1) Estienne PASQUIER, vol. Ier, p. 989.
(2) Quod cùm in aurelianensi civitate literarum studium in utroque jure ac præsertim in jure civili, laudabiliter viguerit *ab antiquo*.

louanges, et il lui fut fait plusieurs harangues en langue latine, en langue syriaque et en langue hébraïque (1).

On a prétendu tirer de ce récit (2) la preuve de l'élévation de l'enseignement dans cette école. Quelque degré de croyance qu'on doive lui accorder, ce qu'il y a de certain, c'est que les rois des premières races envoyèrent leurs enfants y étudier; c'est ainsi qu'entre autres, on y vit Louis-le-Débonnaire et le pieux roi Robert qui y fut tellement instruit *ès arts libéraux et en la poésie,* qu'il a laissé plusieurs hymnes conservés dans nos rituels.

Ce qu'il y a de certain aussi, c'est que sa réputation était telle qu'un saint évêque du IXᵉ siècle, Théodulfe, accorda aux ecclésiastiques la permission d'y envoyer les membres de leurs familles, et qu'il lui appliquait cette louange tirée de la prophétie de Daniel : *Qui docti fuerunt, fulgebunt quasi splendor firmamenti, et qui erudiunt ad justitiam multos, fulgebunt quasi stellæ in perpetuas æternitates* : Ceux qui auront été savants brilleront comme les feux du firmament, et ceux qui auront instruit plusieurs dans la voie de la justice luiront comme les étoiles dans toute l'éternité (3).

Le collége de Sainte-Croix continua de grandir dans l'estime de la nation et des étrangers jusqu'au XIIIᵉ siècle, et rien ne peut faire supposer que ses travaux aient été troublés et ses progrès interrompus pendant ce long intervalle.

A cette époque, et pendant l'absence de Louis IX, sous la régence de la reine Blanche, il se passa un grave événement dont on ignore la cause.

En l'année 1230, une violente commotion ébranla l'Université de Paris *jusque dans ses fondements.* Pour expliquer ce fait considérable, on a prétendu que l'Angleterre, jalouse de l'éclat que répandait cette Université, suscita ces troubles et séduisit plusieurs des doc-

---

(1) Processit ei obviam immensa turba cum signis atque vexillis canentes laudes ; et hinc linguâ syriacâ, hinc latinorum, hinc etiam ipsorum Judæorum in diversis laudibus variè increpabat. (PASQUIER, p. 988, d'après Grégoire de Tours.)

(2) On a mis son exactitude en doute. Un savant orléanais, M. de Vassal, a publié une relation de l'entrée de Gontran à Orléans, dans laquelle il représente ces prétendus savants comme des juifs qui furent très-maltraités et rançonnés par le roi. (*Recherches sur le Collège royal.*)

(3) Traduction de M. Guizot, *De la Civilisation en Europe.*

teurs, afin de recruter quelques-uns de ses membres et de parvenir à fonder l'Université d'Oxfort (1).

Les grandes écoles provinciales de la France s'enrichirent du débris de l'Université de Paris, et particulièrement celle de Sainte-Croix d'Orléans ; l'affluence des écoliers y fut grande, mais alors il y arriva une de ces collisions fréquentes au moyen-âge et dont les suites furent *lamentables*.

On n'a pu que soupçonner la cause de cette perturbation violente née de la division du clergé et de la bourgeoisie ; un historien l'attribue à l'influence d'une femme de mauvaise vie ; il s'exprime en ces termes :

« Dans cette même année, aux environs du jour de la Pentecôte, il « s'éleva dans la ville une discussion lamentable entre le clergé « et les citoyens.

« Une certaine femme du dernier rang de la société répandit cette « semence de discorde. »

Il raconte ensuite le meurtre des écoliers par les bourgeois, il nous apprend qu'au nombre de ces écoliers se trouvaient des jeunes gens appartenant aux plus hautes familles françaises, et rapporte les cruelles représailles que leurs parents exercèrent contre les meurtriers.

Cette sédition, ajoute-t-il, ne cessa que par l'intervention de l'autorité qui apaisa prudemment ce tumulte *par une transaction* (2).

La célébrité de l'école d'Orléans ne semble pas avoir souffert de ces troubles : l'enseignement s'y perpétua, la science des docteurs, l'amour de l'étude, firent promptement oublier ces cruels épisodes.

C'est ainsi qu'en l'année 1298 le pape Boniface VIII, prenant en considération *la science des docteurs, le grand nombre des élèves, la*

(1) Cette supposition de Lemaire n'est pas admissible. L'Université d'Oxfort a été fondée par Alfred, en 895, mais elle pouvait avoir besoin d'habiles docteurs, et les troubles suscités à l'Université de Paris ont dû avoir ce résultat d'attirer quelques savants français en Angleterre (Voir DUCHESNE et DUVERDIER).

(2) MATHEI PARIS, monachi albanensis, Angliæ historia major, tom. 2, p. 432 : anno quoque eodem (1256). Circa dies Pentecostes orta est dissentio lamentabilis in civitate aurelianansi inter clerum et cives, mulierculâ quâdam incentivum seminariumque discordiæ suscitante. Eatenùs quoque cœpit tumultus ventilatus incrementum, quod occisi sunt in civitate à civibus scholares, juvenes illustrissimi et genere præclari,.... nec cessavit mota seditio, donec regium mandatum per utrarumque partium voluntates, factis compositionibus, tumultum prudenter temperaret.

paix qui régnait dans la ville, publia la bulle dont nous avons parlé plus haut, par laquelle il soumettait quelques-unes de ses décrétales à l'Université de Bologne et à celle d'Orléans, rendant ainsi un éclatant hommage à ce corps enseignant qui touchait au moment de sa constitution définitive.

Nous arrivons à l'avènement du pape Clément V et à la publication de sa bulle d'institution (1).

Dès cette époque, ou tout au moins peu de temps après, le collége d'Orléans, en possession du titre que le pape lui conférait, comptait un grand nombre de docteurs et d'écoliers, divisés en catégories se qualifiant *de nations.*

Elles étaient au nombre de dix, savoir : la Française, la Germanique, celles de Lorraine, de Bourgogne, de Champagne, de Picardie, de Normandie, de Touraine, de Guyenne et d'Ecosse.

Cet usage, suivi dans toutes les autres Universités, et particulièrement en Italie (2), est une image fidèle de l'état politique de la France sous le régime féodal. On peut le concevoir sans étonnement, dans ces temps où la monarchie commençait l'œuvre *de l'unité* qui ne devait être réalisée que par une grande révolution; mais ce qui surprendra davantage, c'est qu'il se soit prolongé jusqu'à la chute de la monarchie elle-même, et que dans les temps les plus rapprochés de cette révolution, c'est-à-dire après plusieurs siècles d'une obéissance aux mêmes lois politiques, après l'adoption du même souverain sans réserves autres que celles de quelques droits munici-

(1) En nous exprimant ainsi, nous nous conformons plutôt à un usage généralement adopté que nous n'observons une exactitude rigoureuse. Le pape a publié, sous la même date, quatre bulles distinctes; la première est intitulée : *Bulla et privilegium pro studio universitatis aurelianensis;* la seconde : *Privilegium de bonis decedentium ab intestato, et quod innocentes non molestentur, et de captis scholasticis, et quod emenda pœcunia non exigatur ab eis pro aliqua censura ecclesiastica;* la troisième : *Privilegium quod scholasticus debet licenciare baccalarios sibi præsentatos, et jurare in capitulo sanctæ Crucis in præsentia duorum doctorum, ubi confert licentiatis authoritatem ubique docendi;* la quatrième : *Privilegium de taxatione domorum et victualibus tempore charistiæ; et quod criminosi non puniantur per judicem secularem, et laïci scholares et eorum familiæ in foro ecclesiastico respondere teneantur.*

Ces titres, ou plutôt ces résumés des différents actes du pape appartiennent aux bulles qui se confondent en une seule, de telle sorte que ce qui va suivre ne sera pas seulement emprunté à la bulle principale, mais le sera également à toutes les dispositions qui ont trouvé place dans ces quatre bulles.

(2) Lettre inédite de M. de Savigny à l'auteur.

paux, après le partage de la même gloire; les provinciaux, réunis sous la protection de la même autorité, aient persisté à se distinguer entre eux, en affectant de protester ainsi contre une domination qu'ils chérissaient et dont aucune des parties de la France auxquelles ils appartenaient n'aurait voulu se séparer.

Et cependant tous venaient puiser dans ces centres d'enseignement le germe des idées qui devaient amener la fusion complète, absolue de ces prétendues nations en un tout unique et *indivisible,* la centralisation administrative et politique, l'unité *du poids, de la mesure* et *de la loi;* c'est-à-dire l'égale répartition de la justice et des charges publiques (1).

Nous avons vu comment Clément V prétendit réglementer l'Université d'Orléans, comment le pouvoir royal a été conduit à intervenir dans cette grave occasion qui avait excité les susceptibilités et les défiances nationales, et donné l'éveil à quelques préjugés répandus dans la population contre l'autorité cléricale.

Avant de nous livrer à l'examen des actes émanés du pouvoir royal, nous devons faire connaître ceux du souverain pontife auquel revient la gloire de cette initiative.

Se rappelant, ainsi que Boniface VIII, le bienfait de la double science du droit et des lettres qu'il avait puisée aux grandes écoles d'Orléans, dans un temps où rien ne lui fesait prévoir son élévation à la souveraine puissance spirituelle (2), c'est lui qui le premier a décidé constituer ce collége en Université sur le modèle de celle de Toulouse, ainsi que nous l'avons indiqué plus haut.

(1) Au commencement du XVIIe siècle, les écoliers germains résumaient leurs principes politiques dans ces mots assez significatifs :

« Une loi sans un roi serait comme une lumière dans le vide; un roi sans loi serait « un soleil sans éclat.

« Le peuple d'abord choisit le roi, le roi avec le peuple fonde la loi; d'où il suit que « la loi oblige également et le peuple et le roi. »

Lex sine rege velut lumen sine sole fuisset;
Rex sine lege velut sol sine luce foret.
Grex regem primo legit, rex cum grege legem
Condidit; hinc lex regem regit atque gregem (*).

(2) Nos ipsum aurelianense studium quod nos olim essentiam minoris status habentes.

(*). Registre de 1634.

Le pape, après cette déclaration, permet aux docteurs de l'Université d'établir des réglements et de déterminer le mode de l'élection du recteur, les heures des leçons, l'objet des disputes, la matière de l'enseignement et le costume des membres de l'institution (1), le mode des obsèques des membres du corps universitaire (2).

Il les autorise à prononcer des peines disciplinaires contre les docteurs et écoliers qui contreviendraient aux réglements adoptés, et même à suspendre les cours dans les cas où quelque attentat commis sur la personne des docteurs ou écoliers de l'Université ne recevrait pas, dans la quinzaine du jour où il l'aurait été, une satisfaction suffisante (3).

Il interdit cependant le port d'armes aux écoliers et à leurs serviteurs (4); mais il n'étend pas cette défense au-delà de l'enceinte de l'Université, *per Universitatem Aurelianensem*, et il n'applique cette prohibition que dans l'intérêt de la paix des études et pour leur assurer une complète tranquillité : *ne autem prædictum studium quod de bono semper in melius dirigi cupimus, stultitiæ vel vagationis occa-*

(1) Dicti quoque doctores condendi seu faciendi constitutiones, ordinationes et statuta provida et rationi consona super modo eligendi rectorem, qui prædictum collegium et universitatem regat, et similiter modo et hora legendi, repetendi et *disputandi,* et similiter ipsorum doctorum in actu regendi habitum deferendo.

(2) Et qualiter doctores et scholares in exequiis defunctorum debeant se habere.

(3) Necnon à Baccalariis sive lecturis et de illis etiam qui ex eisdem doctoribus et scholaribus, constitutionibus, statutis, et ordinationibus ipsis rebelles exstiterint, per societatis substractionem congruè castigandis, liberam habeant facultatem. Et si doctoribus, vel scolaribus ipsis, quod absit, vel alicui eorum inferatur injuria, utpotè mortis vel membri mutilationis, nisi congruâ monitione præmissâ, infra quindenam super hoc fuerit congruè satisfactum, liceat doctoribus usque ad satisfactionem condignam eorum suspendere lectiones.

(4) Authoritate apostolica statuimus ut nulli scholares vel eorum familiæ incedant per universitatem aurelianensem armati. — Lemaire, en rapportant cette bulle dit positivement : *per universitatem ;* les registres de la nation de Champagne disent : *per civitatem.* Cette différence très-importante jette du doute sur les termes mêmes de la bulle, que le roi Philippe-le-Bel aurait confirmée dans cette partie de ses dispositions, en prohibant le port d'armes, non-seulement au sein de l'*Université,* mais encore dans la ville. Cependant les considérations qui précèdent et qui suivent la prohibition contenue dans la bulle autorisent à donner la préférence au texte adopté et reproduit par Lemaire.

sione pertubari contingat ; et plus loin, après avoir exprimé la défense
du port d'armes, il ajoute : « Et pour l'exécution de cette disposition,
« nous ordonnons que des peines convenables soient infligées à ceux
« qui y contreviendraient, et défendons que les membres du corps
« universitaire protègent les perturbateurs de la paix et de l'é-
tude (1). »

Nous avons rapporté dès à présent cette disposition de la bulle
parce qu'à l'occasion des priviléges généraux nous aurons à l'examiner de nouveau et à fixer sa véritable portée.

Le pape continue en appropriant l'évêque d'Orléans de toutes les
successions *ab intestat,* lorsqu'après avis donné dans *la patrie* du docteur ou de l'écolier décédé, et dans un délai convenable, ni les héritiers
ni personne pour eux ne les auront réclamés ; il affecte ces biens au
paiement des prières dites pour le repos de l'âme du défunt (2).

Il ordonne que le prix des vivres en temps de disette, et celui
des locations des maisons qui devront être habitées par les docteurs
et les écoliers, soient fixés par quatre arbitres, savoir : deux choisis
parmi les docteurs et les écoliers, et deux parmi les bourgeois ;
et dans le cas de partage, il autorise l'intervention d'un cinquième
arbitre faisant partie du corps des docteurs (3).

Il autorise la suspension des cours pour le cas où, malgré la décision du tribunal arbitral, on refuserait aux docteurs et aux écoliers
la fourniture des vivres ou la location des maisons (4).

Il enlève la connaissance des délits commis par les docteurs et les
écoliers ou leurs serviteurs à la juridiction séculière, et la défère à la

(1) Ad quod servandum pœnis congruentibus exerceantur, quodque universitas præ-
libata, turbatores pacis et studii non defendant.

(2) Le texte de cette disposition sera rapporté ci-après avec les lettres-patentes du
Roi.

(3) Et si hii quatuor nequirint concordare, stetur taxationem quinti taxatoris ab e'
dem civibus de præsentis doctoribus eligendi.

(4) Si vero hujus modi taxatio domorum eisdem doctoribus et scolaribus ab aurelianensis habitantibus subtrahantur liceat, ipsis doctoribus, usque ad emendationem
condignam eorum suspendere lectiones.

Victualia insuper de civitate aurelianensi tempore charistiæ nullatenus subtrahatur
ne, quod absit, ab deffectu victualium præfatum stu⁓⁓⁓ ⁓⁓⁓⁓⁓⁓ ⁓⁓⁓⁓⁓⁓

juridiction ecclésiastique , à moins que celle-ci ne renvoie la plainte devant la juridiction ordinaire (1).

Enfin, le pape proclame le maintien d'une liberté qui, d'abord absolue, semble avoir déjà subi une première modification , à ce point qu'elle devait prendre la forme de l'enseignement pour se produire et s'exercer.

Nous voulons parler de la *controverse* qui s'est éteinte définitivement, ne laissant plus dans les écoles de France d'autre trace de son existence primitive que le mot *disputatio,* qui , appliqué aux seules argumentations échangées entre les prétendants au grade de docteur ou à une chaire de régent, réveillait encore, à la décadence de l'institution, le souvenir de la puissance qu'elle avait exercée dans les temps antérieurs à sa fondation et au moment même où celle-ci avait lieu.

Le pape s'exprime ainsi : « En outre , nous voulons que ceux qui « seront examinés dans ladite ville d'Orléans et y auront obtenu la « licence d'enseigner, aient, à partir de ce moment et sans qu'il « soit besoin d'un autre examen et d'une autre approbation, le droit « de professer et d'enseigner en tous lieux dans la faculté pour « laquelle ils ont été approuvés, et que qui que ce soit ne puisse « leur enlever ce droit (2). »

Telles sont les dispositions , telle est l'économie de cet acte de la puissance ecclésiastique.

Nous avons signalé les obstacles qu'il a rencontrés dans sa mise en pratique; nous devons insister sur celui qui venait de la partie

(1) Cùm autem contingit aliquem ex ipsis doctoribus et scholaribus vel eorum servitoribus in aliquo maleficio deprehendi, nullatenus per secularem judicem judicetur vel puniatur nisi forsan ecclesiastico judicio condempnatus seculari curiæ relinquatur. (Le mot *condemnatus* ferait supposer que le juge ecclésiastique aurait rempli sa mission , et qu'il n'y aurait plus qu'à exécuter sa sentence; mais, d'un autre côté, les mots *seculari curiæ* démontrent que ce n'est pas au bras séculier, mais au magistrat ordinaire que l'accusé est renvoyé, le mot *condemnatus* pouvant d'ailleurs avoir le sens de *poursuivi.*)

(2) Cæterùm illi qui in civitate prædicta examinati et approbati fuerunt ac docendi licentiam obtinuerunt ùt eisdem ex tunc absque examinatione et approbatione alia regendi et docendi ubique in facultate illâ in quâ approbati fuerint, habeant plenam et liberam facultatem nec à quoque valeant prohibi.

aristocratique de la nation. Le pape savait bien que la noblesse ne verrait cette innovation qu'avec un profond mécontentement; aussi consacre-t-il les prémices de sa bulle à prévenir les graves difficultés qu'il prévoyait. Ce passage est d'autant plus important qu'il constate non-seulement cette disposition des esprits, mais encore la haine et le mépris que la classe des lettrés inspirait à la classe nobiliaire.

Le pape, en effet, après avoir fait un pompeux éloge de la science et des savants, ajoute : « Il ne faut pas que ce que nous venons de dire « soit accueilli avec colère par ceux dont le soleil fait briller les bou- « cliers d'or; car ceux qui possèdent la science sont les défenseurs « de la justice, dégagent les causes des faits obscurs qui les embar- « rassent, rétablissent le droit de chacun dans les affaires publiques « et privées, et viennent en aide au genre humain, non moins par « les effets de la science que s'ils sauvaient la patrie par les blessures « qu'ils auraient reçues dans les combats; et Justinien n'a pas « seulement considéré comme combattant pour l'empire ceux qui « sont armés du glaive, du bouclier et de la cuirasse; mais encore « ceux qui, par le secours de cette glorieuse protection, défendent « l'héritage, la vie et les enfants des malheureux, et s'opposent à « ce que la main plus ferme des puissants n'afflige les humbles par « des mauvais traitements, et n'opprime ceux qui ne seraient pas « protégés par le bouclier de la justice (1). »

Certes, les intentions du souverain pontife sont dignes de tous les hommages et de la reconnaissance publique; et cependant on conçoit que ses actes n'aient pas été ratifiés par l'autorité royale.

Ce que l'on conçoit également, c'est l'opposition violente à laquelle se livrèrent les habitants d'Orléans.

(1) De his profecto non indignè accipitur, quod refulsit sol in clypeos aureos, quia sunt justitiæ defensores, facta causarum ambigua dirimentes, qui suæ defensionis viribus in rebus publicis ac privatis lapsa erigunt, fatigata reparant, nec minus humano generi per scientiarum comparationem provident, quàm si præliis atque vulneribus patriam parentesque salvarent.

Ac Justiniana sanctio non solùm illos imperio militari decrevit, qui Gladiis, Clypeis et Thoracibus muniuntur; sed et illos qui præsidio et gloriosi muniminis laborantium spem, vitam, posterosque defendunt, ne potentiorum manus validior afficiat humiliores injuriis prematque jacturis justitiæ clypeo non adjutos.

Toutes les idées d'ordre, de pouvoir régulier et de justice étaient renversées par cette bulle; la ville était livrée à l'Université.

Peut-être le pouvoir royal ne vit-il pas sans plaisir la nécessité qui lui était faite d'intervenir, et sut-il bon gré à l'esprit qui dirigea l'émeute de 1309 (1).

Aussi Philippe-le-Bel, autorisé par un intérêt impérieux, se prononça-t-il en détruisant les prescriptions de la bulle dont les habitants d'Orléans avaient à se plaindre.

Il publia, au mois de juillet 1312, ses lettres-patentes, par lesquelles il détruit l'œuvre du pape, ou du moins la transforme; et il le fait en suivant l'ordre qui semble avoir existé dans les chancelleries, à cette époque, par deux actes séparés, ayant cependant la même date.

Par le premier, il reconnaît, ainsi que nous l'avons fait remarquer, l'existence remontant aux temps les plus anciens *(ab antiquo)* de l'enseignement du double droit, et particulièrement du droit civil dans la ville d'Orléans, et déclare accorder à cette institution des priviléges spéciaux, afin d'assurer les progrès des docteurs et des écoliers (2).

Il rappelle textuellement les dispositions de la bulle par lesquelles les biens des intestats étaient confiés à l'évêque d'Orléans et à l'un des docteurs, pour rester en leur mains jusqu'à ce qu'ils aient été réclamés, et comme devant être le prix de prières pour le repos de l'âme des défunts, après un certain délai *(tempus congruum)*, sans que

(1) Nous avons sous les yeux l'arrêt du parlement en date du premier jour de la lune, après la fête de l'Annonciation (1310), qui réprime cette émeute : la peine prononcée atteste le peu d'importance que le pouvoir séculier y attachait; il se borne à condamner les fauteurs de ces troubles, au nombre de vingt-trois, en mille livres tournois à diviser entre eux, selon leurs facultés : *inter ipsos dividendis et imponendis juxta vires facultatum cujuslibet eorumdem;* et deux d'entre eux seulement à faire amende honorable, le ciergé en main, à six docteurs et à six écoliers, *si ces derniers le requéraient.*

(2) Nos ipsum aurelianense studium ex hoc et aliis condignis considerationibus, prærogativa gratiæ specialis, volumus opportunis confovere favoribus, et specialibus præsidiis communire, ut quanto utilioribus fuerit directionibus stabilitum, tanto commodiùs, laudabiliùs et uberiùs docentes, regentes et studentes ibidem ædificare valeant ad profectum.

cette réclamation ait été faite, et déclare, en rappelant les propres expressions de la bulle du pape, que celui-ci a statué sur ce point, nonobstant l'usage et la coutume contraires (1).

Dans l'intention d'assurer la tranquillité au sein de l'Université (car, dit-il, où règne le repos se trouve la stabilité, *cum ubi regnat quies, ibi salus existat*), il s'oppose, en autorisant l'évêque à punir les délits qui pourraient être commis, à ce que les innocents soient emprisonnés, même pour le cas où l'existence d'un crime serait certaine.

Il défend que l'on saisisse les biens des membres de l'Université, et ordonne que celui d'entre eux qui serait arrêté sur un soupçon, soit entouré d'égards dans sa prison, et même qu'il soit mis en liberté, sous caution, à moins que la nature du crime ne rende son incarcération nécessaire.

Dans ce cas, il autorise l'évêque à retenir le coupable, et interdit absolument au scolastique d'avoir une prison particulière (2).

Il prohibe toute incarcération des écoliers pour dettes, et pour quelque engagement que ce soit, et défend à l'évêque, à son official et au scolastique d'infliger à aucun docteur ou écolier une peine pécuniaire dans le but de le relever d'une excommunication ou d'une

---

(1) Taliter disponatur *nonobstante contrariâ consuetudine vel abusu;* videlicet quod episcopus aurelianensis et unus de doctoribus recipientes omnia bona defuncti, et ea in tuto loco et idoneo deponentes, statuant certum diem quo illius obitus *in patriâ suâ* valeant nunciari, et illi ad quos bonorum suorum successio erit devoluta, possint ad civitatem accedere prælibatam, vel *idoneum nuncium* destinare, et si venerint vel miserint, restituantur ejus bona hujusmodi cum cautelâ quæ fuerit adhibenda ; si vero non comparuerint aliqui, ex tunc dicti, episcopus et doctor bona ipsa pro defuncti animâ, prout expedire viderint erogabunt, nisi forsan ex aliquâ juxtà causâ venire, vel mittere nequiverint successores, et tunc *in tempus congruum* erogatio differatur.

(2) Cæterùm, ut præfatum studium in majori quiete refulgeat, cùm ubi regnat quies, ibi salus existat : episcopus aurelianensis sic delinquentium castiget et excessus, quod scolarium servetur honestas, et maleficia non remaneant impunita, innocentes etiam occasione delinquentium nullatenus capiantur, nec bona eorum detineantur ; sed si contrà quemquam suspicio fuerit exorta probabilis, is honestè detentus, præstitâ idoneâ cautione cessantibus carcerariorum exactionibus dimittatur, quod si fortè tale crimen commiserit, quod incarcerari sit opus, episcopus culpabilem tenebit in carcere, scolasticum aurelianensem proprium habere carcerem penitùs interdicto.

censure, et il invoque, pour justifier cette décision, les réserves exprimées dans la bulle du pape, des droits de la juridiction et de l'autorité royale (1).

C'est ainsi que le roi reprend l'exercice de son droit de réglementer les centres de l'éducation publique, de rendre exclusivement la justice, de profiter des successions vacantes, et de s'attribuer les successions aubaines; car il est manifeste que la bulle du pape avait en vue ces deux natures de successions.

Le pape, en effet, ne distingue pas entre les étrangers et les régnicoles; il statue d'une manière générale : *de bonis doctorum et scolarium aureliæ studentium.*

Et les dispositions par lesquelles il prescrit à l'évêque et au docteur qui se seraient mis en possession des biens délaissés par les membres du corps universitaire morts *ab intestat*, de faire connaître cet événement dans la patrie de chacun d'eux, *in sua patria,* ne s'opposent pas à ce qu'on interprète ainsi ses intentions; ces derniers mots, à une époque où chaque catégorie d'étudiants se divisait en *nation,* étant aussi bien applicables aux écoliers nés dans l'une des provinces de la monarchie qu'aux docteurs et écoliers nés au-delà de ses limites.

Le ton amer et malveillant avec lequel le roi substitue à la bulle du pape ses propres patentes n'est pas moins remarquable que le caractère des dispositions de ces lettres elles-mêmes.

Il déclare que le pape a statué contre l'usage et la coutume. Il est vrai qu'ici le roi reproduit le passage de la bulle et ses propres expressions; mais précisément parce que le pape faisait ainsi acte d'autorité, le roi, en rapportant ce texte et en le détruisant dans ses effets, se livre à un acte d'une autorité supérieure, et comme ressaisissant ses droits méconnus.

Il ne s'en tient pas là; il y ajoute l'ironie. En anéantissant la bulle dans ses dispositions relatives à l'empiètement qu'elle contenait sur

_____

(1) Nullus quoque scolaris pro contractu, vel debito capiatur, sed neque episcopus, aut officialis ejus, sive scolasticus à doctore vel scolari pœnam pecuniariam exigat, pro excommunicationis emendâ, vel aliâ quâlibet censurâ, per hæc autem quæ præmissa sunt, dictus summus pontifex specialiter expressit se non intendere juridictioni nostræ in aliquo derogare, sed ea in quantum à nobis dependent, nostræ approbationis et voluntatis arbitrio reservavit.

la juridiction ordinaire, non-seulement il s'oppose à ce que l'évêque fasse emprisonner les docteurs et les écoliers, dans la crainte *que les bons pâtissent pour les méchants*, et prohibe l'usage de prisons placées sous l'autorité et la direction exclusive du scolastique, mais encore il défend à l'évêque, par lui ou ses représentants, de résoudre en une peine pécuniaire les excommunications ou les censures prononcées contre les membres du corps enseignant.

Ainsi ces actes nous montrent un roi de France au XIVᵉ siècle adressant au chef de l'Église le reproche de désordre dans l'administration de sa justice, se riant des excommunications et des censures ecclésiastiques, et réduisant à un acte de simonie le rachat de ces censures.

Le roi, par ces lettres-patentes, en ce qui touche cette dernière partie de leurs dispositions, rappelle encore textuellement, il est vrai, les dispositions de la bulle elle-même; mais là, comme précédemment, il détruit un acte qui, émané du pouvoir pontifical, était de pure munificence, et auquel il était loisible à ce pouvoir d'imposer telles conditions que bon lui semblait; et ces lettres constituent, à cet égard, un coup d'autorité empreint d'une véritable injure.

Ce que le roi avait fait jusque-là aurait pu suffire à satisfaire les membres du corps universitaire, mais n'aurait pu calmer l'esprit des habitants d'Orléans, en révolte ouverte contre l'immixtion du pape dans la direction des études.

Aussi, le même jour, le roi rédigea d'autres lettres-patentes dont les dispositions devaient atteindre ce dernier but.

Il commence donc par établir que l'Université de Paris est principalement destinée à l'étude de la théologie et des lettres; que l'étude des lois séculières et du droit civil y est prohibée par le Saint-Siége, sous peine d'excommunication; mais en même temps il proteste que le royaume de France n'est pas régi par le droit écrit, mais qu'il l'est exclusivement par *la coutume* et *les usages*.

Il reconnaît, à la vérité, que plusieurs provinces sont soumises au *droit écrit*, mais il fait remarquer que c'est un effet de la tolérance des rois ses prédécesseurs; que jamais ses sujets n'ont été régis par cette législation, n'ont été instruits dans ses principes; et que s'il est en vigueur dans certains pays de la France, ce n'est qu'à titre de *coutume*.

Et de même, dit-il, que les arts libéraux conduisent à la théologie, faisant sans doute allusion aux diverses sciences enseignées à l'Université de Paris, de même l'étude des lois et du droit écrit profitent au développement de la raison, dirigent les mœurs et préparent, par la doctrine, à la pratique de la justice et à l'intelligence de la coutume (1).

Que personne, ajoute-t-il un peu plus loin, ne pense donc que nous et nos prédécesseurs, ayons accepté *les coutumes* ou les lois étrangères quelconques, de ce qu'elles sont enseignées par les scolastiques dans quelques écoles; plusieurs n'ont été accueillies que parce qu'elles sont utiles à l'érudition et à la doctrine; elles n'ont pas été acceptées par nous, plus que quelques canons tombés en désuétude, et qui ne sont enseignés dans quelques colléges que comme moyen d'érudition, ne sont regardés par l'Église comme étant au nombre de ses lois; et l'on doit savoir que *les usages, les opinions* et *les mœurs* des habitants des lieux divers et des temps anciens profitent à l'enseignement de chacun (2).

(1) Ut autem eo liberiùs ibidem parisiis studium proficeret, Theologiæ progenitores nostri non permiserunt legum secularium seu juris civilis studium ibidem institui, quibus imo id interdici etiam sub excommunicationis pœnâ per sedem apostolicam procurarunt : cæterùm super negotiis et causis forensibus quæ spiritualitatem et fidei sacramenta non tangunt, regnum nostrum consuetudine moribusque precipuè, non jure scripto regitur, licet in partibus ipsius regni quibusdam, subjecti ex permissione primogenitorum nostrorum et nostrâ juribus scriptis utantur pluribus, non ut juribus scriptis legentur, sed consuetudine juxtà juris scripti exemplar moribus introducta ; tamen ut artium studia liberalium ad Theologiæ scientiam introducunt hic legum et juris scripti dogmata proficiunt iutellectui rationis, ac mores dirigunt, doctrinam præstant ad exequendam justitiam nec non præparant ad consuetudinem intellectum. — C'est ce qui fait dire à Montesquieu : « Philippe-le-Bel fit enseigner les lois de Justi-« nien, seulement comme *raison écrite* dans les pays de la France, qui se gouver-« naient par les coutumes (*et en note*) par une charte de 1312 en faveur de l'Univer-« sité d'Orléans. »

(2) Non putet igitur aliquis non recipere, vel progenitores nostros recepisse consuetudines quaslibet sive leges, ex eo quod eos in diversis locis et studiis regni nostri per scolasticos legi, sinantur multa, namque eruditionæ et doctrine proficiunt, licet recepta non fuerint sicut nec ecclesia recepit quàm plures canones qui per dissuetudinem abierunt, vel ab initio non fuere recepti licet in scolis à studiosis propter eruditionem legantur. Scire namque ritus, sensus et mores hominum diversorum locorum et temporum valdè proficit ad cujuscumque doctrinam.

Il assimile la France recherchant l'étude du droit romain à l'ancienne Rome, qui ne dédaigna pas de s'approprier pour son instruction les lois et les coutumes d'Athènes ; de même, dit-il, il a plu à nos prédécesseurs et il nous plaît que les études du droit écrit soient suivies (sauf la destination spéciale de l'Université de Paris), mais seulement comme un moyen de développer les idées d'équité et de raison sur lesquelles on a l'habitude de baser les jugements rendus dans les tribunaux du royaume, où la justice, les constitutions, les ordonnances de nos prédécesseurs et les nôtres sont appréciées, afin qu'on n'ait pas à rechercher le véritable sens de la coutume en vertu de laquelle ils doivent être rendus (1).

Cette large concession faite à l'esprit et aux préjugés de son siècle, le roi continue, en reconnaissant que depuis long-temps l'étude des arts libéraux, et principalement celle du double droit, fleurit à Orléans ; que des écoles de cette ville sont sortis de grands docteurs, d'éminents personnages qui, par l'éclat de leurs vertus et de leurs science, ont répandu dans les diverses parties du monde les fruits également agréables à Dieu et à tout le genre humain (2).

Il rappelle les troubles scandaleux qui avaient éclaté dans cette Université, sous le prétexte de sa nouvelle institution, et qui auraient pu compromettre son existence même ; il déclare que, pour prévenir le retour d'un événement de cette nature, il lui accorde l'appui de sa propre protection ; que c'est dans ce but qu'il veut pourvoir à son établissement ; et comme il ne veut, en aucune manière, nuire aux

(1) Sic profecto tradit antiquitas Romanos à Græcis pro sui eruditione jus scriptum et mores ab initio recepisse ; placuit ergo nostris antecessoribus, placetque nobis legum etiam secularium scriptique juris (salvâ parisiensium studii provisione prædictâ), in bonis egregiis regni nostri studia frequentari præsertim ad doctrinam æquitatis et rationis fovendam, per quas in causis forensibus regni hujus judicari consuevit, ubi justicia, constitutiones, seu ordinationes progenitorum nostrorum et nostræ quas omni consuetudini præponimus definiunt, et consuetudo certa non reperitur ex quâ fuerit judicandum

(2) Sanè dùm inter cives aurelianensis civitatis in quâ propter oportunitatem, utilitatem et amenitatem loci sub aliis progenitorum nostrorum et nostris liberalium artium precipuè juris canonici studium et civilis noscitur floruisse, undè tot et tanti doctores processisse noscuntur, et eminentes personæ temporibus retroactis qui virtutum et scientiæ fulgore splendentes fructum multiplicem Deo gratum et hominibus salubrem per mundi diversa climata reddiderunt.

priviléges de l'Université de Paris, il ordonne que celle d'Orléans sera consacrée à l'enseignement du droit canon et du droit civil (1).

Telles sont les dispositions principales de l'acte de prise de possession par l'autorité royale de l'Université d'Orléans, instituée par l'autorité pontificale.

Le reste doit être rapidement parcouru, car tout ce que cet acte a de véritablement important réside dans ce préambule qui, rapproché des premières lettres-patentes, préparant l'œuvre à laquelle le roi allait se livrer et se livrait en effet le même jour, donne la véritable mesure de ses intentions et de l'esprit qui le dirigeait.

Il continue en confiant au prévôt la répression, même par voie de poursuites officielles de la part de ce magistrat, de toutes les injures et mauvais traitements dont les membres du corps enseignant, écoliers ou docteurs, pourraient être les objets; il veut qu'il se livre à la recherche de la vérité simplement, sans recourir aux formes de la procédure, sans éclat du barreau, *simpliciter et de plano sine figurâ judicii et strepitu judiciario;* et lui ordonne de punir les coupables, comme si les injures ou les mauvais traitements avaient été adressés à lui-même : *vindicareque violentiam illatam vel irrogatam injuriam tanquam nobis specialiter factam, ex debito teneantur.*

Il retire tous les priviléges contraires à ces prescriptions qui auraient pu être accordés à ceux qui se seraient rendus coupables de ces délits : *et si quod privilegium forsan à nobis vel progenitoribus nostris prædictis civibus concessum, quod hinc adversetur, et propter favorem studii utilitatem publicam, cessare volumus in hac parte.*

_____

(1) At inter doctores et scolares juris canonici et civilis ibi studentes, ob minùs grave scandalum nuper fuisse suscitatum universitati prætextu doctorum ipsorum et scolarium noviter institutæ, videntes eo quod studium illud ne dùm turbatum et impeditum enormiter, sed nisi celeriter occurrentur prorsùs posse (quod absit) in futurum sine reparatione destitui universitatem hujusmodi, quæ causam huic præstabat scandalo ; nec fuerat, authoritate nostra subnixa tolli decrevimus, quod enim hic favore studii fuerat dispositum manifestè tendebat ad noxiam. Cæterùm ut doctores magistri et scolares libentiùs ad studium ipsum declinent, et tanto ferventiùs ibidem studentes proficient, quanto plus honorari se sentiunt, illud privilegiis, beneficiis et libertatibus munientes studium generale, præsertim juris civilis et canonici, dante Deo, perpetuum esse volumus, et regiâ authoritate firmamus, hoc salvo quod theologiæ magistri nullatenus creantur ibidem, ne detrahatur privilegiis romanæ sedis studio parisiensi concessis.

Quelque étendue que nous ayons donné à l'examen de leurs dispositions, nous ne pouvons nous séparer de ces actes de l'autorité royale sans insister sur celles que jusqu'ici nous n'avons fait qu'énoncer.

Le roi soumet toutes leurs prescriptions à la juridiction et à l'autorité ecclésiastique en tant qu'elles lui appartiennent, et défend à ses justiciers et à ses sujets de s'y opposer et de les méconnaître; mais il réserve tous les droits des juridictions de l'ordinaire et sa propre autorité pour celles qui n'intéresseraient pas l'autorité cléricale (1).

C'est, partant de ce principe, qu'il règle le sort des biens des docteurs et des écoliers morts *ab intestat,* et qu'il les attribue par un pur effet de sa bienveillance *(graciosè)* aux docteurs et écoliers qui feraient alors et à ceux qui feraient dans la suite partie de l'Université (2), et qu'il commet le prévôt d'Orléans pour recueillir ces biens et les délivrer d'après le mode et dans la forme prévus par la bulle du pape à l'égard de l'évêque. Il ordonne, en conséquence, que le prévôt s'adjoigne dans ce cas le docteur régent sous lequel l'écolier décédé aurait étudié (3), et insiste sur les défenses déjà exprimées qu'aucun innocent ne soit recherché pour le coupable dans sa personne et dans ses biens (4), qu'aucun docteur ou écolier ne soit emprisonné pour dette ou même pour crime, *pro debito vel pro crimine,* s'il est prêt à donner caution, à moins que la gravité du crime ne l'exige; et ordonne, dans ce cas, que le coupable soit déposé dans une prison à titre de garde et de sécurité seulement, et non à titre de peine, *ad securam custodiam, non autem ad pœnam,* qu'une nourriture convenable lui soit donnée d'après sa condition dans le monde et la nature du crime qui lui serait reproché, *secundùm qualitatem criminis et personæ;* que toujours, quand même le crime

(1) Nos igitur præmissa omnia et singula quantum ad authoritatem et juridictionem ecclesiasticam pertinent, à quoquam justitiariorum vel subditorum nostrorum impediri vel infringi quomodolibet inhibemus, quatenùs vero juridictionem seu authoritatem nostram regiam tangunt seu pertinent ad eamdem.

(2) Eadem quantum ad intestatorum bona decedentium scolarium et doctorum graciosè doctoribus et scolaribus qui nunc sunt vel erunt pro tempore in studio supra dicto.

(3) Concedimus per manum exercenda, præpositi nostri aurelianensis modo et formâ in episcopo aurelianensi superiùs expressis: eidem præposito adjungendo cum hujusmodi doctore defuncti prædicti.

(4) Ne innocentes occasione culpabilium molestentur in personis vel bonis.

serait prouvé, on agisse avec plus de douceur envers un docteur ou un écolier qu'envers toute autre personne, *quam cum alio ageretur,* tant qu'on pourra raisonnablement espérer de l'amende et de la correction un retour au bien de la personne à laquelle elles seraient infligées; et enfin que les écoliers et les docteurs soient écoutés favorablement et traités avec indulgence, et qu'on leur accorde tous les ménagements compatibles avec la justice, *sine offensione justitiæ.*

Passant à un autre ordre d'idées, il engage les habitants d'Orléans à protéger l'Université, s'ils veulent éviter sa colère, *si nostram velint indignationem vitare.*

Il *sommarise* toutes les causes que les membres du corps unversitaire auront à soutenir devant les tribunaux; il ordonne que ces causes soient jugées, ainsi que nous l'avons dit, simplement, *simpliciter,* à l'instant même, *de plano,* sans écritures et sans épices pour le juge, *sine strepitu judiciario, sine scriptis, nec pro sportulis judicum,* sans droit de sceau, *vel sigillo quicquam exigi volumus ab eisdem.*

Il détruit la juridiction arbitrale créée par le pape et confie à son prévôt le soin de pourvoir à ce que les docteurs et les écoliers aient toujours des vivres et des habitations à des prix modérés (1).

Il permet aux docteurs de faire des statuts pour régler l'intérieur de l'Université et la *lecture* ou l'enseignement des bacheliers, et leur propre enseignement, ainsi que les cérémonies des funérailles; et il les autorise à châtier ceux qui contreviendraient à ces statuts, comme il est d'usage dans les autres Universités.

Il prohibe le port d'armes, même en dehors de l'Université, *incendentes per civitatem* (2), ordonne qu'elles soient enlevées à ceux qui n'observeraient pas cette défense, et qu'ils soient emprisonnés; et si on les trouvait de nouveau armés, il prescrit qu'ils soient considérés comme de *faux écoliers, fictos non veros scolares;* il leur retire le bénéfice des priviléges accordés à l'Université, et veut que

---

(1) Quod etiam præpositus noster aurelianensis sub virtute præstiti juramenti perenni procuret diligenter, quod doctores et scolares prædicti habere valeant habitationes et victualia pro precio competenti.

(2) A la différence des bulles du pape qui ne le prohibait que dans l'intérieur de l'Université (Voir plus haut).

ceux qui troubleraient les cours, non-seulement en soient expulsés, mais encore qu'ils le soient de la ville elle-même, *de studio, totaque civitate prædictis expelli jubemus.*

Il constitue le prévôt conservateur et gardien des priviléges du corps universitaire, et ordonne que, par un serment prêté dans le prétoire de la Prévôté, en présence des docteurs qui voudront assister à cette solennité, *qui adesse voluerint,* le prévôt s'engage à observer tous les priviléges généraux et particuliers par lui concédés à cette institution, et à tenir la main à ce que tous les docteurs et écoliers les observent.

Il confie le dépôt de ces priviléges à tous les magistrats et à tous ses sujets.

Pour éviter les scandales qui se sont déjà produits, il prohibe toute réunion et toute citation qui, sous le sceau commun à l'Université tout entière, auraient pour but, sous le prétexte de venger les docteurs des injures qui leur seraient faites, de vexer les écoliers des différentes nations, et il appuie cette défense de cette considération qu'il s'est lui-même avec bienveillance (*graciosè*) constitué le conservateur des priviléges qu'il a accordés, ou qui l'ont été, sous son approbation, par le siége apostolique.

Ce que nous venons d'analyser de ces lettres-patentes suffit certainement pour donner une juste idée des droits originaires de ce corps enseignant, de sa constitution primitive, des bases sur lesquelles il a été assis par l'autorité royale, et pour faire comprendre l'immense différence existant entre la constitution par le pouvoir clérical et celle consommée par le pouvoir séculier.

Nous n'avons plus qu'une réflexion à y ajouter.

Ces réglements constitutifs, énonçant des intentions très-explicites dans des termes très-énergiques et même peu mesurés, à l'égard du pouvoir clérical qui, au moins comme fondateur d'une institution dont le pouvoir séculier recueillait promptement les heureux fruits, avait droit à quelques ménagements, étaient-ils sincères? Il serait permis d'en douter; ou tout au moins, il est permis de penser que les habitants d'Orléans, persistant dans leur antipathie pour le corps universitaire, dont les priviléges, d'ailleurs, étaient une charge considérable ajoutée à toutes celles qui pesaient sur eux, ainsi que nous le

verrons dans la suite, firent des représentations au roi qui les éluda,
en apportant quelques modifications aux libertés qu'il lui avait accordées.

C'est sans doute ce qui donna lieu à la publication, dans le cou-
rant du mois de décembre suivant, d'une nouvelle ordonnance
rendue par le roi en son parlement, ordonnance que l'auteur des
Antiquités d'Orléans, Lemaire, considère comme destinée à confirmer les priviléges accordés au mois de juillet précédent.

Il nous semble qu'elle a un but tout contraire.

Cet acte ne sera pas ici l'objet d'un examen étendu, car il ne paraît pas qu'il ait reçu même un commencement d'exécution.

Les docteurs crurent être autorisés, et ils l'étaient certainement,
à faire *des statuts pour réglementer les études et la discipline intérieure;* ils allèrent plus loin, et cette prétention, toute légitime qu'elle
paraisse, avait cependant donné lieu à quelques contestations; ils
voulurent exiger des docteurs et des écoliers le serment d'observer,
non-seulement les priviléges accordés par l'autorité, mais encore les
réglements qui émaneraient du corps des docteurs (1); le pouvoir
royal vit là une infraction à ses ordonnances, l'intention, de la part
des docteurs et écoliers, d'élever indirectement l'institution *à l'état
d'université,* et prétendit qu'il résulterait de la prestation de serment
un grave inconvénient, tant pour les prérogatives royales que pour
la ville et pour les membres de l'institution eux-mêmes (2).

Le roi leur défend donc de rien faire de semblable, et il prescrit
de nouveau que le prévôt et ceux qui administrent la ville prêtent le
serment d'observer les priviléges énoncés dans ces lettres-patentes,
qu'il déclare, du reste, confirmer dans toute leur étendue.

C'est sans doute cette dernière disposition qui a engagé Lemaire
à considérer cette ordonnance comme confirmative des lettres-pa-

---

(1) Cùm nuper intellexerimus quod prædicti doctores juris canonici et civilis, inter
se ordinaverint quod ipsi jurare teneantur se servaturos gracias et privilegia suprà
dicta, et etiam statuta quæ ipsos facere contigerit in futurum, et jam inceperint tam
per se quàm per scolasticum aurelianensem quasdam compulsiones facere contra illos
qui dicta nollunt juramenta præstare.

(2) Quod non est dubium voluntati et ordinacioni nostræ contra ire, cum per hoc
indirectè statu universitatis eos appareat utj velle, et ex hujusmodi juramenti tam
nobis quam ipsis quam toti ville aurelianensi liquido appareat posse prejudicium generari.

tentes qui l'avaient précédée ; mais il n'en est pas moins évident que le pouvoir royal essaya un retour sur lui-même, auquel sa bienveillance pour les hommes studieux l'a engagé à ne pas tenir ; car tous les docteurs, écoliers, officiers et suppôts de l'Université continuèrent de prêter le serment d'observer les priviléges et les réglements, même ceux intérieurs, émanés du corps universitaire, qui devaient la régir ; et ce serment, ainsi qu'on le démontrera dans la suite, produisit les effets qu'on devait en attendre, c'est-à-dire qu'il fut un des moyens les plus efficaces employés pour assurer la paix au sein de cette institution et modifier la destination première de ces centres d'enseignement, régulariser et spécialiser les études.

Indépendamment de l'acte du mois de décembre 1312, il est encore d'autres considérations qui pourraient faire suspecter la sincérité de ceux qui l'ont précédé.

Ne perdons pas de vue que Clément V n'est autre que ce Bertrand de Got ou de Goth, regardé généralement comme l'instrument de Philippe-le-Bel dans l'œuvre qu'il préparait de la destruction de l'ordre des Templiers, et dont l'élévation n'a été que le prix de ses engagements et de ses complaisances envers le pouvoir royal.

Ne serait-il pas permis de ne voir dans la bulle de 1305, dans les concessions qu'elle contient aux prérogatives royales, jusque-là si énergiquement disputées par le pouvoir pontifical, autre chose qu'un concert entre le chef de l'Église et le roi de France pour rendre libre, entre les mains de ce dernier, cette partie de son autorité que la tendance des esprits à cette époque, et jusqu'à un certain point la nature des choses elles-mêmes, attribuaient certainement à l'autorité ecclésiastique : celle qui avait pour objet la direction de l'éducation de la jeunesse ?

Enfin, l'absence absolue d'opposition de la part du pape à la suppression de cette bulle créatrice d'une Université de droit, ne serait-elle pas un motif de nous confirmer dans cette supposition ?

Car il est difficile d'admettre qu'un pape, au moyen-âge, s'il n'eût pas été le complice d'une action qui devait exercer une grande influence sur son autorité et la lui faire perdre, eût cédé sans réclamation, sans protestation, sans user des moyens que l'esprit religieux, alors si puissant, avait laissés intacts dans ses mains.

Le pape se résigne à une dépossession que les termes de sa propre bulle semblent avoir préparée.

Quel que soit le jugement que ses actes puissent inspirer, ce qui est hors de doute, c'est que ceux appartenant au pouvoir royal doivent être considérés comme un immense bienfait; et, malgré les ménagements et les concessions faites aux erreurs populaires dont ils sont viciés, comme appartenant à une volonté tout à la fois organisatrice et ferme, digne de la lutte engagée entre le pouvoir ecclésiastique et le pouvoir royal, entre la monarchie et la féodalité.

Dans le même temps, en effet, que le roi Philippe-le-Bel instituait l'Université d'Orléans et s'opposait par cette grande mesure aux envahissements de la puissance ecclésiastique et la renfermait, autant qu'il lui était permis de le faire alors, dans ses limites, il réunissait les trois ordres de l'Etat et jetait les fondements de l'intervention des imposés dans les lois de l'impôt; il régularisait l'ordre judiciaire en rendant permanente la cour du Parlement qui, jusque-là, n'avait été qu'une assemblée de nobles ignorants, sans stabilité, sans règles, sans attributions définies et d'utilité générale, la transformant ainsi en une véritable cour de justice.

Cette première et importante période parcourue nous montre l'institution de l'Université d'Orléans comme un témoignage éclatant de la suprématie naissante de l'autorité séculière sur l'autorité cléricale dans les choses qui intéressaient l'administration publique; elle nous montre aussi quelle était la société qui recevait le dépôt de ce germe de civilisation et de progrès. Nous allons le suivre dans son développement, sa croissance, sa décadence et sa fin.

Nous l'observerons, contre l'ordinaire des institutions humaines, remplir avec lenteur, mais fidèlement, l'œuvre de sa destination, et ne décroître que lorsque la science du droit a produit son dernier et suprême effort par les leçons d'un grand jurisconsulte dont les écrits ont dicté le code qui a réalisé l'unité de la loi, et s'éteindre au moment où sa mission était remplie par cette réalisation même devenue un fait incontestablement et à jamais accompli.

CHAPITRE II.

L'Université, ainsi que nous l'avons déjà dit, était le rendez-vous d'une quantité considérable de jeunes hommes venus des provinces les plus lointaines et des divers points de l'Europe.

Les lignes de séparation que nous voyons s'affaiblir de nos jours entre les nations elles-mêmes étaient alors tellement prononcées, que la qualification de Picard, de Normand, de Tourangeau, équivalait à celle d'Allemand, de Lorrain et d'Ecossais.

L'esprit de corps était tel, qu'installés dans la ville où chacun d'eux venait chercher en commun le bienfait de la science, tous les *nationaires*, loin de se mélanger avec leurs condisciples et les habitants dont ils recevaient l'hospitalité, se tenaient isolés de toutes les associations auprès desquelles ils devaient vivre.

On peut se faire une idée du sentiment exclusif qui animait ces différentes parties du corps des écoliers par deux articles empruntés aux statuts de la nation de Picardie et de Champagne dressés en 1596 :

« Si quelqu'un vient à mourir, tous ceux de sa nation, en grande « cérémonie, une torche à la main et en habit décent, accompagne- « ront le corps du défunt.

« Si quelqu'un a une querelle avec un étranger, et que le bon droit « soit de son côté, *il sera défendu par le corps tout entier* ; si, au

« contraire, il n'avait pas le bon droit pour lui, et que cependant
« il voulût poursuivre l'affaire, il devra remettre sa plainte aux
« soins du procurateur de la nation, sous peine d'encourir une
« amende (1). »

Ainsi, dans l'hypothèse du bon droit, la querelle d'un seul devenait la querelle de tous, et quand même le nationaire aurait eu tort,
on devait le défendre; on faisait alors dans ce dernier cas ce que
l'on ferait tout au plus de nos jours dans le premier.

Un passage du serment des nouveaux étudiants ou *novices* montre
encore l'esprit de corporation auquel cette jeunesse obéissait :

« Je jure que j'obéirai à notre procurateur dans les choses licites
« et honnêtes, que je garderai l'honneur de l'Université et de ma na-
« tion, et que je ne révélerai pas les choses secrètes que j'entendrai
« dans ces assemblées (2). »

On concevra facilement que la présence de tous ces étrangers or-
ganisés en corporations, se tenant par un lien aussi serré, en possession de priviléges spéciaux dont le résultat nécessaire était de
s'opposer à tout rapprochement et à toute fusion, ait entretenu, au
sein de la ville qu'ils habitaient, une cause incessante de perturbation
et de violences.

Enfin, on se rendra un compte encore plus exact de la nature des
rapports qui devaient exister entre les écoliers et les *bourgeois,*
lorsque l'on se représentera Orléans du XIVᵉ au XVᵉ siècle.

Les habitations, resserrées dans une étroite enceinte formant des
ruelles tortueuses et sombres, étaient à peine suffisantes pour la population, plus considérable qu'elle ne l'est de nos jours (3).

La ville n'avait alors ni ses quais spacieux, ni ses larges rues, ni
son enceinte de magnifiques promenades; et 5,000 jeunes gens (4),

_____

(1) Statuta fidelissimæ Picardiæ ac fortissimæ labore et diligentiâ Jacobi Leroy abba-
nillæi, ejusdem nationis procuratoris hic inscripta, anno 1596, die octobris, art. V et
VII : « Si quis ex natione vitâ decedat, omnes ex natione, etc. »

(2) Cette partie du serment est répandue dans plusieurs registres des nationaires de
Champagne, de Picardie et d'Allemagne; elle est rapportée par Golnitz dans son
Ulysses.

(3) On prétend qu'elle dépassait 50,000 âmes.

(4) Nous donnons ce chiffre parce qu'on l'a déjà écrit, mais les documents que
nous consultons démontrent qu'il est exagéré.

privés des distractions qu'une civilisation plus avancée a produites, y vivaient aux prises avec leurs passions et l'esprit de caste qui enfante tant de jalousies, de colères et de haine. Aussi rencontre-t-on souvent dans les annales de l'Université la trace de collisions de *nations à nations,* et de nations à habitants.

Et cependant la pensée se repose agréablement sur cette ville continuellement animée par une jeunesse active, intelligente, qui transportait au centre de la France les mœurs, les usages, le langage et les costumes les plus variés; le spectacle qu'elle présentait, surtout aux jours des cérémonies publiques, si fréquentes au moyen-âge, et auxquelles l'esprit de corps et le sentiment religieux conviaient toutes les corporations, devait offrir un coup d'œil à faire pâlir les solennités les plus imposantes des temps modernes.

Ces mœurs et ces habitudes différentes ont préoccupé un ancien écrivain (1). Ses observations, il est vrai, ne portent pas sur la partie essentielle et sérieuse de ces contrastes; mais la susceptibilité de l'auteur des *Antiquités d'Orléans* ne s'en émeut pas moins, à ce point qu'il croit leur devoir une réfutation :

« Je me suis étonné, dit-il, de ce que Chassané, discourant des « mœurs, inclinations et exercices que prennent les escholiers dans « les universités, attribuant l'estude à ceux de Tholoze, la crotte à « ceux de Paris (2), la braverie à ceux d'Angers, il confère la danse « à ceux d'Orléans, ne se souvenant de la louange honorable et mé- « ritoire qu'il donne à cette Université.

« Mais j'estime qu'il s'est mépris; qu'au lieu de dire les escholiers « de Poitiers qu'il appelle joueurs de paulme, il devrait dire les « danseurs de Poitiers; car chacun sait que ce sont fluteux qui « ayment la danse joyeuse, trépignante et sautelante, dont sont venus « les branles de Poitou.

« Et pour les escholiers d'Orléans, il devait les qualifier de joueurs « de paulme, car il est vrai de dire qu'en ce temps qu'escrivait « ledit Chassané, les Orléanais étaient grands joueurs de paulme, y « ayant à Orléans plus de quarante jeux, dont plus de vingt ont été « détruits, et qu'au dict temps, ce gracieux et affable prince, notre

---

(1) CHASSANÉ.
(2) L'auteur veut dire, sans doute, qu'ils aiment à courir les rues.

« duc d'Orléans, depuis nommé Louis XII, se plaisait et délectait à
« jouer à la paulme avec les bourgeois d'Orléans, ses sujets, même
« aussi les docteurs-régents avec leurs escholiers. »

Ce passage, quelle que soit la frivolité de son point de vue, ne
nous a pas semblé indifférent; il indique au moins avec naïveté
quels étaient les habitudes et les plaisirs de cette jeunesse studieuse,
et nous fait comprendre comment elle occupait ses loisirs; il indique
aussi qu'un grand nombre d'écoliers suivaient les cours de l'Université, puisqu'un aussi grand nombre d'établissements publics de
jeux étaient nécessaires pour remplir les intervalles de ses occupations.

Cependant le pouvoir royal, qui voyait avec peine la persévérance des habitants des provinces de la monarchie à se tenir séparés les uns des autres, appliqua les essais de centralisation que
lui permettaient les institutions et les préjugés auxquels il était lui-
même soumis, en fusionnant non-seulement les corporations d'écoliers
français, mais encore les corporations d'écoliers étrangers entre
elles.

Cette salutaire, quoique très-imparfaite réformation, eut enfin lieu,
ainsi que nous le verrons en traitant des réglements [généraux par un
arrêt du parlement rendu en l'année 1538.

C'est ainsi que ces dix nations furent réduites à quatre, au milieu
desquelles continua à se distinguer, à cause de son ardent amour de
l'étude, du nombre de ses écoliers, de l'éclat de leur naissance, la
nation germanique; et la persistance qu'elle mit à suivre les cours
de l'Université est certainement un des titres les plus incontestables
de cette institution à l'attention de la postérité.

Si on en croit l'auteur des *Antiquités d'Orléans*, l'existence des
écoliers allemands aux grandes écoles de cette ville serait antérieure
d'un siècle à la fondation régulière de l'Université; c'est ainsi qu'au
moment où il écrivait (1643), il y aurait eu, comme il le dit lui-
même, *quatre cents tant d'années* que les Allemands auraient choisi ces
écoles pour y apprendre la langue française et y étudier en droit civil
et en droit canon; cependant il n'apporte aucune justification de cette
date; il est vrai qu'il invoque l'*épître liminaire du livre de la nation
germanique,* mais dans une seule phrase, par laquelle elle déclarait

former une alliance avec les Orléanais : *Ut Germaniam et patriæ so-*
lum in mediâ Gallicæ orâ translatum.

Pour nous, qui ne nous arrêtons qu'aux pièces constatant un fait,
et qui ne l'adoptons que quand elles le justifient, nous sommes dans
l'obligation de ne pas accepter absolument cette assertion.

Les registres dont parle Lemaire ont disparu; ils ont été remplacés
par des copies que les ravages des temps ont rendues nécessaires (1);
ils ont pu subir quelques altérations et ne pas reproduire les actes
anciens attestant la présence des nationaires allemands étudiant à Orléans dès le XIᵉ siècle ; mais ce qu'il y a de certain, c'est que ceux qui
leur ont appartenu et qui existent encore à la bibliothèque d'Orléans
ne commencent qu'à l'année 1444.

Le plus ancien, intitulé : *Actorum primus liber procuratorum ve-*
nerabilis Alamaniæ nationis, almæ universitatis Aurelianensis, porte
à son titre ces dates : *Ab anno 1444, usque ad 1546.*

La première partie de ce registre est consacrée à la transcription
des bulles et des chartes constitutives et régulatrices de l'Université, à la formule des serments que devaient prêter les divers officiers de la nation lors de leur entrée en exercice, et comprend tous
ces actes jusqu'à l'année 1368; puis, sans transition, les chiffres
changent et nous reportent à une année bien plus récente, celle
de 1444, à laquelle les procurateurs portent, pour la première fois,
les actes de leur *procurat.*

Et cependant nous nous empressons de le reconnaître, les écoliers allemands ont fréquenté l'Université d'Orléans avant le milieu
du XVᵉ siècle.

Indépendamment de l'assertion de Lemaire, dont il est impossible
de ne pas tenir compte, et de la transcription de tous les actes constitutifs de l'institution, constatant l'existence antérieure de registres
ayant reçu ces mêmes actes, les dates qu'on y rencontre expliquent
parfaitement l'existence, dès avant ce temps, d'une corporation d'écoliers allemands suivant ses cours.

Le dernier acte réglementaire, par eux transcrit, est de l'année 1368, et, immédiatement après, ils rapportent textuellement un

---

(1) L'un de ceux que nous a laissés la nation germanique porte cette mention ;
Nostræ nationis restauratione.

testament de l'année 1415, contenant plusieurs dispositions intéressant la *nation* (1).

Enfin, on attribue à Hugues Fay, évêque d'Orléans, plusieurs statuts consignés sur ce registre, notamment celui de l'année 1368 (2), et la défense, sous peine d'excommunication, de faire le *convivium* dont nous allons parler, défense que la nation germanique a respectée.

La nation était donc constituée; elle avait donc ses priviléges, ses officiers et ses suppôts bien antérieurement à l'année 1444. Et si nous nous reportons aux événements qui se sont accomplis, non-seulement depuis l'année 1415, mais encore dans les années précédentes, nous verrons, d'une part, que les nationaires allemands ont pu et dû venir étudier à Orléans, et que s'ils ont quitté les cours à partir de cette époque, ils ont obéi aux nécessités que leur faisait la situation de la France (3).

Ces dates, 1368, 1415, sont, en effet, bien remarquables.

La sagesse de Charles V, l'habileté de son administration, succédant à des guerres durant lesquelles les études universitaires devenaient impossibles, avaient pu faire concevoir la possibilité de s'y livrer de nouveau, et la jeunesse studieuse s'apprêtait à se rendre dans les villes, siége du haut enseignement.

Mais les espérances de ce règne s'évanouirent bientôt : à peine le roi Charles V est-il mort, que les dissensions enfantées par une minorité jettent la perturbation dans l'Etat; la mesure des désordres

(1) On lit au registre : *Copia testamentis domini Johannis de Prusiâ,* et celui-ci avait été lui-même procurateur.

(2) Il concerne les *béjaunes*, ainsi qu'on le verra au chapitre des réglements généraux.

(3) Les nationaires allemands prétendaient que, dès l'année 1406, leur procurateur était membre de l'Université, que cette qualité mettait le recteur dans l'obligation de l'appeler de toutes les assemblées dans lesquelles on traitait des intérêts généraux de l'institution : *Ad conventum publicum universitatis in negotiis publicis vocandus sit*, et qu'ils tenaient ce privilége *ex constitutione Caroli VII*, lequel aurait été confirmé en 1538; mais ils ne rapportent ce droit que dans le *Synopsis* ou *Compendium* de leurs priviléges, et renvoient à leurs archives qu'ils disent posséder ces deux chartes royales. Comme il faut se défier de ces prétentions que chaque corporation avait intérêt à exagérer, nous nous bornons à reproduire leur assertion qui peut être sincère, mais qui cependant n'est pas justifiée.

est comblée par la démence du roi Charles VI, et la France, livrée aux factions, semble une proie facile au roi d'Angleterre qui gagne la bataille d'Azincourt (1415).

C'est à partir de cette époque que le registre de la *nation germanique* reste fermé pour ne s'ouvrir qu'à l'année 1444.

Et cependant il paraît certain que, quelle que fût la situation de la France depuis ce fatal événement jusqu'à la levée du siége d'Orléans, jamais l'Université de cette ville ne cessa complètement ses leçons.

Ce fait est attesté par une charte *de sauvegarde*, spécialement accordée à cette Université par le roi d'Angleterre (1).

Mais il était bien difficile que les études eussent alors cette suite et cet ensemble qui ne peuvent être que le fruit d'une entière sécurité; il était impossible que des étrangers se rendissent au centre d'un royaume déchiré par les factions et prêt à succomber sous les efforts d'une puissante invasion.

C'est ce qui explique comment le registre nous reporte brusquement à l'année 1444.

Charles VII avait alors reconstitué son pouvoir, et non-seulement il donnait tous ses soins à l'organisation d'une administration plus forte et plus sage, mais encore il améliorait la législation de la France en codifiant et en épurant les coutumes.

Ces faits historiques, rapprochés des dates que nous avons signalées, jettent, ce nous semble, quelque lumière sur l'époque à laquelle la nation allemande est venue étudier à Orléans, et que l'on peut regarder comme contemporaine des lettres-patentes du roi, sinon comme antérieure à ces lettres elles-mêmes. Ils éclairent aussi les diférentes situations que les événements ont faites à cette Université; et ce n'est pas sans bonheur que nous pouvons, à l'aide de ces chiffres, jetés comme au hasard, apprécier une partie des oscillations auxquelles l'enseignement a été soumis, s'affaiblissant avec le pouvoir, mais se maintenant avec lui au milieu des plus rudes épreuves qui

(1) Quoique cette charte, dont la conservation et la publication sont dues à M. de Vassal, archiviste du département du Loiret, soit antérieure au traité de Brétigny (1360), son autorité et ses effets ont dû se prolonger tant que les Anglais ont occupé la province de l'Orléanais; ils étaient intéressés à donner cette marque de déférence aux corps savants, et la leur devaient, en récompense du concours que l'Université de Paris avait donné aux entreprises du roi d'Angleterre.

aient été réservées à une nation, et se montrant avec toutes les conditions de la vie la plus active aussitôt que le pouvoir lui-même semble
devoir prendre quelque force et exercer quelque influence.

Ces rapports, entre l'état politique du pays et la prospérité de
l'Université, résultent encore de l'examen de ce registre et de ceux
qui le suivent.

Depuis l'année 1444 jusqu'à l'année 1514, tous les actes des procurateurs de la nation sont brefs et ne donnent aucun renseignement
sur ce qui l'a concernée pendant cette période de soixante-dix ans;
ce n'est qu'à partir de cette époque que les procurateurs se livrent
avec détail à la rédaction du récit de ce qui s'est passé pendant qu'ils
étaient à la tête de leur corporation; c'est qu'alors finissait le règne
d'un prince qui mérita le surnom de *Père du peuple*, et commençait
celui d'un prince qui mérita le surnom de *Père des lettres*.

Ce n'est donc qu'à la page 44 que se trouve le premier des actes
émanés des procurateurs.

L'état matériel de ces registres ne nous paraît pas sans intérêt et
doit concourir à faire connaître l'état moral de la *nation germanique*.

A cette page 44 on lit ces mots : *Incipit annotatio procuratoris
circa supposita;* et après un court préambule, on remarque ces mots
placés en forme de titre : *Sequuntur nomina et cognomina suppositorum nationis Almanæ.*

Rien d'intéressant ne ressort des actes des procurateurs jusqu'en
l'année 1517, au cours de laquelle une querelle violente s'éleva entre
les Germains et les Normands; on la qualifie de longue et d'atroce;
on dit que jamais il ne s'en était élevée une semblable (1).

Cet acte, qui ne contient aucun renseignement sur les causes et
la durée de cette longue division, non plus que sur ses conséquences, détermine cependant bien le but que se proposait le procurateur en le portant au registre et en obéissant ainsi d'ailleurs aux
statuts de la nation; car il est remarquable qu'il entre dans des détails assez circonstanciés sur la restauration et la conservation de
son sceau, et le renouvellement de la bibliothèque commune.

Ce compte-rendu se termine par une espèce de résumé intitulé :

_____

(1) Atrox discordia et diuturna Normanorum et Almanorum (cujus simile permulti
usquàm viderant audierantque).

Conclusio officii mei, et ce chapitre est terminé par ces mots : *Deo gratias.*

Son rédacteur semble avoir eu l'intention de se survivre à lui-même et de guider son successeur dans la bonne voie, après avoir résigné les pouvoirs qui lui avaient été donnés, en lui inspirant, par des préceptes empruntés aux sages, le sentiment et l'amour de ses devoirs; c'est ainsi qu'il a tracé quelques lignes dont le sens a dû être puisé dans ses propres inspirations : J'ai fait mon devoir, je vous ai donné l'exemple, faites de même : *Exemplum dedi vobis ut quemadmodum ego (pro virili nostra) feci, ita vos et faciatis;* et ensuite trois sentences qu'il a traduites du grec en latin, et qu'il indique lui-même être tirées, la première d'Isocrate, la seconde de Phocylide et la troisième de Ménandre. On lit donc à la fin de l'acte du procure ces mots :

> *Nihil humanarum rerum magnum puta,*
> *Sic neque secundis letaberis, neque adversis dolebis.*

« N'attache pas une trop grande importance aux choses de la vie, et ainsi tu ne te réjouiras et ne t'affligeras que médiocrement des événements heureux ou malheureux qui pourront t'arriver. »

> *Fidem in omnibus observare.*

« Il faut garder sa foi en toutes choses. »

> *Nihil silentio est utilius.*

« Rien n'est plus utile que le silence. »

Il termine, au surplus, la carrière de son procurat comme il l'avait commencée ; car on remarque en tête de son acte ces mots traduits également du grec en latin :

> *Ovium nulla utilitas si pastor absit.*

« Les brebis sans pasteur ne peuvent prospérer. »

A tous ces préceptes, qui sentent l'école et attestent, de la part de celui qui les place sur le registre qu'il doit remettre à son successeur, un assez haut sentiment de son mérite, le procurateur ajoute, sous le titre : *Apophtegma morale,* une leçon qu'il a voulu rendre plus saisissante en appelant à son aide un autre moyen que l'érudition; il a dessiné à la plume un personnage qu'il représente en costume clérical, tenant un serpent dans ses mains, et au bas de cette production, assez grossièrement exécutée, il a tracé cette légende :

Si stringis erumpit, si laxas eripit, medium tenuere beati.

« Si tu serres trop fortement, il s'échappe avec violence; si tu ne serres pas assez, il s'échappe doucement; heureux ceux qui tiennent le milieu! »

Et, fidèle à son habitude, il transcrit, en terminant son acte de procure, la devise de ses armes placées orgueilleusement, suivant l'usage d'ailleurs observé par tous les procurateurs, en tête de cet acte; devise qui semble devoir être le résumé de toute une existence aussi utile que laborieuse : *Studium, fama, virtus* : l'étude, la renommée, la vertu.

Ces aphorismes, ce dessin ne sont pas les seuls qui se rencontrent sur ces registres, dont la destination ne semble pas devoir comporter de semblables détails; celui de l'année 1557, entre autres, nous représente une balance dont le fléau est soutenu par une épée; autour de cette composition très-imparfaite, on lit ce vers de Virgile :

Discite justiciam moniti et non spernere divos (1).

« Pratique la justice et honore les dieux. »

Fiat justicia et pereat mundus.

« Périsse l'univers plutôt que la justice. »

Volo omnia quæ justa sunt et nil nisi juxta volo.

« Je veux tout ce qui est juste et rien que ce qui est juste. »

Quelquefois, dans ces nombreuses et presqu'innombrables devises, la piété prenait la place de l'érudition; à l'année 1571, on remarque celle-ci :

Veux-tu repos en ton esprit?
Ne cherche rien hors Jésus-Christ.

(1) Le texte n'est pas fidèlement rapporté; il faut lire :

Discite justitiam moniti et non temnere divos.

(*Énéide*, liv. VI, ELZÉVIRS, édition de 1682.)

Sur ces registres, constatant l'esprit scolastique de ce temps, indépendamment des faits intéressant la nation elle-même, se rencontrent la mention de circonstances qui attestent l'influence qu'exerçait la nation germanique dans l'Université, et sa prédominence sur les autres corporations d'écoliers.

Celui de l'année 1571 contient un paragraphe intitulé :

Scotti aliquot œgregii adolescentes admissi in nationem ; ejus rei rationes.

« Quelques jeunes Ecossais des plus distingués admis parmi la nation ; raisons de cette admission. »

Ces raisons sont ainsi établies :

« La nation reconnait qu'elle doit admettre dans son sein tous
« ceux qui sont sobres, érudits, studieux, et comme autrefois l'*empire*
« *romain* admettait aux droits de cité les hommes de toutes les na-
« tions, de même la *nation germanique* croit devoir admettre ces
« jeunes gens au milieu d'elle. »

Les rédacteurs de ces actes ne s'en tenaient pas à ces détails circonscrits, ainsi que nous l'avons dit, aux affaires de la nation ; ils inscrivaient les événements les plus graves survenus pendant leur administration, tels que la naissance des princes et des princesses du sang royal, la mort des empereurs et des rois, l'avènement de leurs successeurs, les déclarations de guerre, les résultats des batailles livrées, les traités de paix ; ils les signalaient souvent par des signes en marge, quelquefois en rapport avec la nature de ces événements eux-mêmes ; une main, dont l'index montre un passage de l'acte, indique que là se trouve rapporté quelque chose d'extraordinaire ; une épée indique le récit d'une collision, d'une rixe ou d'un meurtre, événements assez fréquents ; et une tête de mort, des bustes de squelettes, disent assez que la nation a perdu un de ses membres.

Nous ne pourrions, sans courir le danger de nous livrer à un examen devenu désormais sans intérêt, continuer de nous arrêter à ces détails que l'étude de ces livres précieux pourrait nous permettre d'étendre à l'infini ; nous devons nous borner, en ce moment, à les interroger sur la constitution de la corporation d'écoliers, à laquelle ils ont en grande partie appartenu. Ces manuscrits ne nous laisseront rien à désirer à cet égard.

On y voit, en effet, que le corps entier était représenté par un procurateur; on y voit aussi que là ne se bornait pas le système administratif de l'association; elle avait un trésor, d'où la nécessité d'avoir un questeur; le procurateur pouvait être momentanément ou définitivement empêché de remplir sa fonction, d'où la nécessité d'avoir un assesseur; elle possédait une riche bibliothèque, d'où la nécessité d'avoir un conservateur des livres; la corporation avait à faire respecter des priviléges *généraux,* c'est-à-dire protégeant l'ensemble de ses membres; elle avait une discipline à maintenir, d'où la nécessité d'un certain nombre de ceux-ci constitués en tribunal, sous la désignation de *seniores* ou *consiliarii.*

Et comme elle avait, ainsi que toutes les corporations privilégiées et régulièrement constituées, un certain caractère officiel et indépendant, et, de plus, le droit de messagerie et de *garde gardienne,* il lui fallait des officiers chargés de certains constats, ce qui avait lieu sous le nom de *nuncius, tabellarius, pedellus* ou *bedellus* (1).

Toutes ces dignités constituaient ce que l'on appelait les officiers et suppôts de la nation.

Nous avons vu quels étaient les officiers chargés de représenter le corps tout entier des *nationaires,* d'administrer les affaires communes et d'assurer le maintien de l'ordre par le maintien de la discipline.

La principale charge et la plus importante était celle de procurateur. La formule de son serment nous apprend la nature de ses devoirs (2).

Il jurait de remplir fidèlement ses fonctions et d'exécuter toutes les décisions prises en assemblée générale.

Il ne devait convoquer par lui-même d'autre assemblée que celle du *conseil*; et lorsqu'il convoquait une assemblée générale, il devait se servir de l'intermédiaire du bedeau et n'omettre aucun des nationaires.

_____

(1) Nous consacrerons un chapitre spécial à ce double titre : de *Messagerie* et de *Garde gardienne.*

(2) Elle a varié. Brève dès le principe, elle s'est étendue avec le temps et l'augmentation des rapports nés des circonstances nouvelles au milieu desquelles l'association s'est trouvée; nous donnons ici la plus étendue, parce qu'elle contient les formules les plus anciennes et qu'elle est un résumé des devoirs et des droits du procurateur dans tous les temps.

Il devait recevoir le serment que prêtaient les nationaires qui se proposaient d'entrer dans l'association sous le nom de *novices*.

Il s'engageait à inscrire tous les actes et statuts intéressant la *nation* et à les représenter à la fin de son exercice.

Il déclarait n'avoir fait aucune brigue ni consenti aucun engagement, de quelque manière que ce soit, pour obtenir le titre de procurateur, et s'engageait à conserver par devers lui les registres de la *nation* et son sceau, jusqu'à ce que son successeur eût prêté entre ses mains le même serment.

Enfin, il s'engageait à verser au trésor, avant sa sortie d'exercice, une somme de cinq couronnes, ou à dépenser une somme égale en achats de livres pour la bibliothèque commune.

Cette somme semble avoir été un impôt exigé de tous ceux qui obtenaient les honneurs du procurat, et cette partie du serment exige qu'on l'explique.

Il paraît qu'originairement le procurateur devait, avant son entrée en fonction, donner un banquet et y sacrifier une somme de deux couronnes d'or; il invitait tous ses co-nationaires. Cet usage ne fut plus observé dans la suite, et, au lieu de consacrer deux couronnes à cette réunion, le procurateur en donnait cinq à la bibliothèque.

Il y a plus, il jurait, et cette partie de son serment n'est pas la moins remarquable, de ne pas célébrer ce banquet général, dont l'usage, est-il dit dans la formule, a été, depuis *quelques années*, introduit pour le malheur de la *nation germanique* (1).

Le sentiment pénible que réveillait le souvenir de ce banquet était tel, que le serment prêté par les *novices* comprenait l'engagement, pour le cas où ils seraient élevés au grade de procurateur, de ne pas le célébrer (2).

Toutes ces formules prohibitives d'une réunion qui pouvait présenter quelques inconvénients, mais aussi qui pouvait produire les

(1) Item juro me convivium illud universale cum pernicie nationis nostræ introductum, paucis abhinc annis, neutiquàm celebraturum (Album, tomus primus).

(2) Item juro me convivium, si forsan in procuratorem à natione electus fuero, *ratione procuratoris*, non celebraturum. (*Registre de 1506 à 1585.*)

meilleurs effets (1), nous ont engagé à en rechercher les causes, et ces recherches, nous le disons à regret, n'ont rien produit.

Cependant les écoliers de l'Université, s'ils se dispensaient de ce qu'ils appellent dans leur formule le *convivium*, se réunissaient dans un banquet, tous les ans, le jour de leur fête patronale.

C'est ce qui résulte, en premier lieu, de la fin du serment des *novices* sur ce *convivium* et de tous les actes des procurateurs.

Après avoir protesté que s'il est élevé à cette dignité, non-seulement il ne célébrera pas ce banquet, mais encore qu'il n'excitera par aucun moyen celui de ses condisciples qui serait élu à le célébrer, le *novice* ajoute : Je jure de ne pas m'opposer à la célébration de la fête des Trois-Rois (2).

Or, la célébration de la fête des Rois, qui était appelée la *fête anniversaire (festum anniversarium)*, était accompagnée d'un banquet dont les détails, consignés dans quelques actes des procurateurs, et particulièrement dans l'un d'entre eux sur lequel nous reviendrons, donnent une haute idée du luxe culinaire déployé dans ces solennités.

Mais nous devons ne pas perdre de vue les devoirs du procurateur; ils sont tracés par la formule que nous venons d'analyser; les statuts de la nation les complètent, les expliquent, et nous font aussi connaître ses prérogatives.

Le procurateur était élu alternativement, tantôt par la classse des nobles, tantôt par la classe des roturiers (3), et cette élection avait lieu tous les ans, à moins que le jour où elle devait avoir lieu ne fût celui de la fête anniversaire (4).

Cette exception, dont l'effet était de continuer l'exercice de fonctions qui ne devaient pas avoir plus d'un an de durée, atteste du

(1) L'un des procurateurs se félicite de ce que entre soixante convives qui prirent part à l'un de ces festins, qui mangèrent et burent *largement*, non-seulement il n'y eut ni rixe ni sentiment haineux *(quod tamen non raro in solemnibus epulis fieri solet)*, mais encore que tout se passa avec les signes de la joie la plus complète. *(Registre* V, 2, *p.* 458.)

(2) Neque sacro in festum trium regum à natione celebrando contradicturum. *(Registre de 1505 à 1583.)*

(3) Modo superioribus, modo ex inferioribus germaniæ nationis pactibus eligitur.

(4) Nisi continuatio ob festum anniversarium indulgeatur.

profond sentiment avec lequel les nationaires célébraient cette solennité.

Eloignés de leur patrie, ils regardaient comme un jour saint celui qui les réunissait et resserrait les liens d'une communauté de souvenirs chers à tous : c'est pour cela que les écoliers de la nation germanique, d'accord en cela avec les Lorrains et les Ecossais, avait choisi l'Épiphanie pour leur *fête anniversaire*.

Ils voulaient que la célébration de cette journée ne fût marquée par aucun soin d'affaires, par aucune démarche qui pût être une cause de dissension et d'amertume.

Il fallait aussi que les préparatifs de cette fête pussent être faits par le procurateur dans une grande liberté d'esprit, dans des intentions d'union et de concorde.

Enfin, ils voulaient que ce jour eût aussi ses priviléges et ses immunités, comme certains jours et certaines circonstances à Rome, que la nation allemande avait la prétention de continuer (1), dont tous étudiaient l'histoire et les lois, et conservaient les traditions.

Ce choix de l'Epiphanie résulte d'une grande quantité de documents, et principalement d'un acte déposé dans le registre de *1305* à *1583* ; notre intention est de le reproduire textuellement.

Il a pour titre : *Contrat relatif à la sculpture d'un bas-relief en l'honneur des patrons de notre nation.*

Après ce titre, qui est en latin (2), on lit ce qui suit :

« Hubert Marchand, ymaiger et marchand, demourant en la pa-
« roisse de Sainct-Donnacien, d'Orléans, confessa avoir pris de
« Me Jacques de Goude, procureur, et Me Martin Steelz, receveur
« de la nacion d'Alemaigne, en l'Université d'Orléans, et Me Jacques
« de Rotche, licencié en décret, commis par ladicte nacion avec lesdits
« procureur et receveur, à faire le bail qui en suit, qui confessèrent
« lui avoir baillé à faire une contre-table à l'autel Sainte-Barbe, en
« l'église de Saint-Germain, ou autre église d'Orléans, en laquelle

_____

(1) On lit dans l'acte de procure de l'année 1566, à propos du changement du jour de la célébration du *Festum anniversarium,* ces mots : *Ablato veteri more romanorum quorum imperium ut in gente germanicâ permansit ;* détruisant un ancien usage des Romains dont l'empire se continue dans la nation germanique.

(2) *Instrumentum contractus de exculpendis nationis nostræ patronis.*

« contre-table sera l'histoire des *trois roys,* avec l'ymaige de Notre-
« Dame assise, tenant son enffant, et au cousté d'elle Joseph ; et
« devant elle aura ung des trois rois à genoil, les deux autres debout
« tenant chacun leur présent, et sera ladicte contretable revêtue de
« maçonnerie romaine, et au-dessous des ymaiges, aura l'escu de la
« nacion ; et à chascun cousté ung griffon volant portant ledict escu ;
« et auront chacune ymaige trois pieds de longueur et quatre pieds
« de hauteur ; aura au-dessoubs desdites ymaiges une ligne d'escrip-
« ture, et mectra aux deux coings de ladicte contre-table deux
« petits écussons ou seront eslues telles armoiries qu'il plaira aux
« bailleurs ; lesquelles œuvres ledict preneur fera bien et duement
« de la pierre pareille à celle dont est faict le sépulchre des Corde-
« liers, et la rendra faicte et parfaicte, et fournira de toutes ma-
« tières et accessoires à ses dépens dedans la Toussaint prochaine
« venant, moyennant la somme de vingt-quatre escus à la cou-
« ronne, valant trente-cinq sous tournois, que les dessus dicts ont
« promis paier, c'est assavoir à la mie-carême six escus, et le sur-
« plus quand la dicte besongne sera faicte et assise ; suivent les noms
« des témoins.

« A Orléans, ce fut faict le douzième jour de février l'an 1500. »

Ce tableau commandé serait une preuve incontestable que l'Epiphanie était la fête patronale des Germains, quand même elle ne
résulterait pas des actes rédigés par les procurateurs et de ce que
nous lisons dans l'abrégé des priviléges et principaux statuts de
cette nation (1).

L'un de ces actes, celui de l'année 1557, nous apprend que, sur
la proposition du procurateur, on ouvrit la délibération sur la question de savoir si on célébrerait la fête des Trois-Rois (2), *patrons de
la nation, comme on les appelle.*

« Mais d'une voix unanime, dit-il, et avec sagesse, on décida
« que la célébration de la fête serait interrompue, tant à cause des

____

(1) Hodiè missa celebratur quotannis in festo Epiphaniæ ex more nationis nostræ
requirentibus id catholicis (Synopsis seu compendium privilegiorum et statutorum
præcipuorum inclitæ nationis germanicæ). (GOLNITZ, *Ulysses,* et LEMAIRE.)

(2) Venit quoque in deliberationem, me proponente, de festo trium regum nostr^ ·
rum (uti vocant) patronorum celebrando, etc. (*Liber statutorum,* V, 2, p. °°°

« guerres horribles qui, pour le moment, nous affligeaient et dont
« la gravité s'accroissait de jour en jour, qu'à cause de l'esprit léger
« et malveillant de la masse du peuple français, qui ne laisse échap-
« per aucune occasion de nuire et de s'insurger ; en un mot, parce
« que la position actuelle de la *nation* ne le permettait pas. »

Ce choix de la fête des *Trois-Rois*, indépendamment de la
dévotion que les écoliers allemands pouvaient avoir à l'adoration
miraculeuse des Mages, reposait certainement sur un sentiment national.

Originairement, tous ces étrangers venus de l'Allemagne, de la
Lorraine et de l'Écosse, avaient éprouvé les uns pour les autres une
vive sympathie, résultat de leur isolement au sein d'une société à
laquelle ils venaient demander la science du droit et des lettres, et
cet isolement les rendait presque compatriotes ; aussi, pour maintenir toujours ardent le souvenir de la patrie que le chef de l'Etat
résumait, ils avaient adopté une fête qui pût leur être commune ;
les *Trois-Rois*, en satisfaisant à un sentiment religieux, leur four-
nissait l'occasion de rendre hommage à leurs souverains respectifs (1).

Telle est certainement l'origine de cette solennité.

La fête des *Trois-Rois* (2) fut long-temps la fête patronale de ces
écoliers ; mais une note du registre des statuts nous apprend que le
patriotisme fléchit devant le sentiment religieux venant à se modifier
sous l'influence de l'hérésie. On lit, en effet, à la page 71, ces mots :
« 1566, aujourd'hui, la fête des Mages n'est plus célébrée, et nous
révérons le Christ comme seul patron de la nation (3). On ne peut
évidemment attribuer cette annotation qu'à l'adoption des principes
de la réforme.

L'interprétation de ces mots placés à la marge d'un acte que l'on
rencontre à la page 69 du registre de 1305 à 1583 ne saurait être
douteuse.

(1) Registre V, 2, année 1547, p. 3.

(2) Il est impossible de ne pas être frappé de l'affectation avec laquelle le mot *trois*
précède le mot *rois* : *trium regum*, est-il dit partout, les nationaires étrangers voulant
ainsi témoigner du véritable esprit de cette fête annuelle.

(3) Hodiè, omissis Magis, Christum solum nationis patronum colimus (*Registre de
1305 à 1583, p. 71*).

Elle est justifiée par l'acte du procurateur de l'année 1566, dans lequel ce dernier nous apprend la transformation religieuse qui s'était opérée chez les écoliers de la nation germanique.

« Car, dit-il, comme notre nation, par suite de la restauration
« de l'Église dans cette ville, s'est séparée et affranchie, comme des
« idoles, des messes, de la parodie des sacrifices (*sacrificulis*), des
« croix, des cloches, des autels, des vains ornements (*casulis*), des
« patènes (*tympanis*), des bannières, des *mages*, et, pour parler briè-
« vement, de toutes autres pratiques impies outrageant la raison et
« qui l'opprimaient et la souillaient autrefois, et que cependant je
« voyais une *nation* si distinguée, encore déshonorée par les restes
« impurs de ces anciens usages, j'ai résolu de la consulter sur leur
« destruction définitive.

« Je lui ai appris d'abord que ce festin commun avait été institué
« par nos prédécesseurs pour rappeler ce que les anciens désignaient
« sous le nom d'*agapes*(1), comme le lien et la sanction de l'amitié (2);
« et je lui persuadais de supprimer avec mépris tout culte des mages, et
« de célébrer désormais notre festin, non pas ce jour qui ne fut jamais
« celui des Trois-Rois, mais aux calendes de janvier, afin de suppri-
« mer jusqu'au souvenir de l'impiété et de l'idolâtrie; et j'instruisais
« ainsi notre nation, dans l'intérêt de sa dignité, à repousser un
« ancien usage des Romains, dont l'empire a été transmis à la *na-
« tion germanique* (3). »

Il continue en nous apprenant que cette proposition a été adoptée, non-seulement par cette raison, qu'il est de bon augure de commen-

---

(1) Ἀγαπῆς.

(2) Cùm enim ab instauratâ ecclesiâ in hac urbe, natio ab idolis, missis, sacrifi-culis, crucibus, tintinabulis, aris, casulis, tympanis, vexillis, *magis*, aliis id genus ut levissime dicam, oneribus impiis et incivilibus quibus *olim* fœdari et premi consuerat, sicuti ab injustis dominis diù fugisset et liberata esset, viderem tamen, vestigiis etiam quibusdam antiquæ impuratis nostram inclitam nationem inquinatam esse, de iis quoque tollendis ad nationem retuli, etc.

(3) Suadebam ut omni majorum cultu exploso, epulum quoque nostrum non illo, qui nullus esset trium regum die, sed kalend. januarii Posthac celebretur, ut impietatis et idolatriæ memoria tolletur, et hoc augustæ nationi nostræ, magis decorum, quoque docebam, ablato veteri more Romanorum, quorum imperium ut in gente germanica permansit.

cer l'année par un repas qui établisse l'affection entre condisciples (1),
mais aussi par cette autre qu'il avait fait prévaloir, que les écoliers
fidèles avaient coutume, le premier dimanche du mois de janvier, de
célébrer la cène du Seigneur, et qu'il était peu convenable de prendre part à un festin le jour même où l'on a dû prendre part à la
sainte communion (2).

Cependant, quelque rapides qu'aient été les progrès de la réforme
au sein des universités, et particulièrement au sein de la nation germanique, un grand nombre d'écoliers restèrent fidèlement attachés
à l'Eglise romaine ; beaucoup virent avec douleur ce changement du
jour de la fête anniversaire, et protestèrent contre la décision qui avait
été prise sur la proposition de ce procurateur.

Son langage passionné, son ardeur réformiste poussée jusqu'à la
plus violente exagération, a pu entraîner une majorité irréfléchie ;
mais bientôt les esprits plus calmes reprirent leur entière liberté, et
la fête des Rois, abandonnée par les uns, continua d'être célébrée
par les autres.

Cette protestation, ce retour sur une décision qui semble avoir
d'abord été généralement adoptée, résulte de deux documents précieux ; l'un est prêt à disparaître, il est même en partie détruit ; il ne
se compose que d'un seul mot, et encore le temps n'en a-t-il respecté
que la moitié.

Nous avons pris pour point de départ de ces détails sur la fête
patronale la note placée à la page 71 du registre, de *1505 à 1585*,
et nous en avons rapporté les termes : *Hodiè omissis magis, Christum solum nationis patronum colimus.* Au bas de cette note on lit
ces lettres : *Blasp ;* le reste a disparu, la feuille de vélin a éprouvé
une déchirure, mais il est facile de compléter le mot ainsi altéré ; il
est évident qu'une main pieuse a écrit : *Blasphème.*

Enfin, nous avons cité une partie d'un passage du *Tableau* ou
Abrégé des priviléges et des principaux statuts de la nation germa-

---

(1) Boni quoque ominis unà cum eunte anno epulum hoc amoris inter sodales agi-
tari.

(2) Erat alia ratio quam adducebat, de cœnâ Domini quam fideles primâ die domi-
nicâ mensis januarii celebrare consuerant ; indignum nempe esse ut nos convivia
eadem sæpè agitemus die quâ sacra cœna celebranda sit.

nique, pour démontrer l'adoption par cette corporation de la fête du patronage *des Rois;* ce passage complété nous apprend quelles furent les conséquences de cette délibération prise sur la provocation du procurateur de 1566.

Cette pièce importante se termine, en effet, par ces mots : « Au-« jourd'hui, une messe est célébrée tous les ans à la fête de l'Epi-« phanie, suivant l'usage de notre nation , et cela sur la demande « des écoliers catholiques; elle devra être indiquée à l'un d'eux au « moins, par un avis écrit, que le procurateur, de quelque religion « qu'il soit, devra remettre au bedeau, de façon cependant qu'il soit « libre à chacun d'y assister ou de n'y pas assister (1). »

Il est d'autant plus évident que le rétablissement de la fête a été le résultat d'un retour à des idées hostiles à la réforme, que c'est long-temps après la délibération de 1566 que la demande des écoliers catholiques a été formée et accueillie , et qu'il a fallu une sentence du Châtelet pour autoriser la célébration de la messe au jour changé trente-sept ans auparavant (2).

Maintenant que nous avons distingué le *festum anniversarium* du *convivium,* fait remarquer la différence qui existait entre ces deux solennités et comprendre pourquoi l'un a été conservé , détruit et modifié , tandis que l'autre a été absolument proscrit, nous devrions peut-être continuer à établir les droits et les devoirs du procurateur ; mais puisqu'une digression nous a entraîné loin de notre sujet, il nous semble convenable de continuer à étudier les habitudes et les mœurs des écoliers étrangers, en faisant connaître l'ordre de cette fête anniversaire.

Le procurateur de l'année 1547 a pris le soin de nous transmettre sur ce point de longs et minutieux détails.

Il s'exprime ainsi :

« Nous nous sommes enquis avant tout d'un lieu convenable pour « un banquet, et capable de contenir un grand nombre de personnes.

(1) Hodiè missa celebratur quotannis in festo Epiphaniæ ex more nationis nostræ, requirentibus id catholicis, aut uno eorum illis indicanda, per procuratoris schedam bedello tradendam , cujuscumque religionis procurator fuerit, ità tamen ut quam cuivis liberum sit interesse vel non interesse.

(2) Ex sententiâ ab aurelianensi præside, lato anno 1603, die 23 decembris. Synopsis seu compendium (GOLNITZ, LEMAIRE).

« Nous sommes convenus avec un maître d'hôtel qu'il nous cé-
« derait une cuisine, une salle à manger et l'usage d'autres lieux
« avec tous les appareils nécessaires; qu'il nous fournirait du bois,
« du sel, du vinaigre et autres objets semblables, en suffisante quan-
« tité, à l'exception toutefois de la vaisselle et des verres à boire
« qui seraient loués chez un verrier.

« Nous avons ordonné que le vin, que nous avions précédem-
« ment acheté, fût doucement apporté à l'hôtel, afin qu'il n'éprouvât
« aucune secousse.

« Ensuite, les aliments les plus exquis que devaient préparer les
« cuisiniers et les pâtissiers ont été placés dans la cuisine louée à
« cet effet, d'où ils devaient être passés de mains en mains par ceux
« que nous avions chargés de ce service.

« Ceci eut lieu trois semaines à peu près avant le jour de la fête,
« afin qu'un espace de temps suffisant pour disposer toutes choses
« nous fût donné.

« Aussitôt après la convention formée avec le maître-d'hôtel, des
« arrhes ont été échangées afin d'assurer son exécution fidèle.

« Nous avons confié à un apothicaire (dont nous avons reconnu
« le talent) le soin de confectionner le vin miellé appelé *hypocras*,
« ainsi que celui de confectionner les bougies et les flambeaux, tels
« que ceux qui sont en usage dans *les cérémonies religieuses*, et
« dont, à l'avance, nous avions fixé le nombre, la grosseur et le
« poids.

« Nous avons traité avec un boulanger pour la fourniture d'une
« suffisante quantité de pain.

« Nous avons, pour la première fois, loué à peu de frais les joueurs
« de flûte publics qui jouent également du cor et d'autres instru-
« ments, afin qu'ils précédassent notre cortége par les rues de la
« ville et qu'ils se fissent entendre pendant le festin : cette méthode
« nous a semblé plus conforme à la dignité de la *nation* que celle
« qui était observée autrefois, où l'on ajoutait aux joueurs de flûte
« *deux tambours*, suivant l'habitude des militaires.

« Un pareil soin fut pris pour la célébration de la cérémonie reli-
« gieuse; nous avons averti le prieur de Notre-Dame-de-Bonne-
« Nouvelle de préparer à nos frais toutes choses pour la célébra-

4

« tion d'un office, et de le faire célébrer, non pas par la partie
« vulgaire du clergé, mais par de véritables ecclésiastiques. »

Le procurateur, après avoir rendu compte des précautions qu'il a
prises pour donner à la fête, dans sa partie religieuse, la plus grande
solennité, en éloigner le bas clergé et tous les mercenaires dont
la présence est un obstacle à ce que les crémonies du culte se fassent avec convenance et dignité, établit que la dépense votée par la
communauté des nationaires ne peut l'engager pour l'avenir, tous
les prieurs de *Bonne-Nouvelle* étant obligés, envers la nation germanique, à célébrer gratuitement cet anniversaire.

Cette protestation est insérée dans l'acte, de peur, y est-il dit, que
la libéralité de la nation ne soit considérée, par le prieur, comme
établie à perpétuité et comme une dette qu'il pût exiger à l'avenir.

L'acte se termine par la mention des précautions suivantes :

« Il a été aussi convenu (avec le prieur) qu'il ne retiendrait rien
« de ce qu'il recevrait à l'offrande, mais qu'il le restituerait *intégra-*
« *lement et de bonne foi,* pour que cette somme fût distribuée aux
« pauvres selon notre volonté, suivant ce qui a été établi avec piété
« par ceux qui nous ont précédés, qui n'ont pas voulu se conformer
« à un usage adopté par quelques autres et blâmé par un grand
« nombre, et que nous ne soyons pas considérés comme voulant
« racheter la dépense occasionnée par cette solennité et rentrer dans
« notre argent; en outre, il a été convenu que l'on ferait servir, à
« prix d'argent, les chantres et musiciens appartenant à l'église
« Saint-Aignan ; et enfin que l'on ferait même venir des organistes
« qui, alternativement avec les chantres, se feraient entendre la
« veille de la fête aux vêpres, et le jour même à la sainte messe. »

Cette partie de l'acte du procurateur, exclusivement consacrée à
la relation des mesures qu'il a prises pour que les parties matérielle
et religieuse de la célébration de la fête anniversaire de la nation
fussent dignes d'elle, présente un caractère plus grave qu'il ne semble
au premier abord.

Un sentiment de défiance et d'hostilité contre le clergé s'y manifeste déjà et s'y traduit en termes amers.

Le procurateur s'exprime avec dédain lorsqu'il traite du personnel
du clergé qui devra prendre part à la cérémonie; il ne veut pas que

la dépense s'applique au vulgaire de ceux qui sont employés aux cérémonies sacrées et qu'il appelle : *Sacrificos gregarios quoslibet,* mais qu'elle profite à de véritables ecclésiastiques (*idoneos*); de plus, tout en payant, il réclame la célébration de la solennité comme une obligation du prieur envers la nation.

Enfin il lui enlève, en manifestant une défiance injurieuse, la distribution d'une offrande dont il ne veut que personne s'arroge la moindre partie; il faut qu'elle soit restituée de bonne foi (*bonâ fide*), stipulant, à l'occasion d'une cérémonie pieuse, avec un ecclésiastique, comme s'il stipulait avec un inconnu à l'occasion d'une convention ordinaire, et faisant ainsi supposer que cette offrande, destinée à soulager la misère des pauvres de la paroisse, n'irait pas à son adresse si on laissait le prêtre qui l'a reçue maître d'en disposer.

Il nous semble qu'il faut voir dans ces expressions autre chose que des épigrammes et des précautions désobligeantes : au XVIᵉ siècle, la vénération qu'inspirait le clergé était grande parmi les fidèles, et les sentiments hostiles contre lui n'étaient ni dans la forme ni dans le fond des choses.

Ici, les registres rempliront encore fidèlement la mission d'expliquer ce langage par les dates. *Luther et Calvin* prêchaient la réforme depuis quelques années déjà; ce dernier avait étudié à Orléans; et parmi les nations civilisées qui devaient adopter les principes de ces hardis novateurs, l'Allemagne allait être la première et devait être la plus persévérante.

On ne s'étonnera donc pas de voir, en l'année 1547, un acte contenant des expressions et des soupçons qui semblent ne pas devoir appartenir au siècle où ils ont été exprimés et constatés, et qui s'expliquent par les termes de l'acte du procurateur de 1566.

Il est temps de revenir aux *devoirs* et aux *droits* des procurateurs de la nation germanique et de les rapprocher du serment dont nous avons fait connaître les termes.

Aussitôt après son élection, le procurateur *devait* prêter le serment qui lui était imposé.

Nous avons vu qu'il *payait autrefois* deux couronnes d'or pour la dépense du banquet, et que depuis il payait cinq couronnes applicables à la bibliothèque; il *devait*, lui ou son assesseur, recevoir le serment des novices , inscrire de sa main leurs noms sur les registres de la nation, le temps de leurs études et la somme des honoraires qu'ils auraient payés.

Il ne *devait* admettre et recevoir, dans le lieu ordinaire de ces réunions, nul autre que ceux qui étaient inscrits sur le registre de la nation et cités par le bedeau.

Il ne *devait* inscrire sur le registre de la nation que ceux qui se livraient à l'étude, et en exclure tous ceux qui se livraient *aux arts mécaniques*.

Il était *tenu*, dans ses lettres de convocation, d'en indiquer le motif, soit qu'il convoquât les nationaires en assemblée générale, soit qu'il convoquât les membres du conseil en assemblée particulière.

Il ne *pouvait* rien prescrire de son propre mouvement, sous prétexte de religion ou d'un sentiment personnel quelconque ; il *devait* exécuter les anciens réglements.

Il *devait,* avec une entière bonne foi et une parfaite exactitude, transcrire tous les réglements de l'Université sur les registres de la nation, et avant cette transcription, il *devait* les faire connaître dans une assemblée générale.

Enfin ses devoirs se résumaient par ces mots : *Convoquer, rendre compte, examiner, ordonner, conclure, exécuter.*

Ses droits consistaient dans les prérogatives suivantes :

Le procurateur occupait la première place dans les assemblées publiques de l'Université.

S'il désirait orner le registre de son écusson, il le pouvait même en l'emportant chez lui, sans être tenu de prêter serment attestant la sincérité de ses armes (1).

Il avait le droit de signer le diplôme de ceux qui avaient obtenu un grade dans l'Université.

Il pouvait exiger, ainsi qu'on le verra dans la suite, un honoraire de ceux qui avaient été promus à ces grades.

Il pouvait exiger du recteur et du collége, des docteurs de l'Université, à chaque trimestre, et au moins une fois par chaque année, qu'ils lui transmissent leurs réglements.

---

(1) On aurait cru lui faire injure, si on avait élevé le moindre soupçon sur la sincérité des armes qu'il se serait attribuées.

Il ne pouvait être élu qu'une fois ; on n'était jamais deux fois procurateur (1).

Deux autres offices concouraient à la constitution de l'association : celui de membre du conseil *des anciens,* que l'on nommait *sénat,* et celui du *bedeau.*

Quant à l'office du questeur et du receveur, fonctions d'abord distinctes et ensuite confondues dans une seule, et quant à celle de conservateur de la bibliothèque, on conçoit facilement qu'elles n'étaient que de pure administration et n'intéressaient pas les statuts de la nation.

Souvent les pouvoirs de ces officiers se modifiaient ; en tous cas, ils étaient tellement spéciaux, qu'énoncer leur qualification, c'est retracer la nature des devoirs que chacun d'eux avait à remplir.

Nous ne nous arrêterons donc pas au serment que le questeur et le bibliothécaire avaient à prêter : nous en ferons autant de celui des *novices ;* le serment qu'on exigeait d'eux était conçu dans des termes assez prolixes, mais leurs devoirs envers l'association se bornaient à peu de chose.

Nous avons rapporté la partie principale de ce serment ; on a vu qu'il avait surtout pour but de resserrer les liens qui devaient unir tous les membres du même corps dans un même sentiment de conservation et de prédominence de la corporation sur les autres ; le moyen d'y arriver était de s'assurer, par cette formalité solennelle, l'obéissance de l'étudiant à toutes les prescriptions du procurateur et de sa discrétion pour tout ce qui se dirait dans les réunions particulières de l'association ; le reste ne concerne que des détails sans aucune importance, se rattachant à des mesures réglementaires variables et n'intéressant en rien ses statuts.

Les devoirs des *anciens* ou *conseillers,* et ceux du bedeau, sont donc les seuls qu'il soit essentiel de faire connaître pour compléter l'exposé de la constitution adoptée par les écoliers de la nation germanique.

Les anciens ou conseillers prêtaient le serment suivant, dont les termes suffisent à l'intelligence de l'influence que ces officiers devaient exercer sur l'association à la tête de laquelle ils étaient placés :

« Je jure de me rendre avec exactitude à toutes les assemblées où
« m'appellera le procurateur, et d'y donner sur tout ce qui me sera

(1) *Ulysses* de GOLNITZ, *Registres de la nation germanique.*

« soumis une solution *conforme à la loi,* et de ne m'abstenir que
« pour une cause légitime, que je soumettrai à l'approbation du sénat.

« De même, je jure que je ne jugerai que suivant l'intérêt de ma
« nation, et non par aucun sentiment d'affection.

« Enfin, je jure que lorsque je quitterai la ville d'Orléans je don-
« nerai à la bibliothèque des livres ou au môins trente *as* pour en
« acheter jusqu'à concurrence de cette somme.

« Ainsi, que Dieu me soit en aide (1). »

Comme on le voit, ce sénat était un véritable tribunal dont l'existence, loin d'être un gage de tranquillité, devait être, au contraire,
une cause de perturbation ; car les contestations qu'on y portait, et
qui toutes, à la vérité, devaient se réduire à des infractions plus ou
moins graves à la discipline intérieure, aux querelles et rixes qui
avaient lieu entre les élèves de la nation ou entre eux et les élèves
des autres nations, ou bien entre eux et les habitants de la ville, sol-
licitaient tellement l'esprit de-corps, qu'il était difficile qu'une solution donnée par *le sénat* ne devînt pas un point d'appui pour l'élève
ou les élèves recherchés, et par conséquent une excitation au renouvellement des scènes que la justice régulière aurait été désireuse
d'apaiser, ou un embarras pour elle.

Quant à l'officier appelé *pedellus, bedellus, tabellarius,* ses fonctions
se déterminent par les termes du serment dont, ainsi que nous l'avons
dit plus haut, nous trouvons le texte et la traduction dans le livre
des *statuts.*

« Je jure et promets garder toute fidélité à ma nation d'Allemaigne
« et à tous les suppôts d'icelle, n'assister en aucune congrégation
« ou assemblée, laquelle se fasse en leur dommaige et préjudice, et
« m'employer de tout mon pouvoir à procurer les profits et commo-
« dités à chascun d'eux, conséquemment empescher qu'ils ne reçoi-
« vent aucune perte, et ne tombent en aucun dangier ou adversité.

« Item je jure que je seray obéissant à ma nation et au procureur
« d'icelle, en toutes choses loisibles et honnestes.

« Item je jure que je ne découvrirai les secrets de ma nation *à*
« *autre qu'à icelle.*

« Item je jure que je ne feray aucune congrégation particulière,

(1) *Registre de 1508 à 1583.*

« ainsy convoqueray tous messieurs de la nation, lorsqu'il sera be-
« soing de délibérer de quelqu'affaire.

« Item je jure de descouvrir à la nation et au procureur les nou-
« veaux venus, lesquels n'ont pas encore jurez.

« Item je jure que je conserverai tous les biens de la nation, pré-
« sents et advenir, le plus diligemment qu'il me sera possible, et
« tascheray de recouvrer ceux qui sont perdus, sans donner mon
« consentement, conseil, aide ou faveur, à la vente, engaigement,
« aliénation ou diminution d'aucunes choses à icelle appartenantes.

« Item je jure que j'observerai selon mon pouvoir et diligemment
« toutes et chascunes statues, ordonnances faictes par ci-devant et
« qui seront à faire (sauf toutefois mon droict).

« Item je jure que si les livres de la nation tombent entre mes
« mains, je les garderai en tel estat qu'ils m'auraient été baillés,
« comme aussi les armoiries, cachets et masses d'argent, sans rien
« y changer ni innover, mais plustôt maintenir toutes et chascunes
« des choses appartenantes à la nation en leur dict estat et les aug-
« menter et enrichir selon ma puissance.

« Item je jure que, si pour quelque chose que ce soit, tous les Al-
« lemands partent de cette Université et quelques autres reviennent
« par quelques temps après, je les veux assembler tous et chascuns
« séparés, et les ayant assemblés, leur signifieray et les rendray cer-
« tains des statues et ordonnances de la nation, et leur offrir et pré-
« senter toutes choses appartenantes et dépendantes de la nation.

« Item je leur donnerai à entendre tous les priviléges, statues et
« coustumes, livres, et généralement toutes choses venues à ma
« cognoissance, sans oublier à leur déclarer lesquels auront aulcunz
« desdicts livres. »

Le bedeau jurait, entre les mains du procurateur, dans la formule
suivante :

Le procurateur lui adressait cette question : « Vous jurez d'obser-
« ver tous ces engagements que je vous ai fait connaître à l'avance ? »

Le bedeau répondait : « Je le jure, et que Dieu me soit en aide ; »
et quelques-uns ajoutaient : « Et sa sainte Évangile (1). »

Procurator quærit : « Juras te hæc omnia jàm à me tibi prælecta observaturum ?—
Respondet tabellarius : Ita juro ; Deus me adjuvet *(Registre de 1305 à 1385)*.

Cette fonction, on le voit, pour être d'un ordre inférieur, n'était pas sans importance; le procurateur était la tête du corps de la *nation*, le *tabellarius* ou bedeau en était le bras.

L'obéissance passive, l'activité, la réunion de tous ceux qui devaient former la corporation, la conservation des statuts, et la *continuation* de la corporation, alors même qu'elle serait un instant dissoute, tel était le but important qu'on s'était proposé d'atteindre en créant cette fonction (1).

On lui confiait encore le soin de réintégrer les livres à la bibliothèque; cette partie de la fortune de la *nation* était l'objet d'une sollicitude qui pourrait paraître de nos jours minutieuse et presque puérile.

D'après tous les passages des registres, on voit combien on se préoccupait des livres, de contribuer à l'agrandissement et à la richesse de la bibliothèque; cette préoccupation s'explique par les dates.

A cette époque (au XVIe siècle), l'art du typographe était encore à son origine, les livres étaient bien rares, peu de personnes en possédaient : ce que l'on ferait imprimer sans beaucoup de frais aujourd'hui était encore à l'état de manuscrit; on conçoit, en se reportant à cet état de choses, que les membres d'une corporation fussent tenus en éveil pour la conservation des livres, et que le sentiment de curiosité qui s'attachait à la possession de ces objets alors et à plus forte raison antérieurement si précieux, ne fût pas une occasion de perte pour la corporation tout entière.

Le bedeau était, de plus, chargé de précéder les officiers et suppôts dans les assemblées publiques; il portait, comme insigne de sa fonction, une masse d'argent, et sa présence donnait un caractère officiel à la réunion des membres délégués de la nation (2).

Cet office fut confié à deux personnes : chaque nation avait ses deux bedeaux, car toutes étant constituées en corporation, avaient le droit

---

(1) C'est ce qui résulte d'une délibération de l'Université, portant que la maille d'or serait payée au bedeau de la nation picarde, alors même qu'il n'existerait plus d'étudiants de cette nation à l'Université (Voir plus bas les priviléges particuliers).

(2) Cet office ne doit pas cependant être confondu avec celui des hommes qui escortaient, pour la protéger, la nation marchant en cortége; il y avait, pour remplir cette mission, des bedeaux d'un ordre inférieur, espèce d'appariteurs qui rentraient dans la domesticité (Registre des statuts, voir *infrà*).

de jouir des mêmes distinctions, et à quelques exceptions près des mêmes prérogatives (1).

Nous pensons avoir donné, par ce qui précède, une idée assez étendue et assez complète de l'organisation matérielle non-seulement de la nation allemande étudiant à Orléans, mais encore de toutes les autres corporations d'écoliers; nous avons même effleuré leur position morale, et par là nous avons préparé ce que nous avons à dire sur ce dernier point dans la suite.

Il nous reste, pour achever ce tableau, à déterminer le véritable caractère de ces associations.

(1) Golnitz a dit le contraire dans son *Ulysses,* mais c'est à tort, ainsi qu'on l'établira plus tard.

CHAPITRE III.

—⟶⊖⟵—

Il est nécessaire, pour déterminer le caractère des associations d'écoliers, d'évoquer des souvenirs historiques qui, au premier abord, semblent n'avoir aucun rapport avec les institutions scientifiques, et de rechercher si un lien traditionnel et mytérieux ne rattache pas les unes aux autres.

Qui pourrait, s'il n'y était entraîné par un examen soutenu, attentif, laborieux, soupçonner une assimilation entre les associations produites par la civilisation et celles qu'a enfantées la barbarie?

Et cependant il est impossible de nier cette assimilation et de ne pas être frappé des rapports étroits existant entre les premières et les secondes. Toutefois, quelques différences tellement importantes les séparent, que le doute ne peut être durable.

Ces institutions de la barbarie ont amené, il faut le reconnaître, des institutions semblables ; les contrées victimes de ses déprédations, intéressées à étendre les moyens de résistance et de compression qu'elles leur opposaient, imitèrent ceux qu'elles avaient à combattre ; les uns s'étaient associés pour l'attaque, les autres s'associèrent pour la défense.

Et cette dernière association triomphante se transmit en se modifiant par la tradition ; l'étude de l'origine de l'association, de sa transformation et des formes qu'elle prit dans la suite nous conduira à la solution de la question de savoir si les associations d'étudiants doivent ou non être considérées comme une émanation des trois grandes confédérations qui se sont manifestées au moyen-âge.

On comprend que nous voulons parler ici de la *Ghilde barbare,* de la confédération des villes anséatiques et de la franc-maçonnerie.

Aux irruptions qui entraînèrent la chute de l'empire, succédèrent des irruptions moins considérables, il est vrai, mais non moins cruelles ; et ce qu'il y a de remarquable, c'est que les premières, bien que dirigées avec un esprit d'ensemble de beaucoup supérieur à l'esprit qui dirigea les secondes, ne surent que détruire, sans être parvenues à rien fonder ; tandis que les secondes, avec leur caractère dévastateur et l'absence absolue de tout système de conquête, parvinrent à fonder sans avoir pu rien détruire.

Nous ne devons ici arrêter notre attention qu'aux secondes invasions parties du Danemarck, de la Scandinavie et de la Norwège, formées de peuples divers, réunis maintenant comme ils l'étaient alors par la qualification de *Normands.*

Dès avant le règne de Charlemagne, ces hordes de pirates s'élançant du fond des golfes ou des affluents de la mer du Nord, venaient en grand nombre se répandre sur le littoral de la Germanie et de la Gaule, remontaient les fleuves, jetant la terreur sur leur passage, et disparaissaient après avoir désolé les contrées qu'elles visitaient ainsi.

On sait que peu de temps après sa mort, ce prince apprenant les descentes réitérées des hommes du Nord sur les rivages de l'Océan, sur ceux de la Seine et de la Loire et même de la Méditerranée, ne put s'empêcher de répandre des larmes, prévoyant bien le danger que ces entreprises feraient courir à ses héritiers (1).

Ces invasions eurent en effet d'importants résultats ; la Bretagne y perdit sa nationalité, les Gallo-Francs craignirent pour la leur, qui n'échappa peut-être à ce malheur que par la cession d'une riche partie de leur territoire faite à Rollon-le-Marcheur et à ses compagnons, au cours du Xe siècle, et portant encore de nos jours le nom de *Normandie.*

A cette époque aussi, et cette circonstance est l'explication du progrès et du succès de ces invasions, le pouvoir royal, affaibli par le pouvoir féodal, était impuissant à protéger les peuples ; en même

(1) Voir M. Guizot à ce sujet, 22e leçon.

temps que le commerce était ruiné sur les mers sillonnées par les flotilles des pirates, l'agriculture, les développements de l'intelligence, étaient comprimées sur les continents par la barbarie des institutions.

Le monastère d'abord, fut le seul refuge ouvert aux habitants des campagnes ; la commune ensuite, le seul palliatif accordé aux habitants des villes et des bourgs pour les protéger contre tant d'éléments d'infortune et de tyrannie.

Mais tandis qu'en France les monastères se remplissaient à ce point que bientôt, quelques nombreux qu'ils fussent, ils devinrent insuffisants ; tandis que les villes et les bourgs obtenaient péniblement des rois et des seigneurs des concessions souvent retirées, toujours modifiées et contestées, quelques villes de l'Allemagne étaient parvenues à un degré presque incroyable de prospérité et de puissance.

Ces contrées comptaient en effet dès cette époque un nombre assez considérable de villes libres possédant d'immenses richesses.

Cette prospérité, cette puissance, ne purent être que le résultat d'un long et pénible travail ; il faut donc en faire remonter l'origine à ce temps où les Normands inondaient les rivages de la Germanie, de la Gaule et l'Angleterre, de leurs associations de pirates, où les *Wikings, enfants des anses,* infestaient les mers et les fleuves.

Les villes opulentes de l'Allemagne profitèrent des chartes d'un affranchissement presque absolu pour organiser un moyen de protection extérieur que des pouvoirs publics étaient dans l'impuissance de leur donner ; elles adoptèrent une institution qui, au premier abord, ne parut être que la conséquence des priviléges qui leur avaient été accordés ; elles formèrent une *ghilde* sur une base immense.

Avant d'entrer dans l'examen de ce contrat et de signaler ses conséquences, il est indispensable de déterminer la signification et la valeur des mots.

Ghilden, ghilde, gilde, est un mot scandinave qui veut dire *festin, à frais communs* (1), et par extension, *association* ou *confrérie ;* on disait jadis une *frérie* pour exprimer un banquet, et de nos jours encore la plus grande marque de considération ou d'amitié que l'on puisse donner est d'inviter à un repas ; on devient frère le verre à la

---

(1) *Temps mérovingiens,* chap. 5.

main; et comme les progrès de la civilisation n'ont point affaibli cet usage, nous devons concevoir qu'au temps où la force intellectuelle était absorbée par la force brutale, il ne pouvait y avoir d'association sans festin (1).

La ghilde, dit l'auteur des *Temps Mérovingiens* (2), née dans le Nord, a précédé l'ère chrétienne ; elle avait pour objet tous les grands accidents de la vie ; avant de réaliser les projets dont l'association devait assurer le succès on se mettait à table, et à la fin du repas, après avoir bu dans la même coupe, on se liait par un serment d'autant plus énergique qu'il avait été prêté avec une grande chaleur et un grand abandon, suites nécessaires d'abondantes libations.

On ne peut que se livrer à des hypothèses sur la véritable époque de ces associations ; cependant il est permis de croire que ces flots de barbares étaient liés par le serment de la ghilde, et qu'après le succès, les *frères du banquet* restaient frères de la conquête.

Cette proposition est justifiée par un passage de l'*Histoire de la Conquête de la Bretagne par les Normands,* et dans lequel nous voyons que ces derniers, devenus possesseurs de l'île des Angles, prévoyant (3) une attaque de la part des Danois et des Norwégiens, alliés des Saxons vaincus, firent revivre un ancien impôt appelé *Dane-Ghelde,* créé par les Saxons eux-mêmes, pour prévenir les invasions assez fréquentes de ceux dont au jour du malheur ils invoquaient le secours (4).

Ainsi, dans le principe, la *ghilde* fut instituée par les barbares du Nord dans un but d'attaque, et lorsqu'ils furent en possession des contrées que le succès de leurs entreprises, plus qu'un projet arrêté de conquête, leur avait données, l'association se maintint comme moyen de conserver ce qu'elle était parvenue à conquérir.

Elle se perpétua chez les barbares long-temps après qu'ils se furent

---

(1) N'avez-vous jamais réfléchi à l'importance que les hommes ont toujours attachée à un repas pris en commun? *La table,* dit un ancien proverbe grec, *est l'entremetteuse de l'amitié....* Les hommes n'ont pas trouvé de signe d'union plus expressif : ce signe a paru exalter l'union jusqu'à l'unité (*Soirées de Saint-Pétersbourg,* dixième entretien).

(2) Tome 2.

(3) Sous le règne de Guillaume-le-Roux.

(4) *Dane Gheldi* redditio propter piratas primitùs statuta est... ad insolentiam eorum reprimendam (*Histoire de la Conquête*).

soumis très-imparfaitement à l'autorité du christianisme, et les excès auxquels ils se livrèrent donnèrent lieu à une autre association.

Les villes d'Allemagne, exclusivement alors en possession des avantages d'une grande indépendance, pensèrent à se garantir *elles-mêmes* des déprédations de la piraterie; elles s'engagèrent dans une grande assurance mutuelle. Cette ghilde nouvelle (nous la désignons ainsi, quoiqu'elle ait pris une autre nom) se forma bien avant le XIIIᵉ siècle, mais à cette époque elle se régularisa et prit une extension considérable.

Les habitants de la ville de Brême, les premiers, au cours de l'année 1264, conçurent la pensée de réglementer cette grande association, et bientôt après les villes d'Anvers, de Calais, de Rouen, de Bordeaux, de Cadix, de Lisbonne et de Londres furent liguées *avec elles* et *entre elles*.

Leur but était non-seulement la liberté des mers, mais encore l'affranchissement du droit de naufrage, perçu sur les côtes par les seigneurs, droit qui, en se modifiant et en comprenant tout ce qui était délaissé par les étrangers, survécut à la barbarie des premiers temps de la féodalité sous le nom de droit d'aubaine, et ne fut aboli que sous le règne de Louis XVI.

Bientôt cette institution prit de telles dimensions, que quarante-cinq villes allemandes en faisaient partie, et que ce nombre, en y comprenant les villes des autres parties du monde, finit par s'élever à quatre-vingts.

La puissance de cette confédération fut telle qu'elle put fonder la ville de Riga, et plus tard chasser de ses états un roi de Danemarck, et que bientôt disparurent les flottes des pirates Normands. *Dès ce moment on peut dire que le droit des gens maritime commença à naître, et que le commerce fit la loi aux barbares* (1).

Comme on le voit, nous venons d'esquisser rapidement l'histoire de la fondation et des progrès de la confédération des villes *anséatiques*.

Notre intention ne peut être de rechercher ici quels autres résultats importants que ceux dont nous venons de parler ont été le fruit

_____

(1) BLANQUI, *Histoire de l'Économie politique.*

de cette célèbre institution, et quelle influence elle a exercée sur le perfectionnement des relations commerciales depuis son origine jusqu'à sa décadence et sa fin.

Il nous suffit d'avoir signalé ses rapports avec *la ghilde*, qu'elle eut pour principal objet de combattre et qu'elle finit par anéantir.

Cependant nous ne pouvons résister au désir d'insister sur un point controversé; nous voulons parler de l'orthographe des mots : *anse*, *anséatique*, que quelques-uns écrivent en le faisant précéder de la lettre *h*, que d'autres persévèrent à écrire sans cette lettre.

Cette discussion nous semble d'autant plus utile qu'elle aura deux conséquences : la première de déterminer le véritable sens du mot *anséatique*, la seconde de rapprocher plus intimement cette confédération des anciennes *ghildes* qu'elle voulait détruire.

Malte-Brun, dans l'intention de mettre un terme à la controverse qui s'est élevée à ce sujet, s'exprime ainsi : « La véritable étymolo« gie du mot *hanse* ne doit plus rester douteuse pour ceux qui ont « lu l'excellent article relatif à ce sujet dans le *Glossarium* de Du « Cange, et encore moins pour ceux qui ont connaissance des langues « *gothico-germaniques*; on trouve dans le haut allemand *hanseln*, « dans le bas ou le vieux allemand *hansen*, dans le danois *hænse*, « dans le vieux français *hanser*. Partout ce verbe a rapport à la con« tribution que l'on paie pour avoir la permission de vendre des « marchandises dans une ville à laquelle on est étranger, à la pre« mière dépense que l'on fait pour être admis dans une corporation. »

Et plus loin : « Nous ne doutons pas que ces deux mots : *hansen*, « ou *hanse*, ainsi que ceux de : *hans*, compagnon, camarade, et *hans-« graff*, juge d'une corporation, n'aient originairement quelque rap« port au mot *hand* et à l'ancienne coutume de se saluer et de « conclure un marché en se touchant la main. »

« D'après cette définition, ajoute-t-il en terminant, il est clair qu'il « faut *absolument* écrire villes *hanséatiques*, et non pas *anséatiques*, « comme quelques-uns ont cru devoir le faire, en se fondant sur des « étymologies chimériques et insoutenables. »

A cette définition nous pouvons ajouter un document précieux : sous les auspices de M. de Savigny, un célèbre grammairien allemand, Jacques Grimm, a bien voulu nous faire passer une note autographe ainsi conçue :

« *Hansa* est un mot gothique dont Ulfilas (1), mort en 388, se « sert dans sa traduction de Luc (2) pour rendre le mot grec *Pletos*.

« Le traducteur allemand de Tationus (3) emploie également *hansa* « pour exprimer *cohors ;* cette traduction date du IXe siècle.

« *Hansa* est donc : *turba, caterva, societas (mercatorum),* et se « prononça plus tard *hanse,* dont les Français ont fait, suivant leur « idiome, *anse.* »

Ces documents respectables ne sont pas les seuls, les ordonnances des rois ayant pour objet de régulariser le *commerce par eau,* ne parlent des associations établies entre les marchands de l'eau de Paris qu'en les qualifiant de *hanse.*

Philippe-Auguste, dans une charte de 1204 (4) portant confirmation de l'accord fait entre *les marchands de l'eau de Paris* et les commerçants français et bourguignons, *touchant les limites des priviléges de la hanse et de la compagnie française,* s'exprime ainsi : « *Intra* « *notas prædictas non poterunt facere mercaturas, sine participa-* « *tione mercotorum Parisiensium, nisi mercatura fiat cum mercatore* « *autem* hansato, *et manente Parisiensi mercaturam licitè facient ubique* « *aliàs sine participatione mercatorum Parisiensium.* »

Félibien lui-même, dans la cinquième dissertation sur *l'origine de l'Hôtel-de-Ville de Paris, signalant les sources auxquelles il a puisé,* et qui sont : les actes du pouvoir royal du règne de Charles VI, remontant à celui de saint Louis, et voulant ainsi démontrer *la prééminence du fait de la marchandise de l'eau dans l'administration de la ville de Paris,* s'exprime ainsi : « Les officiers qui forment ce « conseil y sont choisis d'entre les plus célèbres marchands, et tou- « jours parmi ceux qui ont *serment à la marchandise,* c'est-à-dire

(1) Ulfilas, Wulphilas ou Hulfilas, traducteur des quatre Évangélistes.

(2) L'illustre grammairien veut dire évidemment saint Luc ; il ne lui donne pas cette qualification parce qu'il appartient à la religion réformée.

(3) Tationus ou Tatien de Mésopotamie (qu'il ne faut pas confondre avec Tatien né en Syrie, philosophe platonicien), auteur d'une *Harmonie des Évangiles,* également attribuée à Tatien d'Alexandrie.

(4) Elle est rapportée dans l'histoire de la ville de Paris par Félibien. Elle ne se trouve pas dans la collection des *Ordonnances des rois,* édition de 1734.

« qui appartiennent au conseil municipal par leurs qualités de bour-
« geois *hansés de la marchandise de l'eau de Paris.* »

Enfin, rappelant à ce sujet l'ordonnance de février 1415 (1), il
ajoute : « Parmi le grand nombre de dispositions que l'on voit dans cette
« ordonnance, le point le plus marqué est le privilége de la *hanse.* »

Pour nous, toutes les preuves de la nouvelle orthographe du mot
anse et du nouveau sens qui y est attaché ne démontre rien autre
chose, si ce n'est que déjà on s'éloignait de l'origine de ces associations, qu'on en perdait le souvenir, ou bien que le sens primitif
avait été méconnu par la similitude de deux mots exprimant d'abord
deux faits étrangers l'un à l'autre et dont l'un, avec le temps, a
effacé l'autre.

Il était difficile qu'il en fût autrement; *hand* voulant dire compagnon, et par extension rassemblement, il devait arriver que l'étymo-
logie originaire se perdît; et de même que les commerçants ne pouvaient former d'associations sans réunions préalables et sans se
constituer en corporation, de même les pirates ne pouvaient former
d'association et atteindre le but qu'ils s'étaient proposé sans des
rassemblements nombreux.

La dégénération du mot *anse* dès le XIII⁵ siècle ne doit donc rien
enlever à sa signification primitive et radicale.

Cette dégénération se démontre par le caractère générique qu'a
pris le mot *hanse,* et l'excessif abus de son application; car on ne
peut pas confondre les petites entreprises des transports sur *l'eau de
Paris* avec la grande association des villes fondée pour la sécurité
du commerce sur les fleuves et sur les mers et attribuer une origine
semblable à deux institutions si complètement différentes par leur
importance et le but que chacune d'elles devait se proposer et atteindre;
il est au contraire bien possible de confondre deux associations qui,
au point de vue géographique et de leur origine, comme au point de
vue de leur importance et des résultats qu'elles ont obtenus, bien
que ces résultats fussent en complète opposition, présentent cependant une parfaite analogie.

La note du célèbre grammairien allemand témoigne elle-même
de la justesse de ces observations, puisqu'il reconnaît en terminant

_____

(1) Ce sont les art. 496, 497 et 498 (V. *Recueil des ordonnances des rois,* tome 10,
p. 321).

que les Français, *dans leur idiome,* ont fait du mot *hanse* le mot *anse,* ce qui démontre que ceux des savants français qui ont persisté à écrire ainsi ce mot, en ont conservé la pureté, en conservant par cet'e orthographe le souvenir de son sens véritable et primitif.

Cette observation se fortifie d'une remarque que suggère l'examen des ordonnances des rois.

On trouve, à la vérité, dans celle attribuée indistinctement à Jean Ier ou à Jean II, rendue le 2 octobre 1350 (1), cette phrase: *Quisquis eorum ad terram imperatoris pro negatione sua perrexerit, à nemine meorum* hansa *persolvere cogatur.*

Mais cette ordonnance n'est pas la seule; le même prince en rendit une autre peu de temps après sur le même sujet, dans laquelle on lit ces mots: « Touz tel qui ont leur *gilde* et à ycelle appartiennent, « et dedenz le chingle (2) de leur ville mainent (3), frans tous je les « fais au port de Gravelinghes, et soient francs tout partout par ma « terre de Zéewerp (4). »

Ainsi, à mesure que l'on remonte le cours des temps, on reconnaît que les associations des villes anséatiques étaient une provenance des anciennes *ghildes* qui s'étaient formées dans les *anses;* et l'on surprend dans les actes les plus étrangers à l'œuvre des recherches et des définitions, cette définition elle-même, dont la corruption s'explique par l'adoption d'un mot ayant une même consonnance avec le mot primitif, et reportant, comme lui, la pensée sur une réunion nombreuse aussi nécessaire pour former l'ancienne association que pour former l'association plus récente qui lui a été opposée.

Mais pourquoi aller chercher si laborieusement le sens d'un mot

---

(1) Elle est intitulée : *Priviléges de la ville de Saint-Omer.* (Collection des *Ordonnances des rois,* vol. 4, p. 249, et p. 9, même volume.

(2) *Cingula,* sangle, *cingulum,* ceinture, et par extension, enceinte.

(3) Restent, du verbe *manere.*

(4) Mot flamand composée de *zée* qui veut dire mer, et *werp* qui veut dire *jet,* c'est-à-dire jet de mer ou accroissement de mer : ces derniers mots expriment les terres abandonnées par la mer (*Ordonnances des rois de France,* 4e vol. p. 249 à 260). V. aussi, même volume, p. 248, la reproduction en latin de cette disposition : « Omnes « quichildam habent, et ad illam pertinent et infra cingulam villæ suæ manent, libe- « ros omnes facio et ad portum Graveningis, et per totam terram meam Azcrverp « liberi sint. »

lorsqu'il est si facile d'en trouver un complètement en rapport avec son orthographe et sa signification textuelle?

Les villes anséatiques ont été dès l'origine des villes maritimes, des ports de mer, presque tous situés dans des anses.

Brême, situé sur le Weser, forme une des grandes anses de la mer d'Allemagne; les navires peuvent arriver à peu près jusqu'à son port, et dans ces temps reculés où la construction des bâtiments et l'art du navigateur n'avaient pas pris les développements que nous lui voyons aujourd'hui, il est à croire qu'ils arrivaient jusqu'à la ville même.

Lubeck, qui lui a succédé dans la domination de l'association, situé au confluent de trois fleuves, est là comme dans la profondeur d'une anse.

L'Escaut, qui porte les vaisseaux jusque dans le port d'Anvers, n'est-il pas comme une des anses de l'Océan? Ne peut-on pas dire qu'Amsterdam est dans la même situation?

Il n'est pas nécessaire de s'attacher à cette idée pour ce qui concerne les autres villes confédérées; cependant Rouen, à une époque où le port du Hâvre n'existait pas, et même depuis, n'est-il pas une ville placée dans une anse, et à plus forte raison Londres, Lisbonne et Cadix?

A cette cause d'autant plus puissante qu'elle est simple, de cette dénomination que nous adoptons, s'en joint une autre non moins simple et non moins grave. L'objet principal de l'association était de combattre les déprédations des pirates; ces derniers se réunissaient pour dévaster; on s'est réuni pour conserver. Or, ces pirates s'intitulaient, dans leur langage pittoresque, les *Wikings;* on leur a opposé leur propre qualification : et les villes des *anses* ont combattu les *enfants des anses* (1).

Cette dernière réflexion sera adoptée, nous n'en doutons pas, par tous ceux qui savent quelle poésie animait le langage des peuples de ces contrées, bercés depuis la naissance jusqu'à la mort par le bruit des vents et de la tempête. Ce sont eux qui, sous la conduite *des rois de mer,* traversaient, dans des bateaux faits de peaux desséchées, les plus grands espaces; qui se *riaient de l'ouragan,* qu'ils

(1) On a vu plus haut que ce mot *Wikings* voulait dire *enfant des anses.* (M. Thierry écrit ce mot par un *a* et non par un *h.*)

représentaient comme à leurs ordres, qui appelaient leurs bateaux : des *chevaux marins*, l'Océan : le *chemin des cignes*, chantaient la défaite avec autant d'enthousiasme que le triomphe, et ne craignaient pas plus les supplices que la mort (1).

Nous adoptons cette solution avec tout le respect que nous inspirent le nom de Du Cange, et même celui de Malte-Brun, et nous continuons d'observer la *ghilde* et la confédération des *anses* dans leurs altérations jusqu'au jour où, transformées elles-mêmes, elles peuvent être considérées comme ayant un rapport direct et immédiat avec les institutions de l'enseignement répandues alors dans le monde civilisé, sous le nom d'*Université*.

La ghilde anséatique devait périr; les rois, effrayés du pouvoir que prenait cette confédération, au lieu de s'occuper des moyens de détruire ses abus, de régulariser sa marche, aimèrent mieux la détruire.

Le successeur de *Malte-Brun* les en félicite; nous ne pouvons nous associer à ces éloges. « On est forcé, dit-il, d'applaudir aux « courageux et sages souverains qui ont lutté contre ces *insolents mar-* « *chands,* dont l'astucieuse politique aurait voulu voir courber sous « leur *aune de Lubeck,* comme sous un sceptre de fer, tous les peu- « ples de l'Europe septentrionale (2). »

Ce qu'il y a de plus surprenant, c'est qu'un savant économiste dont les travaux semblaient devoir faire présumer de sa part un tout autre jugement s'y associe.

« Les rois de Suède, de Danemarck et de Norwége, dit Blanqui, « toutes ces puisssances féodales, habituées au tribut et au pillage, « finirent par voir d'un mauvais œil l'indépendance de quelques « cités commerciales et l'*insolence bourgeoise* qui en était la « suite. »

La démocratie du XIIᵉ siècle succomba sous les efforts de l'aristocratie armée, et les villes anséatiques retombèrent au rang des villes privilégiées au moment où, dévançant les siècles, elles allaient cousommer l'affranchissement des peuples et fonder le régime de la loi; cependant son agonie fut longue et se prolongea

_____

(1) Voir à ce sujet le premier volume de l'*Histoire de la conquête*.
(2) Huot, *Géographie universelle*, 2ᵉ volume, p. 632.

jusqu'au commencement du XVIIe siècle, époque à laquelle, entrées depuis long-temps déjà dans la voie d'une dissolution inévitable, elles ne jetèrent plus qu'une faible lueur qui ne s'éteignit tout-à-fait qu'en 1630.

La ghilde civilisatrice avait tué la ghilde barbare : ce fut un immense service, mais ce ne fut pas le seul ; elle développa le germe de l'association.

La commune avait fondé la *ghilde* municipale, la richesse des marchands, résultat de la ghilde municipale, avait fondé la *ghilde* industrielle ; toutes les trois enfantèrent, peut-être à leur insu, la ghilde artistique.

Ce sont, en effet, les monastères qui préparèrent la renaissance des arts, les communes qui exécutèrent leurs plans, et les négociants de la Germanie qui fécondèrent par leur exemple ces semences long-temps engourdies dans la servitude.

La *franc-maçonnerie* est contemporaine de l'accroissement de la population des monastères, des efforts des communes pour s'affranchir, enfin de la confédération des villes anséatiques ; son berceau est le monde chrétien, elle a rempli sa patrie de ses œuvres admirables.

Du XIe au XIIe siècle, au moment où les monastères regorgeaient de population, au moment où la culture des terres surabondait de travailleurs, le sentiment des arts fermenta dans les cloîtres.

Les chrétiens s'étaient emparés des basiliques romaines, ou bien étaient forcés de consommer le sacrifice de l'Homme-Dieu sur l'autel qui avait servi à l'immolation des victimes offertes aux divinités du paganisme ; leur culte manquait d'harmonie, ses mystères ne pouvaient vivre à la clarté des palais des grands du monde, les pompes de l'église se trouvaient à l'étroit dans les monuments consacrés aux cérémonies simples, expéditives et sans majesté du culte des faux dieux. La mélancolie de la vie contemplative, les joies négatives du chrétien fidèle demandaient une architecture plus conforme à ces sentiments ; l'architecture, improprement nommée gothique, sortit de ces asiles dans lesquels on ne considérait la terre que comme un lieu d'exil et desquels l'âme s'élançait en désir vers la céleste patrie.

Ce fut surtout à l'expiration des mille ans qui suivirent la naissance du Christ que s'élevèrent ces magnifiques monuments.

On sait qu'adoptant sans examen une croyance populaire, les générations parvenues à l'an 1000 crurent au jugement dernier.

La terreur inspirée par cette croyance laissa, même après le danger passé, des traces profondes dans les esprits. D'ailleurs, l'attente de ce moment terrible avait opéré bien des conversions et des retours sur soi-même; les consciences, bourrelées de remords, demandaient à s'amender; les seigneurs, tous plus ou moins coupables de violences, de rapines, de meurtres, voulurent se réconcilier avec Dieu et avec eux-mêmes; la tour féodale avait étouffé bien des sanglots, les oubliettes tari bien des larmes : le moyen le plus efficace fut employé; les donations les plus abondantes et les plus fécondes furent faites aux établissements religieux; l'état des églises, toutes misérables ou indignes de la sainteté de leur destination, apparut aux yeux restés jusque-là inattentifs ou indifférents.

Le cloître, le donjon s'entendirent pour commencer l'œuvre de la reconstruction des temples, et les hommes des communes, excités par la nécessité ou par le désir de s'associer au sentiment religieux, dont la manifestation avait pour conséquence le salut des âmes, se réunirent aux clercs et aux seigneurs; les uns furent l'esprit qui conçoit et dirige, les autres le bras qui exécute.

Les moines eux-mêmes, alors qu'ils n'étaient pas architectes, devenaient maçons, et ce fut sans difficulté, et avec plus de promptitude qu'on ne pourrait le supposer, que ces admirables cathédrales, ces belles églises répandues sur toute l'étendue du monde chrétien ont été construites.

Mais si ce mouvement fut général, on peut dire cependant qu'il eut un point de départ bien déterminé. Ce point de départ fut la Lombardie, et l'époque de la constitution des associations d'ouvriers remonte du Xe au XIe siècle; bientôt ce mouvement s'étendit aux provinces les plus éloignées de ce point originaire, des loges furent organisées, des statuts furent adoptés par tous les membres de l'association.

Ce fut en Allemagne surtout qu'au XVe siècle la franc-maçonnerie prit un immense développement : l'assemblée des maçons et des tail-

leurs de pierre qui eut lieu à Ratisbonne en 1450, après la construction de la cathédrale de Strasbourg, promulgua bientôt un véritable code des statuts épars des diverses associations de ce genre ;
ce code fut adopté par tous les maçons et tailleurs de pierre voyageurs, une *ghilde* d'ouvriers et d'artistes fut de nouveau fondée.

Telle a été la naissance et tels ont été les développements d'une
institution qui s'est perpétuée jusqu'à nos jours, se transformant
d'abord, s'abâtardissant ensuite, et venant enfin mourir au XIXᵉ siècle pour ne plus laisser qu'un souvenir dans les lois du compagnon-
nage.

Comme on le voit, les invasions du nord au midi ont, avec le
temps, singulièrement changé d'aspect ; à elles seules, elles peuvent
offrir à l'observation l'histoire des progrès de la civilisation.

Quatre périodes les divisent, et ces périodes les montrent s'affaiblissant d'abord et se transformant ensuite, à ce point qu'au lieu de
la conquête par la force brutale, elles aspirent à la conquête par l'industrie et finissent par offrir à tous le partage de la sécurité et des
arts.

Ce nouvel enfantement de la *ghilde* se borna-t-il à la *franc-maçonnerie,* et ne doit-on pas considérer comme une de ses inspirations les associations des écoliers qui allaient travailler à l'édifice de
la perfection de l'esprit humain, comme les *francs-maçons* allaient
travailler à la construction des monuments de la religion chrétienne ?

Cette question est née de nos précédents chapitres sur l'Université
d'Orléans, et c'est son examen qui a nécessité le coup d'œil rétros-
pectif que nous venons de jeter sur ces institutions. Nous y avions
été d'ailleurs convié par l'auteur d'une publication remarquable, les
Coutumes de Picardie (1), qui nous a fait parvenir une dissertation
dont nous devons extraire quelques passages :

« Ce que vous dites de l'esprit exclusif qui animait chacune des
« parties de l'Université d'Orléans ne m'étonne pas et me confirme
« dans l'opinion que cette corporation avait la même organisation
« politique, et peut-être la même origine que toutes les corporations
« d'arts et métiers qui ont joué un si grand rôle au moyen-âge. »

(1) M. BOUTHORS, greffier en chef de la cour d'appel d'Amiens.

« Leur berceau à toutes remonte à une époque où la puissance
« publique n'existait pas, où il n'y avait de protection que dans les
« associations de famille et dans ces pactes de garantie mutuelle
« qu'on retrouve dans toutes les institutions de la *ghilde*, non-seu-
« lement en France, mais encore dans tous les Etats de l'Europe.

« Ce passage que vous citez : *Si quelqu'un a une querelle ouverte*
« *avec un étranger* (1), &c., est pour moi très-significatif et me porte
« à croire que l'Université d'Orléans, précisément parce que quel-
« ques-uns de ses statuts se rapprochent des anciens statuts de la
« ghilde, doit avoir la même origine que cette institution, et qu'elle
« se réglementait elle-même long-temps avant que les papes eus-
« sent songé à leur donner une assiette légale.

« Ainsi, pour moi, toutes les corporations, celles qui se sont
« formées dans les villes, dans un intérêt purement industriel, et
« dont est sortie la commune; celles qui avaient pour objet le com-
« merce extérieur, et qui ont trouvé naissance dans les *hanses* (2)
« de Londres, de Lubeck et de Hambourg; celles qui, la truelle et
« l'équerre à la main, allaient de ville en ville, de province en pro-
« vince, édifier des cathédrales, comme celles qui se sont donné la
« mission de conserver le dépôt des sciences et d'interpréter les
« lois, tout cela se lie à un même ordre d'idées, et je m'explique
« comment une même ville pouvait réunir au moyen-âge des corps
« d'étudiants appartenant à différentes provinces et à différentes
« contrées, par l'analogie que cette agglomération d'étudiants pré-
« sente avec les agglomérations de commerçants, de nations diffé-
« rentes, dans certaines villes du littoral où elles avaient leurs comp-
« toirs particuliers et même leurs halles distinctes. »

Ces réflexions nous ont semblé une critique du point de départ
que nous avions adopté pour fixer la date de la naissance de l'Université d'Orléans.

Nous avons pris pour date de l'établissement de ce corps enseignant les ordonnances de Philippe-le-Bel, sans répudier cependant
d'une manière absolue les actes émanés du pouvoir pontifical.
M. Bouthors pense que non-seulement les universités ont une origine antérieure à leur régularisation par le pouvoir royal, mais encore

---

(1) Voir au chapitre précédent les statuts de la nation picarde.
(2) M. Bouthors écrit ce mot avec un *h*.

qu'elles ont précédé les autorisations du pouvoir clérical; qu'enfin, il faut confondre les incursions, dans les diverses parties du monde civilisé, de ces bandes d'étudiants unis par un lien commun avec ces associations formées pour résister aux violences de la barbarie et du système féodal.

Il se fonde sur la nature des choses, en se reportant à ces temps reculés, et sur la similitude existant entre les statuts des congrégations d'ouvriers et de commerçants, les statuts des associations municipales et ceux des associations d'étudiants.

Il est vrai que les unes comme les autres semblent avoir eu une origine commune; les statuts des étudiants de la nation germanique et ceux des étudiants de la nation picarde reproduisaient en partie les statuts de la loi de *l'amitié* : bien plus, on retrouve dans les statuts de ces associations la trace des plus anciennes ghildes, à ce point que l'on pourrait croire que les élèves de la nation picarde avaient copié un article des statuts de la ghilde formée sous un roi saxon, honoré comme saint, et qui portait le nom d'Eric. Cette ghilde s'appelait la ghilde *du banquet,* et c'est peut-être en mémoire de ces associations traditionnelles que les élèves de la nation germanique avaient conservé l'usage du banquet qu'ils appelaient, ainsi que nous l'avons vu, *festum anniversarium* (1).

On lit dans cette ghilde : « Si l'un des *convives* (tous les associés « prenaient cette qualification) a quelqu'affaire périlleuse qui l'oblige « d'aller en justice, tous le suivront, et quiconque ne viendra pas « paiera une amende d'un sou d'argent.

« Si quelque *convive* tombe malade, que les frères le visitent, et « s'il est nécessaire, qu'ils veillent près de lui ; s'il vient à mourir, « quatre frères nommés par *l'ancien* (déjà il y avait un procurateur) « feront la veillée autour de lui, et ceux qui auront veillé porteront « le corps en terre, et tous les convives l'accompagneront et assiste- « ront à la messe en chantant ; et chacun, à la messe des morts, « mettra un denier à l'offrande pour l'âme de son frère (2). »

Que l'on rapproche ces dispositions de celles que nous avons rapportées dans le chapitre précédent et on sera frappé de leur analogie.

---

(1) Nous avons vu le procurateur de 1566 rappeler que les anciens désignaient ce festin *sous le nom d'agapes, comme le lien et la sanction de l'amitié.*

(2) *Temps mérovingiens.*

Faut-il en conclure que les associations d'étudiants étaient une dé-- rivation des anciennes ghildes?

Nous ne pensons pas qu'il en soit ainsi; l'absence des pouvoirs réguliers n'avait lieu que dans l'étendue (le détroit, pour nous servir de l'expression alors consacrée) des seigneuries particulières; mais dans les grands centres de population, l'autorité royale, ou celle des seigneurs s'exerçait avec assez de force pour qu'on fût obligé de s'y soumettre, et pour que les grandes associations eussent au moins besoin de la protection du prince.

Aussi ne pouvons-nous reconnaître dans des associations plus ou moins compactes, mais en même temps d'une existence plus ou moins précaire, la constitution des corporations enseignantes.

Au moyen-âge, l'amour de la controverse qui tourmentait le monde clérical, le désir de s'instruire et d'instruire les autres avaient donné naissance à des corps enseignants, au sein desquels se livraient souvent de mémorables tournois d'éloquence; de là des associations plus fixes qui, plus tard, se sont transformées en universités autorisées par les papes; mais il n'apparaît pas que les étudiants se fussent soumis aux lois d'une ghilde spéciale ou appartinssent aux confédérations semblables à celles des *franc-maçons* et des *communiers*.

La similitude que l'on observe dans les articles des statuts des unes et dans les articles des statuts des autres tient plus à la nature des choses qu'elle ne constate l'identité d'origine des deux genres d'associations.

Partout où il y aura communauté d'intérêts, il y aura solidarité et garantie réciproque; la faiblesse recherchera toujours des moyens de résistance et des gages de sécurité qu'elle ne peut rencontrer que dans la réunion de toutes ses forces. L'esprit provincial a long-temps dominé l'esprit national, la fédération féodale isolait toutes les parties d'un empire: les Bourguignons et les Normands, les Tourangeaux et les Picards étaient aussi étrangers les uns aux autres, et bien plus peut-être que ne le sont aujourd'hui les Allemands et les Français; de là des haines de province à province, de ville à ville, de village à village; le système coutumier, la disparate des usages et des vêtements, la différence des idiomes conservés par la difficulté et même l'impossibilité des communications, l'absence, les dangers et les longueurs de la viabilité, tout concourait à rendre les hommes les plus voisins étrangers entre eux.

C'est cet esprit qui a dicté les statuts des associations d'écoliers, et nulle trace de *ghildes* régulièrement organisées ne se rencontre dans ces espèces de contrats d'assurance et de garantie mutuelle.

Une dernière observation sera le complément de la justification de cette proposition. La ghilde, la commune, la confédération anséa- tique, la franc-maçonnerie étaient, avant tout, une loi d'égalité. Or, dans les associations d'étudiants, et notamment dans celle de la na- tion germanique, l'élément aristocratique dominait: le procurateur devait être noble, et les catégories entre les nobles et les non-nobles étaient établies à ce point qu'elles ne votaient pas ensemble, mais séparément; le procurateur était élu *modo ex superioribus, modo ex inferioribus* (1).

Enfin, si ces associations eussent été de même origine que la ghilde, tous les écoliers étrangers à la province de l'Orléanais eussent accepté le même contrat; au contraire, ils semblent avoir vécu dans la défiance et dans la haine les uns des autres.

Nous reconnaissons cependant que le système des ghildes a pu servir de modèle à ces associations partielles; nous savons trop bien quel est l'empire de l'exemple et de la tradition pour le nier; mais nous ne pouvons confondre l'esprit provincial avec l'esprit éga- litaire qui a présidé à la formation des associations que nous ve- nons d'étudier, et ce serait faire une confusion que d'amalgamer les corporations d'écoliers avec des confédérations qui nous semblent d'une tout autre nature.

Nous craindrions de nous laisser aller à l'esprit de système si nous voyions dans les associations des écoliers autre chose que le résultat d'un sentiment de localité poussé à l'extrême et qui cependant sub- siste encore de nos jours; l'amour du lieu natal, la sympathie entre ceux qui ont reçu la vie dans la même cité, dans la même contrée, a survécu au rapprochement des distances, à l'unité de la loi, à l'unité du costume et des mœurs; combien devaient-ils être plus actifs au temps où rien de semblable n'existait !

_____

(1) Les registres d'immatricule des écoliers distinguent entre les nobles et les non nobles.

C'est ce qui à soi seul explique ces associations séparées, à une époque où les séparations revêtaient toutes les formes, où les institutions les maintenaient, où les mœurs n'étaient pas encore adoucies par l'éducation et l'esprit de sociabilité ; mais en dehors de ces motifs, la *ghilde* des nationaires eût été un effet sans cause ; car sous l'influence du pouvoir ecclésiastique comme sous celle du pouvoir séculier, la protection la plus complète entourait les écoliers ; et tous les encouragements leur étaient donnés pour qu'ils vinssent puiser aux sources du savoir, et qu'ils pussent jouir en paix d'une bienfaisante et glorieuse hospitalité.

CHAPITRE IV.

——◦◦—

Ce que nous avons dit de l'Université d'Orléans nous a fait assister à la lutte engagée, au commencement du XIIIᵉ siècle, entre le pouvoir monarchique et le pouvoir pontifical.

Cette lutte ne devait pas produire de résultats immédiats, elle ne devait même pas en produire de définitifs; les deux parties en présence savaient qu'il était intéressant pour elles de ne pas dépasser

(1) Nous avons sous les yeux l'*Histoire de la vie, des ouvrages et des doctrines de Calvin*, par Audin, dans laquelle, au chapitre *Université*, il rapporte de nombreux priviléges, tous plus singuliers les uns que les autres, accordés, suivant lui, à toutes les Universités françaises. Nous n'avons pas cru devoir adopter ces récits. Quoique l'auteur assure que ces immunités étaient communes à tous les corps enseignants, nous ne nous sommes appliqué à rechercher que celles accordées spécialement à l'Université d'Orléans, et dans la quantité considérable de documents que nous avons consultés, nous n'avons rien trouvé qui eût quelque rapport à ces nombreuses franchises accordées aux membres des corps universitaires.

Nous reconnaissons cependant que les plus importantes, celles dont ce chapitre est l'objet, ont été concédées à la généralité des corps enseignants; toutes les autres, que l'auteur que nous citons considère comme spéciales, rentrent dans le droit commun, et, enfin, quelques-unes sont formellement déniées par les réglements généraux aux étudiants, ainsi que nous le démontrerons dans ce chapitre.

M. Andin se charge de justifier lui-même notre manière de considérer la plupart de ces prétendus priviléges qu'il attribue, d'après Rebuffe, à toutes les Universités, car, en commençant leur énumération, il dit que les étudiants étaient, au XVIᵉ siècle, une société régie à la fois par le droit canon, par la jurisprudence civile et par les coutumes locales, et il cite le *Digeste* à l'appui de son énumération de ce qu'il appelle des coutumes locales.

une certaine limite; toutes les deux surent s'y maintenir et marcher vers un but commun, en se prêtant un mutuel secours, tout en étant quelquefois dans un complet désaccord et souvent en état d'hostilité.

Quelque étroit que soit le cadre que nous parcourons, nous pouvous assister à cet ordre d'idées plein de sagesse et de prudence, et considérer un heureux mélange de constitutions et de réglements émanés des deux pouvoirs rivaux.

Peu à peu nous verrons, il est vrai, les uns s'affaiblir et disparaître, les seconds se substituer aux premiers; mais cependant nous retrouverons, jusqu'au dernier moment de l'existence de cette institution, la trace profonde de l'esprit qui animait son premier fondateur.

Cette trace est permanente, elle triomphe de tous les efforts du pouvoir monarchique et subsiste au fond des choses qui semblent être les plus hostiles aux actes émanés du pouvoir pontifical; les mœurs protestent contre la légalité elle-même, et l'Eglise l'emporte même après avoir succombé.

Elle résiste non-seulement au pouvoir séculier, mais même au schisme et aux passions des sectaires; elle va jusqu'à paralyser la volonté de Louis XIV, et prolonge son autorité jusqu'aux jours où le tourbillon révolutionnaire emporte, dans la nuit des temps où nous les avons été rechercher, les lettres-patentes et les arrêts du parlement, où il disperse les docteurs et les écoliers et démolit les monuments qui leur prêtaient leur enceinte.

Cette observation ressort avec évidence de l'examen attentif des *priviléges généraux et particuliers;* elle ressort avec plus d'évidence encore de l'examen des réglements généraux qui ont, en se succédant, été la loi du corps universitaire.

Notre tâche, en faisant connaître les priviléges de l'Université d'Orléans, devra donc s'accomplir par l'examen approfondi de ceux qui ont été concédés par les papes et de ceux qui ont été concédés par les rois.

Nous devons signaler, au début de ce chapitre, une division importante : les priviléges étaient *communs et particuliers.*

Les priviléges communs appartenaient à l'universalité des membres du corps enseignant et des écoliers.

Les priviléges particuliers appartenaient aux diverses corporations de *nationaires* réunis à Orléans.

Il est convenable de s'occuper, avant tout, des priviléges communs : nous aurions été dans l'impossibilité de les reconstituer, si nous n'avions puisé dans de nombreux sacs de procédure.

Pendant que les seigneurs combattaient entre eux et contre les rois pour maintenir leur pouvoir et l'étendre, la bourgeoisie essayait le maintien et l'extension de ses franchises par de perpétuelles et d'interminables luttes judiciaires.

Et de même que l'histoire de la noblesse et des pouvoirs politiques ne se révèle que par le récit de meurtres, de trahisons et de combats ; de même l'histoire de la bourgeoisie ne se révèle que par l'étude de pièces de procédure, de sentences de la prévôté, du bailliage et des arrêts des parlements.

Le point de départ unique d'un examen de la nature de celui auquel nous nous livrons est l'acte constitutif de l'institution par le pouvoir royal.

Le privilége le plus général qui ait été accordé à l'Université d'Orléans se rencontre dans les lettres-patentes de 1312.

La marque la plus considérable de sympathie et de protection que Philippe-le-Bel ait donné à l'Université a été d'affranchir ses membres de la taille et de toutes les charges municipales qui n'atteignaient alors que les roturiers et les hommes de glèbe.

Le roi voulut assimiler à la noblesse ceux qui composaient les corps enseignants.

C'est pour cela, et comme marque d'une distinction toute spéciale, que les lettres-patentes de 1312, s'occupant de certains officiers que nous ferons connaître lorsque nous traiterons des priviléges de la messagerie, déclarent affranchir ces derniers, qu'il désigne sous la qualification de *moraturi*, de toutes tailles, de toutes charges, dépenses et contributions imposées par la municipalité (1), à l'égal des docteurs et des écoliers.

Cette franchise s'étendant à ceux qui étaient institués pour faire aux écoliers les avances des sommes dont ils pourraient avoir besoin,

_____

(1) Sicut ipsi doctores et scholares gaudeant ut etiam ab omnibus tailliis, causis impensis, et contributionibus dictæ urbis penitùs sunt immunes.

6

et représenter, autant que possible, la famille dont ils étaient séparés, installée aussi positivement dans les lettres-patentes, s'étendait aux serviteurs des docteurs, à ceux des écoliers et à tous ceux qui, à un titre quelconque, appartenaient au corps universitaire.

Ce privilége, tant il était préjudiciable aux habitants soumis à ces contributions et tant on en abusa bientôt, dut donner lieu à des réclamations et à des contestations sans nombre.

Aussi, à peine le calme est-il rétabli au sein de l'Université, que nous voyons la guerre commencer entre le corps des docteurs défendant ses intérêts et ceux des écoliers et de ses officiers, et la communauté des habitants représentée par les échevins.

Dès l'année 1495, une discussion s'éleva entre l'Université, par l'intermédiaire de son procureur général, et les manants et habitants de la ville; des pièces furent produites par le représentant du corps universitaire, leur authenticité résulte de la *copie collationnée* que nous a laissée *Mᵉ Estienne de Folleville, escuyer, licencié ès lois, procureur général de M. le gouverneur général du duché d'Orléans, etc., conseiller du roi sur le faict de la justice des aydes.*

Il est vrai que le procès-verbal de la *collation* de ces pièces contient, de la part des manants et habitants de la ville, des réserves de les *impugner* et *débattre;* mais ces réserves, formules de procédure, ne peuvent nuire à la confiance que mérite le certificat constatant l'exactitude de leur texte.

Au nombre de ces pièces se trouve l'arrêt du parlement de 1310 rendu à la suite de l'émeute causée par l'exercice de l'enseignement, en vertu de la bulle de Clément V, et dont nous avons rapporté les dispositions plus haut (1).

Rien, à la vérité, dans cet arrêt produit au conseil du roi *sur le faict des aydes,* à l'occasion de discussions sur des droits d'aides exigés d'une part et refusés de l'autre, ne concernait l'affranchissement prétendu, et cependant cette production n'était pas faite sans intention; nous croyons l'avoir découverte.

La bulle de création (1305) assimilait l'Université d'Orléans à celle de Paris et à celle de Toulouse; il s'ensuivait que la première, comme les deux autres, pour les contestations d'un ordre élevé, était

(1) Chapitre 1er.

soumise à la juridiction ecclésiastique, ayant pour chef l'archevêque ou l'évêque de chacune de ces villes; que pour les contestations d'un ordre moins considérable, telles que celles intéressant les droits d'aides, le prix des baux des maisons occupées par les membres de l'Université, le prix des subsistances, un tribunal arbitral avait été constitué, tribunal composé de deux docteurs et de deux bourgeois départagés *par un autre docteur*.

La bulle prescrivait même, en ce qui concerne la taxe de la location des maisons et celles des vivres en temps de cherté (*tempore charistiæ*), que les difficultés qui s'élèveraient entre les membres de l'Université, les membres de leurs familles et les habitants, fussent soumises aux juges ecclésiastiques, et défendait qu'il intervînt aucune sentence du juge séculier (1).

La production de cet arrêt ne doit donc être considérée que comme un moyen de se soustraire à la juridiction ordinaire en matière d'aides, comme un *déclinatoire* de la compétence du magistrat saisi de la difficulté à l'occasion de laquelle la production a été faite.

Cette intention est d'autant plus manifeste que, quelle que fût la volonté du pouvoir royal de soustraire les justiciables laïques, en contestation avec l'Université, à l'abitraire de ses docteurs et à la juridiction ecclésiastique, cette partie de la charte royale n'avait pas été exécutée, et la juridiction de l'ordinaire, par une conséquence presque nécessaire de la haute influence du clergé, était restée dessaisie de la connaissance des contestations qui avaient pu s'agiter entre les membres de l'Université et les habitants de la ville; bien plus, alors même qu'il ne s'agissait d'aucun fait relatif à ces priviléges, et par suite de l'extension que les membres de l'Université leur donnaient, les laïques étaient entraînés devant la juridiction ecclésiastique à l'occasion des contestations qu'ils avaient avec les docteurs ou les écoliers.

La charte de 1312 était donc comme si elle n'était pas.

A cet arrêt du Parlement de l'année 1310, l'Université joignait plusieurs autres titres; le premier était un édit du roi Charles VII

---

(1) De taxatione domorum et victualibus, tempore charistiæ, et quod criminosi non puniantur per judicem secularem, et laïci scholares et eorum familiæ in foro ecclesiastico respondere teneantur.

rendu « sur le faict et gouvernement de toutes ses fermes tant en
« langue d'oil comme en langue d'oc, et notamment sur le faict des
« aydes ordonnées pour la guerre tant ès duché et pays d'Orléans
« comme ailleurs. »

Le roi avait établi *par tout son royaulme* un droit de vingt sous par
tonneau ou pipe de vin.

« Mais ayant receu l'umble suplicacion du procureur général
« de sa très-chiere et amée fille l'Université d'Orléans, soutenant
« que, insoit (malgré) ce que par priviléges anciens donnés et
« octroyés aux docteurs régents, maîtres, bacheliers, licenciez,
« escoliers, estudiants, serviteurs et officiers de ladicte Université,
« par lui et ses prédécesseurs les rois de France; ceux-ci sont
« francs, quittes et exempts de toutes tailles, aydes et subventions
« quelconques mis sus en et partout son royaulme; et lesdicts pri-
« viléges, franchises et exemptions aient les dicts suppléants joy et
« usé, tant par eux que par leurs prédécesseurs, de tel et si long et
« ancien tems qu'il n'est *mémoire du commencement.*

« Pourquoi (dit-il) nous, ces choses considérées, voulons les dicts
« priviléges ainsi octroyés à notre dicte fille n'être énervés ne dimi-
« nués; mais voulons iceux être tenus et gardés à leurs termes sans
« en fraulde; et que lesdits estudiants ainsi estant audict estude et y
« vacquant pour acquérir science, et leurs officiers être tenus
« quittes et paisibles de tout le vin qui sera venu et feront venir en
« la dicte ville d'Orléans ou *aultre part,* y ceux et venus du crû de
« leurs dictes vignes, en quelque lieu *qu'elles soient situées,* pour
« leur boire et *aultre nécessité.* »

Cette charte, donnée le 27ᵉ jour de septembre 1440, avait été
précédée d'une autre encore plus favorable à l'Université, car celle-
ci semble restreindre ses franchises, en ce qui concerne les droits
d'aides, aux quantités nécessaires à la consommation des docteurs,
écoliers, leurs serviteurs et officiers, tandis que la charte qui lui est
antérieure leur reconnaît des droits vraiment exorbitants.

Les mots : *pour leur boire et autres nécessités,* prêtaient sans doute
à l'argument et à l'interprétation ; mais enfin ils semblaient restrictifs,
comparés à ceux contenus dans la charte dont nous allons nous occuper.

Charles VI avait établi une assez grande quantité d'impôts sous des noms divers.

Les membres de l'Université prétendaient à la franchise des objets de consommation, non-seulement pour tout ce qui n'excédait pas leurs besoins, mais encore pour tout ce qu'ils *livraient au commerce*.

Cette extension, ainsi que nous le disions il n'y a qu'un instant, était exorbitante; car elle intéressait non-seulement les docteurs, les étudiants, les officiers de l'Université, mais encore les membres de leurs familles et leurs serviteurs. Or, parmi toutes ces personnes, il s'en trouvait qui possédaient une fortune considérable et qui avaient à leur suite un grand nombre de domestiques.

De plus, la fraude se glissait dans la concession des titres de membres de l'Université, de sorte qu'il y avait au milieu de la cité une quantité innombrable de consommateurs privilégiés échappant à la loi commune par suite d'une coupable simulation.

Cet état de choses froissait deux intérêts : d'abord celui du fermier des aides; car déjà à cette époque le système qui s'est prolongé jusqu'en 1789, de donner à ferme tous les revenus du royaume, était en vigueur; et, en second lieu : l'intérêt des habitants de la ville, dont les charges étaient aggravées de tout ce dont les membres réels ou fictifs de l'Université étaient affranchis.

C'est ce que le roi prend le soin de nous apprendre lui-même dans la charte du 8 mars 1385.

« Charles, par la grâce de Dieu, aux eslus ès cité et dioceze
« d'Orléans, sur le faict des aydes ordonnées pour la guerre;
« oie les supplications de notre fille l'Université d'Orléans, au
« nom des officiers et suppôts d'icelle, contenant que iceux
« escoliers et suppôts, par priviléges de nos prédécesseurs rois
« de France, à eux octroyés et par nous confirmés, ont été, sont
« et doivent être francs et quittes et exempts de payer aucuns
« aydes; mais ce nonobstant, les fermiers de nos dicts aydes à Or-
« léans, leurs blés et vins qu'ils ont vendus, ès cas à eulx permis,
« et vendent chacun jour à marchands et aultres gens, ont arrêté et
« fait arrêter, quand iceux marchands et gens les veulent faire me-

« ner hors la dicte ville, et contraignent et s'efforcent contraindre
« lesdicts escoliers à payer aydes des choses par eux ainsi vendues,
« et ne veulent laisser partir icelles choses de la dicte ville, se ils
« ne reçoivent l'argent comptant de la valeur desdicts aydes, com-
« bien qu'ils aient été et soient suffisamment informés que ceux qui
« les dictes choses ont ainsi vendu et vendent, soient *vrais* escoliers
« et suppôts de ladicte Université.

« Pourquoi nous mandons et estroitement enjoignons que tous les
« *vrais* escoliers et suppôts de ladicte Université, dont il nous appe-
« rera *vraies certificacions* du recteur d'icelle, vous faictes joyr et
« user paisiblement de toutes les franchises, selon la teneur desdicts
« priviléges. »

Ces *certifications* étaient la preuve suffisante, aux termes de toutes
les ordonnances des rois, pour décharger celui à qui elles étaient
accordées, des droits imposés sur tous les objets de consommation.

On voit dans une autre charte délivrée en 1406, à l'Université, et
comprise par le procureur général dans sa production, que le roi, au
moment où il établissait, pour *la conquête de Guienne et reforcement
des frontières de Picardie,* des impôts sous divers noms, tels que :
aydes, fouage, impositions, quatrième taille, etc., affranchissait les
élèves, docteurs, bedeaux, serviteurs et suppôts de ces charges publiques, et prescrivait que le certificat des régents suffirait pour former
le titre de celui auquel il serait délivré.

L'affranchissement de droits était d'ailleurs, ainsi que nous l'avons
dit, contenu dans la charte de Philippe-le-Bel, et ce n'est pas sans
surprise qu'on ne voit pas figurer cet acte au nombre de ceux *produits* par l'Université. Rien ne saurait expliquer cette négligence, si
ce n'est la *préférence qu'elle donnait,* par un retour dont on ne
saurait être surpris, à l'institut clérical sur l'institut émané du pouvoir royal.

Telle était enfin la tendance des esprits à la rébellion contre ce
dernier pouvoir, que l'Université n'invoque pas même la bulle de
Jean XXII, publiée avec l'assentiment de Philippe-le-Long et sur la
provocation de celui-ci ; bulle dont les modifications, assez impor-

tantes, aux dispositions de la bulle de Clément V, importunaient sans doute l'Université.

Il est indispensable de jeter un coup d'œil sur cet acte daté de la ville d'Avignon le 17 décembre 1320, et sur les circonstances dans lesquelles il a été publié.

Les immunités dont jouissaient les membres du corps enseignant ont toujours paru insupportables aux habitants de la ville.

La réunion d'un grand nombre de jeunes hommes étrangers, dans ces temps de troubles, d'invasion et de disputes théologiques, devait apporter une grande perturbation dans les habitudes d'une cité qui s'est, dans tous les temps, distinguée par la gravité de ses mœurs et son amour pour le travail ; livrés au commerce et à l'industrie, les bourgeois d'Orléans étaient peu touchés de l'illustration que l'Université jetait sur leur ville.

La contestation de l'année 1495 est une preuve de l'impatience avec laquelle ces priviléges étaient supportés par la communauté des habitants; mais nous pouvons remonter plus haut dans la chaîne des temps pour démontrer la persévérance des esprits à cet égard.

L'émeute de 1309 , à la suite de laquelle intervint la charte royale de 1312, fut suivie d'un événement plus considérable encore.

Après la mort de Philippe-le-Hutin (1316), il y eut un court interrègne (1) pendant lequel Philippe V prit le titre de régent; ce dernier avait, en cette qualité, rendu une ordonnance par laquelle il enjoignait au bailli *de faire cesser les injures et les oppressions* dont l'Université était l'objet de la part des habitants de la ville et de *maintenir ses priviléges*.

Cette ordonnance correspondait à la requête présentée par les docteurs-régents dans laquelle ils se plaignaient du trouble apporté à la jouissance de ces priviléges. Les choses étaient telles à cette époque, que les autorités judiciaires elles-mêmes se réunissaient aux bourgeois contre l'Université; mais l'autorité royale ayant borné son intervention à l'injonction que nous venons de faire connaître et à la

---

(1) La reine Clémence de Hongrie était enceinte à la mort du roi ; elle accoucha d'un fils qui ne vécut que quelques jours. Cette mort fut le signal de l'avènement de Philippe-le-Long.

destitution du prévôt , seul magistrat qui rendît alors habituellement la justice dans la ville , le corps universitaire tout entier , usant de la faculté que lui accordait, dans certains cas prévus, la bulle de Clément V (1), et sans autorisation royale, se retira à Nevers.

Jean XXII occupait alors le saint-siége qu'il avait maintenu dans la ville d'Avignon, où son prédécesseur l'avait transporté ; son action était d'autant plus influente en France , qu'il en était plus rapproché. Aussi le roi , assez mécontent du parti que venait de prendre le corps universitaire d'Orléans, crut qu'il serait utile de s'entendre avec le pape sur les mesures de sévérité qu'il était dans l'intention de prendre.

Le mécontentement du roi le portait à dissoudre l'Université d'Orléans ; il ouvrit des négociations avec Jean XXII par l'intermédiaire d'un archidiacre du diocèse d'Orléans, nommé Amisius.

Tout ceci se passa peu après la fuite du corps universitaire dans la ville de Nevers ; mais la turbulence des écoliers , et probablement aussi l'humeur assez hautaine des régents, ne tardèrent pas à indisposer les bourgeois de Nevers comme l'avaient été ceux d'Orléans.

On raconte qu'à la suite de rixes et de violences, les habitants de Nevers jetèrent la chaire des docteurs-régents du haut du pont dans la Loire, en exprimant le souhait qu'elle retournât, transportée *par les eaux du fleuve et avec l'assistance du diable,* dans la ville d'où elle était venue.

La partie n'était plus tenable à Nevers pour l'Université ; en 1320, elle revenait dans la ville qu'elle avait quittée.

Ce fut alors que parut la bulle de Jean XXII.

Cette bulle raconte avec de minutieux détails les démarches faites par le roi auprès du pape, par l'intermédiaire d'Amisius ; le désir du roi de dissoudre l'Université, et les motifs qui ont déterminé le pape à ne pas donner son assentiment à ces mesures rigoureuses.

(1) Et si doctoribus vel scholaribus ipsis, quod absit, vel alicui eorum inferatur injuria, utpotè mortis, vel membri mutilationis, nisi congruâ monitione præmissâ, infrà quindenam super hoc fuerit congruè satisfactum, liceat doctoribus usque an satisfactionem condignam eorum suspendere lectiones.

L'une des considérations auxquelles le pape obéit est, en premier lieu, qu'il a étudié à cette Université et le doux souvenir qu'il en a conservé ; en second lieu, il lui paraît peu convenable de détruire l'œuvre de Clément V, son prédécesseur.

Aussi, loin de détruire l'Université d'Orléans, il veut assurer sa durée, et pour cela il prescrit plusieurs modifications aux lettres canoniques antérieures aux siennes, et il impose à tous les membres de l'Université le serment de les observer.

La plus importante de ces modifications avait pour objet de restreindre la compétence du pouvoir ecclésiastique auquel les causes étaient déférées, contrairement aux lettres-patentes de 1312, qui ordonnaient qu'elles fussent portées devant la juridiction ordinaire.

C'est ainsi que l'intervention du docteur-régent, qui se produisait dans toutes les actions, et avait pour conséquence d'enlever, par application de la bulle de 1305, la connaissance des procès au juge civil et de l'attribuer au juge ecclésiastique était défendue, à moins que l'action, intentée soit civilement, soit criminellement, n'intéressât le corps universitaire tout entier. Ce passage de cette bulle doit trouver place ici.

Le pape s'adresse à Gancellinus de Ossa, son neveu, cardinal-prêtre de Saint-Marcellin et de Saint-Pierre, et son nonce en France :

« Nous avons résolu, dit-il, de modifier de la manière suivante la
« constitution de l'Université, et nous avons pris nos mesures pour
« que notre décision ne puisse nuire ni à toi, ni à tes subor-
« donnés.

« L'Université, le recteur, les docteurs et les écoliers ne devront,
« en aucune manière, se mêler aux contestations des écoliers et des
« docteurs pris isolément ; ces actions ne pourront être poursuivies
« au nom de l'Université et comme l'intéressant, que dans le cas où
« le docteur ou l'écolier intentera contre un bourgeois d'Orléans,
« ou celui-ci contre le docteur ou l'écolier, une action civile ou cri-
« minelle intéressant *certainement* tout le corps universitaire, et nous
« voulons que tout docteur ou recteur de l'Université, lors de

« son entrée en fonctions, prête serment d'exécuter ces prescrip-
« tions (1). »

Comme on le voit, cette partie de la bulle n'était pas très-posi-
tive ; elle laissait beaucoup à l'interprétation, à l'arbitraire, et
contenait une disposition on ne peut plus favorable à l'exception
d'incompétence que nous soupçonnons l'Université d'avoir voulu
soulever. Le pape voulait assurer une grande latitude aux membres
de l'Université, qui n'était encore qu'un démembrement du corps ecclésiastique.

Il alla si loin, qu'il maintint les dispositions de la bulle de Clément V, relative au tribunal arbitral qu'elle avait constitué pour vider
les discussions pouvant naitre de la location des maisons, la taxe des
vivres en temps de cherté, et abandonna à la prudence de son nonce
l'application de ses dispositions à cet égard (2).

Le roi confirma cette bulle de Jean XXII par des lettres-patentes
de la même année (1320).

Tel était l'état de ce que nous appellerons la législation en 1495,
lors de la production des pièces que nous vérifions en cet instant.

L'examen auquel nous venons de nous livrer nous commande le
résumé de tout ce qui s'y trouve contenu, soit textuellement, soit
implicitement, soit même par induction :

Affranchissement des droits d'aides et subsides ;

Juridiction exceptionnelle dévolue à l'évêque ou à des arbitres.

La confusion des juridictions continua; cependant les bailli et
prévôt restèrent définitivement en possession de juger les causes in-

---

(1) Tuis tantùm in quantùm nostræ potest convenire decentiæ desideriis complacere
volentes, reformationem universitatis hujusmodi per subscripta deliberavimus modifi-
care remedia, et tibi tuisque subditis nequeat esse onerosa, videlicet quod universitas,
doctor, doctores aut scholares illius de factis singulorum scholarium et doctorum
universitatis nomine se nullatenùs intromittant, nec factum singularis personæ alicujus
de universitate jàm dictâ, tanquàm universitas prosequatur, nisi doctor vel scholaris
contrà civem aurlianensem, vel civis contrà doctorem vel scholarem actionem civilem
vel criminalem forsitan attentaret, quæ totam universitatem tangeret manifestè.

(2) Præterea quod continetur in concessione universitatis ipsius, de taxatione domorum ac de non subtrahendis victualibus de civitate prædictâ, tempore charistiæ hoc
tuæ prudentiæ relinquitur.

téressant les membres du corps universitaire ; on ne rencontre que quelques actes émanés des évêques d'Orléans qui semblent intervertir cet ordre, et ces actes, ne portant que sur des parties accessoires de la constitution de l'Université, ne semblent pas avoir eu une grande autorité.

Taxe des maisons et des vivres en temps de cherté, c'est-à-dire location arbitrairement fixée ; *maximum* de ces locations et des vivres nécessaires à la consommation des membres de l'Université ; vente au cours général des produits de leurs propriétés, et en même temps acquisition à un moindre prix de ce dont se composait leur consommation et celle des membres de leurs familles et de leurs serviteurs.

Nous avons vainement recherché quel était l'objet du débat qui avait donné lieu à cette production de pièces; il est cependant manifeste qu'il reposait sur une perception des droits dont s'occupent les documents remis sous les yeux des magistrats saisis de la difficulté.

Nous avons signalé les fonctions à l'aide desquelles l'Université multipliait le nombre des personnes que ces affranchissements atteignaient.

Partout on rencontre la trace de ces coupables mensonges : les habitants voyaient des bourgeois, des marchands devenir bedeaux, libraires, parcheminiers, relieurs, bien qu'en réalité ni leurs occupations ordinaires, ni leurs industries ne permissent un instant de croire que ces titres fussent sérieux, et bien que leur fortune et même leur position sociale les plaçassent au-dessus de pareilles fonctions, dont quelques-unes tenaient de la domesticité.

Déjà, dans les pièces que nous venons d'énumérer, on exige, pour la jouissance des priviléges accordés, que l'on soit *vrai écolier* et *vrai suppôt* de l'Université; mais en même temps on voit qu'il suffit d'une simple *certification* des docteurs-régents pour que cette qualité soit reconnue à celui qui voudra s'en prévaloir.

Dès 1389, ces difficultés se manifestaient; elles avaient donné lieu à une transaction du 9 août de cette année, homologuée par arrêt du Parlement du 4 septembre 1390. Nous en extrairons quelques passages.

Cette transaction, publiée sous le sceau de Mc Jehan Chefdeville, prévôt d'Orléans, a été reçue par Jehan Huau, clerc-notaire juré du Roi, en son châtelet.

Après avoir constaté les noms des parties qui étaient, d'une part, Mᵉ Geoffroy Renouard, procureur fondé des manants et habitants d'Orléans, Mᵉ Jehan Ytasse, Mᵉ Jacques Caillard, Mᵉ Richard Leboucher, Jehan Berault, notaire au Châtelet, Huguet de Tours, Guitte Acarie, Odin Simon, dame Denise, mère de Mᵉ Jacques Haut-de-Cœur, laquelle, *pour ledit Mᵉ Jacques, son fils, se fit fort, a pris en main et promisit à lui faire avoir pour agréable les choses qui en suivent* et autres, parmi lesquels quelques-uns étaient chargés des pouvoirs de leurs co-intéressés, à l'effet de transiger, composer, accorder, le notaire rédacteur de l'acte s'exprime ainsi :

« Comme plaid et procès fust meu entre bourgeois, manants et
« habitants d'Orléans, demandeurs, d'une part, et Mᵉ Jehan Ytasse
« (et autres dont les noms précèdent), sur ce que lesdits deman-
« deurs disaient et maintenaient que lesdicts deffendeurs étaient de-
« meurants en la ville d'Orléans, et n'étaient point *vrais estudiants*
« en l'estude et Université d'Orléans, et requerèrent qu'ils fussent
« condempnez à contribuer aux frais, mises, réparations, tailles et
« autres charges de ladicte ville, pour le tems passé et advenir ;
« et pareillement comme les autres habitants de ladicte ville, lesdicts
« deffendeurs disaient, au contraire, qu'ils étoient *vrais estudiants* en
« ladicte Université, et qu'ils devaient être francs et quittes de toutes
« choses dessus dictes, pour tout le temps passé jusqu'à présent,
« par ny que des ores en avant ils paieront de toutes les charges
« dessus dictes comme les autres habitants d'icelle, pourveu, tou-
« tefois que, si aucuns des dessus dicts dores en avant voulaient
« être *vrais estudiants* et faire tous les frais d'estudes pareillement
« comme les estrangers qui estudient en ladicte Université, que du-
« rant icelui tems ils ne soient tenus de aller à la garde des portes,
« ne faire guet, autrement que les autres étudiants de ladicte Uni-
« sité ; et par ny cela desdictes parties se départirent de court, sans
« dépens, et promisèrent lesdictes parties ès noms que dessus d'une
« partie et de l'autre, l'une partie envers l'autre, en présence du-
« dict notaire juré loyaûment par la foy de leurs corps, que jamais
« en contre ledict accord ne vendront (viendront) ne essaieront à

« venir par eux et par autre, et ençoys (au contraire) le tendront
« (tiendront), garderont, entermeront et accompliront, et promisè-
« rent tenir, garder, entermer et avoir et tenir ferme, estable et
« agréable. »

Cet acte suffirait sans doute pour établir la fraude dont l'Université
se rendait coupable, afin d'éluder les lois fiscales auxquelles tous les
citoyens non privilégiés étaient soumis, et nous pourrions nous
en tenir à cette citation ; mais nous trouvons deux autres pièces des
années 1404 et 1405, qui, par la naïveté de leurs expressions et la
spécialité de l'objet dont elles s'occupent, nous semblent devoir
trouver place ici.

Les procureurs de la ville, par le sergent crieur de bans, font assembler les bourgeois, manants et habitants, sous les halles, et là,
en présence d'un clerc notaire-juré, qui a mis son acte sous le sceau
de la prévôté, pourquoi il est publié sous le nom de Mᵉ Guillaume
Haultbois, licencié ès lois, garde de la prévôté d'Orléans, les procureurs demandent un secours d'argent afin de plaider, et d'exiger par
la voie judiciaire les sommes qu'ils ont dépensées.

L'acte s'exprime ainsi :

« Auxquels bourgeois, manants et habitants assemblés ès dites
« halles, fut exposé, dit et déclaré par la bouche d'honorable homme
« et saige Pierre de Saint-Mesmin, procureur de ladicte ville, qui
« illeuc était présent avec plusieurs autres, ses compagnons, procu-
« reurs d'icelle ville ; *beaux seigneurs* (1), il est bien vrai que M. le
« duc d'Orléans, à qui Dieu doinct bonne vie, s'en est venu na-
« guères à Orléans, et pour sa venue a falu faire moult gran dé-
« pense à la ville ; et tant que mes compagnons procureurs et moi en
« devons environ 300 livres ; et aussi à présent est venu à la cognois-
« sance des procureurs de ladicte ville que Mᵉ Jean Ytasse, Mᵉ Gen-
« cien Cabru, Mᵉ Richard Boucher, Huguet de Tours, Jehan Le-
« royer et plusieurs aultres, se veulent exempter de la taille du roi,
« notre sire, qui à présent a cours, parce qu'ils se disent estudiants ;
« et oultre est venu à la cognoissance de mes compagnons procu-
« rureurs et moi, que plusieurs autres après ce, se vouldraient

(1) C'est ainsi que les procureurs de la ville qualifiaient leurs concitoyens ; il est
vrai qu'ils leurs demandaient de l'argent.

« exempter et franchir des tailles qui pourraient survenir au tems
« advenir, dont cè serait moult grant inconvénient à la ville; et n'a-
« vons point d'argent de quoi les poursuivre, et avons déjà fait deux
« véages faits à Paris contr'eulx, et il est advis à mes compagnons
« procureurs et à moi, que si vous voulez accorder une taille de
« 500 livres, nous les poursuivrons bien fort à l'aide de Dieu. »

La demande des procureurs de la communauté des habitants d'Orléans fut accueillie par ces derniers, ainsi qu'il résulte des termes de
la lettre royale que nous extrayons ici :

« Charles, par la grâce de Dieu, etc., au premier sergent sur ce re-
« quis, salut : oye avons l'umble supplicacion des manants et habitants
« d'Orléans, contenant comme la ville ait et soit de par nous im-
« posée à certaine grosse somme de deniers pour leur porcion de
« l'aide nouvellement mis sus en notre royaulme pour résister à
« l'entreprise de Henri de Lancastre, duquel aide sont exceptés seu-
« lement les nobles suivant les armes et les mendiants. »

Ici, les lettres de *jussion* parlent d'élection de collecteurs pour la perception de l'impôt sur tous les habitants, puis elles continuent ainsi :

« Et combien que Me Jean Ytasse, Huguet de Tours, qui sont
« bourgeois riches, puissants et tenant leurs héritages et demeurants
« dans ladicte ville d'Orléans, de tous tems, et mariés en icelle, et
« joyssent en libertés, priviléges et franchises d'icelle ville, comme
« les autres habitants, ce que ne sont pas les écoliers forains et
« étrangers demeurants en ladicte ville, et ont toujours payé et doi-
« vent payer ce à quoi ils ont été et sont assis, à cause des
« tailles qui ont eu et ont cours pour nous en ladicte ville, et aussi
« paient et ont accoustumé payer ces tailles et frais à ladicte ville,
« et espécialement en l'aide imposé en icelle ville, en l'année derniè-
« rement passée pour résister à notre mesme dict adversaire; néant-
« moins iceux Me Jehan Ytasse, Huguet de Tours, sous umbre de
« ce que contre la vérité ils se disent être *vrais estudiants* à Orléans,
« se veulent exempter de la dicte taille nouvellement imposée mis
« sus à la cause dessus dicte, combien qu'il soit plus de vingt ans
« passés que le dict Me Jehan Ytasse fut licencié en lois et depuis not
« ne print autre degré en autre science, et pareillement le dict
« Huguet, not ne print degré en science; mais vivent et séjournent

« en la dicte ville comme les autres habitants d'icelle; et est le dict
« Huguet marchand public, vendeur et acheteur de cire à ouvrer,
« puis l'ouvre, la fait ouvrer, la vend en chandelles et tortis (on
« appelait ainsi les cires moulées en spirale) et tient à ferme la moi-
« tié de la Tuerie d'Orléans des seigneurs de l'église de Sainte-Croix;
« et à cette fin ont iceux Me Jehan Ytasse et Huguet de Tours,
« impétré subrepticement nos lettres adreçants aux dicts eslus, par
« vertu desquelles entr'autres choses commandement a été faict
« aux collecteurs d'icelui arde, qu'ils les tiennent et facent tenir
« quittes et paisibles de la dicte taille. »

Les lettres prescrivent que l'on reçoive les habitants de la ville
opposants aux impétrations subreptices de Jehan Ytasse et Huguet
de Tours.

Et « attendu la puissance et part que la dicte Université a, en la
« dicte ville d'Orléans, en suppôts de laquelle les dessus Mes Jehan
« Ytasse et Huguet de Tours, qui sont grands et puissants se dient
« être, et que aussi le dict Me Ytasse est conseiller de notre très-
« cher et amé frère le duc d'Orléans, et pour oster tout soupçon de
« faveur, » elle les renvoie devant les commissaires à Paris pour :
« être par eux déclarées leurs dictes causes d'oppositions, et pour
« procéder et faire suivre par eux suppliants leurs dictes causes d'op-
« position et pour procéder et faire suivre et en oultre, selon raison,
« en certifiant suffisamment au dict jour, y ceux commissaires de tout
« ce que faict en aura, auxquels nous mandons et pour les causes
« dessus dictes commettons se mestier est (s'il est besoin) que aux
« parties icelles oyes fassent bon et brief droict. »

Ainsi la fraude est justifiée par l'acte même destiné à la déjouer
et à y mettre fin.

Comme on a pu le remarquer, il ressort des différents actes qui
viennent d'être rapportés, que, dès le XIVe siècle, on plaçait au
nombre des priviléges de l'Université, l'exemption de faire le guet et
de garder les portes de la ville. Ce privilége, l'un de ceux auxquels
l'Université attachait le plus de prix, lui a toujours été concédé, et
des lettres-patentes de 1448 la confirment dans la jouissance de cette
exemption et dans celle de ne pas contribuer au paiement des tailles
et subsides.

« Le roi voulant, dit-il, nourrir amour et union entre ses sujets et
« voulant faire cesser toute contestation entr'eux, appointe que les
« suppliants (les membres de l'Université) *résumeront leurs leçons et*
« *feront tous aultres faicts d'estudes et de prédicacions, ainsi qu'il*
« *a été faict le tems passé,* et que les biens d'eulx et leurs officiers
« ainsi pris (pour le paiement de la taille) leur seront rendus et res-
« titués, s'ils sont en nature de choses, sinon la juste valeur et esti-
« mation d'iceux ; et au surplus joyront de leurs priviléges et ne con-
« tribueront à aulcun ayde mis et à mettre sus au dict lieu d'Or-
« léans, ne feront aulcun guet ou garde, sinon en cas de éminent
« péril, et que les ennemis soient à dix lieues par delà de la ville. »

Nous ferons remarquer qu'il résulte de cette pièce que l'Université
voulait suspendre ses leçons, et que tout en voulant *nourrir amour et
union* entre l'Université d'Orléans et ses habitants, le roi donnait
tous les avantages à l'une sur les autres et n'apportait aucune modification aux abus dont on se plaignait en 1404.

Il en fut ainsi en l'année 1478. Le Conseil du roi Louis XI, saisi
d'une difficulté semblable à celles qui s'étaient élevées précédemment, et dont aucune, certainement, n'avait été terminée souverainement et d'une manière définitive, puisqu'elles se reproduisaient toutes
dans des circonstances semblables et avec le même caractère, rendit
un arrêt ainsi conçu :

« Les dictes matières bien aplanies et meurement, et considérés
« les procès pendant et les appointements qui par ce ont été donnés
« en notre conseil, iceux gens de notre grand conseil par leur arrêt
« et jugement ont appointé que les dicts bedeaux, scribes, parchemi-
« niers et autres officiers de la dicte Université paieront des deniers
« qui ont été et seront levés en la dicte ville par nous, par *manière*
« *d'emprunt;* et si les dicts habitants sont remboursés du faict des
« dicts emprunts, que les dicts officiers en la dicte Université le se-
« ront semblablement, et ce, sans préjudice des priviléges, que cha-
« cune des dictes parties prétend quant aux tailles, impositions et
« autres subsides auxquels n'est en rien dérogé par ce présent ap-
« pointement, et en ce faisant, sont tous les procès meus et pendant
« en son dict Conseil entre les dictes parties, pour raison des dictes
« choses, mis au néant. »

Cet arrêt, ainsi que nous le faisions pressentir, ne peut être considéré comme ayant une grande portée contre les membres du corps universitaire; il tourne la difficulté plus qu'il ne la vide. Il commence par constater que des abus considérables dont se plaignent les habitants d'Orléans se sont introduits dans le personnel de l'Université; que leur effet est d'aggraver les charges de la ville, en exemptant des hommes riches et industrieux qui ont revêtu l'apparence d'officiers subalternes de cette institution; et, au lieu de remédier à ces abus, de les faire cesser, il les consacre en n'étendant à ses membres que les charges de l'emprunt, de sorte que les faux officiers de l'Université continuent à être exempts de la taille, de la garde de la ville et de la maison commune.

Nous avons cru devoir interroger tous les actes qui ont précédé la production de 1495. Afin de bien faire saisir la situation des choses et des esprits, cet examen nous a conduit à bien apprécier la nature et l'étendue des priviléges dont jouissait le corps universitaire. Ce n'est pas le seul avantage tiré de cet examen : il nous a conduit aussi à connaître le mode de l'exercice de ces immunités, l'esprit dans lequel elles étaient comprises par le corps qui pouvait s'en prévaloir et voulait les étendre, et par les habitants de la ville qui voulaient les restreindre, enfin par les pouvoirs chargés de les fixer et de les réglementer.

Nous avons cru devoir nous appesantir sur cette dernière partie de nos investigations, parce qu'elle nous a semblé non-seulement se lier intimement avec la première, mais encore être indispensable à sa complète intelligence.

Il nous est impossible de savoir quelle fut l'issue de la contestation à l'occasion de laquelle la production eut lieu en 1495; nous nous en consolons facilement : il ne nous semble pas nécessaire d'arriver à ce résultat, le seul que nous nous soyons proposé étant atteint par les justifications que nous a fournies l'examen des pièces produites.

Cependant nous ne laisserons pas, sans nous y arrêter, passer une transaction du 26 mai 1521, car elle pourrait bien, malgré son éloignement de l'année 1495, être la conclusion de cette contestation, tant les lenteurs de la procédure et les difficultés des communications aggravées par les troubles et les guerres féodales, pouvaient, à cette époque, éterniser les procès.

7

Cette transaction intervint sur des débats portés tout à la fois devant le bailliage, la prévôté et le conseil du roi, à l'occasion de l'entérinement de *certaines lettres* royaux *pour raison de l'exemption prétendue des impôts et tailles ordinaires et extraordinaires de cette ville d'Orléans, impétrées et obtenues de part et d'autre.*

Dans cet acte, les parties s'expriment en ces termes :

« Savoir est par le dict procureur de l'Université, afin d'exempter
« et rendre francs et immunis les docteurs regents et non regents de
« la dicte Université, les maîtres de grammaire, les bedeaux des na-
« tions, trois parcheminiers, trois libraires, le scribe, le bedel gé-
« néral, l'orlogeur, le sonneur de cloches de la dicte Université et
« autres prétendus officiers d'icelle, des tailles ordinaires et extraor-
« dinaires, comme les autres, et mêmement les dons et emprunts
« qui s'étaient faits naguères et pourraient être faicts le tems à venir;
« lesquelles parties alléguaient d'une part et d'autre plusieurs faits
« connus et raisons pour parvenir chacune à leurs intentions, et
« auraient, jà ès dicts procès, procédé par plusieurs assignations, con-
« testé en cause, faict diverses productions, et estaient en voie de faire
« plusieurs grants frais et mises, et engendrer dissension entre eux.

« Les parties se sont accordées, ont transigé et sont convenues
« en la manière qui en suit, c'est à savoir que les docteurs regents
« et non regents et les élèves actuellement lisants en la dicte Univer-
« sité (pourveu que ce soit leur principal état et exercice), les maîtres
« d'école, de grammaire (1), certifiez et approuvez par le recteur ou
« scholastique de la dicte Université; aussi pourveu qu'ils ayent suf-
« fisant nombre de grammairiens, et que ce soit leur principal état
« et exercice, les dicts bedeaux à masse des dix nations, la dicte Uni-
« versité, qui seront pris des *moindres* ou *moyens* en biens et fa-
« cultez des dicts habitants et qui serviront *par eux* et *non par sub-*
« *stitut,* le garde *demeurant en l'hôtel et maison* de l'Université, et un
« libraire vendant livres *ordinairement* et *actuellement,* et qui aura et

_____

(1) La mention de ces professeurs comme membres du corps universitaire prouve que l'affranchissement des charges publiques s'étendait jusqu'aux instituteurs restés suos l'autorité et la direction du scolastique, mais on ne peut être induit à penser que ces grammairiens fissent partie de l'Université proprement dite, distincte, depuis 1315, de ce qui composait l'école de Sainte-Croix.

« sera tenu avoir en livres cent escus d'or ou mieux, pour subvenir
« aux escoliers et leur fournir de livres, le bedel général et le scribe,
« d'icelle Université, qui seront des moyens en biens de la ville
« d'Orléans, demeureront et seront francs et immunis des dictes im-
« positions, dons et emprunts qui se feront en général sur ceux de
« la ville. »

La transaction continue en n'exemptant de la contribution des impositions que les veuves des docteurs-régents pendant leur viduité, et
soumet à leur paiement les veuves des officiers subalternes ; quant
aux *trois parcheminiers, aux autres libraires bourgeois, l'orlogeur,* le
sonneur de la cloche, elle les *maintient contribuables auxdits impôts et
emprunts.*

Elle explique très-explicitement que, dans ces stipulations, ne sont
pas compris les emprunts et dons que pourrait faire le roi à tous
les membres de l'Université, comme particuliers, ainsi que les tailles
et lèvement de deniers qui pourraient être mis sur les fossés, murailles,
remparts et fortifications de ladite ville en cas d'imminents périls.

Cette pièce n'a pas besoin de commentaires. Réunie à toutes celles
que nous venons de reproduire, elle éclaire la partie de notre examen, et cependant une réflexion, en dehors de celle que nous venons
de faire, nous est suggérée par ces termes mêmes.

Nous avons vu, lorsque nous analysions la constitution de la
nation germanique, avec quelle prévoyance les procurateurs sur-
veillaient la conservation des livres ; nous avons fait remarquer que
tous les membres de la nation s'engageaient par serment à les restituer, à les revendiquer, à les rapporter au dépôt commun, lorsqu'ils
en seraient distraits ou détournés ; nous avons expliqué cette religieuse prévoyance par la rareté de ces objets, précieux pour les amis
de l'étude et de la science, à cette époque du premier pas de l'univers chrétien dans la voie de la civilisation.

La transaction de 1521 nous semble contenir tout à la fois la
preuve de la justesse de nos observations et la décadence de l'attention que l'on mettait à la conservation des livres. Il résulte pour
nous de cette transaction que *tous* les libraires, par le fait seul de l'exercice de cette profession, étaient considérés *originairement* par l'Université comme lui appartenant, et qu'elle les avait placés au nombre

de ses officiers jouissant des priviléges et immunités qui lui étaient accordées (1). Cela est évident, puisque aux termes de cet acte, dérogeant à ce qui avait eu lieu jusque-là, le nombre des libraires considérés comme membres de l'Université est réduit à deux, savoir : le garde de la librairie, demeurant en l'hôtel et maison destinés à le recevoir, et un libraire, vendeur de livres ordinairement et actuellement, et encore fallait-il qu'il eût des livres pour une valeur de cent écus d'or *et mieux*. .

Ce mot *actuellement* témoigne de l'intention de ne pas être lié pour l'avenir, de n'accorder ce privilége *qu'au libraire* exerçant au jour de la transaction, et se réunit à ses autres termes restrictifs, pour révéler le relâchement apporté dans le soin de la conservation des livres.

Tout cela se conçoit facilement lorsque l'on compare les époques. Au moment de l'organisation des corps *nationaires* à l'Université, les livres étaient rares, les libraires devaient être des hommes instruits, ne se livrant au commerce que dans l'intérêt de la science. Ils devaient être peu nombreux ; mais en 1521, sous le règne du père des lettres, l'imprimerie était en pleine activité, le commerce des livres était devenu l'industrie d'un grand nombre : elle était exploitée par des hommes illettrés. Il devenait exorbitant et impossible de considérer comme membres de l'Université tous ces industriels, et de les affranchir, sur le motif de leur profession, des charges publiques ; il eût été puéril d'attacher à la recherche et à la conservation des livres le même soin que celui prescrit par les constitutions primitives : de là les deux stipulations contenues dans la transaction de 1521.

La mission que nous nous sommes imposée n'est pas de livrer à la publicité les nombreux conflits qui se sont succédé entre les bourgeois et le corps universitaire, à l'occasion des priviléges concernant les droits fiscaux et les charges imposées aux citoyens ; nous ne nous sommes servi de ces débats judiciaires que pour y découvrir la nature même de ces priviléges, leur étendue et le mode de leur application ; nous arrêterons donc ici nos citations que nous pourrions continuer ainsi jusqu'au commencement du XVIIIe siècle.

Cette partie des priviléges avait une grande importance, mais elle n'était pas unique. Le port d'armes, à cette époque, était digne d'une

(1) Voir ce que nous dirons plus tard du *Stationarius*.

grande attention; comme l'affranchissement du paiement de la taille et des aides, il était un signe de noblesse, et les docteurs-régents, les écoliers, les officiers et suppôts étaient assimilés aux nobles.

Outre le port d'armes, il y eut bientôt, et lorsque l'autorité ecclésiastique vint à subir quelques modifications, une autre immunité accordée au corps universitaire; la juridiction cléricale ne continua pas à connaître des différends intéressant les docteurs et les écoliers.

Le bailliage et la prévôté avaient reçu la mission de *conserver les privilèges de l'Université,* mais le bailliage n'ayant été régularisé qu'à une époque presque inconnue (1), son autorité était insuffisante pour absorber la prévôté, et c'est ainsi que cette juridiction était restée en possession presque exclusive de régler toutes les contestations, et notamment celles qui intéressaient les membres de l'Université.

Cependant la prévôté perdit de sa puissance; le bailliage était devenu la juridiction des nobles et des gens *vivant noblement* : la prévôté était restée la juridiction des *roturiers.* Quoique plus ancienne et d'une origine qui se perdait dans la nuit du moyen-âge, la prévôté voyait tous ses droits violés ou détruits par la justice nouvelle.

Comme les docteurs-régents, d'origine cléricale, étaient d'ailleurs imbus des préjugés de leurs temps et désireux des immunités auxquelles ces privilèges donnèrent naissance, ils voulaient appartenir à la classe nobiliaire; d'un autre côté, le pouvoir royal, pour encourager l'étude des sciences et du droit, voulait, par les excitations qui alors agissaient le plus efficacement sur les esprits, stimuler la diffusion des lumières.

La prévôté se vit bientôt privée en fait de la prérogative dont elle était restée investie en droit; elle ne se laissa pas arracher sans résistance ces belles prérogatives; elle persévéra dans leur défense jusqu'à la fin, arrivée en 1749, époque à laquelle elle fut réunie au bailliage.

Les privilèges de l'Université, en ce qui concerne le port d'armes et la compétence de la juridiction affectée aux nobles, vont donc surgir des conflits qui ont long-temps divisé le bailliage et la prévôté, comme le privilège de l'affranchissement des impôts, du guet et de la garde de la porte de la ville a surgi des nombreuses contestations qui se sont élevées entre l'Université et la communauté des ha-

(1) Voir l'introduction des *Olim.*

bitants de la ville d'Orléans. Cependant nous devons faire remarquer qu'ici cesse la justification des priviléges généraux par des actes communs à la généralité de ses membres; car il ne s'agira que de contestations élevées pour la défense des immunités accordées à des nationaires étrangers composant la nation germanique. Ces conflits durent être d'autant plus fréquents et d'autant plus vifs, que les titres dont les écoliers et les membres de la corporation germanique voulaient se prévaloir avaient été *perdus*, et qu'il fallait qu'ils fussent octroyés de nouveau par Henri IV.

Forcé de n'interroger que ces titres particuliers à une partie des membres du corps universitaire, nous serons heureux d'y retrouver la trace de ceux que la généralité des étudiants pouvait invoquer.

La nation germanique eut à soutenir quelques graves contestations : la première eut lieu à l'occasion de l'homicide commis sur un jeune étudiant nommé de Saint-Georges, né à Liége; la seconde fut la conséquence d'un meurtre commis par un jeune étudiant du nom de Lassenat, aussi né à Liége. Le premier avait été tué par deux personnes nommées Rouaulx et Dubois; le second avait voulu tuer un *savatier* du nom de Derse; un troisième procès, né probablement des deux autres, mettait le port d'armes en question.

Le bailliage s'était emparé de ces deux contestations. Sa justice distributive avait condamné les meurtriers de l'écolier à être pendus. La sentence avait été exécutée; elle n'avait condamné le meurtrier du *savatier* qu'à une amende de 100 livres, et à indemniser les médecins et chirurgiens qui ont *pansé, panseront, médicamenté et médicamenteront la victime;* encore avait-elle donné issue des prisons à l'écolier sous caution du paiement de l'amende prononcée contre lui. Mais la prévôté, soit qu'elle éprouvât quelque inquiétude de l'usurpation qu'elle prétendait avoir été commise par le bailliage sur ses attributions, soit plutôt qu'elle voulût faire naître un conflit à raison de cette usurpation, et qu'elle le recherchât par des voies indirectes, avait fait arrêter par le guet quelques étudiants de la nation germanique, sur le motif qu'ils portaient le jour et la nuit des épées, poignards, dagues et pistolets. La nation germanique crut ses priviléges méconnus; elle réclama et présenta requête au lieutenant-général du bailli d'Orléans, qui rendit une sentence de mise en liberté. Le bailliage faisait reposer sa décision sur un édit de Henri IV, du mois

de février 1600. Cet édit, en ce qui concerne le droit reconnu aux
écoliers, est conçu en ces termes :

« Nos chers et bien aymés les procureurs suppôts de la nation
« allemande, estudiant en l'Université d'Orléans, nous ont fait di-
« verses remontrances qu'il a plu aux rois nos prédécesseurs, par
« plusieurs grandes considérations, les gratifier de beaux signalés
« priviléges, et notamment pour leur sûreté, soit en venant de leur
« pays, soit en retournant, ils peuvent, par tous les lieux de notre
« royaume porter épée, dague et pistolets ; qu'en temps de guerre
« civile et estrangère, ils peuvent, sous notre sauvegarde, venir en
« la dicte Université, y faire résidence, s'en retourner sans être re-
« cherchés en leur religion, faicts prisonniers, ni mis à aucune ran-
« çon, combien qu'ils fussent sujets de quelque seigneur du *parti*
« *contraire*; que durant tout le temps qu'ils seront en la dicte Uni-
« versité, ils peuvent aller par la ville avec l'espée et dague. »

Ici l'édit du roi énumère les autres priviléges qui appartenaient
particulièrement à la nation germanique : « La jouissance desquels
« priviléges, ajoute-t-il, pour ce que les suppliants n'en ont jamais
« usé, ni jusqu'ici apporté aucun scandale ; au contraire, ayant ré-
« pandu par toute l'Allemagne la renommée de la singulière libera-
« lité et clémence des rois nos prédécesseurs, a fait, fait fleurir et
« renommer les écoliers de notre Université d'Orléans, y ayant aussi
« grand nombre des écoliers allemands que des trois autres nations
« ensemble. »

Le même édit établit la nécessité de faire jouir l'Université des priviléges qu'elle avait possédés et dont elle ne pouvait justifier : « d'au-
« tant, ajoute-t-il, que par l'injure des temps et des troubles qui ont eu
« cours en ce royaume, *elle a perdu et addiré* les anciens ; mais dé-
« sirant bien traiter les suppôts, et inclinant à leurs supplicacions et
« requêtes, par les mêmes çauses qui ont mu nos prédécesseurs,
« nous leur octroyons leurs franchises, exemptions et priviléges, dont
« la dicte nation peut présentement faire apparoir, les approuve,
« continue et confirme. »

Nous ne pouvons prévoir de quel édit ou de quelles lettres-patentes
l'Université pouvait invoquer le souvenir pour justifier de son droit
de port d'armes ; les constitutions de l'année 1312, émanées du pou-

voir royal, le lui défendaient; la bulle de Jean XXII prononçait la
peine d'excommunication contre ceux des écoliers qui porteraient des
armes, et cela suivant le désir manifesté par le nonce qu'il chargeait
de l'exécution de cette bulle : « *Inhibimus quoque ne scholarium ali-*
« *quis arma* per civitatem *deferre præsumat, et qui contrà prædicta*
« *vel aliquid prædictorum attentaverit,* ipso facto *sententiam ex-*
« *communicationis incurrat, hoc, amantissime fili, pro tuæ beneplacito*
« *voluntatis implendo.* » .

Jusqu'ici, il n'était pas question de la compétence du bailli opposée
à celle du prévôt; l'un et l'autre étaient conservateurs des priviléges.
L'édit de 1312 voulait que le prévôt d'Orléans, en premier lieu, fût
tenu de jurer, en public, dans la salle où il rendait la justice, en présence des docteurs, de fidèlement faire observer toutes les concessions
y contenues et toutes celles qui pourraient émaner de l'autorité royale
dans la suite, et qu'il promît de tenir la main à leur exécution, de
garder et défendre les docteurs et les écoliers, de les traiter favorablement, sauf l'honneur du roi, dans tout ce qui ne blesserait pas la
justice; et enfin il institue, en outre, le prévôt d'Orléans gardien spécial, protecteur et défenseur desdits docteurs et escoliers, et conservateur des priviléges qu'il leur accorde (1).

Cependant la nation allemande prétendait avoir perdu et adiré les
titres qui enlevaient au prévôt sa juridiction et la reportaient au bailli.
Aussi, en l'année 1608, le roi publia de nouvelles lettres-patentes
concernant de plus près la juridiction.

« Nos chers bien-amés les procureurs, suppôts de la nation al-
« lemande étudiant à Orléans, nous ont fait dire et remontré que
« notre bailli d'Orléans et son lieutenant, de tous temps et ancienneté,
« a été par nos prédécesseurs rois, accordés et par nous confirmés
« avec les mêmes franchises et immunités desquelles ils avaient ac-
« coutumé de jouir, entre lesquelles est porté que ledit bailli et son
« lieutenant doivent spécialement connaître de toutes causes, tant

(1) Voluimus atque statuimus quod præpositus noster aurelianensis, qui nunc est,
et quicumque pro tempore fuerit, jurare teneatur palàm et publicè in loco ubi jus red-
ditur, præsentibus suprà dictis doctoribus, etc.

Præterea præpositum nostrum aurelianensem, qui nunc est et aliàs qui fuerint, pro
tempore, speciales gardiatores, protectores et defensores dictorum doctorum et scholarium, conservatores privilegiorum ipsorum.

« civiles que criminelles qui pourraient concerner les suppliants,
« tant en considération de ce que la plupart d'iceux sont gentils-
« hommes. »

Ici, le roi répète que les titres de la nation allemande ont été
perdus et adirés par l'injure des temps; qu'il veut confirmer ceux
dont elle peut faire apparoir, et qu'au mépris de ceux qu'il lui a
octroyé, les écoliers de ladite nation sont « journellement vexés,
« tant en matière civile que criminelle, par son prévôt d'Orléans ou
« son lieutenant, qui les fait constituer prisonniers à la première oc-
« casion, nonobstant qu'ils demandent leur renvoi devant ledit bailli
« d'Orléans en vertu de leurs dits priviléges, et que telles matières
« appartiennent à la juridiction du bailli d'Orléans, privativement à
« celle du prévôt. »

On prévoit, d'après ce préambule, quelle doit être la conclusion;
le roi attribue au bailli la connaissance de toutes causes, tant civiles
que criminelles, concernant les étudiants allemands. Il ne s'en tint
pas là; le 15 juillet de la même année, il publia des lettres-patentes dans lesquelles il établit, en premier lieu, que l'Université d'Orléans, « à cause de la belle et ample bibliothèque que la nation al-
« lemande y avait établie, était fréquentée par un grand nombre
« d'écoliers issus de ducs, comtes et barons, des plus nobles familles
« de l'Allemagne, lesquelles, suivant leur coutume, avaient con-
« jointement embrassé l'étude des lois avec celle des armes,
« comme encore à présent il en est bon nombre continuant lesdits
« exercices. »

Après avoir ainsi fixé le point de départ de la résolution qu'il va
prendre, le roi fait connaître que le prévôt d'Orléans s'était opposé
à l'entérinement des précédentes lettres-patentes publiées sur la
compétence des juridictions, le prévôt prétendant être, *concurrem-*
ment avec le bailli et *par prévention,* conservateur des priviléges de
ladite Université; que précédemment et pendant les troubles, les
écoliers allemands avaient plaidé par devant la prévôté; mais le roi,
après avoir exposé tous ces arguments, les réfute :

« S'ils ont plaidé devant le prévôt, c'est, d'une part, que leurs
« titres étaient perdus et qu'ils ne pouvaient s'en prévaloir, et de
« l'autre, c'est que les troubles ne leur laissaient pas toute liberté de
« se défendre.

« Pour cette occasion (ajoutent les lettres-patentes), les écoliers
« nous auraient fait remontrer qu'en procédant par cette voie (de-
« vant la prévôté), c'était les frustrer entièrement des biens de notre
« clémence, la loi de laquelle ils avaient épandu dans toute l'Alle-
« magne, d'autant que s'il fallait que ceux qui sont nobles, d'ex-
« traction illustre, fussent tenus de comparoir à jugement, par de-
« vant ledit prévôt qui est juge des roturiers et gens de basse qua-
« lité, sous prétexte qu'allant étudier en ladite Université ils ne
« portent avec eux leurs titres de noblesse, et que bien souvent,
« pour bonne cause, ils ne veulent faire connaître la grandeur de
« leur maison, ce serait comme les dégrader de leur noblesse et les
« mettre au rang des plus viles personnes.

« Et pour le regard des autres d'entr'eux qui ne sont nobles,
« outre que ce sont ordinairement gouverneurs et conducteurs des
« enfants de bonne maison, ce ne serait point de privilége s'il leur
« fallait plaider devant le prévôt; et que d'ailleurs s'il fallait faire cette
« distinction de nobles et de non nobles d'entr'eux, ce serait ôter
« la concorde et amitié qui a toujours été dans ladite nation, sans
« distinction de personnes (1), nous et nos prédécesseurs leur avons
« octroyé de porter leurs épées et dagues, qui est la vraie marque
« de noblesse, de sorte que la gratification qu'il nous avait plu leur
« octroyer leur serait plutôt à charge qu'à profit et honneur, contre
« notre vouloir et intention. »

Ces motifs, qui ont été les seuls décisifs de l'émission de ces lettres-
patentes, en contiennent un autre bien futile, mais qui semble un
léger correctif apporté à ce que l'intention manifestée par la première partie de ces lettres a d'absolu :

« Et ainsi que lorsque lesdits écoliers sont prêts de se retirer en
« leur pays, ores (à moins) qu'ils n'obtiennent gain de cause devant
« ledit prévôt, ils pourraient être molestés par un appel devant le
« bailli et présidiaux, au lieu que n'ayant qu'un degré de juridic-
« tion pour eux, ils pourraient avoir prompte justice. »

Ce raisonnement est assez misérable, car si les étudiants pouvaient

---

(1) La lettre-patente commettait ici une grave erreur de fait : la ligne de démarca-
tion a toujours été très-prononcée entre les nationaires allemands nobles et roturiers,
ainsi qu'on l'a vu plus haut.

être *molestés* par un appel de la prévôté au bailli, ils pouvaient l'être aussi par un appel du bailli au parlement, ce qui eût été plus fâcheux, les lenteurs de la procédure devant le parlement étant encore plus considérables que devant le bailliage; aussi les lettres-patentes continuent-elles, en donnant un motif préférable :

« Même que nos sujets étant aux Universités d'Allemagne jouis-
« sent des mêmes priviléges. »

Pourquoi le roi « mande au parlement que sans s'enquérir, s'ar-
« rêter ni examiner devant quels juges lesdits exposants ou leurs
« prédécesseurs avaient plaidé par le passé, sans requérir d'eux au-
« cune preuve testimoniale ni par écrit, de laquelle, en tant que de
« besoin serait, de sa clémence accoutumée, puissance et autorité
« royale, il les a relevés et relève, veut et lui plaît qu'il ait à vérifier
« ses lettres du mois de février 1600. »

Si nous avions à écrire l'histoire des compétences, de la prévôté et du bailliage, et des conflits qui ont existé entre ces deux juridictions, nous pourrions nous étendre ici sur ce qui s'est passé à cette occasion et faire connaître une lutte persévérante, animée et passablement scandaleuse; mais nous ne voulons que faire connaître la nature et l'étendue des priviléges accordés à l'Université. Il nous suffira de dire que ces conflits, occasionnés par deux meurtres commis, l'un sur un écolier allemand par deux Français, l'autre commis sur un Français par un écolier allemand, se sont prolongés d'une année bien antérieure à l'année 1650. Jusqu'à l'extinction de la prévôté, arrivée en 1749, et bien au-delà, car les charges de judicature étant héréditaires, les procès durent être continués alors même que l'institution qui leur avait donné naissance n'existait plus, ne fût-ce que pour savoir qui paierait les frais de ces interminables instances.

Ces lettres-patentes de Henri IV furent textuellement reproduites par Louis XIII et confirmées par Louis XIV, mais aucune ne fut enregistrée au parlement (1) : grave difficulté dont se prévalait la prévôté pour repousser la prétention du bailliage.

_____

(1) Cependant un édit du roi, en 1684, prohiba formellement le port d'armes, et une lettre de Joly de Fleury invite le procureur du roi près le présidial d'Orléans à veiller à son exécution; une autre lettre de M. de Lamoignon de 1723 traite ce droit de chimère et menace les étudiants, convaincus d'avoir porté les armes, de les refuser, lorsqu'ils se présenteront au serment d'avocat.

Ainsi tout se résume dans ces mots : L'Université était assimilée à la noblesse et en possession de tous ses priviléges : exemption de droit d'aides, d'impositions, de guet et de garde, droit de port d'armes, d'abord dénié, puis toléré et enfin reconnu ; juridiction de bailliage, c'est-à-dire des classes nobiliaires et privilégiées.

Telles étaient les immunités et les prérogatives de l'Université pour ses docteurs, ses régents, ses écoliers et ses officiers les plus subalternes.

Ces belles prérogatives étaient-elles générales, et toutes les catégories d'écoliers y participaient-elles? ou bien ne devait-on considérer ces exemptions et ces faveurs que comme spécialement appliquées aux étrangers?

Il est de toute évidence que les exemptions de la taille, aides et guet étaient applicables à tous les membres de l'Université ; les chartes des rois, les transactions dont nous avons donné l'analyse, ne *distinguent pas;* il est vrai qu'il n'en est pas ainsi en ce qui concerne le port d'armes et la compétence du bailliage, les documents que nous pouvons invoquer à cet égard étant tout spéciaux à la nation germanique; mais nous l'avons dit plus haut, quoique nous soyons privés de documents généraux à cet égard, nous pouvons trouver dans ceux concernant cette nation et dont elle se prévalait, la démonstration que la *nation française* et les *autres nations* étaient aussi bien traitées qu'elle.

En premier lieu, nous invoquerons la nature des choses. Pourquoi les rois de France auraient-ils mieux traité les étrangers que leurs sujets? S'il était glorieux pour la nation française, et pour la ville d'Orléans en particulier, de voir une grande quantité de nationaires étrangers se presser autour de la chaire des professeurs; s'il était avantageux qu'il en fût ainsi, il n'était pas moins glorieux et avantageux que la science et l'étude se répandissent au sein de la nation elle-même; ce que l'on faisait pour les uns devait donc être fait pour les autres.

Comment exempter des droits d'aides et de la taille les Français en même temps que les étrangers, les dispenser du guet et des autres charges de la ville, leur donner tous les avantages les plus utiles, leur faire partager les immunités accordées à la seule noblesse, et les priver cependant de la juridiction de cette classe privi-

légiée? Comment une jeunesse étrangère, d'autant plus disposée à se
livrer à toute la fougue de ses passions qu'elle était plus éloignée
du centre de ses affections, de la cité et de la famille, aurait-elle eu
le port d'armes, et comment la jeunesse française en aurait-elle été
privée? C'eût été, dans un temps où les opinions religieuses et politiques se traduisaient presque toujours en rixes et en combats, où
l'esprit de caste et de corporation était si turbulent, livrer les uns
sans défense aux autres, c'eût été humilier les uns devant les
autres.

Il n'en a pas été ainsi. Si on ne trouve aucune décision à cet égard,
en ce qui concerne les étudiants français, c'est que cela allait de soi
et ne pouvait être la matière d'aucune difficulté. Mais nous n'en
sommes pas réduits aux simples calculs de la logique et du bon
sens qui, à cette époque, pouvaient bien ne pas être toujours entendus.

Nous trouvons dans les lettres-patentes des rois la justification du
caractère de généralité de ces privilèges entre les étudiants étrangers
et les étudiants français.

Celles du mois de février 1600 disent positivement qu'aux assemblées publiques le procureur de la nation germanique marche immédiatement après le procureur de la nation de France. Le pas donné
à la nation française sur toutes les autres, et toutes se sont soumises
à cette prérogative des étudiants de la nation française, démontre
que celle-ci était considérée comme la première, et que par conséquent elle ne devait pas avoir une moindre part, dans la faveur des
rois, aux encouragements qu'ils voulaient donner aux études du droit
et des lettres.

Dans les lettres-patentes de 1608, par lesquelles le roi accorde le
port d'armes aux étudiants allemands, il fait *défense à tous les écoliers français de s'en entremettre*. Or, comment les étudiants français
se seraient-ils *entremis* dans l'exercice de ce droit, si ce n'est par un
sentiment de jalousie, de voir un droit dont ils étaient en possession
partagé par des étrangers? Et comment l'auraient-ils fait, s'ils eussent
été répréhensibles de porter des armes dont ils auraient dû se servir pour repousser les attaques de ceux à qui ce droit était accordé?

Enfin, il est aussi très-évident que l'élection des procurateurs, suppôts et officiers des corporations ou nations d'étudiants était commune non-seulement aux étrangers, mais encore aux Français; puisque le procurateur de la nation germanique devait marcher dans les cérémonies publiques après le procurateur de la nation française.

Cette partie des lettres-patentes de Henri IV, rappelant les anciens priviléges et les *continuant* et *confirmant,* justifie l'observation que nous avons précédemment faite sur l'erreur commise par Golnitz et après lui par Lemaire, qui rapportent un passage du privilége de la nation germanique, attribuant à cette *seule nation* le droit d'élire un procurateur dont le choix devait être confirmé par le recteur : *Sola germanica natio jus habet eligendi sibi proprià auctoritate procuratorem, confirmandum à rectore.* D'ailleurs, les registres de la nation picarde attestent l'exercice du même droit; il est probable que, puisque le droit d'élire le procurateur était commun, il en était de même du droit d'élire les autres officiers de la nation, tels que questeur, assesseur et bibliothécaire; et cependant Golnitz et Lemaire attribuent cette faculté à la seule nation germanique.

Cette partialité s'explique : Golnitz était Allemand. A son passage à Orléans, il n'a étudié les constitutions de l'Université que par l'intermédiaire de ses compatriotes qui, dirigés par l'esprit de corps, ont pu l'induire en erreur, ou ne lui faire connaître que leurs priviléges. Lemaire l'a copié servilement sur ce point.

Mais à ces immunités communes aux différentes divisions de l'Université, on peut en ajouter une d'un ordre inférieur, et qui cependant ne laissait pas que d'être assez considérable.

Elle remonte à l'établissement des spectacles qui vinrent enfin se réunir aux jeux de paume, augmentés eux-mêmes des plaisirs de la table et de la danse, tous les paumiers, ainsi que l'attestent les ordonnances de police, étant cabaretiers et entrepreneurs de bals publics.

Nos recherches ont été vaines pour assigner la véritable date de l'introduction de la comédie à Orléans; il est peu probable qu'elle remonte à une époque antérieure au règne de Louis XIII.

Même à cette époque, les comédiens ordinaires du roi étaient les seuls qui missent quelque décence et quelque observation des règles de l'art dans les représentations théâtrales (1). Les *mystères* et les plus grossières plaisanteries formaient alors le répertoire de *Gros Guillaume* (Robert Guérin), *Tabarin, Gauthier Garguilles* (Hugues Guérin), *Turlupin, Guillot Gaju* et *Jodelot;* tous préparaient sur les planches et en plein vent, avec un admirable instinct (2), les développements que ce genre de délassements et cette branche de l'instruction publique devait prendre bientôt sous les inspirations de Corneille, de Molière, de Quinault et de Baron.

Il est probable que la farce, la parade, réfugiées dans les plus humbles salles de spectacle, égayaient pendant une heure ou deux *de la journée* les amateurs de ce plaisir naissant, devenu l'une des gloires de la France par l'essor qu'il a donné aux esprits critiques et observateurs, et aux esprits voisins de ces génies eux-mêmes, doués du don de l'imitation et qui interprètent et reproduisent avec une admirable délicatesse l'intention la plus profonde et la plus cachée de l'auteur.

Cependant, dès avant l'année 1632, la comédie se jouait déjà à Orléans assez habituellement, pour que les écoliers de l'Université jouissent du privilége d'assister gratuitement, par députation, aux représentations scéniques.

Au cours de cette année, les comédiens du roi étaient venus à Orléans, et l'*hôtel de la Monnaie* leur avait prêté l'une de ses salles, en l'absence de tout autre lieu digne de recevoir une troupe de véritables artistes.

Ces comédiens étaient sous la direction de Choleau, dit *Belleroche*. Les élèves de l'Université, divisés en *nations* réduites à quatre, pouvaient y envoyer douze d'entre eux, c'est-à-dire trois élèves par chaque nation.

Cette époque était tellement fertile en discussions judiciaires, que

---

(1) Voir Voltaire, siècle de Louis XIV.

(2) Tous étaient improvisateurs, et quelques-uns appartenaient à la classe la plus lettrée; l'un, Guillot Gaju (Bertrand-Hardouin), était doyen d'une faculté de médecine.

nous ne trouvons la preuve de l'existence de ce privilége que dans la partie des registres de la nation germanique rendant compte des procès qui se sont élevés entre elle et les comédiens.

Ces derniers ne refusaient pas l'entrée aux douze écoliers députés des quatre nations, mais la nation germanique voulait en introduire pour elle seule dix-sept. Les comédiens disaient, pour expliquer leur refus, que « lorsque les demandeurs ont voulu entrer gratuitement, ils « ne les ont pas voulu empescher, sinon qu'ils disaient vouloir entrer « gratuitement au nombre de dix-sept, qui est un nombre excessif « qui leur ferait préjudice et aux autres nations ; occasion de quoi ils « ont fait ledit refus ; mais quant à présent que les demandeurs se res- « treignent au nombre de cinq, soutiennent qu'ils ne doivent entrer « qu'*au nombre de trois, comme font les autres nations.* »

Comme on le voit, le droit commun à tous les élèves était de trois par nation et les nationaires allemands voulaient y faire admettre un nombre correspondant sans doute à leurs officiers. *En se restreignant* au nombre de cinq, ils disaient que « les autres nations n'ont biblio- « thèque, comme eux, en l'Université, et que les deux bibliothé- « caires font partie de leur corps privilégié. »

Les comédiens perdirent leur procès et furent condamnés à rece- voir les cinq membres de la nation germanique.

L'année suivante, Belleroche revint à Orléans avec d'autres *com-pagnons;* ils donnaient leurs représentations, non plus à l'hôtel de la Monnaie, mais dans un jeu de paume, en *la maison et jeu de Caud* (1); ils renouvelèrent leur refus de recevoir les deux bibliothé-caires de la nation germanique ; un huissier fut chargé de leur signi-fier l'ordonnance de l'année 1634. Il se passa alors une scène qui dut avoir son côté plaisant, si les soupçons que fait naître le procès-verbal de l'huissier ne sont pas imaginaires.

Cet officier s'adressa au portier des comédiens et lui demanda de déclarer son nom. Celui-ci refusa d'abord de le donner. L'huissier insista. Alors le portier déclara s'appeler *Tel.* Ce mot, qui est ordi-nairement employé par ceux qui veulent désigner une personne dont ils ignorent le nom, ne satisfit pas l'huissier. Il insista de nouveau.

(1) Ce quartier n'est plus connu à Orléans.

Le portier dit alors se nommer *Guillaume Tel.* L'huissier fut forcé de se contenter de cette déclaration, à laquelle il ne semble pas avoir cru, et de remettre son acte à ce Guillaume Tel, qui, cette fois, était bien un héros de comédie.

Les comédiens persistèrent dans leur refus ; ils disaient que l'ordonnance rendue contre Belleroche ne les concernait pas ; qu'il avait alors *d'autres compagnons,* et qu'elle ne pouvait leur être opposée : en tous cas, ils déclarèrent en appeler.

Une ordonnance du lieutenant-général du bailliage intervint, qui, réservant les droits des appelants, ordonna, par provision, l'exécution de l'ordonnance de 1634.

C'est ainsi que se trouve énoncé et sanctionné le privilége des élèves de l'Université, d'entrer au spectacle au nombre de quatorze sans rien payer, et de pouvoir même exercer gratuitement le droit *qu'à la porte on achète en entrant,* droit dont ils usaient probablement avec autant de générosité que s'ils eussent été soumis aux conditions imposées à tous ceux qui n'étaient pas élèves de l'Université.

Nous avons reproduit les priviléges communs et concernant la généralité des membres du corps universitaire, nous devons nous occuper de deux autres immunités, dont l'une est non moins importante, et l'autre aussi spéciale que celles que nous venons de faire connaître.

CHAPITRE V.

———————⟞⟞⟞⟞◦⟨⟨⟨⟨———————

Il est impossible de se livrer à l'examen du privilége de la messagerie universitaire sans se reporter à deux institutions de natures bien différentes ; la première, *les postes*; la seconde, *la garde gardienne*.

L'origine de l'institution des relais, et par suite des postes, est fort incertaine ; les uns l'attribuent à Charlemagne, les autres à Louis XI. La supposition la plus naturelle et la plus admissible, c'est que ce moyen de communication a été pratiqué par beaucoup de princes et qu'il ne le fut qu'accidentellement.

On conçoit que ce mode de faire passer des dépêches à des distances considérables fut long-temps à prendre un développement qui le rendit d'une utilité générale; et les progrès dont nous avons été les témoins depuis l'organisation administrative, née de la révolution de 1789, attestent l'état de nullité presque absolue dans lequel cette institution est restée depuis son origine jusqu'à l'avènement du système politique qui nous régit.

Il n'y eut, à proprement parler, du XVe au XVIIe siècle, aucun moyen de correspondre réglé par l'autorité publique.

Cependant, dès le Ve siècle, l'activité des esprits livrés à la controverse, *la passion qui les animait,* avaient créé un moyen de communication presque aussi rapide que celui qui pouvait exister dans les temps voisins de la révolution de 1789.

L'*Histoire de la Civilisation en Europe* contient le tableau le plus animé de ce qui se pratiquait alors pour transmettre, non-seulement de provinces à provinces, de royaumes à royaumes, mais encore des parties du monde les plus éloignées entre elles, les controverses, les propositions les plus opposées.

Cet état de choses, tout merveilleux qu'il fût, ne resta pas tel, il est vrai; l'industrie privée établit, avec le temps, des moyens de communication plus réguliers et plus usuels; et les porteurs de message de bourgs à bourgs, de villes à villes, facilitèrent l'échange des choses matérielles et des choses intellectuelles; et cependant la lenteur, les périls, les obstacles, nés de l'absence des pouvoirs publics, s'opposèrent bien long-temps encore à ce que cette industrie prît un véritable essor.

Ce n'est qu'au milieu du XVIIIᵉ siècle que l'administration organisa les postes et protégea la circulation sur les routes qui, déjà, au dire de l'historien du siècle de Louis XIV, faisaient l'admiration des étrangers (1).

Mais chacun sait combien étaient lents, insuffisants et dangereux, même à cette époque, les différents modes de transport et de communication alors en usage.

_____

(1) Mᵐᵉ de Sévigné donne une juste idée de l'administration de la poste à cette époque. On lit dans une de ses *Lettres*, celle du 12 juillet 1671, à propos de Pascal : « Je suis en fantaisie d'admirer l'honnêteté de ces messieurs les postillons, qui sont « incessamment sur les chemins pour porter et reporter nos lettres ; enfin il n'y a jour « de la semaine où ils n'en portent quelqu'une à vous ou à moi. Il y en a toujours et « à toutes les heures par la campagne, les honnêtes gens! qu'ils sont obligeants! « j'ai quelquefois envie de leur écrire pour leur témoigner ma reconnaissance, etc. » Mais ailleurs elle se plaint de l'inexactitude du service et nous apprend qu'il n'était pas quotidien. Le 26 avril 1671, elle disait : « Il est dimanche 26 avril ; cette lettre « ne partira que mercredi, » et le 18 mars précédent : « Je suis plus désespérée que « vous des retardements de la poste ; » enfin elle n'obtenait quelque régularité dans la remise de ses lettres que parce qu'elle les envoyait chercher, et en se faisant de *petits amis* dans le personnel des employés. Il est évident que cette administration ne communiquait que dans les grands centres de population et était nulle dans la campagne.

De cette lacune dans les institutions administratives est né le privilége de la *messagerie universitaire*.

Il était impossible que les corporations importantes par leurs richesses, par le nombre et la position sociale de ceux dont elles étaient composées, n'eussent pas des agents chargés, en l'absence de tout autre moyen, de transporter leurs missives.

Originairement, ces agents n'étaient que des commissionnaires appartenant à la domesticité des corporations qui les employaient; le besoin de protection les investit bientôt d'un caractère officiel qui changea d'objet avec le temps.

Cependant cette institution, presque aussi ancienne que l'établissement des Universités elles-mêmes, n'est qu'un démembrement d'une autre institution d'un caractère plus élevé, et qui pourtant ne vint qu'après elle.

Nous trouvons dans l'*Histoire de l'Université de Paris* un long chapitre intitulé : *Dissertatio prima, de nunciis Universitatis* (1).

Au début même, nous voyons apparaître le véritable objet que la création des *nuncii* universitaires s'était proposée, et nous pouvons établir la distinction qui exista bientôt entre cette classe d'officiers de l'Université et celle qui, bien que l'ayant précédée et d'un ordre subalterne, partagea ses droits et lui survécut jusqu'au jour où les Universités elles-mêmes furent détruites.

Dès le règne de Charlemagne, Louis-le-Pieux et Charles-le-Chauve, il arrivait à Paris, de toutes les régions du monde chrétien, des maîtres et des écoliers grecs, danois, germains, italiens, espagnols, anglais, écossais, irlandais, et plus encore de toutes les parties de la monarchie française.

Cette affluence rendit indispensable de réglementer et de soumettre à des lois spéciales cette foule de professeurs et d'étudiants.

On voulut assurer aux jeunes gens éloignés de la patrie une protection faisant revivre, autant que possible, la protection de la famille; on les constitua en corps, on resserra ainsi le lien qui devait les unir, on institua dans ce but un recteur, et on exigea que chaque nation fût représentée par un procurateur.

---

(1) DUBOULAY, tome Ier, p. 157.

On alla plus loin, on leur accorda d'importants priviléges et on les étendit à ceux qui les accompagnaient.

Ces jeunes gens, appartenant tous à des familles riches et puissantes, ne s'éloignaient pas, pour la plupart au moins, du toit paternel sans être suivis d'un surveillant chargé de maintenir dans leurs cœurs le sentiment de la religion et les principes de la morale, de diriger leurs premiers pas dans le monde et de les protéger contre les entraînements des passions :

« *Et ut nemo potest stare sine aliquâ familiâ* (1), *sic nec corpus*
« *ejusmodi sine* accessoriis personis, *id est sine famulis seu, ut ve-*
« *teres loquebantur, sine servitoribus. Hinc privilegia quæ conce-*
« *duntur et competunt scholaribus, competunt etiam eorum* famulis,
« *extendentur ad personas accessorias, sine quibus privilegia inutilè*
« *remanent ut late probat Rebuffus* (2). »

Le désir, que l'on peut attribuer au plus légitime sentiment national, d'attirer dans les villes où se trouvait un foyer d'enseignement, dut engager à aller plus loin encore.

Les mots *famuli personæ accessoriæ* n'expriment pas le mot *serviteur*. Le texte que nous venons de rapporter le fait suffisamment connaître ; il nous dit positivement que ces mots ne correspondaient à celui de *servitores* que dans le langage des anciens : *Ut veteres loquebantur.*

Les mots *famuli, personæ accessoriæ* expriment donc plutôt des surveillants qu'ils n'expriment des *domestiques*, et si on peut appliquer cette qualification à ceux qui accompagnaient les écoliers, ce n'est qu'en lui donnant son sens le plus élevé, dans une acception honorable et en se reportant à l'extrême distance que la naissance établissait entre les différentes classes de la société.

Ces surveillants, bien que dans une condition inférieure, étaient cependant les représentants de la famille auprès de ces jeunes gens, et dans l'accomplissement de leur mission ils étaient investis d'une partie de son autorité ; on comprend facilement qu'ils participassent aux immunités accordées aux écoliers dans l'intérêt de la science,

(1) *Quemadmodùm tradunt jure consulti (lib. non aliàs, § Ier, ff. de Judiciis).*
(2) *In privil. 166, de scriptoribus, librariis et nunciis* (DUBOULAY, t. Ier, p. 237 et 238).

puisqu'ils les dirigeaient dans leurs études, et que sans eux le nombre de ceux-ci, attirés aux Universités françaises, eût été bien moindre.

Les écoliers avaient, en outre, auprès d'eux, suivant leur rang et leur fortune, un grand nombre de gens de service : on pensa, par une exagération qui tenait à l'état des mœurs, que ces personnes elles-mêmes devaient jouir des avantages accordés aux écoliers, et on étendit les priviléges dont ces derniers jouissaient jusqu'à leurs valets, afin de les affranchir des soins matériels dont l'accomplissement les aurait distraits de leurs études :

« *Cujus rei ratio primaria hæc est, quia nisi munera et officia, ità*
« *exsequantur famuli, magistri et scholares iis incumbant necesse est,*
« *quod esset illos à studio distrahere.* »

Cette distinction entre les sens différents que doit recevoir le mot *famuli,* suivant les personnes auxquelles on l'appliquait, devait être déterminée, car elle est le principe de la transformation que bientôt subirent les *nuncii* ou surveillants *envoyés* par les familles pour accompagner dans les villes, siéges des Universités françaises, les jeunes écoliers venant y puiser la science du droit ou des lettres, et la division que cette classe de suppôts des Universités subit elle-même.

On vit, en effet, les *famuli inferiores* des écoliers devenir les *nuncii,* et recevoir la qualification de *nuncii* ou de *missi,* tandis que ceux qui remplaçaient les *famuli* de l'ordre le plus élevé prirent la qualification d'*archi-nuncii,* de *nuncii cives,* ou de *nuncii majores.*

L'auteur de l'*Histoire de l'Université de Paris,* dont les textes nous ont suggéré le rapprochement auquel nous venons de nous livrer, commence, il est vrai, par traiter des *missi* ; mais il est manifeste qu'il a accordé la priorité à ces officiers universitaires, plutôt pour obéir à un ordre chronologique, la création de ces *nuncii* ayant précédé celle des *archi-nuncii,* que pour se séparer du rapprochement qui doit être fait entre ceux-ci et les surveillants envoyés par les familles dans le but d'accompagner les jeunes écoliers aux Universités.

On comprend qu'il en dut être ainsi. Les surveillants des écoliers ne pouvaient suppléer à l'absence de tous moyens de communication entre ces derniers et leurs familles ; de là la nécessité de charger des hommes de confiance de transporter de la ville universitaire à la maison paternelle des lettres et des nouvelles des écoliers, et de rapporter à ceux-ci les réponses et *les choses qui leur étaient indispensables.*

On constitua donc une nouvelle fonction dont les titulaires prirent la qualification de *missi* ou messagers.

Cette institution fut empruntée à l'administration publique, car Charlemagne et ses successeurs avaient des *missi* qui prenaient le titre de *messagers royaux,* et dont l'office consistait à porter les ordres du roi aux sénéchaux et aux gouverneurs de provinces ; ces messagers, d'ailleurs, revêtus d'un caractère tout spécial, n'observaient aucune régularité dans leurs voyages.

Ce fut donc sur ce modèle que furent créés les messagers de l'Université ou *nuncii, missi peditores.*

On leur accorda des priviléges considérables, on les affranchit des droits de péage et des autres tributs ; et si ces priviléges ne leur eussent pas été accordés, l'institution eût été inutile : à cette époque les seigneurs ne consentaient le passage sur leurs terres qu'à des conditions fort onéreuses, dont la sanction était souvent la privation de la liberté, et des traitements en rapport avec la barbarie de ces temps.

On avait ainsi fait un progrès assez important, mais il était bien insuffisant ; car, malgré la fréquence des messages, on ne pouvait ni promptement, ni facilement envoyer les *nuncii* à des distances éloignées : « *Et quia quavis data occasione et necessitate non erat « promptum et facilè saltem ad longinquas urbes nuncios expe- « dire* (1). »

D'un autre côté, l'usage de faire accompagner les écoliers par un précepteur ne se prolongea pas, soit que le nombre des écoliers dépassât de beaucoup le nombre des surveillants instruits et dévoués ; soit qu'une partie des familles ne pût subvenir à la dépense que ces surveillants occasionnaient ; soit aussi, ce qui est plus probable, qu'un autre mode de protection se fût établi par des relations de position sociale et des rapports de bienveillance entre les étrangers et les ha-

(1) DuBOULAY, t. Ier, p. 238.

bitants des villes où siégeaient les Universités; on institua de nouveaux officiers : *Instituti sunt alii officiarii* (1).

Ces officiers furent les *nuncii cives*.

L'origine de cette nouvelle création, attribuée à des relations de
famille et de position sociale, ne peut être douteuse.

En l'année 1175 (2), Etienne, connu sous le nom d'Etienne de
Tournay, homme très-distingué par son profond savoir, fut appelé
de l'abbaye de Saint-Euverte d'Orléans, à la tête de laquelle il était
placé, à la dignité d'abbé de Sainte-Geneviève de Paris, fonction qu'il
remplit pendant plusieurs années, jusqu'à ce qu'il eût été appelé au
siége épiscopal de Tournay.

Cet homme célèbre avait été élevé à l'Université de Paris et y avait
eu pour condisciples des personnages considérables, tant français
qu'étrangers, entre autres Urbain III, le cardinal Gratien, etc.

Il contracta aussi amitié avec des Danois et des Hongrois ; il leur
donna secours et protection, et lorsqu'il arrivait des écoliers de ces
contrées, il les accueillait avec bonté, il les logeait dans des maisons
convenables et *les dirigeait dans leurs études;* et c'est de là qu'ont
été institués les citoyens de Paris, connus sous la dénomination de
nuncii majores, qui fournissaient aux écoliers ce qui leur était nécessaire pour leur nourriture et vêtement.

Etienne de Tournay cautionnait aussi, sans intérêt et par pure bienveillance, ce qu'empruntaient les écoliers dont il connaissait les
familles et avec lesquelles il était lié (3).

Telle est l'origine de la transformation des *famuli,* qu'il est convenable de qualifier de *majores,* en *archi-nuncii, nuncii cives, nuncii
majores.*

Comme on le voit, ils devaient être dans une position sociale plus
élevée que les *nuncii* ou *missi peditores,* aussi prenaient-ils une qualification qui les distinguait considérablement de ceux-ci; comme
eux, ils étaient agrégés par les Universités ; de plus, ils devaient
être riches ou, au moins, appartenir à la classe aisée, puisqu'ils cau-

(1) DUBOULAY, t. Ier, p. 258.

(2) *Idem,* t. II, p. 44.

(3) Eodem quoque anno (1175) Stephanus vulgo Tornacensis dictus, vir litteralissimus
ex abbatiâ sancti Euverti aurelianensis , etc. (DUBOULAY).

tionnaient les emprunts que contractaient les écoliers ; enfin, ils devaient résider dans la ville où siégeait l'Université, auprès de laquelle ils étaient accrédités.

On dut s'occuper de fixer le nombre de ces agents, devenus suppôts ou officiers des Universités ; celui des *nuncii majores* fut égal à celui des diocèses auxquels appartenaient les écoliers tant régnicoles qu'étrangers : « *Unus enim sufficere creditum est subministrandæ pe-* « *cuniæ unus cujusque diocesis scholaribus.* »

Cette phrase semble réduire l'emploi des *nuncii majores* à la simple mission de cautionner les sommes empruntées par les écoliers ; mais cependant il est certain que leurs devoirs s'étendaient plus loin, et que si on ne les considéra plus que comme des espèces de banquiers, par l'intermédiaire desquels les familles faisaient passer une somme d'argent d'un lieu à un autre, ce ne fut que lorsque cette institution s'affaiblissait et touchait à sa fin.

Quant au nombre des *nuncii peditores* ou *missi,* il était illimité, et cela se conçoit : on ne pouvait prévoir ni les nécessités, ni les longueurs des voyages dans un temps où l'état de la viabilité, la diversité des conditions de passage d'un bourg à un autre bourg, l'absence absolue de police et de protection, venaient ajouter leurs dangers aux inquiétudes que la faiblesse de l'homme permettait de concevoir sur le sort de celui qui s'aventurait alors dans un voyage même d'une courte durée.

Ces suppôts des Universités, dès l'origine de leur établissement, étaient assez nombreux pour se constituer en confrérie ; c'est ce qu'ils firent dans le monastère des Mathurins de Paris, et le choix de cette congrégation religieuse, à lui seul, exprime avec énergie, et, en même temps, d'une manière touchante, la véritable situation de ceux qui se vouaient à cette pénible mision ; les Frères Mathurins avaient été institués par le pape Innocent III (1200) *pour la rédemption des captifs.*

Les *missi* ou *nuncii peditores* à l'Université d'Orléans formèrent également une confrérie particulière, sous le patronage de Charlemagne, qu'ils considéraient comme le fondateur de leur corporation, et sous la protection de la sainte Vierge ; ils firent frapper une médaille, reléguée aujourd'hui dans un ordre inférieur et pourtant encore

intéressant de la science : la numismatique. La Société Archéologique de l'Orléanais possède un jeton en cuivre représentant à la
face saint Charlemagne debout, en manteau impérial herminé, la tête
nimbée, tenant d'une main l'épée nue, de l'autre le globe crucifère,
et au revers les armes de la ville d'Orléans dans un écusson, au chef
duquel on a représenté deux mains sortant d'un nuage et portant une
dépêche, avec cette légende à la face : *Sanctus Carolus Magnus,
magnorum nunciorum patronus,* et au revers: *Hæc nuncia veri.*

Les rois accordèrent aux *nuncii majores,* ainsi qu'aux *nuncii
peditores,* les privilèges dont jouissaient les Universités elles-mêmes :
« *Et illis similiter reges nostri privilegia eadem concesserunt quæ uni-
« versitati.* »

Cet exemple fut imité par un souverain étranger.

Il est inutile de suivre ici M. de Savigny dans sa réfutation de
Duboulay, qui attribue au désir qu'avait l'empereur Frédéric Ier (1),
de retenir les écoliers de Bologne dans cette ville et à la jalousie que lui
inspirait l'Université de Paris, l'édit par lequel il accorde aux *nuncii*
de la célèbre Université de Bologne les mêmes privilèges que ceux
accordés aux *nuncii* des Universités de France, et particulièrement
de celle de Paris. Il suffit d'établir que cet édit devint une disposition du droit commun, par cela seul qu'il fut placé dans le livre des
constitutions impériales au titre : *Ne filius pro patre vel pater pro filio
conveniatur;* car, ainsi que l'enseigne M. de Savigny, il faut admettre
les additions faites au code par l'école de Bologne, c'est-à-dire les
authentiques et les authentiques nombreuses d'Irnerius.

Il est vrai que ces immunités accordées par l'empereur qui, en
cela, imitait l'exemple des rois de France, et dans le but de faire jouir
les étudiants de ses états des mêmes privilèges que ceux *dont ils
espéraient jouir à Paris,* ne concerne que les *missi* ou *nuncii peditores,* et ne pouvaient regarder les *nuncii majores,* dont la création
en France ne remonte pas au-delà de l'année 1175. Mais comme les
uns et les autres participaient aux mêmes avantages, il est permis de
considérer cet établissement comme ayant réagi sur la constitution des
nuncii majores; car, de création nouvelle, elle devait nécessairement
être régie par le droit commun.

(1) BARBEROUSSE.

L'empereur, par son édit, avertit ses officiers qu'il a accordé à tous ceux qui voyagent pour s'instruire dans la double science du droit civil et du droit canon, et à tous les docteurs qui veulent l'enseigner, ainsi qu'à tous leurs *nuncii*, cet avantage qu'ils puissent se rendre dans les villes où ils voudront se livrer à l'étude ou à l'enseignement, et qu'ils les habitent avec une entière sécurité : « *Super hoc diligenti* « *episcoporum, abbatum, ducum omnium, judicum et aliorum* « *procerum palatii nostri examinatione omnibus qui causâ studiorum* « *peregrinantur scholaribus, et maximè divinarum atque sacrarum* « *legum professoribus, hoc nostræ pietatis beneficium indulgemus, ut* « *ad loca in quibus litterarum exercentur studia, tàm ipsi quàm eorum* « nuncii *veniant et habitent in eis securè.* »

Cette dernière phrase pourrait faire supposer l'existence de la fonction de *nuncii majores*, car le fait de l'habitation des *nuncii* pourrait être appliqué à ceux qui, par la nature même de cette fonction, devaient habiter les villes où ces étudiants se rendaient.

Mais avec un peu de réflexion, on voit que l'édit ne concerne que les *nuncii missi* ou *peditores*, car l'empereur voulait établir une assimilation relative entre les Universités de Bologne et des autres villes soumises à son autorité, et les Universités françaises; et, d'un autre côté, il est certain que l'édit ne concerne que ceux qui voyageaient, *qui causâ studiorum peregrinantur*; d'ailleurs, les *missi* ou *nuncii peditores* avaient leur domicile dans la ville où se trouvait l'Université à laquelle ils appartenaient; et enfin les priviléges accordés à ces officiers ou suppôts ne consistaient pas seulement dans l'affranchissement des droits auxquels ils pouvaient être soumis pendant le cours d'un voyage, mais encore dans celui de toutes les charges municipales imposées à tous les citoyens habitant une commune.

Ainsi, auprès de toutes les Universités se trouvaient des agents revêtus d'un office, chargés de transporter les messages, protégés par les mêmes priviléges que ceux accordés aux corps enseignants et aux écoliers; et lorsqu'une classe d'officiers universitaires vint se réunir à cette corporation en réduisant l'usage de sa mission, et en la dominant par la supériorité du but que son institution devait atteindre, il était juste que ceux qui la composaient, participassent aux mêmes avantages, devenus d'ailleurs une règle du droit commun pour ceux qui, directement ou indirectement, appartenaient au corps universitaire.

Louis-le-Hutin, en l'année 1315, suivant l'exemple de ses prédécesseurs, confirma les priviléges de l'Université de Paris, et spécialement ceux concernant l'affranchissement des péages au profit des messagers de cette Université ; les *nuncii majores* furent certainement compris dans les dispositions bienveillantes de cet acte de l'autorité royale.

Les avantages attachés à ces fonctions durent être, avec le temps, la cause de beaucoup d'abus : l'intérêt remplaça la bienveillance ; le nombre des *nuncii* résidants devint beaucoup plus considérable que celui originairement fixé, et, dès l'année 1576, les choses étaient arrivées à ce point qu'il fallut réglementer de nouveau cette institution.

Ce qui précède suffit pour établir le véritable caractère des deux genres de *nuncii* accrédités auprès des Universités : les uns, simples porteurs de dépêches ; les autres, correspondants des familles, surveillants des écoliers, suppléant à l'absence absolue des moyens de change en leur donnant de l'argent et en les cautionnant lorsqu'ils en empruntaient aux chrétiens et aux juifs, *sive apud christianum, sive apud judæum.*

Il est facile maintenant de suivre cette institution commune à toutes les Universités dans les diverses modifications qu'elle a subies.

Les *nuncii cives* disparurent bientôt, les *nuncii missi* se perpétuèrent, mais en changeant d'attribution, et finirent par n'être plus qu'une institution nominale, sans emploi réel et sans aucune utilité.

On ne voit aucune trace de l'existence des *nuncii majores* accrédités auprès de l'Université d'Orléans.

Cette lacune semble démentir ce qui s'était passé et ce qui se passait avant et au moment de la création de l'Université.

La bulle du pape et les lettres-patentes du roi nous démontrent, en effet, que ces officiers étaient connus à Orléans comme ils l'étaient à Paris et, sans doute, dans tous les autres centres d'enseignement.

Le pape, prévoyant le cas de la mort *ab intestat* d'un membre de l'Université, ordonne la restitution de la succession aux héritiers légitimes ou à leur intermédiaire, qu'il désigne sous la qualification de *nuncius,* à laquelle il ajoute celle de capable (*idoneus*) : « *Et illi ad* « *quos bonorum suorum erit devoluta, possint ad civitatem accedere* « *prælibatam, vel idoneum nuncium destinare.* »

Ce serait peut-être, il est vrai, aller trop loin que d'admettre d'une manière absolue, de ces termes, auxquels on pourrait donner un autre sens, la création et l'existence auprès de l'Université d'Orléans de ces *nuncii cives,* dont nous venons de déterminer la mission et le caractère ; mais comme un passage des premières lettres-patentes du roi Philippe-le-Bel reproduit le texte de la bulle, et qu'un passage des secondes lettres-patentes l'éclaire et le complète, nous devons insister sur ce point.

Nous voulons, disent les lettres-patentes, que deux bourgeois, préposés à faire *obtenir des délais* aux docteurs et écoliers pour le paiement de sommes qui leur seraient nécessaires, soient, après avoir été élus par les docteurs, présentés à notre prévôt ; qu'à l'occasion des avances qu'ils auront faites, ils jouissent, comme les docteurs et les écoliers, de notre protection spéciale ; et qu'ils soient, comme ceux-ci, affranchis de toutes tailles, charges, dépenses et contributions municipales ; que les docteurs puissent remplacer ceux qu'ils auront élus, par d'autres bourgeois ; et qu'ils puissent présenter ces nouveaux élus à notre prévôt, lesquels jouiront des mêmes priviléges, de la même manière, tant qu'ils observeront les édits et ordonnances, et spécialement ceux rendus contre les usuriers pour l'utilité publique et la gloire de notre règne (1).

Voici donc bien manifestement les *nuncii cives* institués pour l'Université d'Orléans.

Et cependant on ne voit dans aucun autre document la mention, même indirecte, de la mise en pratique de cet office depuis la constitution de l'institution par le pouvoir royal.

---

(1) Præterea volumus quod duo Burgenses quos doctores elegerint, præsentari præposito nostro aurelianensi moraturi, qui doctoribus, magistris et scolaribus ibidem moraturis studentibus pro suis necessitatibus, mutuent speciali nostrâ protectione sicut ipsi doctores et scolares gaudeant, ut etiam ab omnibus tailliis, causis, expensis et contributionibus dictæ urbis penitùs sunt immunes ; quodque doctores prædicti, cùm alios ad hoc elegerint possint eos mutare, ac præposito præsentare, dictique Burgenses privilegiis hujus modi gaudebunt, dùm constitutiones et ordinationes nostras observent, et specialiter contrà usurarios editas, pro utilitàte publicâ et regni nostri.

Il nous semble facile d'expliquer ce que l'empressement des citoyens à se mélanger au corps universitaire, dans le but de jouir des prérogatives tout à la fois utiles et honorifiques qui lui étaient accordées, rend, au premier abord, assez inexplicable. L'époque de la création de cette Université ne remonte qu'à un temps où les *missi majores* agrégés à l'Université de Paris n'avaient plus ni la même utilité, ni la même importance; cette institution était déjà tombée à l'état où nous verrons bientôt les *missi* ou *nuncii peditores* à l'Université d'Orléans; l'office n'avait plus d'autre but que l'affranchissement des charges municipales.

D'ailleurs, la ville d'Orléans, qui montra toujours un véritable éloignement pour la présence du corps universitaire dans ses murs, tendait toujours à restreindre le nombre des officiers et suppôts de l'Université, afin de restreindre les priviléges dont la mise en pratique diminuait les recettes des deniers de la ville. Et, d'ailleurs, cette ville était déjà alors exclusivement adonnée au commerce; et encore bien que la qualité de *nuncius major* donnât lieu à la jouissance de beaucoup d'avantages et dispensât des droits d'octrois, d'aides, etc., cependant la fonction ne dut pas être recherchée, car elle imposait le devoir, non-seulement de surveiller les écoliers, mais encore de leur faire des avances et de cautionner les emprunts qu'ils faisaient; et, tout calcul fait, il eût été possible que la perte excédât l'avantage emprunté à l'investiture d'un office de cette nature.

Quant aux *missi* ou *nuncii peditores*, c'est à peine si les nombreux documents à l'aide desquels nous pouvons suivre l'Université d'Orléans, depuis son origine jusqu'aux temps les plus rapprochés de sa fin, nous parlent d'eux comme appartenant à ce corps enseignant.

Ainsi que les *missi cives*, ils se trouvent mentionnés dans les secondes lettres-patentes du roi, comme devant jouir des franchises accordées aux docteurs et aux écoliers.

On y remarque cette disposition :

« Nous défendons qu'on exige des docteurs ou des écoliers venant
« à l'Université, ou s'en éloignant, ou de ceux qui voyagent à cheval
« dans leur intérêt, afin de leur procurer de l'argent, des livres ou
« autres choses nécessaires, aucun droit de *péage* ou *tout autre*

« _tribut,_ notre volonté étant qu'ils soient affranchis de ces percep-
« tions (1). »

Mais cette mention est à peu près la seule ; nous ne trouvons plus
cette fonction que considérée comme un accessoire du corps des écoliers de la nation germanique ; et si une trace de l'existence des _missi_
ayant appartenu directement au corps universitaire lui-même se rencontre, ce n'est plus qu'au moment où, tombée en désuétude, on cherche à relever cette institution de l'oubli qui la menace, et non pour
répondre au but qu'elle devait atteindre, mais dans un intérêt purement
bursal au profit du corps des docteurs, et afin de perpétuer un titre
auquel étaient attachées des franchises d'autant moins dignes d'être
conservées qu'elles avaient cessé d'être le prix d'un service rendu.

L'Université d'Orléans, par un abus que la nature des anciennes
corporations explique plus encore que ne le fait l'absence de tout
contrôle d'une autorité régulière, avait fini par affermer les messageries ; et comme, d'une part, ces fermages produisaient un revenu
assez considérable, et que, d'une autre, la fonction était devenue une
sinécure à laquelle continuaient d'être attachés d'assez grands avantages, on conçoit qu'elle fût maintenue, même après avoir cessé
d'exister utilement.

Cependant il serait injuste de considérer la disparition des _missi_ ou
nuncii peditores comme absolue à l'Université d'Orléans ; un nouveau
privilége accordé à cette Université eut pour conséquence de transformer la mission de ces officiers déjà modifiée et même abolie par
les progrès de la civilisation, l'extension des rapports commerciaux,
l'invention de la lettre de change et la facilité toujours croissante des
communications.

Si les _missi_ ou _nuncii_ ne furent plus employés au transport des
dépêches, ils devinrent, par l'application du privilége de _garde gardienne,_ chargés d'un nouvel office.

_____

(1) Cæterùm prohibemus ac doctoribus, magistris vel scolaribus prædictis venien-
tibus ad ipsum studium, vel indè recedentibus propersonis equitaturis pecuniis, libris
vel aliis rebus suis ad proficiendum vel in studio conversandi sibi necessarium, nomine
pedajii, vel tholonei quicquam exigi vel levari, sed a talibus exactionibus ipsos liberos
esse volumus et immunes.

Ce privilége, tout en accusant le vice des institutions au milieu desquelles il a pris naissance, atteste cependant une assez grande extension des rapports.

On pourrait donc l'attribuer à une sorte de progrès, croire que l'idée de l'établir n'a pu arriver que lentement, et le considérer comme un nouveau rouage ajouté à ceux qui contribuaient au mouvement de la société.

Cependant il n'en fut pas ainsi : nous voyons la pensée du privilége de *garde gardienne* déposée dans les actes les plus anciens se rattachant à la création des *nuncii*.

Frédéric Ier semble devoir être considéré comme l'auteur de cette garantie donnée aux personnes universitaires, que toutes les actions nées de leurs créances actives et que la répression de tous les délits dont elles auraient à se plaindre seraient soumises au juge du siége de l'Université; il va plus loin, il crée une nouvelle juridiction.

L'empereur déclare réprouver toutes les injures que l'on pourrait faire aux écoliers, ainsi que les délits que l'on pourrait commettre contre eux, et les refus d'acquitter les dettes que l'on aurait contractées à leur égard, sous prétexte que ceux qui auraient fait ces injures, commis ces délits ou contracté ces dettes, demeurent dans une province éloignée.

Ce point de départ posé, il concède aux étudiants leur propre juridiction; il veut que ceux qui leur intenteraient un procès soient contraints de se soumettre à la justice du choix de l'écolier auquel il promet l'option entre celle de l'évêque du diocèse dans lequel il étudiait, et celle de son propre professeur.

Il n'est pas nécessaire d'examiner la controverse que le texte de l'édit impérial a suggérée et qui semble avoir été terminée par une décision émanée de M. de Savigny; il importe peu à l'établissement de la proposition qu'on agite ici de connaître le véritable sens des mots *coram domino vel magistro* qui se rencontrent dans l'édit, et de déterminer si ce mot *domino* s'applique à la justice du seigneur, ou s'il doit se traduire par le mot *professeur*, qui pouvait choisir entre la qualification de *dominus* ou de *magister*, suivant l'époque de son entrée dans le corps enseignant.

9

Ce qu'il suffit d'établir, c'est que le privilége de *garde gardienne* est en germe dans l'édit de l'empereur.

Il est vrai que dans le cas prévu par cet édit, l'écolier est défendeur; que le privilége de *garde gardienne* consistait à attirer le défendeur devant le juge du domicile du demandeur; mais aussi il est vrai que l'édit impérial intervertissait les règles du droit commun, puisqu'il permettait à l'écolier l'option entre deux ou trois juridictions (en admettant que la traduction des mots *coram domino,* adoptée par M. de Savigny, doive être rejetée), dont aucune n'aurait été saisie par le demandeur; il est d'ailleurs évident, qu'entre le privilége qui permet au demandeur d'attirer devant le juge de son domicile le défendeur, et le privilége qui crée au domicile de ce dernier un juge d'attribution au choix du demandeur seul, il n'y a qu'une nuance facile à effacer.

Cela nous semble d'autant plus vrai, que les prémices de l'édit, dans cette partie de ses dispositions, font pressentir qu'il devra bientôt en être ainsi; ces priviléges sont tels, qu'il est permis de supposer, à leur lecture, que le privilége pur de *garde gardienne* va en découler, et on est surpris qu'ils n'aient pas cette conséquence.

Le privilége accordé aux *nuncii* par l'édit de l'empereur, les assimilant aux docteurs et aux écoliers des Universités, proclamé en même temps que celui des juridictions de privilége au profit de ces derniers, est donc intimement lié à ces juridictions elles-mêmes; il n'est pas étonnant que l'un et l'autre aient continué à marcher de pair à mesure que les rois entouraient les Universités de plus de faveurs et d'immunités exceptionnelles; et il est tout simple que la fonction se soit transformée et ne fût plus consacrée qu'à la mise en pratique du seul privilége qui subsistât dans son application, alors que la nécessité qui avait donné naissance à cette fonction avait disparu.

C'est ainsi que la *garde gardienne* ayant survécu aux besoins des voyages lointains et réitérés, les *missi,* attachés aux Universités, restèrent affectés à la signification des actes au moyen desquels on mettait ce privilége en pratique.

Il serait difficile de déterminer d'une manière précise l'époque de la création de la *garde gardienne* en France; cependant nous en trouvons un exemple dans le récit d'une discussion judiciaire remontant à l'année 1368 (1).

A cette époque, un procès s'éleva à l'occasion du vol d'un cheval, commis par les valets de l'évêque de Lisieux, au préjudice du messager de la nation normande, étudiant à l'Université de Paris. Ce prélat, ayant pris la responsabilité du fait reproché à ses valets, éleva une exception d'incompétence.

L'Université, *voulant traiter la nation normande comme sa propre fille,* avait décidé que ledit évêque serait cité devant le prévôt de Paris en son châtelet; mais l'évêque, en récusant cette juridiction, disait qu'il devait plaider devant la chambre des requêtes du parlement, *comme étant maître des requêtes,* qui, en vertu d'un privilége royal, doivent plaider devant eux-mêmes.

L'Université (2) prit aussitôt l'avis des *plus habiles jurisconsultes,* et décida qu'elle ne plaiderait pas, mais qu'elle irait directement au roi et lui exposerait l'affaire.

Ce que l'évêque ayant appris, il vint à l'assemblée générale de l'Université, malgré une grave infirmité dont il était fort tourmenté, et il ordonna qu'il fût satisfait aux exigences de la nation normande.

Cet épisode nous démontre que, dès le XIVe siècle, il existait déjà, et depuis assez long-temps, au profit de l'Université de Paris, un privilége de *garde gardienne,* et qu'ainsi la création de ce droit exceptionnel est à peu près contemporaine de la création des *nuncii* ou *missi;* il est manifeste que si les maîtres des requêtes, ou plutôt les membres du parlement, devaient plaider devant eux-mêmes, en vertu d'un privilége royal, ce qui est le comble de l'abus de cette commission déjà si exorbitante, l'Université pouvait ne plaider que devant le prévôt de Paris en son châtelet; de sorte qu'à l'occasion d'une seule et unique contestation, on voit apparaître la double concession du même privilége à deux compagnies différentes, et toutes deux d'une haute position sociale.

Il est temps de définir ce qui n'a été qu'indiqué jusqu'ici.

On appelait *garde gardienne* le privilége accordé par le roi à cer-

_____

(1) Du Boulay.

(2) Il ne faut pas perdre de vue qu'elle n'était pas *Université de lois.*

taines corporations religieuses, scientifiques ou séculières, et même à certains particuliers, de distraire le défendeur à une action civile ou criminelle, de ses juges naturels et de le forcer à venir se défendre devant le juge du domicile du demandeur.

Le roi déclarait qu'il prenait en sa garde particulière ceux à qui il l'accordait, et pour cet effet, il leur assignait des juges particuliers ; le mot *gardienne* n'était qu'une redondance ayant pour but de concourir, avec le mot *garde* qui le précédait, à rendre plus sensible le caractère particulier de ce privilége et la protection spéciale et exorbitante attachés à sa concession. Ce droit est à peu près semblable à celui de *committimus*.

On a peine à concevoir aujourd'hui que certaines personnes aient eu le pouvoir de traduire leur partie adverse devant un juge autre que le sien ; de l'attirer, malgré elle, à une distance considérable et de compromettre ainsi la dignité de la justice en la transformant en une véritable commission.

Mais, hâtons-nous de le dire : dans ces temps reculés, ce privilége n'avait pas les inconvénients que nous lui reconnaissons aujourd'hui en nous plaçant au point de vue des institutions nouvelles; les actions entre personnes de domiciles éloignés étaient si rares, que ce droit ne pouvait être que très-accidentellement exercé.

Une autre considération fera comprendre que ce droit n'avait pas le caractère exceptionnel qu'on serait tenté de lui attribuer.

Dans l'origine, indépendamment de l'absence absolue de transactions entre personnes éloignées l'une de l'autre par le domicile, la justice éparpillée sur le sol de la monarchie, rendue au nom des seigneurs, ne présentait pas, à beaucoup près, autant de garantie de savoir et d'indépendance que celle qui était administrée dans les grands centres de population; de sorte que si, d'un côté, les corps privilégiés investis du droit de *garde gardienne,* semblaient devoir opprimer le défendeur par l'exercice de ce droit lui-même, sans ce droit, ces corps ou ces personnes eussent été livrés à une juridiction où régnait l'arbitraire, l'ignorance et un sentiment de partialité, un caractère de dépendance qui se seraient constamment opposés à ce que bonne justice leur fût rendue.

Mais ce qui domine ces observations, c'est celle qui porte sur la nature des affaires ordinairement enlevées à la juridiction du domicile du défendeur en force et vertu du privilége.

En général, les grandes corporations ou les personnes privées, mais appartenant à la classe nobiliaire, auxquelles des lettres de *garde gardienne* étaient délivrées, ne pouvaient avoir à débattre que des intérêts d'une solution épineuse et difficile.

Il eût été impossible aux simples baillis et à la plupart des prévôts *des justices de village* de statuer sur ces intérêts et de résoudre les questions qu'ils soulevaient; il était nécessaire de porter ces différends devant une justice régulière; et il n'y avait de constitué, avec quelque garantie de lumière et d'indépendance, que les bailliages présidiaux et châtelet, ou les juges des grandes subdélégations.

Enfin, il est manifeste que le privilége de *garde gardienne* et de *committimus* est le premier pas fait dans la voie de l'amélioration du système judiciaire, le premier effort pour enlever à toutes ces justices de bourgades et de paroisses des attributions dont la simplicité des premières relations sociales pouvaient se contenter, mais qui devenait le plus dangereux de tous les droits à mesure que ses relations s'étendaient et se compliquaient.

Les rois voulaient donc soustraire, autant que possible, les affaires importantes et difficiles, les intérêts considérables à l'arbitraire, à l'ignorance, à la dépendance des baillis, des prévôts, des sénéchaux rendant la justice pour le seigneur, nommés par lui, révocables par lui, et n'offrant aucune des garanties que l'ordre judiciaire doit présenter aux justiciables.

Cette remarque n'a pas échappé à un ancien et savant jurisconsulte : Loyseau, dans son chapitre : de l'*Abus des Justices de village*, signale cette intention du pouvoir royal de dépouiller les justiciers et leurs baillis du droit de rendre la justice, au moyen des lettres concédées du privilége de *garde gardienne*; et, ce qu'il y a de singulier, c'est qu'il s'en plaint et fait, comme nous dirions aujourd'hui, de l'opposition au profit des *justices de village*.

Après avoir reconnu qu'au temps où il écrivait on délivrait en chancellerie très-peu de ces lettres, il s'exprime ainsi :

« Néantmoins le temps passé, cela était si commun que rien

« plus; et par le moyen de telles lettres on ôtait aux subalternes la
« plupart de leurs causes; car on leur ôtait la connaissance des exé-
« cutions, saisies et décrets par le moyen des lettres *de debitis*; on
« leur ôtait les matières féodales par les lettres de conforte-main (1),
« on leur ôtait les matières possessoires par le moyen des lettres de
« complainte; on leur ôtait les causes d'attermoiement par les repis
« et lettres de cinq ans; on leur ôtait les causes des veuves, pupiles,
« étrangers, par le moyen des lettres de sauvegarde et ainsi d'infinis
« autres. »

C'est-à-dire, comme nous le faisions observer il n'y qu'un instant,
qu'on leur enlevait toutes les causes où il fallait unir la science à la
liberté du juge.

Si on doit reconnaître que le privilége de *garde gardienne* a eu
son utilité, et que le but qu'on se proposait en l'instituant était favorable, plus qu'il ne peut le sembler, à la bonne administration de la
justice, ce que Loyseau paraît n'avoir pas vu, il faut cependant reconnaître avec lui que ce privilége, dans le dernier état de l'ordre
judiciaire en France, au moment où éclata la révolution de 1789,
devait offrir de véritables dangers, constituer un obstacle permanent
à la sécurité des transactions; car les grands bailliages, dont toutes
les justices seigneuriales ressortaient, offraient aux justiciables des
garanties suffisantes; les attributions restreintes des justices subalternes soit en matière civile, soit en matière criminelle (2), désintéres-
saient d'ailleurs les parties engagées dans une contestation judiciaire.
Enlever le défendeur à son juge naturel, le contraindre à venir
plaider et se défendre loin de son domicile, était donc une mesure
qui, dans les derniers temps, ne pouvait reposer sur aucun motif
plausible.

Cependant, en 1722, un édit fut rendu qui maintint ce droit aux

(1) Ces lettres étaient délivrées en matière de saisie exercée par le seigneur direct
sur son vassal ou sur le seigneur censier; le roi délivrait ces lettres ou commissions
pour *conforter* ou fortifier la saisie du seigneur.

(2) On avait singulièrement amoindri ces attributions par l'augmentation considérable des *cas royaux*, qui tous étaient enlevés aux justices particulières et portés
devant les grands bailliages.

Universités et à tous leurs écoliers, officiers et suppôts, de sorte que l'office de messager ne s'éteignit qu'avec ce droit lui-même.

A ce sujet, pour parvenir à ressusciter, au profit des *grandes écoles* d'Orléans, ce privilége et cette fonction de messager tombés en désuétude, on présenta au roi, en son conseil, un mémoire pour établir que cette Université, dès son origine, et successivement dans tous les temps, a été une des plus fameuses et des plus célèbres de l'Europe, et qu'elle a toujours eu droit d'avoir des messageries dans toutes les provinces du royaume et même dans les pays étrangers.

Il n'est pas nécessaire de suivre le mémoire dans ses recherches sur l'antiquité et la gloire des études universitaires à Orléans ; il importe seulement de s'arrêter aux preuves administrées par son rédacteur pour démontrer l'existence du privilége ayant appartenu à l'institution dont il s'occupe.

On commence par s'y prévaloir des règles du *droit commun*, et l'on invoque le titre de l'authentique au code : *Ne filius pro patre,* cité plus haut.

Le mémoire ajoute, comme commentaire à ce texte : *Cette constitution marque le droit des Universités d'avoir des messageries.*

Il continue en énumérant tous les titres de l'Université d'Orléans à la jouissance du droit de *messagerie*, il fait marcher ce privilége de front avec celui de *garde gardienne*; il cite, à l'appui de cette proposition, l'édit de l'empereur Frédéric Ier et une charte de Philippe de Valois, du 6 novembre 1374, qui accorde aux régents, écoliers et suppôts de l'Université d'Orléans, la faculté d'attirer et *faire convenir* dans cette ville, de toutes les provinces du royaume, leurs débiteurs et ceux qui leur auraient fait injure.

Le mémoire passe de cette date ancienne à une date bien plus récente; ne tenant aucun compte de l'ordonnance du 19 juin 1464, par laquelle Louis XI organisa véritablement la poste et les moyens de transport des lettres (ordonnance, il est vrai, dont l'application fut entièrement restreinte, à cause de l'état politique du pays, de l'isolement des provinces entre elles, de l'ignorance absolue des citoyens aux messages envoyés par le roi ou ses principaux officiers), il invoque un édit de Henri III, de l'année 1576, portant organisation des messagers royaux, que cet édit assimile, dit l'auteur du mémoire, à ceux de l'Université, et particulièrement aux messagers de l'Université d'Orléans.

Il invoque aussi des lettres-patentes du roi du 14 avril 1719, accordant le droit de messageries à la faculté des arts de l'Université de Paris, et il en tire la conséquence, ne tenant non plus aucun compte de l'édit de Philippe-le-Bel, modifiant en cela la bulle de Clément V, que l'Université d'Orléans ayant été instituée sur le modèle de celle de Toulouse, et celle-ci l'ayant été sur le modèle de celle de Paris, ces trois Universités doivent jouir des mêmes immunités, et notamment du privilége des messageries.

Il termine en s'autorisant de ce que les rois Henri IV, Louis XIII et Louis XIV ont reconnu ce privilége aux nationaires allemands étudiant à Orléans; d'où la conséquence nécessaire que, non-seulement l'Université, en général, avait ses messagers, mais encore que chaque corps de nation avait les siens.

Toutes ces preuves de l'existence du privilége de *messagerie* et du droit, qui bientôt lui fut parallèle, de *garde gardienne,* se résument en peu de mots.

Il est certain que les *nuncii* ou *missi* ont été originairement préposés au transport des dépêches; qu'ils ont pu ajouter à ce service, celui de poser des assignations données par les membres de l'Université et ses officiers, en vertu du privilége de *garde gardienne,* signifier les décisions rendues par le juge saisi en vertu de ce privilége, et faire tous les actes nécessaires pour l'exécution de ces décisions; et que, dans les derniers temps, alors que les voyages spéciaux furent devenus plus rares, et même cessèrent tout-à-fait, ils étaient de simples sergents; et c'est pour cela que Laurière, qui écrivait au moment où cette transformation avait eu lieu, ne considère plus cette classe d'agents de l'Université que sous cette dernière qualification, et démontre tout à la fois la modification apportée aux fonctions de *nuncii, missi,* et l'état de désuétude et d'oubli dans lequel étaient tombés les *archi-nuncii,* ou *nuncii cives,* ou *majores.*

Il reste à constater une troisième transformation de la messagerie universitaire.

Ces officiers finirent par n'être plus que de simples messagers proprement dits, se chargeant non-seulement des dépêches des membres du corps enseignant, mais encore des dépêches que le public éprouvait le besoin de faire parvenir au loin.

Cette dernière transformation est attestée par le mémoire que nous analysons, qui est rempli de justifications de cette nouvelle et dernière attribution, en rapportant une quantité considérable de baux consentis par le recteur à un grand nombre de personnes.

Le premier de ces baux n'est pas, il est vrai, antérieur à l'année 1581 ; mais à partir de cette époque ils se suivent avec une extrême abondance jusqu'en l'année 1719, date qui doit être celle du mémoire.

Il résulte de l'examen de ces justifications multipliées que la fonction de messager de l'Université d'Orléans avait pris une très-grande extension et subi une importante et très-utile déviation ; car au lieu de transporter des dépêches pour l'Université d'Orléans seule, les messagers transportaient les dépêches que le public leur remettait.

Les choses, à cet égard, en étaient à ce point, que le parlement de Paris rendit, le 27 mai 1617, un arrêt portant que le messager de l'Université d'Orléans, établi à Bourges, ne partirait pas les mêmes jours que le messager du roi, et que le bailli du Berri ou son lieutenant-général à Bourges réglerait les jours de leurs départs respectifs.

Enfin, la preuve de l'extension de la fonction des *missi* se tire de la production des baux des messageries de Gien, Sully, Jargeau, Romorantin, Briare, Chartres, Le Mans et Boiscommun.

On conçoit que l'Université ait eu un messager spécial pour Paris et Bourges, deux grands centres de population dans lesquels existait une Université, et que les rapports de ces corps enseignants aient eu pour intermédiaire un agent spécial ; mais on ne conçoit pas l'existence d'une correspondance habituelle entre Orléans et les petites villes qui viennent d'être nommées.

Il est donc de toute évidence qu'à la mission de rendre officiels et authentiques certains actes intéressant l'Université, les messagers réunirent celle de transporter des dépêches, non-seulement pour le corps universitaire lui-même, mais pour le public et moyennant salaire.

Il en a certainement été ainsi puisque, d'une part, on voit le parlement intervenir pour faire cesser la concurrence que ces messagers faisaient aux messagers royaux, ou tout au moins pour la régler ; et que de l'autre les baux passés par l'Université n'avaient lieu que moyennant une somme d'argent qui lui était versée, ce qui résulte d'une cession de bail du 29 janvier 1680, approuvée par l'intendant d'Orléans, *à la charge par le cessionnaire de payer la somme y contenue aux docteurs-régents ;* et qu'enfin le preneur était obligé, outre cette somme, de fournir un cautionnement pour sûreté de sa fidélité à remplir son office.

Ce mémoire, auquel nous empruntons la matérialité de ces détails, fut couronné d'un plein succès ; en 1722, ainsi que nous l'avons vu, un édit reconnut le droit ancien de l'Université d'Orléans et le proclama en l'étendant même aux écoliers et aux suppôts.

Mais, avec le temps, les institutions administratives prirent une telle extension, que les postes absorbèrent les messagers, la fonction disparut et continua cependant d'exister.

La persévérance dans l'inutilité ne doit pas surprendre ; l'immobilité, ou tout au moins l'excessive lenteur dans la transformation, est le trait caractéristique des institutions détruites par la révolution de 1789 ; et la ténacité avec laquelle on perpétuait l'existence des choses les plus surannées était telle, que ces choses se survivaient à elles-mêmes.

A cette raison de surexistence venait s'en joindre une autre non moins considérable et non moins impérieuse : on avait attaché à ces charges, données à titre onéreux et bursal, comme compensation, l'exemption des charges publiques ; le titre de membre, même à un degré subalterne, de l'Université, assurait une certaine considération dans la classe à laquelle ces officiers appartenaient ; ils pouvaient vendre, céder, donner leurs offices ; leurs veuves, leurs enfants, leurs héritiers étaient investis du droit qui avait appartenu au chef de la famille ; il n'est donc pas surprenant qu'en présence des négligences du pouvoir à faire cesser ces abus, de l'impossibilité qui s'offrait à lui d'arriver à ce résultat peut être souhaité, à cause du remboursement de la finance attachée à ces offices, on tolérât l'existence de charges, alors même qu'elles n'étaient plus exercées.

L'Université elle-même, qui touchait le prix d'un bail, se complaisait dans la continuation d'un droit qui, tout vain qu'il fût devenu, lui assurait une ressource financière, et lui rappelait des priviléges et des distinctions auxquels on a tenu dans tous les temps, et auxquels on tenait surtout à cette époque.

Au moment d'abandonner l'examen des priviléges généraux de l'Université d'Orléans, il semble nécessaire de revenir sur ce qu'était originairement l'*office* des *missi*, par la production d'un document emprunté aux registres des écoliers de la nation germanique; il est vrai qu'il n'y est pas question du messager du corps universitaire lui-même; mais en l'absence de ce qui pourrait lui être relatif, le seul moyen de se faire une juste idée des devoirs de l'un est de consulter le document contenant les devoirs de l'autre, d'autant mieux qu'une grande similitude devait exister entre eux.

Cet acte est divisé en deux chapitres; le premier, intitulé : *De nuncio nostræ nacionis*, est ainsi conçu :

Ultrà domesticum (ut ita dixerim) familiarem nostræ augustissimæ nationis, qui pedellus noster appellitatur, habet etiam eadem venerabilis natio, familiarem (ut ita loquar) forensem, qui nuncius, sive tabellarius nationis nominatur; hic ejusdem nationis et res et negotia extra Universitatem, et suorum suppositorum similiter, in patriâ sollicitare tenetur, secundùm præstitum coram eâdem natione juramentum.

Outre le serviteur (pour ainsi parler) de notre très-auguste nation que nous appelons bedeau, elle a encore un serviteur (si je puis m'exprimer ainsi) du dehors, qui est appelé messager ou porteur de message; celui-ci est tenu de poursuivre, hors l'Université, toutes les affaires de la nation, et même de ses suppôts, dans la patrie de chacun d'eux, selon le serment qu'il prête devant elle.

Le second, intitulé : *De articulis nuntii ad quos sit obligatus*, est ainsi conçu :

1º Electio sive constitutio nuncii nationis planè ad solam pertineat nationem (ut patet ex his quæ adnotantur infrà fº 118, latere primo).

In primis hujusmodi novellus nostræ nationis nuncius, tenetur et debet dictæ nationi præstare juramenta fidelitatis et alia similia instar aliorum supposito-

1º L'élection ou la nomination des messagers appartient exclusivement à la nation, suivant ce qui est dit p. 118 (de notre réglement).

D'abord le nouveau messager doit prêter serment de fidélité, et tous ceux dont sont tenus les autres suppôts, et aussi de ne rien aliéner directement ou indi-

rum; item non aliendis per se vel consilium dando, de libris, sigillis, et similibus rebus, ad eamdem nationem pertinentibus; præhtereà de secretis ejusdem minimè revelandis.

2° Postquam electus vel constitutus fuerit, antequam acceptetur seu approbetur, tenetur et debet coram natione sufficientes idoneosque fidejussores dare prout observatum legimus infrà f° 118 (du Réglement).

3° Tenetur et debet habere prixidem (ut vulgo loquar), cum armis sive insignis agle imperialis ipsius nationis quia in patriâ ad honorem et commoditatem, et immunitatem nationis uti debet.

4° Tenetur et debet quolibet anno quater in Alemaniæ partu secundùm consuetum morem ex hac Universitate proficisci, hoc est de trimestri in trimestre; et ante recessum supposita nationis quorum negocia gerit familiariter ac tempestivè ad scribendum per hortari eorumdemque et res et litteras fideliter in patriam tradere.

5° Tenetur et debet litteras atque res si quas adduxerit ad supposita præfata pertinentes cum summâ curâ atque fidelitatein itinere custodireet quibuscumque theloniis, vectigalibus, passagiis, tribuisque sub pretextu et auctoritate privi-

rectement, ni les livres, ni les sceaux, ni autres choses semblables à elle appartenant, et de ne jamais révéler aucun de ses secrets.

2° Après son élection et avant qu'elle soit approuvée, il est tenu de donner devant la nation des cautions suffisantes.

3° Il est tenu d'avoir une tunique (pour nous servir d'un langage vulgaire) portant les armes de notre nation, et l'aigle impérial, au moyen desquels insignes il peut jouir dans notre patrie des honneurs, des facilités et des franchises qui nous sont accordés.

4° Il est tenu, chaque année, de quitter quatre fois, c'est-à-dire de trimestre en trimestre, l'Université, pour se rendre dans une partie de l'Allemagne, suivant l'usage établi; et avant son départ, il doit engager les suppôts de la nation, dont il gère les affaires, à écrire en temps utile, à leur famille, et remettre fidèlement dans leur patrie les objets et les lettres dont ils l'auraient chargé.

5° Il est tenu, s'il rapporte des lettres ou autres objets destinés aux susdits suppôts, de veiller avec grand soin à leur conservation dans le voyage, et en vertu des priviléges de notre Université (1), employer tous ses efforts pour les af-

---

(1) Ces mots: *de notre Université* sont remarquables; ils démontrent que cette institution avait le droit de messagerie, et qu'elle l'exerçait et l'avait exercé de la même manière que les écoliers de la nation germanique l'exerçaient eux-mêmes, et enfin que ceux-ci avaient copié le réglement de l'Université relatif aux *missi;* car ils n'auraient pas invoqué un privilége général, s'il en eût été autrement, et se seraient, au contraire, prévalus de leur propre privilége, s'il n'eût été commun au corps universitaire tout entier.

legiorum *hujus nostræ Universitatis,
pro suâ virili immunia præservare atque
deffendere.*

6º *Tenetur et debet in reditu suo ex
patriâ ad hanc Universitatem, duorum
suppositorum prædictorum litteras, pe-
cunias, res et similia, quæ secum adduxerit cuilibet ordinatè, sigillatim fi-
deliterque omni morâ ac fraude seclusis
præsentare et quantocius tradere.*

7º *Tenetur et debet habere ex vene-
rabili ac circumspectâ natione nostrâ
suæ electionis seu constitutionis appro-
batorias litteras, sive instrumentum,
quemadmodùm honestus vir Cornelius
Koel antiverpienus hodiernus ejusdem
nationis nuncius se obtinuisse attes-
tatur.*

franchir de toutes taxes, péages et tributs.

6º Il doit, aussitôt après son retour,
remettre à chacun les lettres, l'argent ou
toutes autres choses destinées à ces suppôts, avec ordre, séparément, fidèlement
et sans retard.

7º Il doit avoir des lettres approbatives
ou un acte authentique de son élection,
délivrés au nom de notre vénérable et
circonspecte nation, ainsi que l'honorable
Cornélius Koel, d'Anvers, aujourd'hui
notre messager, qui a justifié en avoir
obtenu.

Il nous reste à jeter un dernier coup d'œil sur les avantages que
l'Université tirait de la mise en ferme de l'office de bedeau.

Nous avons vu en quoi consistait cette partie des suppôts attachés
à l'Université d'Orléans.

Originairement attachés au corps enseignant, moyennant un salaire, le bedeau général et les bedeaux d'un ordre inférieur réunirent
à ce salaire la perception des droits qui furent, ainsi que nous le mon-
trerons dans la suite, imposés aux gradués, profitant d'ailleurs des
priviléges et des franchises universitaires; ces moyens d'existence
étaient d'une importance assez considérable pour que l'Université
transformât à son profit le salaire qu'elle avait donné en moyen de
s'enrichir; elle afferma la *bedellerie,* et le fermier lui payait une
somme, en retour du droit d'exercer cet office et de le donner à ceux
qui voulaient le partager avec lui.

C'est ce qui résulte des reproches sévères adressés au collége des docteurs, lorsqu'en 1668, voulant restreindre leur nombre
à quatre, au lieu de six fixé par le réglement de 1512, lequel sera
l'objet d'un examen ultérieur, on leur imputait de se perpétuer dans
un nombre si peu considérable pour toucher une plus grande part
d'émoluments; on leur disait qu'ils recevaient, pour eux quatre, des

droits de licence et de bachelerie s'élevant à 24,000 livres par an, sans y comprendre 800 écus de gage et les *messageries* et *bedelleries*.

Tels étaient les priviléges généraux concédés au collége des docteurs, aux nationaires et aux suppôts de l'Université d'Orléans.

Quelques autres priviléges appartenaient spécialement aux écoliers; ils étaient en petit nombre; il en existait un plus important, celui de la *maille d'or,* dû par une partie des habitants de la ville de Beaugency aux écoliers de la nation picarde. Ces priviléges seront l'objet d'un examen spécial dans le chapitre suivant.

CHAPITRE VI.

DES PRIVILÉGES PARTICULIERS; DE LA MAILLE D'OR DE FLORENCE.

§ Ier.

DES PRIVILÉGES PARTICULIERS.

Ce que nous avons dit des priviléges généraux accordés par le pouvoir royal aux officiers et écoliers serait incomplet si nous omettions trois circonstances qui concourent, avec ce que nous avons déjà dit, à établir la situation morale de l'institution.

Le besoin de prévenir les fraudes et les abus que nous avons révélés, inspira aux recteurs et régents de l'Université un réglement remontant à l'année 1637, aux termes duquel il ne devait plus être délivré de *testimoniale, jurande* ou *lettre de scholarité,* qu'aux élèves qui seraient présents en personne, auraient atteint l'âge *de dix ans,* et acquis une connaissance suffisante de la langue latine, d'autant mieux, y est-il dit, que la formule du serment, insérée au livre des statuts de ladite Université et que les écoliers-jurés sont obligés de prêter entre les mains du recteur, est conçue en termes latins.

De cette disposition, il résulte que la facilité presqu'incroyable de délivrer des attestations, conférant le titre d'écolier, était telle au XVIe siècle, qu'on pouvait, dans un âge où d'ordinaire on n'a fait qu'effleurer le rudiment, être admis à faire partie d'une institution dont le but exclusif était l'étude du *double droit* et à s'engager avec les solennités du serment.

Il en résulte aussi, ce qui est plus incroyable encore, qu'avant cette date on admettait au nombre des écoliers-*jurés* des enfants au-dessous de cet âge.

Pour prévenir le retour de ces coupables complaisances, le réglement contenait une disposition par laquelle un examen *de capacité* était imposé à l'écolier porteur d'une *testimoniale,* tant ces attestations étaient suspectes et déconsidérées.

L'accomplissement de ces deux conditions avait pour conséquences la qualité de *vrai écolier* et l'affranchissement des charges auxquelles les autres habitants de la ville étaient assujettis.

Aux priviléges généraux venaient se réunir deux autres priviléges qui, pour appartenir à l'universalité des écoliers, n'en doivent pas moins être considérés comme particuliers à chacune des corporations, à cause des avantages secondaires auxquels, suivant leurs prétentions respectives, ces immunités donnaient naissance.

Si nous rapprochons les registres de la nation germanique de ceux de la nation de Picardie et de Champagne, nous voyons que les écoliers avaient le droit d'assister, en corps, aux cérémonies publiques, à l'entrée, dans la ville, des princes et des évêques, alors très-solennelles, et aux obsèques des dignitaires de l'ordre ecclésiastique, administratif ou judiciaire.

Ce droit se subdivisait entre chaque nation d'écoliers, à cause de la préséance à laquelle chacune d'elles avait droit ou prétendait.

Enfin, si nous consultons les registres de la nation de Picardie, nous voyons que les écoliers avaient un privilége consistant à exiger du docteur-régent qui venait à se marier, en retour de l'épithalame qui lui était présenté par le procurateur de chaque nation, une certaine somme d'argent.

Comme la preuve de l'existence de ce droit résulte principalement des registres de la nation de Picardie, il nous semble convenable de les soumettre au même examen que celui auquel nous avons soumis les registres de la nation germanique; et nous profitons avec d'autant plus d'empressement de cette occasion, que nous avons à déplorer la perte des registres des autres nations, et que nous sommes

heureux de pouvoir interroger, pour retracer l'histoire d'une institution nationale, d'autres documents que ceux laissés par une corporation d'écoliers étrangers.

La nation de Picardie et la nation de Champagne, d'abord isolées, furent réunies par l'arrêt du parlement rendu sous le règne de
François Ier.

Les réglements et les statuts de l'association des écoliers qui les
composaient semblent avoir été copiés sur ceux de la nation germanique, et ce rapprochement autorise à penser que toutes les corporations d'écoliers étaient soumises aux mêmes règles, se gouvernaient de
la même manière, et qu'en étudiant les usages des unes on s'instruit
dans les usages des autres.

Comme ceux de la nation germanique, les procurateurs de la nation de Picardie et de Champagne confiaient l'historique des événements qui s'étaient passés sous leur procure à des registres portant,
en tête de l'acte de procurat, le blason de chacun d'eux, lorsqu'ils
appartenaient à la classe nobiliaire.

Nous avons vu que les Germains rédigeaient les actes de leur procure en latin; que leurs registres étaient chargés de devises, de sentences, de signes très-énergiques et d'annotations marginales; que
ces actes attestaient un rigoureux asservissement aux règles clas-
siques.

Il n'en est pas ainsi de ceux appartenant aux procurateurs de la
nation picarde et champenoise; leurs registres, à l'exception d'un seul
ayant appartenu à la dernière, avant la réunion dont nous avons
parlé, sont tenus sans suite et sans ordre; on y remarque une grande
négligence, de fréquentes lacunes; les relations sont, à quelques
rares exceptions près, en français, et les lois de la grammaire et de
l'orthographe n'y sont pas toujours suffisamment respectées.

Cependant on y rencontre aussi la trace de fortes études, la manière maladroitement savante de ces temps, où elles étaient à la fois
abondantes et stériles, où l'exagération et l'enflure du langage faisaient ressortir la maigreur et le peu d'importance du sujet et de la
pensée.

C'est ainsi que l'un des procurateurs commence son acte de procurat par ces mots : « C'était avec une singulière prévoyance que les

« consuls, à Rome, enregistraient une partie des choses avenues du-
« rant le temps de leur consulat, afin que ceux qui marchaient à
« même degré d'office eussent se façonner sur le modèle des regis-
« tres publics, et ils appelaient cela : *In acta referre* ; ceux de notre
« nation qui ont été avancés à la charge de procureur et qui nous y
« ont devancés, semblent avoir pratiqué le même cas, afin de n'ense-
« velir, dans les ténèbres d'une ingrate oubliance, etc. »

Et plus loin : « Epaminondas disait que la dignité faisait voir
« l'homme ; et j'assure que la dignité de procureur qui, par un *com-*
« *mun consentement,* me fut déférée le 4 décembre 1610, m'a fait
« paraître tel que, si je n'ai pas répondu à l'attente et au désir de
« ceux qui m'avaient commis à cette charge, pour le moins ai-je tâché,
« en tout et partout, à montrer combien mes désirs symbolisant avec
« ma bonne volonté, je ne respirais que l'honneur des nationaires et
« leur contentement. »

Il descend bientôt de ces hauteurs, et la chute est rapide : « Je
« m'entretins, dit-il, le jour de mon élection, à exécuter ce que mon
« devancier avait tant différé, savoir : à donner des aubades par la
« grande bande de violons de la ville. »

Comme on le voit, ce procurateur aurait pu se dispenser d'évoquer
les souvenirs des temps consulaires et héroïques pour arriver à la relation du grand événement par lequel il a signalé son entrée dans
l'exercice de sa charge; mais cependant il continue en se plaçant
sous l'autorité d'un exemple qui, quoique d'un ordre moins élevé,
appartient également à l'antiquité : « Imitant en cela le brave et grand
« Nicias, lequel se voyant caressé et poussé d'ailleurs à la charge de
« capitaine par les siens, entretint, par manière de plaisanterie, les
« Athéniens en secondant leurs volontés, et se coulant en la bonne
« grâce d'un chacun par la représentation de jeux publics et autres
« fêtes magnifiques qu'il fit. »

Nous pourrions continuer ces citations; mais ce que nous reproduisons ici, et que nous ajoutons à ce que nous avons dit en examinant les registres de la nation germanique, nous semble suffire et
donner une idée des habitudes et de la tournure de l'esprit et du caractère des études à cette époque.

La similitude existant entre les usages adoptés par la nation germanique et celle de Picardie et de Champagne n'était cependant pas absolue , une assez notable différence se fait remarquer entre eux.

Nous avons vu que le procurateur de la première de ces nations devait être d'une extraction nobiliaire, et qu'il plaçait son armorial en tête de son acte de procurat; il n'en était pas ainsi pour la seconde; car le plus grand nombre des actes de ses procurateurs, dont presque tous les noms révèlent une origine plébéienne, manquent de ce signe aristocratique.

Nous avons vu également que l'élection des officiers de la nation germanique avait lieu par séries de nobles et de non nobles, *modo ex superioribus, modo ex inferioribus;* rien de pareil ne résulte des registres des nationaires picards et champenois : tous concouraient donc ensemble à l'élection de leurs procurateurs et des autres officiers de leur corporation; quelques-uns des premiers, et notamment celui dont nous avons rapporté une partie de son acte de procure, ainsi qu'on a pu le remarquer, prennent le soin de constater qu'ils ont été élus d'*un commun accord et consentement.*

Le peu de soin dans la tenue de leurs registres par les procurateurs de la nation picarde, comparée à celle de la tenue de leurs registres par les procurateurs de la nation germanique, s'étend à l'exécution des médaillons héraldiques, et cette dissemblance existe non-seulement dans cette exécution elle-même, mais encore dans la richesse des métaux et des couleurs.

Cependant on y remarque un écu qui, par la perfection et le fini de ses dessins, serait digne de la plus grande attention, alors même que le nom du procurateur auquel il appartenait ne l'aurait pas sollicitée; on le rencontre à l'année 1615.

Ce procurateur avait droit de porter, sur fond de gueule, une mandoline d'or dominant deux épées croisées d'argent à gardes d'or, avec bande d'azur en tête, chargée de trois étoiles d'or en ligne.

Au bas de cet écu, on lit : *Insignia Jacobi Blondel, diocesis Meldensis, fortissimæ nationis Campaniæ, et fidelissimæ Picardiæ procuratoris, anno 1615.*

Avec cette double devise :

> *Sublimi feriam sidera vertice,*
> *Et vim temperatam dii quoque promovent.*

Il était facile de reconnaître à ces nobles marques Blondel de Neeles, le compagnon de Richard Cœur-de-Lion ; cette mandoline, image de la poésie, ces épées croisées, image de la bravoure, nous ont révélé ce serviteur fidèle ; et les étoiles *en tête* sur un fond d'azur, nous l'ont représenté au bas de la tour féodale dans laquelle son maître était enfermé, les yeux fixés vers le ciel, attendant avec anxiété une réponse à ses chants.

Quelqu'importantes que soient les nuances qui séparent les registres des deux nations, elles ne peuvent s'opposer à ce que l'on considère les uns à l'égal des autres comme des documents historiques précieux, comme des témoignages d'un haut intérêt des progrès de l'art du dessin, appliqué à la science héraldique, depuis le commencement du XVIe jusqu'à la fin du XVIIe siècle, et des traditions de famille les plus respectables.

Les uns comme les autres constatent que le sentiment religieux présidait alors à toutes les actions de la vie publique, comme il présidait à toutes les actions de la vie privée.

Cependant, il faut le reconnaître, la part de la religion est beaucoup moindre dans les actes appartenant à la nation picarde que dans ceux appartenant à la nation germanique ; et quoique l'une et l'autre aient semblé attacher une égale importance à la célébration de leur fête patronale, on remarque chez les Germains l'expression d'un sentiment de piété qui ne se révèle jamais chez les Picards.

Pour les premiers, la solennité de la fête patronale est tout à la fois une manifestation patriotique et religieuse ; pour les seconds (1), elle ne semble être qu'une occasion de se réjouir et de resserrer les liens d'une association qui rappelait la famille éloignée et rapprochait les enfants de la même contrée.

Il est vrai que, bien que les Picards se prétendissent une *nation* distincte, ils savaient bien qu'il n'en était rien ; tandis qu'au contraire les Allemands restaient ce qu'ils étaient réellement, c'est-à-dire de véritables étrangers.

Nous ne devons pas omettre de signaler un autre point de comparaison existant entre les registres de la nation picarde et ceux de la nation germanique ; les uns comme les autres étaient ornés de quel-

(1) Le jour de l'Invention du corps de saint Firmin.

ques devises et de signes qui avaient pour but d'indiquer le sentiment que devait faire éprouver les passages auxquels ces signes et ces devises correspondaient ; il est vrai que chez les Germains ils sont plus abondants ; mais comme nous avons fait connaître les uns, il nous semble nécessaire de faire connaître les autres.

De plus, les Picards cultivaient les muses, et ils nous ont laissé quelques souvenirs de leurs inspirations tant en latin qu'en français.

Nous voulons donner une idée de leur mérite à cet égard, en transcrivant un sonnet placé au bas d'un écu placé lui-même en tête de l'acte de procure de l'année 1608.

Le procurateur portait : deux épées d'argent à gardes d'or cantonnées de larmes d'argent, l'une en tête, les deux autres de face, avec un cœur de gueule en pointe, le tout sur champ d'azur.

Cet armorial inspira la muse d'un écolier picard ; il écrivit au bas les vers suivants :

> L'ingénieuse main qui a portraict ce cœur,
> Sous les armes après, a, dans la même image,
> Dépeint en vifs traicts d'un aigre doux courage,
> Par les armes, la force ; par le cœur, la douceur ;
> L'excellent ouvrier, pour montrer la valeur,
> Y a peinct deux épées ; aussi pour le partage
> De la douceur, les larmes tapissent son ouvrage,
> Qu'enfante à cœur rougi des flammèches d'ardeur.
> Ici pourquoi joint-il la douceur et clémence
> Pêle-mêle aux efforts de la brusque vaillance ?
> Voyez qu'il est subtil ! Il veut sous cette écorce
> Faire, comme l'on dit, un homme à tous les jours,
> Tantôt pour les combats, tantôt pour les amours ;
> Et qu'on peut tout dompter par amour et par force.

Ces vers pourraient être d'une mesure plus exacte ; la pensée ne s'y produit pas avec une clarté parfaite ; et cependant ils ne nous ont pas paru indignes d'être rapportés comme un témoignage du goût littéraire au commencement du XVIIe siècle, d'autant mieux que ce témoignage n'est pas réduit à la pièce de vers elle-même et qu'il paraît que les écoliers leur avaient accordé une entière approbation, puisqu'ils l'ont laissée sur un livre à côté d'actes qu'ils destinaient à *la postérité*.

Ces registres avaient aussi de commun, avec ceux de la nation germanique, qu'ils mentionnaient certains événements mémorables, tels, par exemple, que l'assassinat de Henri IV ; la rentrée de M. le prince de Condé en France, après la mort du roi ; les services religieux auxquels cette catastrophe donna lieu, tant à Orléans qu'à Saint-Denis ; l'élection de Louis XIII *comme roi des Français ;* l'aventure d'un criminel qui fut sauvé de la potence *par un pouvoir magique,* au moment où M. le duc d'Orléans (Gaston) faisait son entrée dans la ville ; l'existence, dans la même année (1631), d'une maladie épidémique si effrayante que l'auteur de l'acte du procure s'enfuit à Bourges.

Pour ce qui est des indications marginales, on n'en rencontre que rarement ; mais l'énergie supplée à la quantité.

Nous rencontrons, par exemple, au bas d'une liste de souscripteurs pour la célébration de la fête patronale de la *nation,* une note que nous traduisons : « Noms de ceux qui se sont refusés à payer, et « qui ont été notés d'infamie par une décision générale de *la na-* « *tion.* » Immédiatement au-dessous, on a tracé une potence à laquelle est attaché un écriteau portant les noms de deux écoliers, nés, l'un à Pont, en Champagne, l'autre à Boulogne.

Quoique cet acte de sévérité soit placé au bas d'une liste de souscription ouverte pour subvenir aux frais de la fête patronale, cependant il semble ne pas se référer au refus d'en payer le montant, car ces deux noms, voués ainsi au mépris de la corporation, ne figurent pas dans la liste ; il est à croire que ces étudiants avaient refusé de contribuer aux charges de l'association et avaient ainsi irrité l'esprit de corps, au point de se faire rayer du registre de *la nation.*

Cette irritation se produisait à cette occasion par des manifestations évidemment trop rigoureuses ; nous les concevons plus facilement lorsqu'il s'agissait de s'élever contre les actes d'improbité, tels que ceux dont rend compte l'acte de procurat du 20 août 1626.

Un des procurateurs s'était éloigné furtivement sans payer son loyer et sans rendre ses comptes à la nation : *abiit furtim, insoluto hospite, nationi numquàm satisfecisse ;* aussi de quelles imprécations n'est-il pas l'objet : *Horre quisquis legis, horre, in æternum horre ! heu quanta est in mortalibus licentia ! quamque mitis numinum pœna !*

Et plus loin : *Lingua silet, nec tantas potest exprimere motus; hæc scripsi ut et infamiâ notaretur sempiternâ quâ dignus judicatus est, et ut tale facinus posteris maneret horridum.*

Mais hâtons-nous de revenir aux deux priviléges appartenant à la généralité des écoliers, et qui, se subdivisant entre eux dans l'application, les rendaient particuliers à chacune de leurs associations.

Le premier et le plus général est celui connu sous la qualification de *ban du docteur.*

Nous avons déjà dit que ce droit était dû aux écoliers par le docteur de l'Université qui se mariait, en retour de l'épithalame que chacune des nations, par l'organe de son procurateur, adressait aux nouveaux époux.

La première mention de la mise en pratique de ce privilége, par les écoliers, se rencontre au registre de la nation picarde, à la date du 3e jour de février de l'année 1584.

Le procurateur s'exprime ainsi : « Le troisième jour de février de « cette année, veille du mardi-gras, fut célébré le mariage de « Me Lhuillier, docteur, lequel prie les quatre procurateurs d'y as- « sister ; mais y ayant lieu de lui demander *le ban,* qui est une telle « somme que bon leur semble donner à chacun procureur pour *sa* « *nation,* pensant s'y refuser, nous remit à ce qu'il serait advisé par « les docteurs. »

Ce refus mécontenta les écoliers, qui donnèrent à leur docteur une aubade connue dès cette époque sous le nom de charivari : « On le « poursuivit dans les rues à coups de cornets et de chaudrons, et « comme le lendemain (sans doute irrité par ce qui s'était passé « la veille) *il réitéra son refus, on recommença le concert qui dura* « *quelques jours en suivant.* »

M. Lhuillier (1) fut obligé de prendre un de ses collègues pour médiateur, et cela de l'avis de tous les autres, qui le condamnèrent à payer l'*accoutumé*; il transigea cependant à trois écus par chaque nation, ayant égard, dit le rédacteur de la relation, « à l'escœur qu'il « avait enduré, lui désirant être rachetable des cinq autres. »

Ainsi, le droit *accoutumé* était de dix-sept écus; car on en donnait

_____

(1) Il fut l'un des docteurs les plus distingués de l'Université, ainsi qu'on le verra au chapitre intitulé : *Des docteurs et des écoliers célèbres de l'Université.*

douze, et les écoliers faisaient la remise des cinq autres en considération du désagrément qu'ils avaient fait éprouver à leur professeur.

Cet exemple de transaction n'est pas le seul : le 23 août de la même année, Me Guillaume Chartier, autre docteur, ayant *pris à femme* dame Catherine Lecaron, ét pria les quatre procurateurs d'assister à son mariage; ils acceptèrent et lui présentèrent l'épithalame, *Me Chartier pria les écoliers de considérer qu'il n'était qu'institutaire* (1), *à quoi ceux-ci ayant égard, et qu'il ne recevait pas de licence, il fut quitte à deux écus pour tout.*

Le registre de la nation picarde ne mentionne plus la perception du droit *de ban* qu'aux actes de procure des années 1594 et 1595; mais cet usage se perpétua, en s'affaiblissant toutefois, jusqu'aux derniers jours de l'existence de l'Université, et frappa jusqu'aux magistrats du présidial, devenus, ainsi que les docteurs-régents l'étaient des écoliers, tributaires de la corporation des clercs de procureurs, représentés par l'un de leurs camarades, qui prenait le titre *d'empereur de la basoche.*

Il est à remarquer que lorsqu'il s'agissait de la mise en pratique de ce singulier privilége, les nationaires picards et champenois se réunissaient toujours à *la nation française,* et qu'ainsi se trouvait opérée momentanément la fusion complète et absolue tentée par l'arrêt réglementaire de l'année 1538; car la *nation française* comprenait depuis cette époque, non-seulement tous les écoliers venus de l'Ile-de-France, mais encore ceux venus de la Bourgogne, de l'Aquitaine et de la Touraine; et comme la nation picarde comprenait les écoliers venus de la Champagne, il ne restait que les Normands qui semblaient séparés de la famille française et relégués dans les rangs des seuls étrangers qui étudiaient avec eux, c'est-à-dire avec les Ecossais, les Anglais, les Allemands et les Lorrains.

A ce droit venait, ainsi que nous l'avons indiqué, se réunir celui d'assister avec les docteurs-régents aux entrées solennelles des princes et des évêques, aux obsèques des personnages considérables et aux processions et cérémonies religieuses.

---

(1) C'est-à-dire qu'il ne faisait d'autre cours que celui des *institutes* et que par conséquent il ne concourait pas aux examens des bacheliers et des licenciés, ne percevait aucun droit d'examen et se trouvait ainsi réduit à ses seuls appointements.

En l'année 1591, on voit les diverses corporations d'écoliers assister aux obsèques de l'abbé de Saint-Euverte ; en l'année 1593, à la réception solennelle que la ville fit au prince de Condé et à *madame sa mère*, le cérémonial observé dans cette circonstance se lie trop intimement aux diverses parties de notre entreprise pour le passer sous silence ; nous croyons devoir nous en tenir aux termes de l'acte de procure de cette dernière année :

« Le 26 du mois d'octobre arriva en cette ville M. le prince de
« Condé et Mme sa mère, et les sieurs Pisani, conducteurs dudit
« prince, auquel il fut fait réception la plus magnifique qu'on pût,
« pour lesquels s'acheminèrent, messieurs les gens du rois jusques
« à la porte du pont seulement, messieurs de la ville passèrent ledit
« pont, messieurs de l'Université se placèrent au milieu, précédant
« leurs huit bedeaux à verge, procureurs des *quatre nations en robe*
« *longue*, procureur général, scribe d'ycelle et conseillers, puis
« messieurs les docteurs, et finalement M. le recteur, en ses habits de
« rectorat, et par lequel fut faicte l'oraison pour ladite Université. »

Bien auparavant, les étudiants avaient assisté aux obsèques d'un évêque ; en 1584, ils assistèrent à celles d'un autre prélat, Mathurin de la Saussaye ; et, en 1599, on les voit assister à l'entrée d'un chancelier de France, M. de Cheverny.

L'admission à ces cérémonies de jeunes gens n'appartenant encore à aucune partie de l'administration publique ne doit être regardée que comme un mode d'honorer l'étude et la science ; aussi tous devaient-ils, indistinctement, à quelque division de l'enseignement qu'ils appartinssent, jouir de cette marque de considération ; mais cependant la mesure, toute générale qu'elle était, n'en cachait pas moins un droit particulier à chacune des corporations composant le corps des écoliers, nous voulons parler de la préséance.

Un procurateur s'est borné, pour tout compte-rendu de sa procure, à inscrire ces mots sur le registre : *Ordre de la préséance des quatre nations à l'Université d'Orléans : Francia, Picardis, Germanis, Neustria præstat*.

Ces mots font connaître que les Picards croyaient avoir le droit de marcher immédiatement après les *Français*, et que la nation germanique marchait la dernière.

Dans la prévision des graves débats auxquels cette prétention devait donner lieu, la nation picarde et de Champagne avait réuni dans un seul contexte tous les documents propres à la justifier. On lit, au registre le plus abondant en renseignements, la mention suivante :

« Extrait d'une copie retirée d'un titre ancien par Me Antoine « Delalande, scribe de l'Université d'Orléans, l'an 1571, l'original « duquel ayant été perdu, a été ordonné par l'assemblée de la na- « tion de Champaigne et de Picardie que le présent fragment serait « inscrit *touchant notre préséance*. »

Comme on le voit, la nation picarde sentait que son droit n'était pas tellement incontestable qu'elle n'eût besoin de l'étayer sur tous les documents qui pouvaient arriver à sa connaissance ; mais cette précaution elle-même semble un aveu de sa faiblesse, d'autant que ce fragment, fait sur une copie de titres originaux perdus, ne pouvait inspirer une grande confiance et devait être facilement combattu ; et cependant nous devons examiner quelles preuves de son droit de préséance la nation picarde tirait de cet extrait.

En premier lieu, il constatait qu'en l'année 1517, à l'occasion de la couche de Claude de France, femme de François Ier, on fit des processions solennelles dans lesquelles le procurateur de la nation picarde *a obtenu le second rang, marchant avec le procurateur de la nation française;* le procurateur de la nation picarde a soin d'engager ses successeurs à conserver ces prérogatives.

Il cite deux autres exemples de la mise en pratique du droit de préséance qui aurait appartenu à sa nation, et affirme qu'elle en jouit *paisiblement* dans une circonstance qu'il ne nous est pas permis de passer sous silence.

Le 31 octobre 1591, les quatre procurateurs furent invités par les Cordeliers, « où pour lors était le paradieu, actuellement oratoire, « d'assister et porter *le ciel* sous lequel était le saint sacrement; là où « j'assistai, dit le procurateur picard, et j'étais le second étant après le « procureur de France, le procureur d'Allemaigne n'ayant voulu assis- « ter, de crainte d'être battu et repoussé par nous, comme il le mérite. »

Ainsi, la possession invoquée n'était due qu'à la désertion du représentant de la nation allemande; et cette abstention, loin d'être une reconnaissance d'un droit, n'était que le résultat de l'oppression.

Les Picards avaient cependant, si l'on en croit ce que rapporte l'acte de procure de 1590, « maintenu leur droit sur la nation d'Al-
« lemagne jusqu'à cette année ; et aux obsèques de l'abbé de Saint-
« Euverte, le procureur de leur nation, en l'absence de celui de
« France, tint le premier lieu, malgré qu'en eût celui d'Allemagne,
« lequel, voulant entreprendre plus qu'il ne devait, fut cause d'arrê-
« ter le convoi environ un quart d'heure qu'ils disputaient de leur
« préséance par-devant les docteurs qui, sur-le-champ et en pleine
« rue, ordonnèrent que ledit Allemand cotoyerait seulement le pro-
« curateur de la nation picarde. »

Cette décision devait faire pressentir aux nationaires picards que leur droit prétendu devait donner lieu à une transaction ; et nous y voyons la reconnaissance de celui des Allemands, mitigé par le désir que durent éprouver les docteurs consultés de terminer ce différend qui troublait une cérémonie imposante.

Les nationaires français pensaient également que les Allemands avaient la préséance ; et, conformément à ce sentiment, ils avaient, en l'année 1595, invité le procureur de la nation germanique à pren-dre part à leur fête, avant d'inviter le procureur de la nation picarde ; il est vrai que celui-ci, « mécontent de ce que l'invitation ne lui avait
« pas été adressée en premier lieu, refusa d'y répondre, et qu'il ne
« se rendit que lorsque *les Français,* se soumettant à toute répara-
« tion, vinrent derechef, lui promettant de l'envoyer quérir le pre-
« mier par les tambours et trompettes, ce qu'ils firent. »

De leur côté, les élèves de la nation germanique avaient inscrit sur leurs registres un ordre de préséance semblable à celui que nous rencontrons sur les registres de la nation picarde, c'est-à-dire qu'ils prétendaient marcher immédiatement après la nation française : les querelles fréquentes sur cette question prirent un caractère tel qu'il fallut en référer aux tribunaux.

La marche suivie dans cette occasion est longuement racontée par l'acte de procure de l'année 1595 ; on y voit que, le 13 du mois d'octobre de cette année, les Allemands présentèrent une requête en latin au procureur général de l'Université, par laquelle ils di-saient, suivant l'acte de procure, *le second lieu leur appartenir.*

Cette requête fut présentée dans un *collège* tenu sur la convocation de ce procureur général ; un délai de huitaine fut accordée à la nation picarde pour répondre.

Ce fut dans ces circonstances et le 26 du même mois que M. le prince de Condé fit son entrée à Orléans.

On a vu plus haut la mention de la présence du corps universitaire à cette solennité ; elle offrait une trop belle occasion pour que la question qui divisait alors les nations picarde et germanique ne fût pas soulevée ; aucune des deux n'y manqua.

Le jour suivant, dit l'acte de procure auquel nous avons emprunté les détails de l'entrée du prince, survint un différend entre nous et le procureur de Normandie d'une part et celui d'Allemagne de l'autre, disant « lui avoir été fait injure en lui refusant le second lieu que
« nous eûmes seulement depuis la porte du pont jusqu'au milieu d'i-
« celui, là où fut faite l'oraison, durant laquelle fut agitée la dispute du
« lieu, marchant en tel ordre, savoir : le procurateur de France, puis
« nous comme procurateurs de Picardie et Champaigne, celui des
« Normands après, et en dernier lieu celui d'Allemaigne. »

Comme on le voit, on disputait le terrain pied à pied, et rien n'arrêtait le zèle des représentants de chaque nation pour conquérir le pas sur ses compétiteurs. Ce conflit se termina par la retraite du procurateur de la nation allemande ; mais aussitôt après la cérémonie, les membres de l'Université se réunirent, et le résultat de la délibération fut que si les nationaires picards *s'obstinaient à user de force au lieu de justice et de droit, il leur serait défendu de s'assembler en collège.*

La procédure reçut une plus grande activité de ces débats, et sur une assignation donnée par les Allemands, la cause fut portée devant le bailliage le 4 novembre : les Picards perdirent leur procès et furent condamnés aux dépens.

Les nationaires picards ne se soumirent pas même à la décision de la justice ; et en l'année 1606, ils protestaient encore contre elle, en refusant d'assister aux obsèques de M. le docteur Delalande. Le procurateur constate que « tous les écoliers s'y rendirent, excepté ceux
« de la nation picarde, pour cause que les Allemands, qui étaient
« plus de deux cents, s'étaient saisis de la préséance à eux accordée ;

« cette saisie, ajoute-t-il, fut cause qu'un conseil national ordonna
« que personne des trois nations (les Picards, les Champenois et les
« Bourguignons étaient réunis) ne s'y trouverait, afin de ne préjudicier
« en aucune façon aux droits que nous y avons eus autrefois. »

Nous avons examiné les droits généraux appartenant à l'universalité des écoliers; nous les avons signalés perdant de ce caractère
pour prendre, jusqu'à un certain point, celui de particulier à chacune des corporations, et nous avons été ainsi amené, par une pente
facile, à l'examen des priviléges vraiment spéciaux et appartenant exclusivement aux corporations diverses des étudiants.

Nous voudrions commencer par ce qui concerne la *nation* française proprement dite; nous regrettons de ne pouvoir le faire que
par induction, nos recherches pour rencontrer les registres qu'elle a dû
tenir, ainsi que le faisaient les autres divisions d'écoliers, ayant été
vaines; nous eussions eu à étudier les mœurs, les usages et les droits
de cette classe de Français primitifs, et s'enorgueillissant de ce titre
avec plus de hauteur et de fermeté que ne le pouvaient faire de leurs
titres de *nationaires* ceux qui, se maintenant dans la possession d'un
titre effacé, substituaient l'esprit provincial au sentiment national.

Mais ce que nous ne pouvons faire directement, nous pouvons le
faire au moins avec quelque certitude; c'est ainsi qu'à propos du
port d'armes, nous avons démontré que les étudiants formant la *nation française* devaient l'avoir, puisque la nation allemande était en
possession de ce privilége; nous avons la preuve aujourd'hui que les
écoliers de la nation picarde l'avaient également; que, par conséquent, ce droit était inhérent à la qualité d'étudiant en l'Université
d'Orléans, et qu'ainsi on doit le ranger parmi les droits les plus généraux. Nous trouvons cette preuve dans le récit de querelles que
contiennent quelques actes de procure, entre autres celui de l'année 1615.

« Sur le soir, dit le premier de ces procurateurs (il est bon de noter
« qu'il s'exprime ainsi après avoir raconté les détails d'un banquet),
« comme chacun m'accompagnait jusqu'en mon logis, nous ren-
« contrâmes un nommé Laurenceau, lequel, comme issu de Cham-
« pagne, fut sommé de payer le droit dû pour la solennité de saint
« Firmin (fête patronale des nationaires picards, sur laquelle nous

« reviendrons), qui, pensant être défendu de quelques-uns qui l'en-
« vironnaient, faisait refus d'y contribuer. Après plusieurs propos, un
« de sa compagnie sollicita un des miens de lui prêter son épée, je-
« tant la main sur la garde, pour venger le tort qu'il prétendait im-
« pudemment être fait à un de ses amis ; mais son orgueilleuse
« témérité fut aussitôt rabattue par un seul éclat de nos armes. »

Ainsi tout le monde, sauf un des belligérants, avait des armes et
tous mirent l'épée à la main, tous avaient le droit de *port d'armes* :
il n'en était pas ainsi de la liberté de conscience.

Il paraît certain que pour être étudiant il fallait être catholique, et
que les seuls Allemands pouvaient professer la religion réformée ;
c'est ce qui résulte très-évidemment de l'édit du roi Henri IV rendu
en février 1600, dont nous avons rapporté les termes plus haut et
que nous reproduisons ici : « En temps de guerre, ils peuvent, sous
« notre sauvegarde, venir en ladite Université, y faire résidence,
« s'en retourner, *sans être recherchés en leur religion, faits prison-*
« *niers, ni mis à aucune rançon, combien qu'ils fussent du parti*
« *contraire.* »

On doit donc placer au nombre des immunités spécialement accordées aux étudiants étrangers celle d'apporter, dans un pays déchiré
par les dissensions religieuses, le culte de leur choix et de leur éducation ; et comme la réforme avait principalement établi son empire
au sein de cette nation, il est à croire que l'immense majorité des étudiants allemands appartenait à la religion réformée ; nous en avons
rencontré et signalé la preuve dans les registres de cette grande
corporation.

Il fallait attacher à cette époque, malgré l'esprit qui dirigeait le
prince dont le plus grand acte fut l'édit de Nantes, et plus encore
aux époques précédentes, une importance considérable à la présence
des étudiants allemands aux Universités françaises, pour user à leur
égard d'une tolérance que la haine des partis rendrait incroyable, si on
n'en puisait la preuve dans les documents les plus respectables ;
cela se conçoit cependant, lorsque l'on envisage le nombre des étudiants de cette nation, le rang auquel ils appartenaient, la richesse et le luxe qu'ils déployaient, l'amour de l'étude dont ils étaient
animés.

Et cependant le danger était grand pour la foi; la ville d'Orléans, de tous temps disposée à l'hérésie et à l'opposition, devait se laisser entraîner par des hommes d'une haute naissance, de mœurs et de contenance graves, passionnés pour l'étude, surtout si on les compare à la jeunesse turbulente et frivole qui appartenait aux diverses provinces du royaume.

Aussi la réforme poussa de profondes racines dans cette antique cité, et nous ne craignons pas d'attribuer à la présence de l'Université, à l'esprit d'examen qu'elle introduisait au sein de la société orléanaise, et surtout aux communications fréquentes avec les membres de la corporation germanique, les progrès rapides que fit la réforme dans tous les rangs, et surtout dans les rangs élevés des habitants de cette ville.

Ce que nous avons dit jusqu'ici restreint notre tâche à retracer les priviléges particuliers à la *nation picarde*; mais nous devons avant tout déterminer ce que l'on doit entendre par ces mots.

Nous avons dit que François Ier réduisit les *dix nations* au nombre de quatre, et que la nation picarde se composait des étudiants de Picardie et de Champagne, tandis que la nation française, proprement dite, se composait des étudiants venus de l'Ile-de-France, de la Touraine, de la Bourgogne et de l'Aquitaine. Cet état de choses, qui commença en l'année 1538, ne tarda pas à être modifié.

En l'année 1616, il intervint une convention entre les nationaires picards, champenois et bourguignons, aux termes de laquelle, à partir de cette époque, ils devaient rester confondus et ne plus former qu'une seule *nation*, dont tous les membres devaient concourir ensemble à l'élection d'un unique procurateur pris alternativement et indistinctement parmi les étudiants appartenant à ces trois provinces.

Une note mise au bas du même traité nous apprend que cet accord n'eut pas de suite.

On pourrait attribuer la séparation des nationaires au respect qu'inspirait un arrêt réglementaire de parlement, et à l'impossibilité de le modifier sans l'intervention du pouvoir public; mais il paraît que si l'accord fut rompu entre les Picards, les Champenois et les Bourguignons, ce fut à la suite des prétentions exagérées de ceux-ci.

La note s'exprime ainsi : « Cet accord n'a pas réussi entre les
« Bourguignons, d'autant qu'ils voulurent faire les *feudaires* (1).

« C'est pourquoi nous prions nos successeurs de ne jamais leur
« accorder ce qu'ils nous demanderont, s'il n'est contenu dans ce
« susdit feuillet, qui a été fait et écrit en présence du prieur et du
« receveur des Bourguignons (2). »

Déjà les Bourguignons avaient eu un différend avec la nation française, à laquelle ils avaient été mélangés ; ils prétendirent que leurs
limites devaient s'étendre jusqu'à Lorris, et par conséquent comprendre une partie de la province de l'Orléanais ; cette prétention fut
admise dans une assemblée générale de l'Université tenue, en 1595,
contre la résistance des Français ; il y fut décidé que les nationaires
se compteraient par diocèse ; et comme non-seulement Montargis,
mais encore Lorris, étaient dans la circonscription du diocèse de Sens,
la nation Bourguignonne s'enrichit, au détriment de la nation française, des étudiants appartenant à cette partie de l'Orléanais.

La séparation des nationaires, sauf cette modification, resta donc
la même, et l'arrêt du parlement rendu sous François Ier continua
à être exécuté.

Cependant nous avons la trace de quelque mélange de la nation
bourguignonne avec les nations picarde et champenoise.

Il paraît que toutes les trois payaient leur bienvenue à la même
caisse ; car, pour arriver à sa perception, on arrêta que les nationaires
de Picardie, de Champagne et de Bourgogne seraient contraints de
payer leur bienvenue et reconnaissance de nation dans la quinzaine,
jour pour jour, après avertissement, « puis seront, tous lesdits
« sieurs nationaires qui n'assisteraient pas aux assemblées desdites
« nations picarde et de Champaigne, condamnés à payer cinq sous
« tournois. »

Cette confusion de trois nations est bien plus manifeste par ce
qui suit :

(1) Vieux mot en usage en Picardie, qui, dans son sens le plus large, veut dire ployer
une étoffe en deux, et dans son sens figuré, être double, sans franchise ; en anglais, le
mot *feud* veut dire querelle, contestation, haine.

(2) Ce feuillet ne s'est pas retrouvé dans les documents consultés.

« Finalement fut conclu et arrêté qu'à l'apetit et esgard de cer-
« taines remontrances qui, en ladicte assemblée, furent faictes par
« MM. les Bourguignons, que lesdicts sieurs Bourguignons joui-
« raient des procures et receptes, tant de *maille* que aultres, soubs
« condition néantmoins que la *maille* qu'ils pourraient recevoir se-
« rait au tour et au lieu d'un Champenois (1). »

Ainsi, les Picards et les Champenois admettaient les Bourguignons dans leur communauté et ne se réservaient que le droit de
la *maille*.

Parmi les droits appartenant à l'une et à l'autre nation, nous devons négliger, pour y revenir plus tard, celui de faire célébrer des
services dans l'église de Saint-Pierre-Ensentelée, par suite de certaines fondations, bien que ces services aient eu pour conséquence
d'assez fréquentes difficultés avec le clergé de cette paroisse; nous nous
arrêterons au droit plus considérable et plus important de la *maille
d'or*, appartenant dans l'origine, et d'une manière exclusive, à la
nation picarde, partagé avec la nation champenoise, exercé plus tard,
exclusivement par elle, après la disparition des Picards de l'Université d'Orléans, excepté dans les derniers temps, où le droit a été
reçu par un nationaire picard.

§ II.

DE LA MAILLE DE FLORENCE.

Avant de rechercher l'origine de cette redevance, il est indispensable de savoir en quoi elle consistait.

Tous les ans, le jour de l'Invention du corps de saint Firmin, les
habitants de la ville de Beaugency, détenteurs de certains domaines
que nous désignerons bientôt, étaient tenus de se présenter à l'église
de Saint-Pierre-le-Puellier, et là, à l'issue du chant de l'épître,
ils devaient remettre au procurateur une pièce d'or appelée *maille de
Florence*, du poids de deux écus, déterminé plus tard par ces mots :
deux deniers dix-sept grains. A cette cérémonie assistait un orfèvre
qui, après serment prêté, pesait la pièce offerte.

(1) Acte de procure de l'année 1593.

11

Nous avions, avant de nous livrer à l'examen de cette institution et de remonter à sa véritable source, lu avec attention ce que les auteurs les plus graves ont écrit sur l'Université et sur la *maille d'or*. L'un, Lemaire, semble ne pas avoir poussé fort loin ses recherches et s'être arrêté, sans plus de travail, à ce que dit l'auteur de l'*Histoire des Antiquités d'Amiens*; l'autre, M. Pellieux, médecin à Beaugency, auteur de l'histoire de cette ville, se prononce avec une telle légèreté sur cette institution, qu'il est impossible que, dans de semblables dispositions, il ait pu traiter avec conscience cette partie de son ouvrage.

Examinons cependant ce qu'ils rapportent :

Lemaire prétend que ce droit est si ancien que son commencement est immémorial, et il s'autorise, pour admettre cette proposition, d'un ancien titre reçu par Pallu, notaire à Orléans, le 14 janvier 1416. Par ce titre, « la nation picarde dit avoir le droit de *maille d'or* et « être en bonne possession de le recevoir, duquel commencement il « n'y a aucune mémoire d'homme : *Quod nostræ Picardiæ et suppo-* « *sita habent jus, sunt in bonâ et pacificâ et saisinâ à tali, tantoque* « *tempore quod de initio memoria hominum non existit.*

« Ce qui fait naître un doute, ajoute-t-il, de savoir de quel « temps est la fondation et la donation de ladite *maille d'or* à ladite « nation de Picardie, » d'où il suit également que la guérison miraculeuse d'un comte de Beaugency, atteint de la lèpre, par l'odeur miraculeuse que répandait le corps de saint Firmin au moment de son invention, et qui se serait propagée et répandue d'Amiens à Beaugency, ne paraît pas probable à Lemaire ; car, suivant lui, comme il n'y a mémoire d'homme de l'origine du droit, on ne peut assigner le temps de la naissance de ce droit à l'année 580, époque à laquelle eut lieu ce miracle; d'autant que la nation picarde n'a eu de procureurs et suppôts que depuis l'an 1230.

Enfin il conclut, du nom de Florence donné à la *maille d'or*, qu'elle n'a pu être en usage qu'à partir de la prise de possession du royaume de Sicile par Charles d'Anjou, qui permit, seulement en l'année 1265, aux Florentins, de mettre une fleur de lis dans leurs armes.

Ainsi, toutes les recherches de Lemaire n'ont d'autre résultat que

de jeter du doute et de l'embarras sur l'origine de ce droit, au lieu
de l'éclairer et de la mettre en évidence.

M. Pellieux semble se rire de cette origine attribuée à la guérison
miraculeuse du comte de Beaugency. Rapportant avec étendue les
passages des anciens auteurs qui ont traité cette question, il leur reproche de n'avoir écrit que fort long-temps après l'événement et de
manquer de l'authenticité que des travaux contemporains peuvent
avoir.

Examinant les actes de *foi et hommage,* de la part des comtes de
Beaugency, au chapitre d'Amiens, il les considère comme la conséquence de donations faites par les chanoines aux comtes de Beaugency, et il voit là l'unique cause de ces droits, dont l'origine,
si on l'attribuait à un miracle, manquerait de probabilité ; il pré-
fère une interprétation, par des causes simples et ordinaires, à une
interprétation par des causes qui contrarieraient les lois de la nature,
et semblent avoir été souvent imaginées, dans les siècles d'ignorance,
pour entretenir les peuples dans l'erreur.

Voici cependant ce que l'on raconte :

« L'an 687, le 13e jour de janvier, sous le règne de Thierry, roi
« de France, saint Salve, treizième évêque d'Amiens, trouva mira-
« culeusement le corps de saint Firmin, le martyr, dans l'église ap-
« pelée présentement Saint-Acheul.

« Un des principaux miracles qui se firent lors de cette inven-
« tion fut la guérison de Simon, seigneur de Beaugency, qui, étant
« travaillé de la lèpre et se trouvant, au moment que le corps fut levé
« de terre, à la fenêtre de son château, sentit une odeur surnatu-
« relle qui lui rendit sur-le-champ sa première santé.

« En reconnaissance de ce bienfait, il vint à Amiens rendre grâce
« à Dieu et à saint Firmin, et donna à cette église plusieurs biens
« considérables et, en outre, son château de Beaugency.

« Quelque temps après, l'évêque et le chapitre d'Amiens les re-
« mirent aux successeurs de Simon de Beaugency, à condition qu'ils
« en feraient hommage à l'évêque et paieraient par chacun an vingt
« sous et une obole de sens seigneurial.

« L'évêque et le chapitre jouirent en commun desdits biens.

« Environ l'an 875, auquel temps la mense de l'évêque ayant été
« séparée de celle du chapitre, la mouvance du château de Beau-
« gency et les droits de fiefs et arrière-fiefs échurent à l'évêque, et
« l'évêque eut les biens domaniaux dans son partage (1). »

L'origine du droit établie, nous nous demandons comment il faut
l'attribuer à des causes d'une autre nature et qui seraient plus en
harmonie avec le cours ordinaire des choses humaines?

Chaque âge a ses croyances; tel événement qui nous paraît aujourd'hui atteindre les dernières limites de l'impossible paraissait alors
la chose la plus simple; méconnaître comme cause de l'établissement d'un droit l'événement d'une guérison spontanée et considérée
comme miraculeuse, parce qu'elle a coïncidé avec un événement qui
intéressait la religion, l'attribuer, au contraire, à des causes politiques ou dégagées absolument du sentiment religieux, c'est se mé-
prendre : les actions publiques des princes du moyen-âge ne se sépa-
raient jamais de la foi.

Le récit du mémoire *touchant les droits de l'église d'Amiens sur la
terre de Beaugency* est donc vrai, et nous devons attribuer à un acte
de foi, à un sentiment de vive reconnaissance causé par une guérison spontanée, la donation, par Simon de Beaugency, de son château
et de ses domaines.

Cependant nous devons dire que nous avons consulté la *Vie des
saints* pour savoir si on y aurait signalé cette circonstance miraculeuse d'une odeur agréable et bienfaisante remplissant l'atmotsphère,
au moment de l'invention du corps de saint Firmin par saint Salve ou
saint Sauve, et nous devons dire que nous n'y avons trouvé rien de
semblable.

En premier lieu, on doit remarquer une très-grande incertitude
sur l'année à laquelle se reporterait cette invention; on varie entre
les années 613, 615 et 687.

En second lieu, on ne parle que d'une circonstance vraiment miraculeuse qui accompagna l'exhumation du corps de saint Firmin :

« A ce moment, bien qu'on fût au XIII⁰ janvier, les arbres repri-

(1) Extrait d'un manuscrit existant aux archives de la cathédrale d'Amiens, intitulé :
Mémoire touchant les droits de l'église d'Amiens sur la terre de Beaugency.

« rent leur parure de feuilles et de fleurs ; on semblait revenu aux
« jours du printemps *le plus agréable,* et cela dura pendant toute
« la cérémonie de la translation. C'est pourquoi tous les ans, à la
« fête commémorative de cet événement, on s'applique, dans la ca-
« thédrale d'Amiens, par la décoration de l'église, par les ornements
« de l'autel et le costume des ecclésiastiques, qui quittent ceux d'hyver
« pour ce jour, à rappeler le retour momentané et miraculeux du
« printemps. »

Mais de ce que la *Vie des saints* ne fait pas mention de cette odeur
suave qu'aurait exhalé le corps du saint, il ne faut pas en induire
qu'il n'ait pas circulé alors une croyance populaire qu'il en ait été
ainsi.

Ce qu'il ne faut pas perdre de vue, surtout pour expliquer cette
donation du domaine de Beaugency au chapitre de la cathédrale d'A-
miens, ce sont les rapports qui existaient entre les deux villes.

M. Pellieux les fait remarquer avec raison, en citant des passages
de l'*Ulisses* de Golnitz ; il y a une grande analogie entre le nom de
la Picardie et le nom latin de la ville de Beaugency, l'une est appelée *Belgium,* l'autre *Balgentiacum* et *Belgentiacum ;* or, le mot *Belgium* donné à la Picardie vient évidemment du mot *Belgen,* et *Balgentiacum* ou *Belgentiacum* n'est lui-même que la reproduction de
ce mot.

Il est donc raisonnable de croire que les habitants de Beaugency
sont les enfants d'une certaine colonie venue de la deuxième Belgique, par les hasards des guerres, s'implanter, à la suite d'un seigneur, dans le lieu où s'est bâtie la ville de *Balgentiacum.*

Une circonstance qui vient fortifier cette croyance, c'est que les
deux villes ont eu, dans les temps les plus reculés, le même patron
et la même vénération pour lui. Beaugency et Amiens honoraient
particulièrement saint Firmin ; et lorsque l'on réunit ce culte, en se
reportant à ce temps de foi vive, aux autres coïncidences que nous
avons signalées, on est convaincu du lien de famille, de l'union d'o-
rigine existant entre les deux villes.

Tout s'explique maintenant : Simon était Picard ; il se trouvait dans
un château près du lieu où le corps de saint Firmin a été retrouvé,
car il ne faut pas croire qu'il était à Beaugency ce jour-là ; mais il est

plus naturel de penser qu'il possédait un autre château près d'Amiens (1) : il était lépreux, maladie commune à cette époque ; la guérison se manifeste au moment de l'invention du corps du martyr ; un sentiment, alors universel de foi vive, lui fit penser que le corps du saint, par son odeur suave, avait hâté ou déterminé sa guérison. Suivant l'usage, il se fit vassal du saint représenté par l'évêque et lui donna les terres de Beaugency.

Cette donation maintint les rapports qui avaient originairement existé entre la Picardie et la ville fondée par les Picards ; l'immobilité des institutions a prolongé, jusqu'aux derniers temps de leur existence, une relation de famille qui se perd dans la nuit de la féodalité.

Ce point de départ fixé, nous n'avons plus qu'à rechercher la transformation du droit en une *maille*.

Nous avons vu, en premier lieu, que cette donation fut remplacée par un droit de vingt sous et une obole du cens seigneurial, et qu'en l'année 895 eut lieu la séparation des deux menses : celle de l'évêque, celle du chapitre.

Jusque-là, le droit unique avait un créancier unique : l'évêché réuni au chapitre. A cette époque, deux créanciers se présentent au lieu d'un : la mense épiscopale, la mense abbatiale ; nous allons en même temps voir le droit se diviser en deux.

Si nous consultons le cartulaire du chapitre d'Amiens, nous voyons que le droit unique a été payé, en se transformant, il est vrai, par suite de la variation de la valeur des monnaies, jusqu'en l'année 1291.

C'est ainsi qu'en l'année 1118, Enguerrand, 38e évêque d'Amiens, reçoit l'hommage de Raoul, seigneur de Beaugency, et les vingt sous et une obole de redevance, à cause de son château et dépendances, et lui accorde l'investiture en réservant, toutefois, les droits du domaine appartenant au chapitre dans ladite terre de Beaugency.

Ce qu'il y a de singulier, c'est que l'exercice de ce droit aurait été

---

(1) Cependant il résulte d'un *Titre nouvel des reconnaissances censuelles* appartenant au chapitre d'Amiens, reçu par le prévôt de Beaugency, en l'année 1451, que l'odeur agréable répandue par le corps de ce saint serait venue jusqu'à Beaugency, *ou ledit seigneur reçut guérison de la maladie de la lepre de laquelle il était entaché ;* mais cette énonciation, empruntée à un acte du XVe siècle, ne détruit pas notre observation.

suspendu dès son origine, à ce point que les évêques d'Amiens eux-mêmes en auraient perdu la trace.

« Nous avons *découvert*, dit l'évêque d'Amiens, que nous avions « des droits sur le château de Beaugency, et nous avons cru utile, « du consentement du vénérable Raoul, comte de Beaugency, de re-« nouveler les anciens titres de ces droits et de les transmettre à nos « successeurs par deux reconnaissances nouvelles. »

Cette entrée en matière est suivie de la reconnaissance du droit de vingt sous et une obole par le comte de Beaugency, et de la foi et hommage dus par lui à l'évêque d'Amiens, et celui-ci *lui rend* le château de Beaugency, le *municipium* (1), appelé Broytels (2) (depuis Braytels), et ses dépendances, réservant le droit de seigneurie (*dominicatura salva*) que l'église d'Amiens a toujours possédé sur ce château.

On pourrait croire que pour obtenir ce nouveau titre l'évêque d'Amiens a été obligé d'user de quelque violence à l'égard du comte de Beaugency, ou qu'il serait parvenu à s'emparer du château, car il déclare le lui rendre (*reddimus*); or, pour que l'évêque rendît le château, il fallait qu'il l'eût repris. Cependant tout semble s'être passé d'accord entre le seigneur de Beaugency et l'évêque d'Amiens ; et le droit renouvelé se transmet aux évêques ses successeurs.

Enfin cent soixante-treize ans après, en l'année 1291, Jeanne de Châtillon, fille de Hugues de Châtillon, comte de Blois, bru de saint Louis, ayant épousé Pierre de France, comte d'Alençon, rendit l'hommage à l'évêque d'Amiens ; mais ici le droit de vingt sous une obole, change : il est remplacé par un cierge du poids de cent livres offert au nom de la dame de Blois, d'Alençon et de Beaugency, le jour de la Saint-Firmin, célébrée dans l'église d'Amiens ; et il paraît que ce mode de porter foi et hommage fut substitué définitivement, à partir de cette époque, à la redevance de vingt sous une obole.

Tout ce que nous venons de dire concerne exclusivement le droit appartenant à l'évêque et se concentrant sur la mense épiscopale ; il

---

(1) *Municipium*, ville municipale, dont les habitants avaient, sous la domination romaine, droit de bourgeoisie et celui de vivre selon leurs coutumes.

(2) *Bretachia, Baltrescha*, d'où l'on a fait Bretyques, Breteques, etc., et d'où l'on a bien pu faire Broytels et Braitels, lieu où se faisaient les cris publics et les proclamations de justice (LAURIÈRE).

èst important de le suivre dans la partie concernant la mense du cha‑
pitre, séparée de l'autre mense dès l'année 875.

En l'année 1149, le chapitre, ne pouvant jouir librement des biens
qu'il avait à Beaugency, prend le parti alors en usage; il accense ces
biens, consistant en dîmes et autres droits, à Hubert, prêtre et official
d'Amiens, moyennant une redevance de dix-neuf sous, monnaie d'Or‑
léans; et à ce moyen il lui confère le privilége appartenant à l'église
d'Amiens, en l'honneur de saint Firmin, *d'être exempt de toutes ser‑*
vitudes, et libre de toute exaction de la part du pouvoir séculier.

Cet acte d'accensement a été consenti en présence de Manassès,
évêque d'Orléans.

Hubert faisait là un assez bon marché, car il possédait, par suite
de ce contrat: pour la tour de Beaugency, vingt sous, de plus cinq
sous du même cens, douze deniers pour sa résidence, payables par la
porte Vendôme; cinq sous pour la dîme perçue au-delà de la Loire;
la dîme de ce qui était perçu aux portes de Blois et de Bonneval pour
le rouage (1) par chaque voiture attelée de quatre chevaux........ (le
droit est en blanc); cinq sous pour le champ de Cravant et pour deux
arpents de terre labourable au même fond que le chapitre tient du
don de Mathilde (2).

Comme on le voit, des titres séparés constatent des droits diffé‑
rents appartenant à deux êtres distincts: la mense épiscopale, la
mense du chapitre. De ces deux droits, d'une origine commune, l'un
subit une première transformation, l'autre se prolonge; mais il change
de maître et nous fait pressentir la transformation qu'il va également
subir.

L'un était d'un acquit facile, s'élevait à une valeur dépassant celle

_____

(1) Par rouage, il faut entendre le droit de circuler en voiture. Ce mot se retrouve,
ainsi qu'on le verra, dans les titres subséquents: en latin *rotagium*, opposé au droit
perçu sur les piétons, *pedagium*.

(2) Il est important de remarquer que cet acte remonte à l'année pendant laquelle
Simon II, comte de Beaugency, confirme au chapitre d'Amiens les anciens droits qui
avaient été accordés à son église par ses prédécesseurs (PELLIEUX, *Histoire de Beau-*
gency).

Cette Mathilde, qu'il n'est pas d'ailleurs fort intéressant de connaître, est sans doute
une fille de Gervais, seigneur de Château-du-Loir, que M. Pellieux marie au septième
enfant de Lancelin, deuxième comte de Beaugency.

dont il était là représentation, et plus considérable que celle du nu-
méraire qu'il remplaçait; un cierge de cent livres, à cette époque,
devait valoir au moins vingt sous un denier. Le nouveau mode de
paiement de la redevance était bien plus conforme à l'esprit du siècle
que ne l'était l'ancien, car il conciliait, avec la valeur réelle du cens dû,
le sentiment religieux et le sentiment de respect que l'on portait aux
seigneurs d'une aussi haute naissance. Il était difficile qu'un droit qui
impliquait une sorte de vassalité fût exigé d'un prince, dans le même
mode que celui qu'on aurait observé à l'égard d'un vilain.

L'autre droit, au contraire, pouvait être perçu en nature; mais
ces redevances, imposées probablement à peu de personnes dans l'origine, se divisèrent; et comme chacune de ses parties était de peu
d'importance, et que cette importance diminua encore avec le temps,
il est probable qu'il intervint un contrat par lequel on évita les paiements partiels, difficiles à percevoir, à cause de l'absence de rapports
commerciaux, par la réunion de toutes les redevances dans un signe
d'une valeur à peu près équivalente, d'où l'origine de *maille d'or*.

Nous retrouvons, en effet, dans un acte portant déclaration d'hypothèque, en date du 13 janvier 1509, la désignation des biens frappés
de la redevance, et nous voyons que cette désignation est, à peu de
chose près, la même que celle de l'acte de 1149.

Voici comment s'exprime cet acte :

« A tous ceux qui ces présentes lettres verront, Loys Roillard,
« licencié ès-lois, garde de la prévôté d'Orléans, salut, comme aux
« procureurs et suppôts de la nation de Picardie en l'Université
« d'Orléans, par fondation, dotation, constitution ou autrement, de
« tous tems et ancienneté soit due, accoustumé prendre, soient tenus
« et leur doivent payer et apporter chacun an, le jour de l'Invention
« de saint Firmin, les détenteurs jouissant et possédant rentes et cho-
« ses qui en suivent et autres héritages assis au-dedans et environs de
« la ville de Beaugency; c'est à sçavoir : de la dixme du vin de la
« cousture qui se prend et livre sur certaines vignes entre Tavers et
« Baugenci; de la rente que doict la maison de la porte Vendosme;
« du rouage dudict Baugenci; de la dixme du val de Loire, du lieu
« de Bonneval et ses appartenances séant en la paroisse de Villor-
« ceau; de la dixme de celui de Boismont, paroisse de Cravant; de

« certaine masure et jardins au lieu de la Lugodière, près de la Fon-
« taine-au-Bourreau, une *maille de Florence,* en or et de poids, de
« rente perpétuelle. »

C'est ainsi qu'en rapprochant l'acte d'accensement de l'acte de reconnaissance d'hypothèque on voit que la *maille de Florence* représente les vingt sous un denier originairement dus par Hubert de
Beaugency.

Comment ce droit s'est-il transformé, comment les étudiants sont-
ils devenus les créanciers de ce droit? c'est ce qui nous reste à expliquer.

Cependant nous ne pouvons nous dispenser de faire remarquer le
rapport particulier qui existe entre la redevance de la *maille* et le miracle attribué à la découverte du corps de saint Firmin, par suite duquel
Simon donna à l'évêque et au chapitre d'Amiens, alors confondus,
son château de Beaugency; donation qui, alors, n'était considérée que
comme un acte de soumission représenté par une redevance dont la
division n'apparut qu'au moment de la séparation des menses épiscopale et du chapitre.

Ce rapport résulte du rapprochement entre le jour de la fondation du droit et le jour du paiement qui en était fait; ce n'était pas
le jour de la fête de saint Firmin, célébrée par l'église le 25 septembre; mais bien le 13 janvier, fête de l'Invention du corps de ce
saint, que se payait la *maille d'or*; et c'est ainsi que la redevance révèle
le caractère de la fondation, l'esprit dans lequel elle a été faite, et confirme le récit du miracle qui rendit la santé à Simon de Beaugency, ou
plutôt la foi dont celui-ci était animé lorsqu'il s'est livré à l'acte de
vasselage, à l'égard de saint Firmin, dans la personne de l'évêque
et du chapitre d'Amiens.

Revenons à la transformation du droit et à la substitution des étudiants de l'Université au chapitre; nous en sommes, il est vrai, réduit aux hypothèses sur ce point; mais elles sont tellement faciles à
concilier avec la nature des choses, que notre tâche ne nous paraît
pas plus pénible ici que dans les parties assez laborieuses que nous
avons déjà parcourues.

Un mot aussi nous semblera indispensable sur le nom même, sur
la forme de cette *maille* et sur les signes auxquels on la reconnaît.

Nous commencerons notre examen par la substitution des étudiants de l'Université au chapitre d'Amiens.

L'acte d'accensement consenti par les membres de cette corporation religieuse, au profit d'Hubert de Beaugency, est un acheminement à cette substitution. Le chapitre d'Amiens est resté, à la vérité, le propriétaire de la redevance; mais à mesure que les temps s'accomplissaient, cette redevance perdait singulièrement de sa valeur. On a fait à ce sujet des appréciations qu'il est intéressant de rapporter ici.

La *maille d'or*, substituée à la redevance de vingt sous un denier, représentait à peine cette valeur, qui avait quelqu'importance au moment du contrat d'accensement (1149); elle devait être du poids de 2 deniers 17 grammes trébuchants; mais bientôt le prix de l'or augmenta, et on a calculé qu'en 1555 ces 2 deniers 17 grains équivalaient à 45 sous; qu'en 1648, ils avaient atteint la valeur de 5 fr. et celle de 13 fr. 18 sous en 1789.

La valeur intrinsèque de l'objet adopté comme mode de paiement de la redevance prenait un accroissement imprévu par ses fondateurs; on pourrait croire qu'ils dussent attribuer à son paiement une plus grande importance; il n'en est rien cependant, car cet accroissement, tout considérable qu'il fût, n'était pas en relation avec la progression toujours croissante des biens que la *maille* représentait et de la fortune du chapitre d'Amiens. Ainsi, la valeur de la redevance diminuait en augmentant, et 20 sous 1 denier en 1149 valaient plus que les 45 sous de 1555, les 5 liv. de 1648 et les 13 liv. 18 sous de 1789.

On conçoit donc facilement que le chapitre ait pu en faire le sacrifice; d'ailleurs, l'intérêt de cette fondation pieuse se tirait surtout de son origine: c'était un vœu religieux, bien plus qu'un hommage féodal; l'indifférence devait nécessairement gagner les esprits, et l'abandon de ce droit, ou plutôt sa transmission, dut s'effectuer sans difficulté.

Hubert de Beaugency devait faire parvenir ces vingt sous un denier à Amiens; l'éloignement, les difficultés des communications, augmentées par les guerres et les troubles, durent inspirer au débiteur

et aux créanciers un moyen plus sûr et plus commode; au premier
de s'acquitter, aux autres de recevoir. Les étudiants de Picardie, réunis à Orléans en *nation*, étaient les représentants de cette province et
particulièrement du chapitre, dont quelques membres pouvaient être
au nombre de ces étudiants et même en former la majeure partie ; il
est naturel de penser qu'ils eurent mandat de recevoir d'abord les
vingt sous un denier, et que par la suite des temps, par les tolé-
rances de cette époque, comme moyen de rattacher les Picards à leur
pays, les étudiants continuèrent à percevoir ce droit (1).

Tout concourt à l'admission de cette supposition, et le jour choisi
par les étudiants pour célébrer leur fête et recevoir la *maille* nous
semble la manifestation la plus évidente de sa justesse.

Nous disions que les étudiants avaient commencé par percevoir
vingt sous un denier de redevance, et nous nous appuyons sur une
circonstance importante. Nous avons vu que dans un acte reçu par
Pallu, notaire à Orléans, le 14 janvier 1416, la possession des étudiants picards de la perception du droit était si ancienne que de son
commencement il n'y avait aucune mémoire d'homme: *Tantoque tempore*
quod de initio memoria hominum non existit ; or, la *maille de Florence*,

_____

(1) Nous trouvons dans un mémoire fort étendu sur l'Université d'Orléans, appartenant à la bibliothèque du petit-fils de M. Guyot, l'un des docteurs-régents de
cette Université, un autre motif de la fondation et de la perception, par les écoliers picards, de la *maille d'or*. Il y est dit : « La fondation et donation de cette
« *maille* vient de ce que Beaugency, ayant été assiégée par les Anglais, fut secourue
« et délivrée par les écoliers d'Orléans, et notamment ceux de la nation picarde, qui
« s'y firent paraître au-dessus des autres, en reconnaissance de quoi le comte de
« Beaugency fit cette fondation l'an 1265, de laquelle nous sommes annuellement
« servis. »

Cette cause et cette date de la fondation ne peuvent être admises : la fondation est
antérieure à l'année 1265, époque à laquelle les Anglais n'assiégèrent pas Beaugency.
L'auteur du mémoire a pu vouloir dire que, lors des guerres de l'Angleterre à la
France, au commencement du XVe siècle, les écoliers picards se conduisirent si bien
à ce siége, que la ville de Beaugency paya la *maille* entre leurs mains, au lieu de la
payer au chapitre d'Amiens ; mais quelle que fût la reconnaissance de la ville de
Beaugency, elle ne pouvait forcer les débiteurs à payer à d'autres qu'à leurs créanciers,
et les créanciers à ne pas percevoir un droit préexistant. Pour cela, il aurait fallu que
ce fût la ville qui eût contracté l'obligation, tandis qu'elle l'avait été par une très-
petite partie de ses habitants seuls, détenteurs des biens chargés de la redevance.

dont nous allons définir la véritable signification, ne pouvait être payée qu'au commencement du XIVᵉ siècle; ce n'est pas au XVᵉ siècle que l'on se serait servi d'expressions dont le véritable sens exprime une origine tellement ancienne et tellement incertaine qu'elle remonterait à une époque inconnue, si on avait voulu parler de la *maille d'or* elle-même.

Ceci nous conduit à examiner pourquoi le moyen de libération était ce qu'on appelle la *maille d'or de Florence.*

On a beaucoup disputé sur ce point.

En examinant la *maille,* on remarque qu'à la face elle porte l'effigie de saint Jean-Baptiste, et au revers une fleur de lis avec ce mot: *Florentia.* On s'est demandé pourquoi un Saint-Jean, pourquoi ce mot *Florentia?* car, a-t-on dit, rien ne rattache la fondation à ce saint, ni à la ville de Florence; et, se jetant dans la supposition, on a prétendu que cette pièce était en parfait rapport avec la monnaie frappée dans cette ville, depuis que Charles d'Anjou avait permis à ses habitants d'y mettre une fleur de lis. On a prétendu aussi que la tête de saint Jean-Baptiste, apportée de Constantinople à Amiens, étant déposée à côté des reliques de saint Firmin, où elle se faisait remarquer par les cures miraculeuses qu'elle opérait de l'épilepsie, appelée *mal Saint-Jean,* les Picards avaient pensé devoir placer l'effigie de saint Jean sur la médaille payée en l'honneur de saint Firmin (1).

Tout ceci nous paraît devoir se résoudre par une considération bien simple: le florin, qui portait originairement l'effigie de saint Jean-Baptiste, est devenu une monnaie courante, et le roi qui l'a adoptée, Philippe-le-Bel, a voulu qu'on y gravât cette effigie; Charles V, dauphin et régent pendant la captivité du roi Jean, son père, a placé aussi un saint Jean-Baptiste sur la face de sa monnaie, et, sous les deux rois, le revers de la médaille portait une fleur de lis. On a payé la redevance de Beaugency avec un florin; et si on a ajouté *Florentia,* que ne portaient pas les florins proprement dits, c'est qu'on a ajouté à ces fleurs de lis épanouies le mot qui, en termes de blason,

(1) Voir Lemaire à ce sujet.

exprime cette fleur elle-même (1) ; il est vrai qu'en même temps ce mot est le nom latin de la ville de Florence ; mais il nous paraît évident que rien dans la pensée du débiteur de la redevance et de son créancier ne peut se rapporter à cette ville, à saint Jean-Baptiste, non plus qu'au règne de Charles d'Anjou. En général, les idées les plus simples sont les plus justes; et celle qui consiste à ne voir qu'un paiement à l'aide d'une monnaie ayant cours dans le royaume, alors qu'il fallait en effet un paiement à l'aide d'une monnaie, nous semble bien préférable à toutes les explications les plus ingénieuses et les plus savantes.

Une objection pourrait être élevée : c'est que la *maille* ne s'appelle pas florin, que les florins ne portaient pas le mot *Florentia*, et que depuis la disparition des florins du système monétaire en France, la *maille* s'est perpétuée avec les mêmes signes.

Nous dirons à ce sujet que si la *maille* ne s'est pas appelée florin, c'est qu'elle était encore plus la représentation d'une redevance féodale qu'un mode de paiement, c'est qu'elle était, par conséquent, bien plus une petite médaille ou *maille* qu'une monnaie (2).

Ces explications suffisent, ce nous semble, pour démontrer les nuances qui séparent la *maille* du florin, tout en conservant son analogie avec lui.

Nous justifions notre proposition par les variations qu'a subies la médaille dans son module.

L'un des livres de la nation picarde porte à sa première page un Christ, de chaque côté de cette figure on a retracé une *maille;* sur la face, on voit un personnage que nous aurions pris pour un roi plutôt que pour un saint, si ce n'était le nimbe dont sa tête est ornée : ce personnage est en pied, couvert d'un manteau royal ; sa

---

(1) Voir FURETIÈRE et le *Journal de Trévoux.* In unâ horum parte insculptus fuit flos lilii medi monetæ nomen indictum ; *in alterâ effictus sanctus Joannes Baptista* (DU CANGE).

En blason, on appelle un écu *florencé* celui qui porte des fleurs de lis.

(2) *Quasi medietas nummi,* dit Du Cange. Le même dit que du mot médaille on a formé celui de *maille,* qui a été d'abord attribué à toutes sortes de monnaies et qui est demeuré ensuite aux plus petites. (Voir aussi le *Dictionnaire de Trévoux.*)

tête est couronnée, il a un sceptre à la main ; à la légende, on remarque une croix grecque avec la lettre *S*, le mot *Johannes* et un *B*,
enfin un signe que nous pensons être une tour; le revers porte,
comme nous l'avons dit, un lis épanoui, une croix grecque à la légende et le mot *Florentia*.

Nous avions pensé d'abord que ce florin est celui qui fut frappé
pendant la captivité du roi Jean, et que sa face n'est autre chose
qu'une allusion à ce roi, dont la tour indique la captivité ; mais comme
elle est de ce côté en tout semblable aux florins frappés par Philippe-
le-Bel, excepté que ceux-ci portaient en légende ces lettres : P. Di.
gra. Fra. R. (*Philippe, par la grâce de Dieu, roi de France ou des
Français*, nous avons abandonné cette idée (1).

Sous Louis XIII, époque à laquelle le florin n'avait plus cours en
France, on voit disparaître de la légende du revers de la *maille*, le
mot *Florentia* pour faire place à celui de *Ludovicus*, ce qui démontre
que dans l'origine on enlevait à la *maille* le cachet monétaire appartenant au florin, et qu'on le lui restituait lorsque le florin l'avait
perdu (2).

La réception de cette redevance, ainsi tombée dans les mains des
écoliers de la nation picarde, donnait lieu à une cérémonie dont nous
avons sous les yeux de nombreux procès-verbaux; il ne nous semble
pas nécessaire de nous étendre sur cette partie de nos recherches;
la parfaite conformité de tous ces actes entre eux nous fait une loi de
nous tenir à l'examen d'un seul. Nous pourrions prendre au hasard,
nous préférons cependant, à cause de sa clarté, celui qui fut dressé

---

(1) Un savant numismatiste de Beaugency, M. Duchalais, a publié dans la *Revue
numismatique française* un article sur la *maille d'or*. Sa dissertation, toute spéciale,
est de nature à contrarier quelques-unes de nos appréciations; mais comme il avoue
lui-même que le problème historique de la *maille*, au point de vue numismatique, est
encore à résoudre et qu'il ne se charge pas de le faire, nous persistons dans ce que
nous avons dit à ce sujet.

(2) Ce que nous avons dit du double caractère de monnaie et de médaille, qui doit
être attribué à la *maille*, est confirmé par cette circonstance que cette *maille* se frap-
pait à Beaugency, chez le détenteur des biens grevés de la redevance, dont le successeur, M. Pellieux, fils de l'historien de la ville de Beaugency, possède encore le *coin
et les fers*, au moyen desquels il renouvelle cette *maille* au profit des numismatistes
désireux de la posséder.

par Jacques Musnyer, notaire au châtelet d'Orléans ; nous en extrairons les principaux passages :

« Aujourd'hui mercredi, 13 janvier 1616, jour et fête de saint
« Firmin (il aurait été plus exact de dire de l'Invention du corps de
« saint Firmin, la fête en l'honneur du martyr étant célébrée le
« 25 novembre), fête des écoliers de la nation de Picardie et de
« Champaigne, estudiant en l'Université d'Orléans, Jehan Jolly,
« marchand, demeurant au Vivier, paroisse de Court-sur-Loire, au
« nom et comme procureur spécialement fondé de la procuration de
« Guillaume Johanneau, sergent de la justice de la chastellenie de
« Court, s'est, en la personne de Jacques Musnyer, notaire royal au
« chastelet d'Orléans, et des témoins soubscrits, transporté en l'église
« de Monsieur Saint-Pierre-le-Puellier de cette ville d'Orléans, à
« l'heure de dix à onze heures du matin, où illec, pendant la lec-
« ture qui se faisait à l'épistre de la grand'messe, ledit Jolly a pré-
« senté aux procureur, recepveur et suppôts de laditte nation de
« Picardie, en la présence des recteur, docteurs et procureur général
« de ladicte Université d'Orléans, une *maille d'or,* marquée d'une
« fleur de lis, que ledit Johanneau, comme sieur du rouage de la
« ville de Beaugency, est tenu et obligé payer, bailler et présenter
« chacun an, jour et heure, auxdicts procureurs et suppôts de la-
« dicte nation. »

Il constate ensuite la réception de cette *maille* par le procurateur
de l'Université qui, « à l'instant, l'a fait poiser par Auguste Poirier,
« maistre orfebvre de ladicte ville, et par le poids qui a été faict,
« s'est trouvée poiser 2 deniers 17 grains, qui est le poids dont
« elle doit être. »

On doit remarquer ici que le débiteur ne paie que comme sieur *du
rouage,* tandis que, suivant les titres anciens, plusieurs *immeubles et
choses* étaient chargés de cette redevance, et entre autres le *rouage de
Beaugency ;* mais, d'une part, les procurateurs étaient devenus négligents à constater les débiteurs de la redevance et les détenteurs
des biens affectés à son paiement, et d'une autre part il suffisait qu'elle
fût acquittée par un seul ou par tous.

Cependant, en 1619, on vit trois femmes de Beaugency se présenter à l'office de Saint-Pierre-le-Puellier avec leur *maille d'or.*

Au premier abord, les nationaires se mutinèrent, disant que « la
« *maille d'or* ne devait point être présentée par une femme, alléguant
« qu'elle devait être apportée par le détenteur des biens, et non par
« personnes interposées. » Une lacune existant au registre nous em-
pêche de suivre le récit du procurateur, cependant nous voyons qu'au
grand regret des nationaires la médaille est reçue :

« Je prie ceux qui nous succéderont, ajoute le procurateur, de
« ne commettre jamais une telle faute. » Il admet qu'une indisposition puisse empêcher le paiement direct, mais il soutient qu'on doit
l'exiger du débiteur lui-même, et qu'en tous cas on doit en repousser la femme : *Quia ab omnibus officiis civilibus et publicis removetur,
quare pro alio intervenire non potest.*

Ainsi, ces trois femmes de Beaugency représentaient sans doute
tous les détenteurs des biens frappés de l'obligation de la *maille,* et
il ne faut pas induire du paiement de 1616 que les débiteurs étaient
réduits au *sieur du rouage,* mais, au contraire, que ces débiteurs étaient
toujours les propriétaires des *immeubles et choses* dont l'énumération
figure dans l'accensement de 1149.

Cette réflexion est démontrée par le nom que portait l'une des rues
de Beaugency; on l'appelait la rue de *la Maille,* parce que les
immeubles qui la composaient étaient presque tous affectés à son
paiement. Cette rue s'appelle aujourd'hui, et depuis 1789, la rue de
l'Union, sans doute par opposition au droit féodal que son ancien
nom rappelait et par allusion au mélange de toutes les classes de
la société.

La formalité de l'épreuve du poids de la médaille était toujours
remplie, et la nation picarde était tellement rigoureuse sur ce point
qu'on l'a vue, en 1706, refuser la *maille,* parce qu'elle ne pesait que
2 deniers 16 grains 1/2, au lieu de 17.

Cette redevance a été payée jusqu'au 13 janvier 1789, jour auquel la nation picarde a fait célébrer la dernière messe en l'honneur
de son patron.

Mais déjà de graves difficultés s'étaient manifestées à l'occasion de
la perception de ce droit.

Nous avons fait connaître la réunion de la nation de Champagne à
la nation picarde, et l'effort tenté pour réunir à ces deux nations

12

celle de Bourgogne; la réunion des deux nations et leur fusion en une seule devait-elle être un obstacle à ce que le droit, tout à la fois réel et personnel, pût être exercé par d'autres que par les représentants de la nation picarde? On pensa qu'il pouvait être dévolu, car les Champenois furent associés à l'exercice de ce droit.

Mais ce ne fut pas tout encore : avec le temps, l'Université d'Orléans vit le nombre de ses étudiants diminuer; il se trouva même qu'en l'année 1673 aucun élève de la nation picarde n'étudiait à Orléans, et qu'ainsi on ne célébra pas la fête de saint Firmin, et qu'on ne dut pas recevoir de *maille*. Telle était du moins la prétention des détenteurs des biens frappés de la redevance; *ils allaient jusqu'à vouloir se rédimer* de cette onéreuse prestation.

De plus, la négligence apportée dans cette perception était telle qu'on se contentait depuis long-temps de recevoir la *maille* sans constater l'avoir reçue; on ne dressait plus d'acte notarié; les débiteurs voulaient invoquer la prescription; ils consultaient, et le bruit de ces intentions était parvenu aux oreilles des docteurs-régents de l'Université qui se livrèrent, pour la conservation du droit appartenant à la nation picarde et ne devant intéresser qu'elle, à une démarche que nous avons peine à comprendre.

Voici en quels termes est conçu l'acte dont nous nous occupons :
« J'ai, Charles Goullu, docteur-régent en l'Université d'Orléans, et lors
« recteur en icelle, fait savoir aux débiteurs, par personnes non sus-
« pectes, que s'ils manquaient à la présenter, ils tomberaient dans la
« peine du défaut de prestation; que nous avions de bons titres, ce
« qui les a fait venir présenter la *maille* le 13 janvier 1773. J'avais
« adverti Me Pierre Leroy, notaire royal au chastelet, qui s'y trouva
« avec deux témoins. La compagnie y assista; il fut dressé procès-
« verbal sommaire de ladite prestation, signé de nous tous, des éco-
« liers, et entr'autres de Me Simon Coquault, natif de Rheims, à
« qui elle fut présentée. »

Ainsi, l'Université s'identifiait tellement avec le corps des étudiants qu'elle prend les fait et cause de ceux-ci, stimule leurs débiteurs; et pour la mise en pratique et la conservation du droit, dresse des actes et fait remettre à un étudiant isolé, natif de la province de Champagne, la redevance qui appartenait, suivant nous, exclusivement à la nation picarde.

L'Université ne s'en tint pas là; elle se mit à la recherche de tous les titres; et le procès-verbal contient la nomenclature d'actes notariés et de sentences qui constatent la remise de la *maille*, ou les droits des étudiants.

Ces actes remontent à l'année 1536 et continuent jusqu'à l'année 1673.

Tous furent levés par les soins des docteurs-régents et déposés dans leurs archives, et le recteur de l'année 1673 donne son avis pour la conservation du droit tel qu'il a toujours été acquitté depuis son mode de paiement transformé.

« Il faut, dit-il, de temps en temps, faire reconnaître le droit,
« percevoir la *maille*, exiger titre nouvel, appeler, dans les occasions
« où elle est perçue, un notaire, qu'il rédige procès-verbal.

« Pour avoir déclaration d'hypothèque, *sans bruit ni coût*, il faut,
« à la première prestation qui sera en 1674, que l'*escolier, à qui la*
« *maille* sera présentée, demande à ceux qui la présenteront (le no-
« taire de l'Université ou autre présent) s'ils sont seigneurs ou deb-
« tenteurs du rouage de Beaugency et autres héritages sujets à la
« prestation de la *maille*, qui est ceux qui la doivent ; et si ceux qui
« la présentent ne disent rien, déclarera auxdicts représentants que,
« faute de leur répondre qui ils sont, il ne veut recevoir ladite
« *maille*, et l'ira quérir avec la nation, suivant les arrêts et sentences
« sur ce intervenus ; *c'est le moyen de faire parler les muets.* »

C'est ici le lieu d'abandonner un moment cet acte pour examiner quelle était la sanction de cette obligation de payer la *maille*. A défaut de paiement, le procurateur de la nation allait, suivi de tous ceux qui la composaient, précédés de la musique et de leurs bedeaux, à Beaugency, et là ils exigeaient la remise de la *maille*, et ils étaient indemnisés de leurs frais de séjour et de voyage par les débiteurs en retard de la payer. C'est ce qui est formellement énoncé dans l'acte de 1509.

Nos recherches se sont exercées sur ce point; mais nous n'avons rien trouvé dans aucun acte de procure qui nous révélât que cette partie des droits des étudiants ait été mise en pratique. On prétend cependant que Calvin, en l'année 1530, faisant partie de la nation picarde, alla à Beaugency à la tête de tous ses co-nationaires, et mit ainsi les débiteurs de la *maille* à rançon. Nous voulons bien croire qu'il en a été ainsi ; mais pour nous, nous nous bornons à constater ce que nous révèlent les pièces, objet de nos recherches.

Nous croyons devoir revenir à l'acte de 1773.

Une difficulté se présenta cependant à l'esprit du recteur de l'Université : S'il n'y avait aucun Picard à Orléans, à qui paierait-on le droit ? Le recteur répond à cette question : A défaut de Picards, le bedeau peut le recevoir.

C'était, sans doute, bien loin pousser les choses que de transférer ce droit à un mercenaire et de le constituer représentant d'une nation qui disparaissait des études ; mais il existait une raison que l'on s'empresse de faire connaître.

« Ce droit, ajoute le recteur, est à conserver à l'Université, les « débiteurs voudraient bien commuer la *maille* en monnaie cou- « rante ; je serais bien d'avis de la commuer en un écu d'or, la *maille* « ne vaut pas cinq sous plus ; mais à la charge de payer le service au « sieur curé, et qu'à défaut de Picards ils la présenteraient à M. le « recteur : ce serait un beau droit pour l'Université. »

Le recteur aurait pu trouver un autre motif puisé dans l'esprit de l'institution des bedeaux qui, nous l'avons dit déjà, perpétuaient la nation auprès de laquelle ils avaient été admis, alors même que par une circonstance quelconque elle disparaissait ; et qui restaient là comme un centre auquel on devait se réunir, où devaient se retrouver les livres ayant appartenu à la nation, les traditions de l'association et une initiation aux réglements qui l'avaient autrefois régie ; et malgré ce caractère affecté aux bedeaux, ou pour mieux dire au bedeau général, nous ne saurions admettre qu'ils eussent qualité pour recevoir un signe d'hommage tout personnel à la seule nation disparue momentanément ou à toujours de l'Université.

Le recteur examine encore si l'on peut offrir la *maille* dans une autre église que celle de Saint-Pierre-le-Puellier ; il résout cette question par l'affirmative, mais il estime que le sieur curé doit se contenter d'un écu qui vaut 60 sous pour son service, et qu'il ne faut pas souffrir que *l'écolier qui a reçu la* maille *la porte à l'offerte, comme pour sûreté de ce qu'il faut pour le service, cela n'étant pas honnête.*

Il termine en conseillant de s'opposer à ce qu'il soit donné des rubans aux débiteurs, à qui, assure-t-il, il n'en est pas dû (1), et par mentionner des actes de prestation de la *maille* dressés en 1675 et 1676.

Cet avis et ces actes nous semblent contredire un arrangement intervenu entre les Picards et les Champenois au cours de l'année 1591.

En l'année 1572, ils étaient convenus que les procurateurs seraient alternativement élus et pris dans les deux nations, et qu'ils recevraient ainsi alternativement la *maille*; mais les troubles étant survenus, ce traité entre les deux nations ne fut pas suivi.

En 1591, il fut renouvelé; il est vrai que les débiteurs pouvaient, ce nous semble, refuser de payer à un Champenois; cependant nous voyons un écolier né à Reims recevoir la *maille* en 1675, et en même temps le recteur de l'Université prétendre qu'à défaut de Picard ce serait entre les mains du bedeau que la redevance serait acquittée; enfin nous le voyons prétendre assurer à l'Université elle-même ce droit d'une origine aussi spéciale et aussi relative.

La *maille* fut perçue jusqu'en l'année 1789, ainsi que nous l'avons fait remarquer; les Picards continuèrent jusqu'à cette époque à fréquenter l'Université; et quoiqu'elle fût déjà dans un état de décadence qui devait faire prévoir sa fin prochaine, cependant le nombre toujours assez considérable de nationaires picards et champenois inscrits sur son registre rendit inutiles les précautions prises par le recteur, pour assurer, au profit du corps universitaire, en l'absence même de ces nations, l'exécution de l'obligation.

Telles ont été l'origine, les vicissitudes et l'extinction de ce droit, dont la prolongation suffirait à constater la base sur laquelle reposait l'ordre social avant la révolution de 1789.

Nous pensons n'avoir plus rien à dire de la *maille d'or de Florence*.

Nous ne voulons pas, cependant, quitter la nation picarde et champenoise sans la suivre, ainsi que nous l'avons fait à l'égard de la na-

---

(1) On a été jusqu'à prétendre que l'habitant ou les habitants de Beaugency qui se trouvaient à la cathédrale d'Amiens le jour de l'Invention du corps de saint Firmin, s'ils répondaient à l'appel qui était fait après l'épître, étaient nourris aux frais du chapitre et recevaient une paire de gants blancs.

tion germanique, jusque dans ses habitudes, ses cérémonies, ses réglements et ses plaisirs.

Cette nation, qui prenait le titre de *fidelissima*, et qui avait, comme nous l'avons vu, ses statuts, ses officiers et ses suppôts, ses élections et sa fête, devait tenir et tenait, en effet, une place importante dans la grande institution de l'Université d'Orléans; elle dut avoir ses querelles et ses luttes, car cette jeunesse aimait le bruit, l'éclat et les festins, et l'esprit de corps semble avoir été porté chez elle jusqu'à une sorte d'enthousiasme; mais les festins auxquels les réunions générales donnaient lieu n'approchaient pas de la magnificence des festins de la nation germanique.

Nous trouvons, à l'année 1615, un détail très-circonstancié des frais auxquels donnait lieu la solennité de l'Invention du corps de saint Firmin :

« Chaque élève devait contribuer à ces frais pour la somme de « 32 sous.

« Les officiers, ainsi que l'ancien de la nation, étaient exceptés de cette contribution ; on invitait les maîtres, les bedeaux et l'avocat(1).

« La veille au soir, le procurateur devait faire donner une aubade « à chacun des écoliers et faire dire le service divin à Saint-Pierre- « le-Puellier ; le droit du curé était de 3 livres.

« On invitait les musiciens de Saint-Aignan à chanter la messe ; « on leur donnait 4 livres.

« On donnait au chœur de la paroisse de Saint-Aignan 20 sous ; « Aux marguilliers de Saint-Pierre-le-Puellier, pour les tapisseries, « 3 livres 4 sous.

« Le procurateur devait faire *six armoiries,* deux de Picardie, deux « de Champagne et deux de sa famille, *trois desquelles devaient être* « *devant l'église et trois devant son logis.* »

« Il devait avoir tambours, fifres et trompettes pour la veille de « la fête à vêpres, et le jour à la messe.

« Il devait donner aux bedeaux à verge (ceux de l'église, car les « bedeaux des nationaires portaient la masse d'argent) *selon sa vo-* « *lonté.*

_____

(1) Celui qui soutenait les droits de la nation devant les tribunaux, sans doute.

« Il devait avoir des flambeaux pour conduire les donneurs d'au-
« bade.

« Il devait donner une pinte *d'hypocras* à chaque docteur, à l'avo-
« cat de la nation, au bedeau général et au chevalier du guet *s'il*
« *veut*.

« Il devait donner ses livrées à chaque nationaire et aux bedeaux,
« d'une aulne et demie de taffetas blanc et bleu.

« Il devait faire faire leur collation à tous les nationaires à sa vo-
« lonté.

« Enfin il devait donner 32 sous au serviteur de la nation. »

Nous avons un autre détail des dépenses bien plus étendu et bien
plus clair.

On trouve à la page 52 du registre que nous avons plus particulièrement consulté, le mémoire suivant :

« Aux tambours et trompettes, 1 escu et demi ; aux violons et
« hautbois, 5 escus ; au peintre pour les armes, un escu ; au curé
« de Saint-Pierre-le-Puellier, un escu ; aux marguilliers, 25 sous ;
« pour le clocher de l'église, 20 sous ; aux chantres de Saint-Aignan,
« 1 escu 1/2 ; pour les tapisseries, 1 escu ; à l'orfèvre, pour poids de
« la *maille,* 7 sous 6 deniers ; somme de la dépense et frais acces-
« soires, 12 escus ; au pâtissier, pour la viande du disner (où assis-
« taient huit personnes), 11 escus ; au boullanger, 3 escus ; pour le
« vin, 3 escus 2/3 ; pour la vaisselle, 20 sous ; pour un panache au
« recepveur, 55 sous. »

Les souscriptions ne nous paraissent pas avoir été toujours en rapport avec les frais que ces démonstrations devaient occasionner. Nous
trouvons celles de l'année 1593 qui ne comptaient que dix-sept noms ;
de 1594, qui n'en comptaient que quinze ; de 1595, qui n'en comptaient que huit ; de 1615, qui n'en comptaient que vingt ; de 1616,
qui en comptaient trente-deux ; de 1623, qui n'en comptaient que
onze.

A partir de cette date on ne trouve plus aucune mention de ces
souscriptions.

Ainsi, au cours des XVIe et XVIIe siècles, c'est-à-dire dans les plus
beaux jours de la présence des nations picarde et champenoise à Orléans, la moyenne des souscripteurs n'est que de vingt et un, ce qui

donnait, pour chaque souscription, 33 livres 12 sous. Il faut croire qu'après la fête, chacun de ceux qui y avaient pris part ajoutait à ce qu'il avait donné, et que le droit de bienvenue servait également à parfaire ce qui manquait à la recette pour compenser la dépense.

Le paiement de ce droit de bienvenue était rigoureusement nécessaire pour entrer aux assemblées générales et y donner sa voix ; c'est ce qui résulte d'un réglement arrêté en 1592 ; les écoliers devaient l'acquitter l'un après l'autre, à moins qu'il ne le fût par des écoliers membres de la même famille, *jaçoit que frères*.

La somme n'était pas fixée d'une manière certaine ; il semble que l'on prenait en considération la fortune de chacun des étudiants. En règle générale, cette somme était de cinq écus d'or, ainsi que cela est établi par une note placée en tête du réglement de 1596 : *Novitii quinque omnes nummos nationi solvunt*. Mais il est évident que cette somme n'était pas toujours exigée ; on remarque, en examinant le détail des bienvenues payées, une grande inégalité entre elles.

Cet état de choses devait laisser une grande place à la faveur et donner lieu à quelques abus.

On sentit le besoin de fixer ce point important, et, en 1608, la bienvenue fut définitivement arrêtée à la somme de 2 escus, *employables au profit des écoliers et à leurs plus pressées et urgentes affaires*.

Il y avait aussi la ressource des amendes. Nous voyons dans ce réglement que ceux qui s'abstenaient de se présenter aux assemblées générales payaient 5 sous tournois.

Cependant, il paraît que ces fonds n'étaient employés aux frais de la fête que par exception, car en l'année 1591, on prend une délibération expresse à cet égard, fondée sur le petit nombre des écoliers à l'Université, *les donneurs d'escuse, les rejetant,* les calamités du temps et les guerres civiles ; et dans cet acte on déclare que la bienvenue s'emploierait toujours à la *morfle* (1), *mais le plus souvent à soulager la nation*.

La nation n'avait pas, il est vrai, beaucoup d'autres dépenses à faire, car elle ne possédait pas de bibliothèque, et le bailliage lui avait

---

(1) Nous avons vainement recherché le sens de ce vieux mot.

prêté, ainsi qu'à la nation de France, une des salles du Châtelet pour ses *conveniat* ou assemblées.

Enfin elle possédait une autre ressource sur l'origine de laquelle nous insisterons peu, et qui atteste l'antiquité de sa présence à Orléans. Ces ressources consistaient dans *des services donnés par ses anciens fondateurs, en l'Université, et remontant à 1226.*

« Premièrement, en l'église de Saint-Pierre-Ensentelée, les gagiés
« sont tenus de faire célébrer, tous les vendredis de l'année, une messe
« de *requiem* à sept heures, à laquelle, toutefois, ne sommes tenus
« d'assister ; puis, le 26 août, sont tenus de faire célébrer une messe
« de *requiem* avec le *libera* sur la sépulture du défunt fondateur, à
« laquelle les procureur et receveur nationaires sont tenus d'assis-
« ter, et doivent être advertis par MM. les gagiers, et chacun doit
« recevoir *un sou de distribution.* »

On croirait que ce sont les gagiers qui doivent recevoir la somme distribuée ; le procurateur de 1591 nous apprend qu'il a assisté à ces offices dans l'église de Saint-Pierre, et que les gagiers auraient donné trois sous, savoir : un sou au procurateur et les deux autres aux re-receveur et bedeaux (1).

Ajoutons à tout cela la redevance de la *maille d'or,* et nous ver-verrons que la corporation avait un assez grand fonds pour faire face à ses dépenses.

La fête de la nation n'était pas la seule occasion de se réunir et de se livrer aux plaisirs de la table : les élections étaient ordinairement suivies d'un festin ; le procurateur de l'année 1615 nous a livré les détails du repas auquel son élévation à ce grade a donné lieu :

« Le *conveniat* (c'est ainsi qu'ils nommaient leur réunion géné-
« rale) achevé, nous allâmes dîner à l'hôtel de l'Escu, maîtresse hô-
« tellerie de cette ville d'Orléans, lequel le receveur champenois avait
« fait splendidement préparer. J'y obtins le maître degré d'honneur,
« j'eus la première place, bon gré malgré la contestation qu'y voulut
« apporter le procureur déposé, ce que je prie mes successeurs de
« remarquer et de s'en servir, le pareil débat survenant ; durant le-

_____

(1) L'église de Saint-Pierre-le-Puellier devait célébrer une messe quatre fois par semaine, *laquelle se dit de deux jours l'un,* et le registre nous apprend que cette messe fut fondée par le pape Clément V, en 1226.

« quel festin les tambours, trompettes, fifres, allumèrent le cœur des
« plus refroidis, et les faisait autant souhaiter la guerre comme après
« ils furent désireux et apastis au jeu de cypris, et de feux tout ravis
« de liesse d'ouïr la douceur des violons et des sons tempérés de la
« harpe ; les tables ôtées, nonobstant l'absence de quelques-uns mu-
« tinés ou rebelles, nous allâmes jouer au cornichon pour le souper,
« lequel ne fut en rien inférieur au précédent repas. »

Le lendemain, nouvelle fête ; le procurateur ne peut s'engager
dans le récit de cette réjouissance :

« De vouloir décrire, dit-il, comme le soupper de cette nuit se
« passa, je proposerais de nombrer les constels de l'Orient et les
« sables de la rêveuse Afrique ; je vous dirai, seulement, que le dieu
« Bacchus avait allumé de son doux nectar celui-ci ; Vénus, qui
« aime le vin, accompagna celui-là ; Hébé, pour le bannissement de
« Vulcain, versa les pleins verres aux assistants ; les coupes à la
« santé du procureur et de la nation ne furent pas épargnées ; le dieu
« Morpheus par après y survint qui assomma les convives qui furent
« réveillés par le son des tambours et trompettes, et tous unanime-
« ment résolurent d'aller donner les aubades du matin, afin que le
« plus petit point fût gardé au traitement de ma charge. »

Comme on le voit, l'orgie entrait dans l'économie des réglements
des étudiants ; les querelles et les défis n'en étaient pas absolument
exclus. Le procurateur, qui semble avoir été ravi dans les plaisirs de
la fête qu'il décrit, ne reculait pas davantage lorsqu'il s'agissait d'une
affaire d'honneur ; il nous raconte « que trois mois après, comme
« jamais rien ne demeure en même état, un je ne sais quel pédant
« auvernat voulut impudemment, comme je passais mon chemin,
« marcher contre moi, et de faict m'osa pousser, ce qui ne resta pas
« impuni, l'ayant repoussé ; le lendemain, m'ayant manqué à quel-
« que promesse (probablement au rendez-vous), l'éclipse de son ab-
« sence m'apporta aultant d'honneur qu'à lui de blâme ; il en est
« encore à se venger d'un soufflet qu'il a reçu de ma main. »

La querelle n'en resta pas là : les nationaires intervinrent, on se
divisa en deux bandes ; mais l'honneur de cette affaire resta entièrement, si on doit l'en croire, à notre procurateur.

Ces luttes assez vulgaires, et dont plusieurs actes de procure nous offrent l'exemple, étaient de nature à troubler la tranquillité de la ville; comme les solennités de la fête patronale en étaient ordinairement l'occasion et, en tous cas, excitaient une grande agitation dans la cité, l'autorité crut devoir quelquefois en arrêter les élans.

On rencontre plusieurs exemples de son opposition à ces solennités, notamment en l'année 1611.

Nous avons eu l'occasion de citer l'acte de cette procure lorsque nous avons voulu donner une idée du style et de la tournure de l'esprit à cette époque; nous devons y revenir, pour faire connaître les usages et les mœurs de ces associations.

Lors donc de l'élection du procurateur de cette année, *il assigna jour à tous les nationaires à comparaître chez lui avec les mêmes équipages qui sont octroyés* par privilége, savoir : « avec armes, tam- « bours et trompettes sonnantes, et même enseignes déployées; mar- « chant (continue le procurateur) en si bel ordre, nous fûmes disner « à l'Escu, enseigne maîtresse, où chacun se comporta avec tant de « discrétion, que ceux qui nous virent sortir disaient que nous ve- « nions plutôt d'un sacrifice de vestales que de table. »

Cependant ce jugement, ainsi qu'on va le voir, ne semble pas avoir reçu un assentiment unanime. Le procurateur entame aussitôt le récit d'une scène qui va donner la mesure de son impartialité :

« *Medio de fonte leporum*
« *Surgit amari aliquid quod in ipsis floribus angat.*

« Et il n'y a de fête si joviale qui ne se puisse troubler par quel- « ques incidents, car après nos modestes ébats, comme en bon ordre « nous marchions au long de la grande rue, voici venir des sergents « apostés (ainsi faut-il croire), qui s'adressèrent à nos joueurs de « trompettes, non au moindre des nationaires, *craignant la touche,* « leur faisant mandement de la part du prévôt d'Orléans de cesser ; « ceci nous mit en trouble, d'où animés, nous redoublâmes comman- « dements qu'ils eussent à réitérer leurs sons, pour montrer toujours « que la fidélité de la nation picarde élève le front partout, et que la « force de notre Champagne alliée rompt toutes barrières de difficul-

« tés et ne peut se soumettre aux efforts, sans force, d'une racaille
« sergentesque. »

On craignit cependant de rencontrer des obstacles lors de la célébration de la fête; la très-fidèle Picardie et la très-forte Champagne
ne dédaignèrent pas d'aller solliciter des magistrats la reconnaissance de leurs priviléges, et comme : *facilè mutari non potest quod
per longa secula custoditum est ;* que d'ailleurs : *diuturna consuetudo
pro jure et lege habetur,* et enfin : *quod diù æquum visum est id nulli
improbare liceat,* les deux nations réunies obtinrent toutes les autorisations qu'elles demandaient, de fêter dignement et bruyamment
leur saint patron.

Cependant la veille, l'autorité, revenant sur sa décision, s'opposa
aux promenades accompagnées de tambours, fifres et hautbois; vainement le procurateur disait aux agents de l'autorité : *Beneficia
principum latissimè sunt interpretenda,* ils n'écoutaient rien. « De
« sorte que, de peur d'encourir la même peine qui advint aux Thé-
« bains quand ils assistaient et présentaient sacrifices annuels à Ja-
« laus, nepveu d'Hercule, nous fimes célébrer la messe à Saint-Pierre-
« le-Puellier par les musiciens de Saint-Aignan. »

En d'autres termes, la fidélissime Picardie et la fortissime Champaigne n'eurent pas, quoiqu'elles en aient dit, les autorisations de-
mandées, et cédèrent devant l'autorité.

Ces oppositions se renouvelèrent quelquefois, et nous ne voyons
pas, qu'à cela près de quelques forfanteries de jeunes gens, elles aient
entraîné les étudiants à la moindre violence.

Les fêtes patronales avaient cependant un caractère religieux; nous
avons constaté que ce sentiment était plus manifeste chez les nationaires allemands que chez ceux du royaume de France; mais en
même temps nous avons considéré ces cérémonies comme un moyen
de resserrer le lien national, et nous avons exprimé la pensée, dans
laquelle nous persistons, que le sentiment religieux était d'autant plus
vif que les corporations d'étudiants étaient plus isolées et plus éloignées de leur patrie; nous en avons la preuve dans les détails que nous
offrent les registres de la nation picarde.

Un orateur était entendu, qui prononçait tous les ans un discours pendant l'office : les procurateurs s'accordent pour vanter l'éloquence de leur orateur : « La messe dite, rapporte celui de 1591 , l'oraison « fut déclamée au grand contentement de toute l'assistance. »

Le procurateur ajoute : « C'est à remarquer que, depuis deux ans « toutes les autres nations n'ont fait les prières et oraisons le jour « de leur fête, et qu'il n'y a que la nôtre qui s'est maintenue et a « toujours gardé les bonnes coustumes, nonobstant la calamité du « temps, et que le nombre des nationaires eût été fort petit. »

Ce passage nous instruit, non-seulement de la persévérance avec laquelle on observait cet usage, mais encore de celle avec laquelle les cours étaient suivis.

Ainsi, au milieu des guerres civiles et religieuses, dans ces luttes de l'esprit de faction caché sous l'esprit de secte, on venait encore de pays, alors fort lointains, étudier à Orléans : ce fait révèle un grand amour de la science; mais de la part des Picards, un véritable courage; car il devait être dangereux, à cette époque, de se livrer à des actes religieux et de persister dans l'accomplissement des cérémonies du culte catholique.

Dans tous les actes de procure, ou à peu près, on trouve la mention de cette *oraison* prononcée par un orateur *bien disant*. L'un de ces actes, celui de 1611, s'exprime ainsi : « M. Biot, orateur, sur les « lèvres duquel les Grâces, jointes avec la déesse Pytho, semblent « avoir distillé le plus savoureux miel de bien dire, fut envoyé au- « près des magistrats pour obtenir le droit de parcourir la ville au « son des instruments; et à la messe, après l'offertoire, il se mit en « devoir de haranguer et de particulariser tant les louanges de saint « Firmin que celles de l'une et l'autre nation. »

Un autre (1626) nous apprend que « l'orateur récita les louanges « de Monsieur saint Firmin et celles de la nation, où il se montra « fort éloquent. » Il ne paraît pas que cet *orateur* fût ecclésiastique; il semble, au contraire, avoir été pris parmi les nationaires et n'avoir pas eu ce caractère, du moins il n'en est fait mention nulle part, et cependant ce fut en chaire qu'il prononça son discours.

Ces réunions, animées tout à la fois par le sentiment religieux , par la puissance de la parole , les flatteries de l'éloquence et les li- cences de la débauche, devaient produire une grande intimité entre les hommes des mêmes contrées, et d'autant plus serrés entre eux qu'ils étaient plus séparés de tous ceux qui partageaient leurs études; la pensée de la suprématie, le désir d'obtenir la plus grande part de considération étaient entretenus par ces cérémonies et ces assemblées, et tout concourait ainsi à la persévérance dans une séparation que tout aurait dû concourir à faire cesser.

Et cependant on a vu que les mœurs, plus fortes que les institutions, tendaient à opérer une fusion qui devait être telle un jour qu'il n'y aurait plus qu'une seule loi pour un seul peuple : les Picards s'unissant aux Champenois se rapprochent, autant que possible, des *Français*; les Bourguignons essaient de se mélanger aux Picards, et ce n'est que pour obéir à des préjugés et à des souvenirs qui allaient s'affaiblissant chaque jour, que les corporations restent séparées les unes des autres.

Deux éléments commençaient d'ailleurs à lier les nationaires entre eux et en même temps à les désunir : soumis à une loi distincte par leurs réglements particuliers, ils étaient soumis à une même loi par les réglements généraux. Lorsque le temps sera venu, nous nous occuperons de ces derniers réglements; mais nous ne voulons pas quitter la nation picarde sans examiner ceux qui leur appartenaient.

On en rencontre deux, l'un à la date du 19 octobre 1596, l'autre du 21 janvier 1631.

Le premier est intitulé : *Statuta fidelissimæ Picardiæ et fortissimæ Campaniæ, labore et diligentia Jacobi Leroy, Abbavillæi, ejusdemque nationis procuratoris his inscripta anno 1596, die 19 octobris.*

Le second était intitulé : *Constitutiones fidelissimæ nationis Picardiæ et fortissimæ Campaniæ nuper à Simone Coppesio, Trecencis, juxta veterum privilegiorum morem rescriptæ, ac demum ab omnibus hujusce nationis officiariis et suppositis comitiis habitis ad hanc rem confirmatæ.*

Ce dernier réglement a, comme on le voit, été transcrit d'anciens priviléges, confirmés par délibérations des comices des deux nations, sous la procure de Simon Coppois, de Troyes.

Ces statuts ont beaucoup d'analogie entre eux; les uns et les autres ont pour objet de régler les devoirs des procurateurs et attestent l'importance que l'on attachait à cette dignité.

« Si quelqu'un d'entre nous., ce qu'à Dieu ne plaise, refuse la
« procure, il paiera trois écus d'or, il sera noté d'infamie, et du
« consentement unanime, il sera rejeté du corps de la nation. »
(Art. 1er.)

Cette fonction se donnait exclusivement à ceux qui avaient obtenu
le grade de bachelier. (Art. 3.)

« Le procurateur, dans le cercle de sa mission, ne doit rien faire
« de contraire aux intérêts de la fidélissime nation ; mais il doit agir
« pour son avantage et sa prospérité, et il en prête publiquement le
« serment lorsqu'il postule le procurat.

L'art. 5 est copié sur les réglements de la nation germanique :

« Si quelqu'un de nous vient à mourir, tous les nationaires, avec
« respect, en habit décent et une torche en main, conduiront le corps
« du défunt ; le plus ancien dans la corporation (afin que les novices
« le discernent plus facilement) aura le pas, et ceux qui viendront
« prendront leur rang à mesure qu'ils arriveront. »

Nous avons vu plus haut ce qui est décrété par l'art. 8, dans la
prévision d'une querelle et des secours que la nation accorde à chacun de ses membres. Nous ne reviendrons pas sur cette disposition,
qui est, comme nous l'avons fait observer déjà, empruntée aux réglements de la nation germanique et aux anciennes ghildes.

L'art. 9 prescrit aux procurateurs le devoir de transcrire sur le
registre tout ce qui arrivera et tout ce qui lui paraîtra utile au cours
de sa procure.

L'art. 10 prescrit les honneurs funèbres à rendre au procurateur,
s'il meurt dans l'exercice de ses fonctions : « Dans ce cas, y est-il
« dit, tous les nationaires conduisent le corps du défunt avec un grand
« appareil, et en faisant les dépenses convenables, à l'église et à la
« fosse ; il en sera de même de l'ancien procurateur. »

L'art. 11 prévoit le cas où un étudiant s'éloignerait de la ville pour
aller étudier dans une autre, et décide que si cette absence se prolonge l'espace d'un an il perd ses droits d'ancienneté.

L'art. 12 prescrit de célébrer la fête de saint Firmin, patron de la
nation, avec un grand appareil.

Et enfin l'art. 13, ainsi que nous l'avons vu, établit que ceux qui refusent de payer le droit des nationaires seront privés de tous les honneurs et dignités de l'association.

Nous ne croyons pas devoir transcrire en entier le second de ces réglements, portant la date du 12 janvier 1631, parce qu'il n'est que le complément du premier. Son principal objet est de régler les détails, dans ce qu'ils ont de plus minutieux, des devoirs du procurateur. Nous nous bornerons, après avoir bien déterminé, par les termes de ce second réglement, les véritables conditions de l'association et le lien moral des nationaires, à en extraire quelques articles qui nous ont semblé ne pas rentrer absolument dans les termes des dispositions du premier. Nous en agirons ainsi, d'autant mieux que le 12e article qui termine cette seconde délibération maintient les dispositions de la première : *Neminem tamen priscis constitutionibus quæ initio libri reperiuntur liberanto.*

L'art. 5 fixe à quatre écus d'or le droit de la *nation*, à la charge de tous ceux qui voudront en faire partie et même de ceux qui voudraient prendre des grades. Cette somme devait être payée dans les huit jours entre les mains du questeur ou du procurateur, et sur ces quatre écus d'or, quatre quadrilles appartenaient au procurateur, le reste devait être employé à l'usage de la nation.

Comme on le voit, la somme exigée était bien supérieure à celle fixée par la délibération spéciale de 1608 : déjà le luxe augmentait, et par conséquent le besoin de la dépense : les contributions des associés devaient être plus fortes.

Le questeur était tenu de rendre compte, tous les mois, de sa gestion devant le procurateur et les autres officiers qu'il convoquait chez le scribe. (Art. 5.)

Enfin, par l'art. 10, on réglerait l'amende que devaient supporter ceux qui, convoqués pour une assemblée générale, ne s'y rendraient pas; cette amende était fixée à deux quadrilles.

Nous avons interrogé, dans cette partie de nos recherches, les documents qui pouvaient nous servir à reconnaître et à déterminer avec certitude les priviléges généraux inclinant à la nature de priviléges particuliers concédés à chaque nation; nous avons ensuite déterminé ces priviléges particuliers aux deux nations principales qui,

avec d'autres nations moins nombreuses et avec celle *de France,* étudiaient à l'Université d'Orléans ; nous avons tâché de suppléer à l'absence regrettable des documents émanant de ces nations par ceux que
nous ont laissés les nations germanique, picarde et champenoise,
pour connaître la situation des autres corporations d'étudiants, en
assignant, autant que possible, la part appartenant à chacune d'elles
dans ces immunités.

Nous avons vu que toutes les *nations* avaient, ainsi que la nation picarde, leurs officiers produits de l'élection, leurs réglements et leurs
droits, leur discipline, leur caisse commune ; qu'ainsi elles avaient leur
procurateur, leurs questeurs, leurs conseils, leurs bedeaux à masse,
leurs armoiries, nous pourrions ajouter leurs bannières et leurs
sceptres, ainsi que cela résulte de quelques passages des actes de
procure et de quelques comptes répandus dans les registres de la
nation germanique ; nous avons vu aussi en quoi consistaient ces
droits et ces priviléges, dont les conséquences étaient souvent vexa-
toires et le plus souvent puériles et frivoles.

Il nous sera permis désormais de parcourir les autres parties de
nos travaux sans mélange de ce qui est relatif à chacune des nations
d'étudiants, et d'aborder la véritable constitution de l'Université.

CHAPITRE VII.

RÉGLEMENTS GÉNÉRAUX.

—————

Nous avons, dès le début de ces recherches, fixé l'origine de l'Université à l'époque où le roi de France a édicté ses premières lettres-patentes (juillet 1312).

Mais cependant, comme nous n'avons pas répudié les actes d'établissement émanés du pouvoir pontifical; comme, au contraire, nous avons tenu un très-grand compte de son initiative et de son influence dans les conseils du pouvoir royal, même après que celui-ci se fut occupé de réglementer les Universités, nous croirions laisser une lacune dans l'accomplissement de notre tâche, si nous négligions d'une manière absolue les réglements antérieurs à l'année 1312.

Le premier d'entre eux remonte à l'année 1307; il est intitulé : *Statutum doctorum de rectore eligendo, et procuratoribus nationis, et librariis, bedellis et de brigâ inter scolares.*

Ce titre nous apprend, non-seulement que le statut émane des docteurs, mais encore il nous révèle le privilége ou plutôt le droit qu'avaient les docteurs et les écoliers eux-mêmes de concourir à l'élection du recteur et des autres officiers ou suppôts de l'Université (1).

(1) On les appelait ainsi parce qu'ils étaient placés sous la protection de l'Université, *suppositi Universitati,* lorsqu'ils lui avaient juré fidélité (M. DE SAVIGNY, ch. 31, *Des Universités italiennes,* t. 3, p. 137).

Nous verrons dans la suite ce droit se pratiquer, s'affaiblir et disparaître ; constatons, quant à présent, que le réglement sur cette importante matière n'est pas émané de la seule autorité des docteurs, et qu'il est le résultat d'une délibération prise, sous la présidence du recteur, par les docteurs en *l'un et l'autre droit*, auxquels les procurateurs des nations, spécialement convoqués par un docteur-juré, s'étaient réunis dans la maison des Frères-Prêcheurs d'Orléans, à l'effet de *réglementer*, *délibérer* et *administrer*, et qu'ainsi les écoliers eux-mêmes avaient le droit de concourir, par l'intermédiaire de leurs procureurs, aux actes administratifs de l'institution.

Le premier soin de l'assemblée est de décider qu'une messe sera dite chaque semaine aux autels des Frères-Prêcheurs et des Frères-Mineurs successivement, en l'honneur de Dieu le Père Tout-Puissant, de la bienheureuse Vierge Marie, à l'intention du saint père le pape Clément V, en reconnaissance des priviléges qu'il a concédés à l'Université d'Orléans, et pour obtenir de Notre-Seigneur Jésus-Christ et de la bienheureuse Vierge Marie qu'ils veuillent la maintenir en paix à perpétuité.

Elle prescrit que deux docteurs-régents enseignant, l'un en droit civil, l'autre en droit canon, et quatre procurateurs des dix nations, assisteront à cette messe, et qu'ils ne seront relevés de cette obligation que pour *une cause légitime*, s'en remettant sur ce point à leur conscience, *quod in eorum conscienciis duximus relinquindum.*

Cette satisfaction donnée au sentiment religieux, le réglement fixe les jours de l'élection du recteur ; et prévoyant que s'ils n'étaient pas connus à l'avance, cette élection pourrait être le résultat de la brigue, il détermine les quatre époques pendant lesquelles seulement elle pourrait avoir lieu, savoir : la veille de la fête de saint Denis, le dernier jour des leçons précédant la Nativité, le dernier jour des leçons précédant la fête de l'Annonciation, et enfin le dernier jour des leçons précédant la Nativité de saint Jean.

Et si, dans l'intervalle de ces époques, le recteur, par une cause quelconque, venait à cesser ses fonctions, le réglement veut qu'alors l'élection ait lieu pour le temps qui resterait de l'exercice du rectorat venant à cesser : *pro residuo tempore prædecessorum rectoris officium exercebit.*

On pourrait critiquer cette partie des prescriptions du réglement; il est évident que lorsqu'une époque est fixée pour une opération de cette nature, les prétendants se préparent avec plus d'activité à la lutte : aussi ne comprendrions-nous pas cette disposition, si nous ne nous reportions à cette époque reculée. La naïveté du moyen-âge n'était pas exempte de ruse, l'antagonisme et la rivalité étaient aussi ardents qu'ils le sont de nos jours ; ils devaient même l'être bien davantage par les excitations de l'esprit de caste et la séparation que les écoliers avaient établie entre eux, et il est permis de penser que, sous couleur d'une grande impartialité, docteurs, régents et écoliers voulaient s'assurer les moyens de faire prévaloir leurs candidats.

Avant d'aller plus loin dans l'analyse des dispositions de l'acte réglementaire, il est nécessaire de revenir sur l'appréciation à laquelle nous nous sommes déjà livré, du caractère, de la destination originaires de ces institutions, qui, dès avant leur réglementation par le pouvoir royal, avaient pris le titre d'Université.

Jusque-là, avons-nous dit, elles étaient un centre de *disputes* et *controverses* en usage dans les premiers siècles de l'Eglise, foyers quelquefois ardents où se produisait la lumière, mais où le plus souvent des intelligences téméraires enflammaient les esprits sans éclairer la raison.

Alors se produisaient des opinions dangereuses; soutenues avec la persévérance de la conviction, et souvent aussi avec l'opiniâtreté de l'orgueil, elles impressionnaient les masses ; il fallait que des esprits fidèles vinssent détruire cette ivraie qui voulait étouffer le bon grain; mais ces luttes devaient effrayer l'Eglise naissante; celle-ci dut essayer de les faire cesser; elle y parvint avec une sagesse et une habileté qu'on ne saurait trop admirer.

Ce que nous lisons dans le réglement de 1307 nous démontre d'une part le caractère des corps enseignants, et d'un autre que ce caractère s'affaiblisait dès le XIVe siècle, car il n'est pas de symptôme d'affaiblissement plus manifeste d'une liberté absolue que des conditions imposées à son exercice.

Après avoir pris des précautions contre la brigue qui pourrait vicier l'élection du recteur, il prescrit, en effet, que nul ne soit admis à l'enseignement (*ad lecturam*), ni à aucun autre acte universitaire, qu'il n'ait, au préalable, prêté, entre les mains du recteur, le serment « de lui obéir en toutes choses licites et honnêtes, de con- « server les libertés et privilèges de l'Université, et d'observer ses « statuts comme ceux qui seraient établis dans l'avenir (1). »

Ce serment était exigé de ceux qui se présentaient pour enseigner, même alors qu'avant de faire connaître cette intention ils voulaient s'affilier à une nation d'étudiants.

Ces révélations des intentions préventives du *statut des docteurs* ne sont pas les seules; il nous apprend les tentatives d'envahissement de la part du pouvoir séculier sur les prérogatives concentrées jusque-là dans le corps enseignant.

Il prescrit, en conséquence, que les étudiants de chaque nation élisent leur procurateur, et il s'élève contre toute intervention *des baillis ou de tous autres officiers qui oseraient en désigner un autre que celui qui aurait été élu;* et pour s'assurer que cette élection sera bien le résultat du vœu de la majorité, il exige que tous les bacheliers fassent serment de prendre part à l'élection du procurateur de leur nation, de délibérer consciencieusement sur toutes les propositions qu'il leur fera, de conserver l'honneur de leur nation et de l'Université, et de ne révéler à personne, et à mauvaise intention, le secret de ces délibérations (2).

Ces dernières dispositions pourraient faire supposer que les seuls bacheliers élisaient les procurateurs; il n'en était pas ainsi : tous les écoliers participaient à l'élection; mais les seuls points à fixer ici sont, en premier lieu, la répudiation du corps enseignant de toute intervention du pouvoir séculier dans les opérations intéressant l'Université; en second lieu, ses efforts pour conserver exclusivement le

(1) Prætereà ordinamus quod nullus de cætero, ad lecturam alicujus voluminis admittatur, nec ad actus communes Universitatis vel alicujus nationis, nisi sit juratus...

Ita tamen quod primo rectori jurabit quilibet de novo lecturam alicujus voluminis vel tractatus, in jure canonico vel civili incepturus, quod obediet rectori in licitis et honestis, et quod privilegia statuta et libertates Universitatis servabit, etc.

(2) Jurabunt etiam bacchalarii quod super propositas à procuratore in suâ conscienciâ deliberabunt; quod servabunt honorem nationis suæ ut Universitatis, et quod secreta nationis suæ et Universitatis nemini revelabunt.

dépôt de l'autorité que jusque-là le corps universitaire avait exercée sans partage.

Le réglement se préoccupe ensuite des bacheliers *lisant*.

Il exige d'eux, au moment où ils commenceront *à lire* dans l'un ou l'autre droit, le serment que nous venons de rapporter ; cette disposition est précédée d'une autre relative au serment des procurateurs ; de sorte que si l'on examinait légèrement le texte, on pourrait croire qu'il contient un double emploi ; mais lorsqu'on le considère avec attention on voit, au contraire, qu'il a pour objet deux positions distinctes.

La première partie concerne les bacheliers, quels qu'ils soient, se présentant *pour enseigner* ou *pour disputer ; prœtereà ordinamus quod nullus de cœtero ad lecturam alicujus voluminis admittatur*, la seconde concerne les bacheliers reçus à l'Université et par elle, n'ayant pas cessé de faire partie d'une des nations d'étudiants ; car, immédiatement après avoir exigé des premiers le serment d'être fidèles et discrets envers l'Université et leurs corporations, il s'occupe du serment des procurateurs, et prescrit ensuite, se référant à un statut antérieur, qu'aucun bachelier, se disposant à l'enseignement soit en droit civil, soit en droit canon, ne puisse le faire sans prêter entre les mains du recteur le serment dont nous venons de faire connaître la formule.

Le réglement mélange donc ainsi, dans la seconde de ses dispositions, les devoirs des procurateurs des nations aux obligations de ses propres bacheliers se préparant à l'enseignement, tandis que dans la première il ne s'agit que de mesures spéciales s'appliquant à la classe des bacheliers voyageurs, n'appartenant pas à l'institution et voulant user de la liberté d'enseigner accordée aux étrangers.

Il s'occupe ensuite des bacheliers aspirant à la licence ; il exige d'eux un certificat du procurateur attestant, par un témoignage consciencieux, qu'ils sont dignes de ce grade.

Nous aurions volontiers passé sous silence les dispositions par lesquelles il entend assurer le calme de l'institution et prévenir les complots contre la sûreté des personnes ; mais, toutes simples et transitoires qu'elles soient, elles sont tellement accusatrices de l'esprit auquel nous avons attribué l'émission de ce réglement, qu'il est

impossible de ne pas nous y arrêter [comme à la justification elle-
même de notre proposition.

Le statut prévoit donc, et cela se conçoit, puisqu'il a trait à des
opérations électorales, les troubles qui pourraient éclater au sein
de l'Université; toutes ces mesures sont purement préventives, et
tendent à ramener le calme par la persuasion plus que par aucun
moyen coërcitif; et cependant il se termine à cet égard par une de
ces expressions qui, à elles seules, contiennent la confidence du sentiment intime et profond sous l'influence impérieuse duquel les auteurs d'un pareil acte agissaient.

Il impose, en effet, à celui qui saura qu'une personne a l'intention de s'élever contre une autre personne, ou une *nation* contre
une autre *nation*, l'obligation d'aller trouver le recteur et de lui révéler secrètement le nom de la personne qui aurait conçu ce dessein,
après avoir pris toutefois le serment du recteur qu'il ne révélera à
qui que ce soit le nom de la personne dénoncée; il prescrit à ce dernier de réunir le collége des docteurs et les procurateurs, et de
prendre leur avis, suivant l'usage, pour ramener la paix au sein
de l'Université.

Cette prescription, dit le statut, est adoptée dans le désir exclusif
d'extirper toute cause de discorde et de discussion : *cupientes nihilo-
minus omnem causam discordiæ, et omnes discussionis causas* AMPU-
TARE.

Abandonnant ces graves préoccupations, après avoir satisfait au
but principal et peut-être unique qu'il se proposait, le statut réglemente quelques parties accessoires, et cependant importantes, de
l'ordre intérieur.

Il attache un grand prix à la fixité du domicile des écoliers; il paraît qu'à cette époque on pensait que, dans l'intérêt du progrès, il
était nécessaire que les étudiants ne fussent pas inquiétés dans la
jouissance de l'habitation ou du lieu d'études qu'ils s'étaient choisi;
aussi prohibait-on expressément la location d'une maison ou d'un
cabinet d'études déja loués à un écolier, et cette prohibition était
dirigée contre les docteurs, bacheliers ou écoliers, quels que fussent
leur condition et leur état, à moins que le nouveau bail n'eût été consenti huit jours avant la Nativité de saint Jean-Baptiste.

Cette disposition et celle concernant les troubles qui pourraient être suscités par les étudiants et leurs serviteurs s'expliquent parfaitement par la composition *des nations*.

Au milieu de chacune d'elles se trouvaient des jeunes gens appartenant aux familles les plus considérables, non-seulement de la France, mais encore des pays étrangers ; des catégories, fondées sur la constitution de la société à cette époque, existaient dans chaque nation ; il y avait les nobles et les roturiers ; il y en avait de riches, traînant à leur suite un nombreux domestique ; il y avait aussi des écoliers pauvres, et il était permis de craindre, si déjà cette expérience n'avait été faite, que le riche, abusant des avantages de la fortune, ne chassât de sa demeure ou du lieu de ses études, par une surélévation du prix du bail, l'étudiant moins fortuné que lui.

La disposition qui avait pour objet de prévenir un tel abus était donc sérieuse ; elle était une protection accordée au faible contre le fort, à l'humble contre le puissant.

L'esprit de dispute et de controverse avait été tel, et était tel encore, qu'il n'était pas rare qu'une Université envoyât un de ses membres auprès d'un autre corps universitaire, comme lui centre de discussions et de disputes, afin de soutenir une proposition intéressant la science, la foi, ou seulement la vanité de la corporation savante attaquée ou provocatrice.

Le réglement devait pourvoir à cette nécessité ; il prescrit donc que ceux qui seraient chargés de quelqu'affaire de l'Université ou qui seraient envoyés en légation, ne pourraient être chargés d'une seconde mission ; il prescrit qu'elle soit confiée à quelqu'autre docteur ou bachelier jugés dignes de la remplir, et il garantit à celui qui serait envoyé le maintien de sa scolarité, c'est-à-dire, si c'est un docteur, la continuation de sa fonction, si c'est un bachelier, le droit résultant de sa qualité d'étudiant ou d'enseignant, comme s'il suivait ordinairement les cours.

C'est ainsi qu'il dispose : s'il s'agit d'un docteur-régent, qu'il sera considéré comme exerçant sa fonction pendant tout le temps que durera sa mission, parce que, dit le réglement, l'Université doit protection à ceux qui s'absentent dans son intérêt; de même, ajoute-t-il, le bachelier qui enseignait extraordinairement sera réputé le faire pendant toute la durée de son absence (1).

Après cette garantie donnée aux docteurs ou bacheliers contre les caprices du corps des docteurs qui, sous prétexte d'un devoir extraordinaire à remplir, aurait pu éloigner et remplacer un docteur dont la supériorité lui aurait porté ombrage, ou dont les doctrines lui auraient déplu, le réglement leur donne des garanties contre eux-mêmes; il s'oppose à ce qu'ils s'enlèvent réciproquement les étudiants attachés à leurs cours; il prohibe les menées et les suggestions qui auraient pour objet de distraire l'écolier des leçons ordinaires du docteur, et il punit cette faute en enlevant à ceux qui s'en seraient rendus coupables le droit à toute promotion dans l'Université, jusqu'à ce que satisfaction ait été donnée à celui qui aurait souffert de cette intrigue (2).

Il va plus loin : non-seulement il ne veut pas que le professeur recherche l'écolier ni le sollicite directement ou indirectement, mais il lui défend même de le visiter avant son entrée dans les cours, et n'excepte de cette prohibition que ceux qui tiennent à ce dernier par les liens du sang ou de l'amitié; enfin il ne permet de visite, de la part de l'écolier au docteur que dans le cas où le professeur aurait envoyé son élève chez son collègue.

Il détermine ensuite la condition sous laquelle seulement se reconnaîtra l'écolier : nul ne pouvait être considéré comme ayant cette qualité, si avant d'être admis sur les registres il n'avait passé un examen devant un docteur, et si, après cette première formalité accomplie, il ne suivait les cours au moins trois fois par semaine et *sans fraude.*

(1) Quod si fortè bacchalarium qui extraordinariè actu legat, vel doctor qui ordinariè actu regens sit absens pro negocio Universitatis nostræ, pro toto tempore absentiæ doctor actu regens ordinariè et de numero ordinariè regentium reputetur doctorem ; quod ordinarium regentem sit absentem pro negociis Universitatis defendet et tuebitur Universitas in possessione suâ...

(2) Ab omni promotione in Universitate usque ad satisfactionem condignam sint privati (Voir M. GUIZOT à ce sujet).

Telle est l'économie de ce statut qui se termine par la défense aux écoliers de porter des armes ni le jour ni la nuit, l'Université protestant qu'elle ne défendra ni ne protégera, et qu'au contraire elle répudiera tous ceux qui seront réputés prendre part à des rassemblements tumultueux, parcourir la ville pendant la nuit, enlever les femmes, violer les domiciles, et qui seront pris les armes à la main (1).

Enfin, le statut prescrit la nécessité pour le recteur de rendre ses comptes des deniers dont il aura le maniement dans l'intérêt commun, et le mode de les rendre.

Ces comptes pouvaient avoir de l'importance, et nous ne devons pas négliger cette partie de l'administration intérieure.

Le gouvernement ne pouvait alors appliquer aucune fraction des deniers publics à l'entretien d'une institution exclusivement soumise à l'autorité cléricale dont elle était une fondation; mais, comme tous les établissements religieux, elle était l'objet de la munificence de ceux qui voyaient en elle un double moyen d'assurer le triomphe des doctrines admises par l'Eglise ou de propager la science du droit et des lettres : ces actes de munificence étaient tellement multipliés et considérables qu'il avait été nécessaire de créer, dès avant le XIVe siècle, au sein de l'Université, *un collecteur des donations.*

Le réglement révèle l'existence de cette fonction en faisant marcher de front le compte rendu par le recteur et le compte à rendre par cet agent de l'Université. C'était, en effet, le meilleur mode de contrôle à adopter ; l'un rendait le compte de la recette, l'autre le compte de la dépense.

Le reliquat de ce compte devait être déposé dans une caisse à trois clés ; l'une restait entre les mains d'un des procurateurs que le recteur alors en exercice désignait, l'autre était remise à l'un des procura-

---

(1) Inhibentes districtius ne scholares de nocte incedant, et præcipuè ne de die vel de nocte incedant armati ; statuentes quod nullum diffamatum de milea frequenti, de nocte errabundum, raptorem mulierum, fractorem hospiciorum, cum armis captum, deffendet Universitas, vel juvabit tales, enim de Universitatis nostræ collegio nullatenus reputamus.

teurs des nations, et la troisième à l'un des docteurs en droit civil ou canonique (1).

Les dispositions par lesquelles le statut des docteurs est terminé n'ont d'intérêt que parce qu'elles nous donnent une juste idée de la situation de quelques officiers subalternes de l'Université; il ne nous semble pas permis de les négliger.

En premier lieu, nous le voyons s'occuper du sort des bedeaux.

L'Université proprement dite, le corps des docteurs, avait les siens; chaque corps de nation avait également ses bedeaux.

Il fallait d'abord s'assurer de leur fidélité à remplir leurs devoirs; c'est ce que le statut fait en les soumettant à un serment préalable, ainsi que nous l'avons dit dans un des chapitres précédents.

Il fallait ensuite déterminer et limiter ces devoirs eux-mêmes; c'est ce que le statut fait en déterminant et en fixant les rapports des bedeaux avec les écoliers.

L'intelligence de cette disposition conduit à connaître celles des réglements antérieurs, et qui, tombés en désuétude ou d'un usage quotidien, n'ont pas trouvé place sur les registres destinés à recevoir les actes de cette nature, et que d'ailleurs le réglement de 1307 lui-même fait revivre.

Cette partie de notre tâche se lie d'ailleurs intimement aux droits universitaires.

Ces dispositions étaient diverses : le serment imposé aux bacheliers étrangers voulant enseigner, considéré comme une entrave mise au droit de controverse n'était pas la seule; on exigeait, en outre, de celui qui se présentait dans cette intention le paiement d'une somme d'argent fixée à cinq as (2).

(1) Si quid residuum fuerit, sine dilatione aliquâ, in archâ communi Universitatis reponatur, et quia archam nostram generalem ad conservationem obventionum, expensionum et omnium aliorum ad nostram Universitatem pertinencium disposuimus ab hoc, dictam archam tribus clavibus ordinavimus resarari, quarum unam custodiet unus de procuratoribus, vel deferet rector qui pro tempore erit, et aliam clavem custodiet unus de procuratoribus, alteram unus de doctoribus juris canonici vel civilis.

(2) Et quod juxta statutum apostolicum doctorum juris civilis numerum quinarium observabit.

On exigeait des bacheliers *reçus par l'Université,* et qui voulaient également enseigner, le paiement d'une somme de six deniers de petite monnaie courante, le tout applicable à l'utilité de l'Université (1); et comme tous ces bacheliers indistinctement devaient appartenir à une des nations, le procurateur était tenu de contraindre au versement de cette somme, huit jours après un avertissement, celui qui était en retard de payer, à moins qu'il pût donner une excuse légitime : *nisi suam contumaciam coram suo procuratore suœ nacionis voluerit excusare.*

Il est probable que les écoliers payaient un droit d'inscriptions, les aspirants aux grades un droit d'examen; il n'est question de ces droits, dans les statuts des docteurs, que sous le nom générique de *taille,* mais ces droits existaient, quelle que fût la forme sous laquelle ils étaient perçus ; en outre, on remarque, dans cet acte, l'invitation adressée aux écoliers nobles ou riches, auxquels les bedeaux ou sous-bedeaux n'auraient pas demandé de robe ou d'habit, même ceux dont ces écoliers se seraient servis, lorsqu'ils voudraient être chefs de curies, et quand même ils auraient consenti à donner l'un de ces vêtements, de payer dix sous de petite monnaie courante pour le premier banc, six sous pour le second, et ainsi de suite.

On remarque que cette invitation finit même par prendre le caractère d'une disposition réglementaire ; car cette partie du statut commence par le mot *rogamus* et se termine par le mot *ordinamus,* et par affranchir de ce droit, sans les priver de l'honneur attaché à la qualité de chef de curies, ceux des écoliers qui, à raison de leur peu de fortune, seraient dans l'impossibilité de la payer (2).

---

(1) Quod de cætero jurare tenebuntur omnes et singuli baccchalarii omnium nationum extraordinarium legentes vel lecturam incepturi vel resumpturi cùm aliter non fuerint jurati videlicet quilibet procurator suæ nationis interesse in procuratoribus ex parte procuratorum suæ nationis factis, vel solvere VI denarii parvæ monetæ currentis, utilitati Universitatis applicandis.

(2) Rogamus tamen nobiles vel potentes ut bedellis vel subbedellis, qui ab ipsis non petierunt robam vel habitum prout eis desservierit, velint esse, propter honorem studii, curiales, et pro salutione bancarum , ordinamus quod quilibet sedens in primà bancà qui habitum dare voluerit, solvat decem solidos parvæ monetæ currentis, quilibet sedens in secundâ bancâ sex solidos sic et deinceps, nisi sint aliqui qui ratione paupertatis fuerint excusati.

Il est vrai que cette partie des droits était facultative; mais comme les bacheliers étaient tenus, dans certains cas, de donner une robe ou un habit au bedeau, et que les droits de bancs devaient y être ajoutés, il est indispensable de les mettre au nombre de ceux formant la *taille* à laquelle les étudiants étaient soumis pour avoir la faculté de suivre les cours.

Les bedeaux, sous la direction du collecteur des donations, avaient la mission de faire rentrer ces droits; le statut règle le mode des poursuites et le limite dans les termes suivants : « Nous avons or-
« donné spécialement qu'aucun bedeau ne fasse aux écoliers en re-
« tard de payer les tailles aucun commandement, même par voie
« de menace, ni aucune signification des sentences d'exécution;
« mais nous voulons que le bedeau subvienne à ces poursuites par
« la fréquente saisie des livres leur appartenant, en se conformant aux
« décisions des docteurs à cet égard (1). »

Comme on le voit, on prescrit le moyen le plus efficace pour assurer la rentrée des droits; car, outre qu'un étudiant qui n'a plus
ses livres est dans l'impossibilité de se livrer à l'étude, surtout à cette
époque où les bibliothèques publiques n'existaient pas encore, leur
rareté devait en porter le prix à une somme bien supérieure aux droits
exigés par l'Université.

La mission des bedeaux n'était cependant pas pour tous un ministère
de coërcition et de police; le bedeau général était admis aux honneurs universitaires; il devait prendre tous les ans les ordres du recteur pour les convocations générales; cette démarche devait être faite
cinq jours avant la fête du *bienheureux saint Euverte*; ce jour-là, le
recteur, s'il croyait devoir convoquer l'Université, indiquait le jour

(1) Prætereà statuimus et specialiter ordinamus quod nullus bedellus vel subbedellus in scholares pro defectu salutionis talliarum collectarum monicionem aliquam
sub aliquâ comminacione faciat vel executionis sentencias procuret de cætero promul-
gari; sed bedellus ipsis frequentem capcionem librorum in scolis secundum doctorum
ordinaciones velimus subveniri.

Ce texte est contraire aux prétendus priviléges énumérés dans l'histoire de la vie
et des ouvrages de Calvin, où l'on prétend, d'après Rebuffe, que les livres des écoliers
étaient insaisissables, de même que l'arme du soldat, et que le créancier devait attendre
que l'écolier eût achevé ses cours, d'après ce principe que ce qui est différé n'est pas
perdu : *Quod differetur, non auferetur.*

de la réunion, et le bedeau général devait, par ses sous-bedeaux, envoyer l'avertissement nécessaire à chacun de ceux qui devaient composer l'assemblée.

De plus, et par une faveur spéciale, *de gracià speciali*, il pouvait remplir une mission au nom de l'Université.

Ce qui concerne les appointements de ces officiers ne serait pas digne d'attention, si ce n'était le mode adopté pour leur paiement; il est indispensable de se reporter au costume généralement répandu dans la société à cette époque, pour comprendre les prescriptions du statut à cet égard.

La soutane était le costume d'un grand nombre de personnes ; l'Eglise, et dans ce mot doivent être compris toute la cléricature ; la magistrature, et dans celui-ci doivent être compris, non-seulement les magistrats eux-mêmes, mais encore toutes les corporations attachées à l'ordre judiciaire ; les médecins, les apothicaires, les agents supérieurs de la police municipale portaient alors et journellement la robe.

Ce costume s'adapte à toutes les tailles ; l'industrie des tailleurs d'habits n'existait même pas, ou tout au moins était concentrée dans un petit nombre de mains ; car alors l'usage n'avait pas encore été remplacé par la mode.

C'est ce qui explique les dispositions du réglement en ce qui concerne les bedeaux de l'Université.

Les appointements de ces officiers, sauf de légères rétributions dont le paiement était facultatif, et qui pouvaient être remplacées, ainsi que nous l'avons vu, par un habit, semblent avoir été réduits à ce seul mode (1).

Il est vrai qu'on en donnait une si grande quantité, que les bedeaux devaient composer la corporation des marchands fripiers ; voici, en effet, quelles étaient les dispositions de ce statut :

(1) Il ne faut pas perdre de vue qu'à leurs appointements venait se joindre l'exemption de toutes les charges municipales, ainsi que nous l'avons établi, lorsque nous avons traité des priviléges généraux ; d'ailleurs nous voyons sur un des registres, dont quelques détails passeront dans un prochain chapitre, un mémoire fourni par l'un des bedeaux, constatant qu'ils recevaient certains salaires pour les soins spéciaux que l'Université exigeait d'eux.

Le bachelier qui voulait user du droit *de lire* devait, avant de commencer, donner un habit complet et une tunique ou soutane au bedeau; et ce qu'il y a de singulier, c'est qu'il ne devait lui faire ce don qu'autant qu'il en aurait fait un semblable au docteur, sous les auspices duquel il entrait dans l'enseignement (1).

Le besoin d'habits et de soutanes semble avoir été si impérieux à cette époque que le statut des docteurs s'exprime dans les termes les plus sévères pour réprimer les demandes que pourraient en faire les bedeaux ou sous-bedeaux; il avertit très-expressément les écoliers qu'ils ne sont en aucune manière tenus de donner à ces officiers ni habits d'été ni habits d'hiver; que s'ils le font, ils obéissent alors à un sentiment de générosité, et il défend expressément, et dans les termes les plus comminatoires, à tous les bedeaux et sous-bedeaux de faire aucune demande d'un de ces vêtements, sous peine d'en être privés (2).

Malgré cette disposition du statut, nous avons vu que les écoliers qui aspiraient à la qualité de chefs de curies devaient donner un vêtement complet au bedeau, quoiqu'ils s'acquittassent envers celui-ci au moyen des sommes exigées pour le droit *de banc,* de telle sorte que chaque docteur, chaque licencié, chaque bachelier, chaque écolier chef de curies devaient, dans certains cas, et pouvaient toujours donner un vêtement complet aux bedeaux et aux sous-bedeaux.

Enfin les bacheliers enseignant extraordinairement étaient invités, mais seulement afin d'entretenir de bons rapports (*quietum*) entre eux et les bedeaux, à leur donner quelqu'argent; on s'en rapportait à cet égard à leur générosité et à leur sentiment des convenances *(prout visum fuerit decens esse).*

(1) Quod quilibet incipiens in jure canonico vel civili si, doctori sub quo inceperit, vestes integras dederit, sine fraude, dicto bedello cum unum supertunicale competens mittere teneatur.

(2) Quod nullus studens Aureliæ, sive doctor fuerit, bacchalarii aut scholares, cujuscumque conditionis aut status existat, bedello aut subbedello, dare robam vel habitum hiemalem vel estivalem aliquatenus teneatur, nisi de merâ liberalitate suâ et graciâ speciali; sed nec bedellus neque subbedellus sit tam audax aut presomptuosus, quod à quoquo robam, vel habitum sibi dari petat; imo eo ipso quod bedelli aut subbedelli, sibi dare robam vel habitum petierint, à quibuscumque robis vel habitibus petitis sentiant se privatos.

Il ne nous reste plus, pour terminer l'analyse du statut des docteurs, qu'à rendre compte de ce qui est relatif aux libraires.

Dans un chapitre précédent, nous avons eu l'occasion de nous occuper *des livres*; nous avons fait remarquer le soin avec lequel les réglements particuliers à la nation germanique s'occupaient de cette partie de ses richesses, avec quelle sollicitude cette nation, seule entre toutes les nations d'écoliers possédant une bibliothèque, veillait à sa conservation.

Le corps universitaire ne devait pas être moins prévoyant, et les docteurs, dans leur statut, surent remplir ce devoir.

Les livres étaient alors à l'état de manuscrits; la corporation des écrivains suppléait à l'imprimerie, et les textes pouvaient être facilement altérés; l'Université devait se constituer la gardienne de leur sincérité.

C'est ce qu'elle fait, en défendant aux libraires de se permettre jamais de rien ajouter aux livres, sans s'être assurés de l'assentiment des docteurs.

Et pour maintenir les libraires, alors élevés à la dignité d'officiers de l'Université, dans l'accomplissement des devoirs qu'elle leur impose, elle veut qu'aucun d'eux ne puisse se livrer à ce commerce avant d'avoir reçu l'autorisation du recteur, stipulant en son nom et au nom des écoliers dans un acte authentique par lequel le libraire affectait spécialement un immeuble libre dont il serait propriétaire, à la sûreté du recours qui pourrait être exercé contre lui (1).

(1) Item de stationariis statuimus quod nullus stationarius aliquas additiones libris quibuscumque apponere audeat, nisi de doctorum consilio et consensu; adjungentes quod nullus teneat stationem librorum venalium nisi priùs satisdederit Universitati et rectori stipulanti nomine ipsius et singulorum scholarium, cum tabellione de idoneâ qualitate secundum quod fuit accordatum, vel si possideat immobilia idonea ea specialiter eroget pro officio supra dicto (*).

(*) *Stationarius*, suivant Du Cange, vient de *statio*, dont on a fait boutique : *stationarius* exprime donc celui qui se tient dans une boutique. Nous pensons que ce mot vient du verbe *stare*, qui veut dire s'arrêter, par opposition aux usages du commerce, qui ne se pratiquait, avant l'institution des corps de métier, que par le colportage. M. de Savigny nous apprend que l'expression de *statio*, désignant un lieu où se louaient les livres, est fort ancienne; il nous apprend aussi que les réglements de l'Université de Bologne sur les *stationarii* étaient à peu près semblables à ceux que nous rapportons ici; enfin il établit une distinction entre les *librarii* et les *stationarii*, qui semblent cependant avoir été confondus à l'Université de Bologne et à celle de Paris (Voir *Du Droit romain au moyen-âge*, vol. 3, p. 409 et suivantes).

Nous ne trouvons rien de plus dans les réglements de l'Université d'Orléans sur ce sujet, et nous pensons ne pas devoir y insister.

14

Ici s'arrête ce statut qu'il nous a paru important de reproduire, parce qu'il définit le rapport des docteurs, des gradués, des étudiants et des officiers entre eux, peu de temps après que le corps enseignant dont il est émané eût reçu la bulle d'institution qui devait lui donner un caractère public et régulier, et peu de temps avant qu'il eût été élevé au rang des institutions nationales par les lettres-patentes émanées du pouvoir royal.

Nous l'avons fait avec d'autant plus d'étendue et d'exactitude que ce réglement a long-temps conservé son autorité, et que tous les actes de la même nature survenus dans la suite et jusqu'au moment où la transformation lente et progressive de l'institution a été consommée par le pouvoir séculier, n'ont été que le complément du statut de 1307.

Cependant il paraît que le fondateur de l'Université comprit que ce statut laissait quelque chose à désirer dans ses dispositions relatives aux conditions de l'admissibilité à *la lecture* ordinaire et extraordinaire, et le cinquième jour des calendes de l'année 1308, il apparut un autre statut approuvé par le pape, le 27 avril 1309.

Il suffira d'un examen attentif de ce nouvel acte du pouvoir pontifical pour saisir son véritable esprit caché sous le désir apparent de donner aux études plus de force et de gravité.

Le pape, dans un préambule aussi remarquable par l'abondance de ses expressions que par leur emphase, se glorifie d'avoir étudié à l'Université d'Orléans; il proteste de son intention de faire fleurir cette grande institution; mais lorsqu'après avoir lu ces généreuses démonstrations on arrive aux dispositions de cet acte, on acquiert la certitude qu'il s'agit uniquement de réduire cet ancien centre de discussions aux proportions de l'école, d'imposer des limites à l'émission de la pensée, en déterminant et en spécialisant les matières de l'enseignement et en traçant autour de ceux qui accepteraient la mission d'enseigner, un cercle dont il leur serait difficile de sortir.

Nous avons vu que le statut des docteurs obligeait les bacheliers qui voulaient *lire* à prêter, entre les mains du recteur, le serment non-seulement de lui obéir dans toutes les choses licites et honnêtes, et le corps universitaire était l'arbitre du véritable sens de ces mots, mais encore d'observer les réglements de l'Université.

L'ordonnance du pape, car on ne peut élever ce statut à la hauteur d'une bulle, loin de détruire cette disposition, y ajoute encore.

Il fallait, suivant ce dernier acte, pour exercer le droit d'enseigner, avoir suivi le cours ordinaire *du code* et *du digeste ancien*; le cours xtraordinaire de *l'infortiatum*, du *nouveau digeste, des institutes*, de trois livres *du code* et du livre *des authentiques* (1).

Et lorsqu'on avait ainsi étudié pendant cinq années, on ne pouvait encore prétendre au droit d'enseigner que lorsque le recteur et les docteurs avaient, sous la foi du serment, attesté que le prétendant pouvait être admis à *la lecture*, et alors il pouvait enseigner extraordinairement (2).

On ne pouvait obtenir la licence qu'après avoir enseigné dix, ou tout au moins neuf livres du nouveau digeste, et autant de *l'infortiatum*; et, si on n'avait pas étudié *extraordinairement* les *institutes* et le *digeste ancien*, il fallait se livrer à cette étude pendant le même espace de temps que celui fixé pour les études préalables à la *lec-*

(1) Les pandectes sont divisées en trois parties principales, savoir : le *Digestum vetus*, depuis le livre 1er jusqu'au titre 2 du livre 24 ; *l'Infortiatum*, depuis le titre 5 du livre 24 jusqu'à la fin du livre 38 ; enfin le *Digestum novum*, depuis le titre 1er du livre 39 jusqu'à la fin des pandectes.

Le mot *infortiatum* vient du verbe *infortiare*, pour : augmenter ou agrandir; cette partie des pandectes ayant été augmentée d'une subdivision connue sous le nom de *Tres partes*.

On a donné le nom d'*authentiques* aux *Novelles*, par opposition aux *Novelles* ou *Epitome* de Jullien, et comme ayant dans les tribunaux une autorité qui l'emportait sur les autres sources du droit. (Voir cependant ce que M. de Savigny dit à ce sujet, dans la note *C* du vol. 3, p. 350, de l'*Histoire du Droit romain au moyen-âge*.)

On a donné aussi cette définition des authentiques; *authenticæ :* Novellæ constitutiones Justiniani appellari cæptæ, ex quo rejecta Juliani antecessoris versione seu editione, earumdem barbara Bulgari tempore facta translatio, quod uberior videretur ab *Accursio* recepta est, qui authenticam appellavit, quoniam ex ipso græco originali *ad litteram* traducta est.

(2) Statuit ut nullus admittatur ad lecturam extraordinariam, qui priùs non audierit ordinariè *codicem* et *digestum vetus ;* et extraordinariè *infortiatum* et *digestum novum, institutam*, tres libros *codicis* et librum *authenticorum;* et demum post quinquennium quo in audiendo laboraverit, dum tamen sicut permittitur libros eosdem audiverit, de quibus rectori et doctoribus, per juramentum fidem facere teneatur, ad prædictam lecturam extraordinariam, liberè valeat se transferre.

ture; à ces conditions, seulement, on était admis au grade de licencié (1).

Il fallait, pour être admis au nombre de ceux qui commencent la pratique du droit, avoir enseigné avant la licence, ou tout au moins après, trois livres du code et des authentiques (2).

Et pour s'assurer que les bacheliers aspirant à la licence s'étaient conformés aux prescriptions du réglement, il était expressément ordonné au scolastique de les faire examiner par les docteurs, et encore fallait-il, même après cet examen, pour que la liberté d'enseigner en droit civil leur fût accordée, que ceux qui étaient présentés prêtassent, en présence de chacun des docteurs qui les présentaient, et renouvelassent ce serment devant un autre docteur du collége, qu'ils avaient étudié les livres indiqués plus haut (3).

Comme on le voit, si le nombre des docteurs-régents était limité par un reste des anciens usages et l'influence des anciennes traditions, le nombre des enseignants ne l'était pas encore.

Ce droit d'enseigner était accordé d'abord aux bacheliers qui ne

(1) Et quod nulli detur licentiam in legibus qui priùs non legerit extraordinariè de- em vel novem libros, ad minus, *digesti novi* et totidem *infortiati,* et qui priùs extraordinariè non legerit *institutam* et *digestum vetus* totidem procedendo in lecturà ipsorum *digesti veteris* et *codicis* quantùm tempus patietur et poterit bono modo.

(2) Et idemque nullus *ad incipiendum in legibus* admittatur, qui ante suam licentiam vel saltem post, non legerit tres libros codicis vel librum authenticorum predictum.

Pour interpréter le sens de ces mots : *ad incipiendum in legibus,* qui pourraient être diversement traduits, il faut se reporter à l'un des textes rapportés par le *Glossaire* au mot *incipere;* on y lit entre autres celui-ci : *Item abilitaverunt ad incipiendum in choro,* etc., et plus loin : *Hinc* le commenczant le lettrin *dicitur, qui ad pulpitum cautum imponit.*

On doit donc considérer ceux que désigne le texte du réglement comme des espèces de surnuméraires à l'enseignement, tant qu'ils n'avaient pas le titre de licenciés; et après, comme des avocats stagiaires ; et il en résulte que l'on pouvait alors être aspirant à l'enseignement même avant d'être licencié.

(3) Et quod attenderet diligenter doctores quales bacchalarios presentabunt ad obtinendum eis licentiam et magister scholasticus diligenter per doctores examinari faciat presentatos antequam det eis licentiam in jure civili legendi et exigat juramentum à quolibet in presentia doctoris qui presentabit eum, et alterius de collegio doctorum quod legerit ut dictum est libros superiùs nominatos.

pouvaient *lire* ou enseigner qu'extraordinairement, et il l'était aux licenciés qui pouvaient lire ou enseigner ordinairement.

Cette différence entre les droits du bachelier et ceux du licencié, toute considérable qu'elle soit, doit cependant être signalée à cause de l'abondance et de la similitude des prescriptions contenues dans ces actes réglementaires, qui jettent nécessairement un peu de confusion dons leur analyse.

Ce nombre illimité de bacheliers ou de licenciés enseignant, les uns à l'extraordinaire, c'est-à-dire accidentellement, les autres à l'ordinaire, c'est-à-dire tous les jours, était une nouvelle concession émanée de la volonté plus libérale que celle de ses prédécesseurs, du pape Clément V; c'est lui qui, dans son ordonnance, se charge de nous l'apprendre; il dit, à ce sujet, qu'il rapporte et annule, comme pernicieux à l'étude, un statut antérieur, limitant le nombre de ceux à qui le droit d'enseigner était accordé, et il relève du serment que l'on aurait prêté à l'observance de ce statut (1); lequel, dit-il, avait d'ailleurs été révoqué par l'évêque Prenestinus (2), qui l'avait considéré comme tombé en désuétude.

Nous devons remarquer, en outre, que cet acte nous rend témoignage de l'état des controversistes au XIVe siècle.

(1) Nullus etiam postquam licentiatus fuerit et inceperit excludatur volens legere extraordinariè, ibidem quantumcumque sit numerus legentium ordinariè, nonobstante statuto de certo lectorum numero juramento vel confirmatione apostolica corroborato quod auctoritate apostolica tanquam perniciosum utilitati studii, idem Prenestinus episcopus revocavit et viribus carere decrevit, absolvendo omnes à juramento qui eidem statuto vel obligationibus ab eo, vel ob quod subsecutis tenebantur astricti.

(2) Lemaire nous apprend quel était cet évêque, qu'il appelle Pierre Prenestin. Il fut commis, en 1305, avec l'évêque d'Orléans, Raoul Groppain ou Gropparim, et autres dignitaires de l'Église, pour réglementer l'Université, alors en état d'insubordination contre les statuts qui réglaient l'ordre des études du droit civil et du droit canon.

Plus loin, le même auteur, revenant sur ce personnage, au titre des *docteurs-régents*, nous apprend qu'il se nommait Pierre de la Chapelle, docteur en l'Université d'Orléans, au cours de l'année 1270, puis archevêque de Toulouse et cardinal en 1305, sous le nom de *Petrus Prœnestinus* (Ce mot latin veut dire : de Palestrine, ville de la campagne de Rome).

Nous donnerons dans un chapitre ultérieur quelques détails biographiques sur Pierre de la Chapelle.

Les troubles que l'évêque Prenestinus eut mission d'apaiser, survenus à l'occasion des statuts réglant l'ordre des leçons, nous attestent
que ces limites imposées à l'enseignement n'étaient pas acceptées
sans résistance ; et le statut du pape, confirmatif de celui qu'avait introduit ce prélat, n'était qu'une concession faite aux réclamations
parties du corps enseignant, lorsqu'on avait essayé de restreindre le
nombre de ceux qui, pourvus d'un grade universitaire, voulaient
enseigner.

Ainsi, on rétablissait un droit que l'on avait détruit ; on n'osait pas
encore le refuser à ceux qui avaient la capacité incontestable de
l'exercer, et réduire aux seuls docteurs-régents la faculté de dispenser le bienfait de la science et de la doctrine ; on respectait encore
l'usage, naguère en vigueur, d'admettre dans tous les grands centres
du savoir les esprits éclairés qui voulaient y porter le flambeau de la
discussion ; mais on voulait aussi, tout en lui rendant un dernier
hommage, empêcher cet usage de se produire avec les développements qu'il avait eus dans les temps antérieurs, et récemment encore.

L'Église, effrayée des ébranlements dont elle avait été menacée,
parvenue à consolider son pouvoir, ne voulait pas de nouveau le
voir en péril ; les Arius, les Pelage, les Jean Scot, vivaient encore
dans les mémoires épouvantées des prélats fidèles ; ils pouvaient
craindre, malgré le long silence que les sectes avaient gardé (1), que
l'hérésie pélagienne, surtout, ne vînt à se répandre et n'arrêtât les
progrès de l'établissement de l'Église.

Les controverses avaient d'ailleurs pris une nouvelle activité peu
de temps avant le XIVᵉ siècle : c'est ainsi qu'au XIᵉ siècle Beranger
jetait du doute sur la présence réelle ; que Rosselin discutait le dogme
de la Trinité ; qu'au XIIᵉ siècle, Abeilard, succédant à Beranger,
éleva la voix pour la première fois à l'école de Sainte-Geneviève, et de
là s'élança dans les grands centres de polémiques répandus alors sur
la surface de la France ; et qu'à cette époque les esprits étaient animés d'un tel amour de l'examen, que, sur tous les points du royaume,
les villes, les bourgs, les carrefours, étaient transformés en lieux de

(1) Du Vᵉ au XIᵉ siècle.

disputes sur la sainte Trinité, c'est-à-dire sur Dieu lui-même; et cela non-seulement entre les écoliers, les lettrés et les gradués, mais encore entre les enfants, les idiots et même les fous (1).

C'est ainsi que la foi des simples était tourmentée, la maison du Seigneur ruinée, par l'examen téméraire des questions les plus importantes (2).

C'est ainsi qu'après Abeilard, et cela à une époque très-rapprochée des bulles d'institution de l'Université d'Orléans, du statut des docteurs et de la dernière ordonnance ou du dernier rescrit du pape, son fondateur, parurent des hérésiarques et des controversistes non moins audacieux que ceux qui les avaient devancés, l'un se faisant passer, à la fin du XIIIe siècle, pour un nouveau messie, et jetant le trouble dans l'esprit des femmes de toutes les classes de la ville d'Amiens, où il essayait de se faire des prosélytes, *per matrones et mulierculas errores suas spargens;* l'autre, prétendant être destiné à sauver le monde, et qui appuyait sa mission sur ce qu'étant entré dans une église, au moment où le prêtre prononçait: *Per eum qui venturus judicare,* et s'appliquant ces mots, dont le premier, par la consonnance latine, avait quelque rapport avec le sien: Eon de l'Étoile.

Les derniers, enfin, Amaury de Chartres et David de Dinan, son disciple, attaquant tous les deux le Christ et voulant lui substituer le Saint-Esprit, sous le prétexte que l'un représentait la matière et l'autre l'intelligence (3).

Quelle que soit notre sympathie pour la libre émission de la pensée,

---

(1) Per totam Gallicam in civitatibus, vicis et castellis et scholaribus, non solùm inter scholas, sed etiam triviatim; non à litteris et provectis tantùm, sed à pueris et simplicibus aut certè stultis, de sancta Trinitate, quæ Deus est, disputaretur (S. BERNARD, *Lettre des évêques au pape*).

(2) Irridetur simplicium fides, eviscerantur arcam Dei questiones de altissimis rebus temerariè ventilantur (S. BERNARD *ad cardinales*).

(3) Rien n'égale l'audace de ces docteurs qui, pour la plupart, professent avec l'autorisation de Philippe-Auguste (1200) à l'Université de Paris. On a cru étouffer Abeilard, mais il vit et parle dans son disciple Pierre-le-Lombard, qui, de Paris, régente toute la philosophie européenne; on compte près de cinq cents commentateurs de ce scolastique : *La jurisprudence grandit à côté de la théologie qu'elle ébranle.* (MICHELET).

nous ne pouvons blâmer ces craintes des prélats ; l'Église, assise sur des bases désormais inattaquables, parvenue à consolider son pouvoir, devait ne pas vouloir courir le risque de le voir ébranlé de nouveau par des sectaires obéissant plus encore à l'orgueil qu'à la conviction.

Et d'ailleurs, s'il est des époques où la discussion, toute dangereuse qu'elle puisse être, doive suivre son cours, lorsqu'un principe a triomphé, il faut l'appliquer ; il ne serait ni sage ni convenable de le mettre sans cesse en question ; s'il devait en être ainsi, si les institutions les plus acceptées devaient être sans cesse l'objet de la discussion, aucune époque ne serait exempte de troubles, de doutes et de divisions ; l'esprit humain doit avoir où se reposer ; son travail ne peut être perpétuel, et les générations, en se succédant, ne doivent pas se transmettre des luttes à soutenir, mais des institutions à conserver.

Ces limites imposées aux esprits d'élite dans un siècle d'ignorance, nous semblent le premier pas fait dans la voie des intérêts du plus grand nombre ; il ne profitait guère de ces discussions dans lesquelles le sophisme, alimenté par la vanité, avait la plus grande part.

Que sont devenus tous ces systèmes émis du Ve au XIIIe siècle, à peine connus de nos jours des plus intrépides érudits, à peine compris des intelligences les plus attentives, les plus éclairées et les plus pénétrantes (1) ?

Ils n'étaient propres qu'à ralentir le progrès de l'esprit humain, en concentrant sur quelques-uns le droit de diviser les consciences et de les enflammer de leurs passions.

Ainsi donc, dès le XIVe siècle, de salutaires entraves étaient apportées à l'ardeur des controversistes, et par là une plus grande part dans la récolte de la science était assurée au plus grand nombre.

Le réglement du pape, qui, au premier abord, n'a que l'apparence d'un réglement de police intérieure, prend donc par l'examen d'importantes proportions, et devient le point de départ de l'émancipation par des études graves, sérieuses, des classes de citoyens

---

(1) Il faut lire, pour se convaincre de la vérité de cette proposition, la *Philosophie d'Abeilard,* publiée par M. de Rémusat.

jusque-là privées, non-seulement des bienfaits de l'étude et de la science, mais encore des plus simples garanties légales.

Nous ne poursuivrons pas l'examen des autres parties de cet acte, nous risquerions de tomber dans des détails sans intérêt et peu dignes des méditations d'un souverain pontife exerçant son haut patronage sur une institution de cette nature ; elles sont destinées à régler les jours de l'enseignement et elles le font avec une minutie et une prolixité désespérantes; nous ne nous arrêterons donc pas davantage aux dispositions par lesquelles le pouvoir clérical a fermé la série de ses réglements les plus importants.

On a vu, en effet, qu'à partir de l'année 1312, et par suite de circonstances signalées dans le premier des chapitres précédents, le pouvoir royal s'est substitué au pouvoir ecclésiastique, s'est emparé de l'Université fondée par le pape et a modifié quelques-uns des priviléges qu'elle tenait de ce dernier.

Et cependant aussi nous avons compris qu'une extrême incertitude régnait dans les attributions de l'autorité; nous avons apprécié l'influence nécessaire de l'Eglise dans la direction des études, et même dans la police intérieure de ces établissements scientifiques et particulièrement dans celui d'Orléans, à ce point que nous avons signalé, plusieurs années après les salutaires lettres-patentes de Philippe-le-Bel et sous son successeur (1320), un pape, Jean XXII, intervenant dans les affaires de cette institution et la restaurant par une bulle dont nous avons rapporté les dispositions principales, à la suite des événements qui l'avaient transportée à Nevers et à la suite de ceux qui l'ont ramenée dans la cité qu'elle avait quittée.

Aussi persistons-nous à considérer tous les réglements appartenant aux recteurs qui se sont succédé depuis l'année 1308 jusqu'à l'année 1368, comme émanés de la même autorité et comme inspirés par le même esprit.

Nous ne saurions donc parler de ces actes sans nous éloigner du but que nous nous proposons : il faut cependant en excepter deux à cause de leur spécialité.

Mais avant il importe de nous arrêter à une disposition du réglement de 1308 et de la rapprocher, à cause d'un mot qu'elle contient et qui rappelle le langage usité dans les Universités italiennes, d'un passage de l'*Histoire du Droit romain* (1).

On rencontre, en effet, dans une partie du réglement de 1308, le mot *pecia;* ainsi on dit ces deux membres de phrase : *Punctum autem prædictum erit duæ* peciæ *glosarum Bononii prædictarum, et aliæ duæ de secundâ; vel si de unâ parte legere voluerint compleant quatuor pecias prædictas.*

Ce mot *pecia* serait incomplètement rendu par celui de *fragmenta.*

Pour bien comprendre le véritable sens de *pecia,* il faut savoir que les écoles de Bologne et de Padoue employaient deux expressions pour déterminer la dimension d'un manuscrit; car il ne faut pas perdre de vue que les textes des *Pandectes,* reproduits au moyen-âge, étaient tous à cet état.

Ces deux expressions étaient celles-ci : *quaternus* et *pecia;* et toutes les deux avaient, entre elles, un lien de rapprochement; le *quaternus* porte avec lui sa signification, c'était un cahier de quatre feuilles pliées en deux.

Ces quatre feuilles formaient huit demi-feuilles; on ne dit pas si elles étaient écrites au recto et au verso; la *pecia* représentait la moitié du *quaternus,* c'est-à-dire qu'elle se composait de deux feuilles entières ou de quatre demi-feuilles; mais le texte porté sur ces demi-feuilles, à la différence de celui porté sur le *quaternus,* était écrit sur deux colonnes, dont la réunion formait le nombre seize.

A la différence du *quaternus,* la *pecia* devait être réglée de manière à ce que chaque colonne n'eût que le même nombre de lignes et de mots, tandis que ce nombre de lignes et de mots n'était pas observé dans le *quaternus;* chacune des colonnes de la *pecia* devait porter trente-deux lignes, et chacune de ces lignes devait être composée de trente-deux lettres.

Ces *mesures* étaient déterminées pour tarifer le prix de la copie et de la location du manuscrit chez le libraire ou *stationarius.*

De ces simples renseignements il résulte, en premier lieu, que les Universités françaises, et particulièrement celle d'Orléans,

_____

(1) Chap. 25, § 214, t. 3, p. 408.

avaient conservé les usages des Universités primitives ; que les *livres,* en France comme en Italie, étaient encore à l'état où ils étaient en Italie aux XIIe et XIIIe siècles (1), et qu'enfin lorsqu'on lit dans les manuscrits laissés par les nationaires à l'Université d'Orléans le mot *pecia* ou *petia,* il faut, non pas l'expliquer par le mot *fragment,* comme l'ont fait quelques interprètes des expressions en usage au moyen-âge, mais bien comme exprimant une partie plus ou moins étendue, suivant la grandeur du papier et le corps de l'écriture du texte des *Pandectes.*

Nous parlerons bientôt d'un *fac-simile* du manuscrit des *Pandectes* trouvé, assure-t-on, au pillage de la ville d'Amalfi, et placé en tête d'une édition de ce recueil des lois romaines, livrée au monde savant, par la Bibliothèque royale, au cours de l'année 1819.

Enfin, et pour terminer sur ce point, nous ferons remarquer qu'au XIVe siècle, l'usage observé dans les écoles françaises, de reproduire, comme ou le faisait dans les écoles italiennes, les textes du droit romain, avait subi quelque altération ; car si on rencontre dans le réglement de 1308 le mot *pecia,* on n'y rencontre pas le mot *quaternus ;* et que le mot *pecia* peut être considéré comme étant, dès cette époque, plutôt le résultat d'une tradition de l'école que la forme consacrée d'un texte reproduit en manuscrit, car les mots *quaternus* et *pecia* étant, ainsi que nous l'avons dit, unis par un lien de comparaison et par un rapprochement de *mesure,* l'un et l'autre étant corrélatifs, il est probable que si celui qui se rencontre dans le texte du réglement de 1308 avait conservé le sens absolu qu'on y attachait primitivement, on y rencontrerait également l'autre.

Cette dernière réflexion a sans doute déterminé la traduction du mot

(1) Ce que nous disons ici n'est nullement affaibli par la circonstance que le réglement contenant ces expressions émane de l'autorité pontificale. Clément V était Français ; il avait été élu au souverain pontificat par et sous l'influence du roi de France ; il n'a jamais quitté le territoire de la monarchie française ; c'est lui qui a établi le saint siége à Avignon.

Pierre de la Chapelle (*Prenestinus*) était également Français, et tous les deux avaient suivi les cours de l'Université d'Orléans ; d'où il suit que la tradition des écoles italiennes à l'Université d'Orléans, révélée par les expressions de l'ordonnance rendue par le pape, et préparée par l'évêque Prenestinus, reste démontrée avec évidence, et ne peut être attribuée au style des chancelleries ultramontaines.

pecia par celui de *fragmenta;* mais cette traduction paraît d'autant plus inexacte que, peut-être dans la pensée du rédacteur du réglement de 1308, *pecia* exprimait un texte d'une étendue matériellement déterminée, plus qu'il n'exprimait une partie du texte des *Pandectes* arbitrairement désignée au docteur qui devait la lire et l'expliquer dans son cours.

Nous avons dit que nous insisterions sur deux réglements qui ont suivi celui de 1308; l'un est de l'année 1365, l'autre de l'année 1368; tous les deux concernent *les béjaunes* (1).

On appelait à l'Académie de Paris *bejaunium* ou *bejaunum,* ce que les nouveaux arrivants payaient pour leur bienvenue (2).

Il est bon de se reporter à l'origine du mot *bejaunum* ou *bejaunium;* il dérive du mot *beanus,* dont il n'est que la corruption ; ce mot appartient à la basse latinité, et voulait dire : étudiant nouvellement arrivé à l'Académie, d'où l'on a défini le *beanus* : un animal ne connaissant pas la vie d'étudiant (3).

Beanus est devenu *bejanus;* on en a fait *béjaune* ou *bec jaune,* comme sont les petits oiseaux qui ne sont pas encore sortis de leur nid (4).

Nous pouvons maintenant être compris, lorsque nous nous occupons des deux actes réglementaires appartenant au XIVe siècle, lesquels ont pour objet de protéger ces écoliers.

Le premier est intitulé : *Statutum de festis antiquis à beanio.*

Dans un préambule d'une grande étendue, on se livre à des protestations contre les scandales et les dangereuses discussions résultant des exigences dont les nouveau-venus à l'Université étaient les victimes.

Sous l'influence de cette pensée, le statut interdit à toutes per-

---

(1) Tous les deux ont pour auteur Hugues Faidici, évêque d'Orléans, ce qui démontre le mélange du pouvoir clérical et du pouvoir séculier dans l'administration de l'enseignement, long-temps après la dépossession du premier de ces pouvoirs par le second, de l'Université fondée par le pape Clément V.

(2) In academiâ parisiensi *Bejaunium* vel *Bejaunum* appellant quod scholastici de novo venientes, pro jucundo adventu sodalibus solvant. (*Glossaire.*)

(3) *Beanus* est animal nesciens vitam studiosorum. (*Id.*)

(4) Ut sunt aviculæ quæ nundum è nido evolarunt. (*Id.*)

sonnes attachées à l'Université, sous quelque dénomination que ce soit, d'assister à la fête que les suppôts ont coutume de donner à l'occasion de l'arrivée d'un ou de plusieurs nouveaux écoliers.

Après cette disposition incidente et transitoire, on traite immédiatement de ce qui concerne le nouvel arrivant ou *béjaune,* on interdit alors la fête ordinairement célébrée à cette occasion, on limite cette cérémonie à ce qui peut être agréable à Dieu et aux saints : *duntaxat quantum ad illud quod Deo et sanctis credimus fore gratum ;* savoir : à la messe et aux vêpres; *scilicet : quantum ad missas et vesperas ;* et encore ne les autorisait-on qu'aux jours et aux temps accoutumés : *et vesperes permittimus fieri et volumus in diebus et temporibus consuetis.*

La seule dépense extraordinaire permise au nouvel arrivant consistait dans l'offrande *d'un cierge d'une livre de cire.*

On proscrit l'usage des instruments, flûtes, trompettes et cimbales, et les danses auxquelles on avait coutume de se livrer dans la célébration des fêtes annuelles; toutes ces danses, tous ces concerts n'ayant pas pour but la gloire de Dieu, mais stimulant la vanité et l'orgueil des écoliers pauvres qui sont ainsi obligés de vider leurs bourses (1), et devenant l'occasion de querelles, de provocations et de scandales qu'on a eu déjà à déplorer.

Pour prévenir tous ces désordres, on défend qu'aucun de ceux qui enseignent à l'Université, sous prétexte de réception de bacheliers, n'engagent les écoliers, non plus que les professeurs eux-mêmes, à sortir des cours, comme il était d'usage *au temps passé ;* on défend à ces derniers de cesser leurs leçons, sur la provocation de qui que ce soit, sans la permission du recteur et du collége des docteurs qui, seuls, conférant le droit d'enseigner, ont seuls le droit de donner des congés.

Enfin, on y prohibe toute contrainte, de la part des écoliers anciens à l'égard des *béjaunes,* pour obtenir qu'ils paient leur *bienvenue* ou joyeux avènement : *jucundum adventum,* en employant la captation, ou bien en leur faisant des promesses, ou même en obtenant qu'ils donnent des livres.

---

(1) Tales namque solempnitates et soni et teripendia ac contributio suprà dicta, non ad Dei laudem et gloriam ; sed ad vanitatem et elationem pauperumque scholarium depauperatores et bursarum suarum evacuatores.

Ce statut concernait surtout les gradués ; on pensait que ceux-ci, obéissant au devoir qui leur était imposé de ne pas cesser leurs cours sans l'autorisation du recteur, on obtiendrait plus facilement des étudiants de ne pas célébrer ces fêtes qui duraient plusieurs jours, et qu'ils avaient d'autant plus de facilité de célébrer, que les professeurs eux-mêmes, venant à cesser leurs leçons, ils trouvaient dans cette circonstance une excuse toute prête.

Il semble aussi qu'on avait étendu le droit de *joyeux avènement*, de sorte qu'il n'était pas seulement en usage à l'égard des écoliers, mais encore qu'il était exigé de ceux qui prenaient les grades de bacheliers, de licenciés et de docteurs (1).

Quant au *béjaune*, il n'en est question que d'une manière bien insuffisante, et les prescriptions du statut ne font qu'effleurer cette partie des abus qu'il avait l'intention de prévenir.

C'est pour cela sans doute qu'il en fut rendu un autre d'une manière plus spéciale, en l'année 1368, concernant les *béjaunes*.

Ce dernier statut, se préoccupant *des abus nombreux* et des scandales dont les exigences du paiement de la *bienvenue* étaient l'occasion, fait revivre par des prescriptions, cette fois sans mélange, les prohibitions contenues dans le statut de 1365 ; et bien qu'il ne parle pas du traitement que l'on faisait éprouver aux *béjaunes* lorsqu'ils se refusaient à ces dépenses, il laisse entrevoir que ce traitement était extrêmement vexatoire et même cruel.

Ce n'est pas la seule révélation que nous obtenons de ces actes ; il en est une résultant de leurs termes mêmes. Déjà s'affaiblissait ou tendait à s'affaiblir le sens du mot *nation*; on le restreignait à ceux qui étaient véritablement étrangers ; et lorsqu'il s'agit des autres catégories d'écoliers, on emploie le mot *province* : *quod nationum, vel provinciarum supposita interdùm facere consueverunt.*

Après ces actes, il s'est écoulé un temps considérable sans nouvelles dispositions réglementaires émanées soit du pouvoir clérical, soit du pouvoir séculier, soit du pouvoir universitaire lui-même, si ce n'est un seul appartenant au XVe siècle.

(1) On appelait ces droits : la bienvenue, le babouin, la belle réponse, le gagnedenier, ou le gainguenier, ou le gaiguedier ; ces deux derniers n'étaient dus qu'à la prise des différents degrés universitaires.

L'autorité du recteur semblerait avoir dû lui donner le droit exclusif d'appeler l'Université en assemblée générale ; on a vu que le bedeau principal avait au nombre de ses devoirs celui de se présenter quelques jours avant la célébration de la fête de saint Euverte pour lui demander l'indication de cette assemblée ; cependant il résulte d'une ordonnance de Charles VI, rendue le 23 mars 1406, que l'Université prétendait au droit de se réunir contrairement à la volonté du recteur ; il *s'était mu et se mouvait* à ce sujet *plusieurs grands débats, altercations et discors entre lesdits recteur, écoliers et étudiants.*

Les procurateurs avaient présenté au roi une requête par laquelle ils concluaient, suivant la déclaration de la plus grande partie de l'Université, *s'il ne plaît au roi ça soit ce que ait été ainsi accoutumé à faire.*

Il était donc d'usage de se réunir en assemblée générale, quand même le recteur s'y serait opposé, si telle était la volonté de la majorité ; le recteur n'avait donc qu'une autorité partagée, il n'était que *primus inter pares ;* l'Université n'était donc, à vrai dire, qu'une petite république dont le chef n'avait que les pouvoirs les plus limités.

Le roi, sur cette requête, décide contre le recteur : il dit que celui-ci sera tenu, lorsqu'il en sera requis par trois *procurateurs des nations, de faire assemblée et congrégation générale, et avec ce que ledit recteur doit et sera tenu de conclure ce que selon ce qui délibéré aura esté en icelle congrégation par la plus grant partie desdites dix nations.* Il permet en outre, au défaut du recteur, que les trois procurateurs ou un plus grand nombre réunissent l'Université en assemblée générale, et d'appeler le plus ancien docteur, même un des procurateurs, *qui sur ce sera par eulx ou par la plus grant partie desdites nations, en l'absence ou présence dudit recteur, ordonné et requis, les choses ou besongnes pour lesquelles ils seront assemblés, conclure et ordonner, selon les opinions de la plus grant partie.*

L'ordonnance va plus loin : prévoyant le cas où le plus ancien docteur se refuserait à la réunion générale, elle permet au procureur général de l'Université de la provoquer, et si celui-ci s'y refusait, elle transmet son droit à l'un des procurateurs des dix nations, qui pouvait convoquer l'Université tout entière, à condition toutefois qu'il sera élu à cet effet par *la plus grant partie des nations ;* et, dans ce dernier cas, l'assemblée pouvait infliger au recteur, au plus ancien docteur, ou au procureur général *refusant ou délayant, telle amende ordinaire comme bon lui semblera.*

Nous ne pouvons nous empêcher de voir dans cette ordonnance la manifestation de l'état de guerre existant entre le pouvoir royal et le pouvoir clérical, et l'un des nombreux efforts tentés par le pouvoir temporel pour secouer le joug du pouvoir spirituel.

Il est peu probable que si les intentions des hauts dignitaires de l'Université, appartenant tous encore à l'ordre ecclésiastique, eussent été en harmonie avec l'autorité royale, celle-ci eût ainsi comprimé l'exercice du pouvoir des chefs de l'Université, et qu'il les eût humiliés à ce point de transporter leurs pouvoirs constatés dans des réglements formels et dérivant de la nature des choses elles-mêmes, non-seulement à des officiers d'un grade inférieur, mais même à de simples étudiants, n'ayant pas même l'apparence d'une dignité dans l'institution.

Cette pensée se justifie à mesure que l'on étudie les actes relatifs à la police intérieure de l'Université; ils constatent le refoulement du pouvoir ecclésiastique, les victoires progressives du pouvoir séculier et sa substitution définitive à ce pouvoir originaire qui avait fondé, protégé, fécondé ces institutions, et qui devait, ainsi qu'il arrive toujours aux fondateurs, voir s'échapper de ses mains son propre ouvrage.

Jusqu'ici, rien ne signale le nombre des docteurs enseignants; on voit, au contraire, que le pouvoir d'enseigner était partagé avec les licenciés et les simples bacheliers étrangers, après l'avoir été avec tous les controversistes, et que, bien que limité avec le temps aux licenciés et bacheliers appartenant à l'Université, ceux-ci avaient droit de faire des lectures, c'est-à-dire des cours, non-seulement *extraordinairement,* mais même *ordinairement.*

Cependant nous voyons dans l'un des registres de la nation germanique une délibération] provoquée par Anianus de Casis, recteur de l'Université (1337), par laquelle *dix docteurs* et les procurateurs des *dix nations* établissent que tous les différends qui auront lieu au sein de l'Université devront être terminés par la décision de prud'hommes convenus entre les parties contendantes.

Il y avait donc dix docteurs enseignants, et leur nombre semble avoir suivi originairement au moins celui des nationaires, car nous les voyons se réduire à mesure que le nombre des nations diminue.

Ce qui n'empêchait pas le concours des autres docteurs, licenciés, bacheliers, ainsi que nous l'avons fait remarquer, et que Lemaire nous l'apprend; car, dit-il, le rétablissement de l'Université d'Orléans, après son retour de Nevers (1), épisode dont la date correspond à peu près à celle de la délibération dont nous venons de parler, rendit « Orléans si populeuse, noble et florissante, et remplie de docteurs « et maîtres en toutes sortes de sciences et langues, que l'on disait « d'icelle, qu'entre toutes les villes, elle était la seule remplie de « peuple, son Université maîtresse et reine de toutes les nations : *Sola* « *civitas populo plena, et universitas gentium domina;* y ayant en- « tr'autres dix docteurs, professeurs et régents de l'Université pour « le droit civil et pour le droit canon, plusieurs maîtres et docteurs « des autres sciences de philosophie, grammaire et théologie qu'ils « enseignaient. »

Cette constitution de la grande école d'Orléans ne pouvait être durable; il devait résulter de la présence de cette quantité considérable de docteurs et de professeurs des prétentions diverses, des luttes sans cesse renaissantes.

D'un autre côté, le pouvoir clérical perdait de son influence et le pouvoir royal étendait incessamment la sienne (2); d'importantes modifications aux réglements universitaires auraient dû être apportées par la puissance séculière aux réglements émanés du pouvoir clérical; et cependant nous ne rencontrons aucun acte qui nous révèle des changements apportés dans cette partie de l'administration publique du XVe au XVIe siècle.

On peut se rendre compte de cette lacune.

En premier lieu, ainsi que nous l'avons dit, le pouvoir ecclésiastique lutta long-temps et avec avantage contre le pouvoir séculier;

---

(1) Nos recherches, faites dans les archives d'Orléans et dans celles de la ville de Nevers, pour connaître les détails de cet événement, ont été infructueuses.

(2) Les historiens font remonter la décadence du pouvoir des papes au milieu du XIIIe siècle; ils sont tous d'accord sur ce point.

la constitution des corps enseignants, et particulièrement de celui dont nous nous occupons, était robuste et devait, avec l'aide de la foi, de la vénération qu'inspirait l'Eglise, résister à toute innovation ne venant pas de ces corps eux-mêmes.

En second lieu, l'état politique de la France, ses luttes avec l'Angleterre, les prétentions de cette puissance, ses invasions partielles qui menacèrent de devenir définitives sous le règne de Charles VII, durent s'opposer à toute intervention nouvelle du pouvoir royal.

Les troubles fréquents qui s'élevèrent au sein de l'institution ne furent pas non plus une des moindres causes de l'absence d'émission de nouvelles dispositions réglementaires.

Tout ceci explique l'état stationnaire de cette Université, ou plutôt les vicissitudes qu'elle éprouva et qui suspendirent bien souvent ses cours et menacèrent jusqu'à son existence.

Ce qui est ressorti de l'examen des actes de procurat de la nation allemande ressort de l'examen des réglements.

Nous avons vu, en effet, qu'aucun acte de procurat n'existait antérieurement à 1444, et nous reportant à la situation du pays, nous avons compris l'absence absolue de documents de cette nature et nous l'avons attribuée au malheur des temps; poussant plus loin notre examen, nous avons vu ces actes se produire, grandir à mesure que la France, chassant les étrangers, renaissait à la paix.

Nous avons vu que les registres contiennent des dates d'une très-énergique signification et correspondent avec une rigoureuse exactitude aux actes réglementaires de l'Université.

C'est ainsi que, s'il n'y a pas d'acte de procure antérieur à l'année 1368, et si on ne les voit apparaître qu'en l'année 1444, de même il n'y a de statuts réglementaires que jusqu'à l'année 1368, et il ne s'en trouve plus de nouveaux qu'au commencement du XVIe siècle.

C'est donc sans étonnement que nous arrivons, par une recherche attentive des réglements généraux, de l'année 1368 à l'année 1512.

Le 1er février de cette année, le parlement rendit un arrêt par lequel renvoyant, quant à présent, le recteur, les docteurs-régents et le procureur général de l'Université, des fins des conclusions en en-

térinement d'une requête à lui présentée par Jehan Texier, Jehan Bizy
et Pierre de L'Estoile, tous trois docteurs en droit, « dit et ordonne
« que le nombre de *huit docteurs-régents*, étant de présent en ladite
« Université, seront et demeureront dorénavant en icelle. »

Il s'était écoulé plus de deux siècles pendant lesquels la France
avait été le théâtre de guerres opiniâtres, et le nombre des docteurs
n'était plus que de *huit,* il y avait donc deux chaires vacantes ; et
comme ces huit docteurs trouvaient bon de toucher les appointements
attribués à dix ; ils s'étaient opposés à ce que les deux chaires vacantes fussent remplies.

Telle est l'origine du procès porté devant le parlement, par suite
duquel fut rendu un arrêt qui donna gain de cause aux docteurs titulaires et repoussa la demande des docteurs aspirants.

Quelles circonstances ont pu amener, sans réglement spécial, en
l'absence de tout acte de l'autorité, soit ecclésiastique, soit séculière,
cette diminution dans le nombre des docteurs-régents? nous les
avons fait pressentir en faisant observer que le nombre des docteurs-
régents suivait le nombre des nations ; le temps est venu de justifier
cette assertion.

Il y avait, dès l'origine, dix fractions d'étudiants prenant le nom
de *nations;* en 1538, nous verrons, par le mélange de quelques-unes
de ces nations, leur nombre réduit à quatre, et en même temps les
docteurs réduits eux-mêmes à ce nombre, d'où nous sommes autorisés à conclure que pendant l'invasion anglaise, soit par un juste
sentiment d'hostilité contre cette nation, soit que les Anglais, quel
que fût leur désir de faire partie de cette Université (1), eussent été
repoussés du corps enseignant, ou qu'eux et les Normands se fussent
trouvés dans l'impossibilité de se rendre à Orléans, le nombre des nations se trouva réduit à huit.

Cette remarque faite, revenons à l'arrêt du parlement de 1512.

Lemaire l'attribue à des différends qui seraient survenus entre les
écoliers et les habitants de la ville ; nous pouvons assurer et dé-

(1) Nous avons mentionné déjà les lettres de *sauvegarde* données, en 1340, par
Édouard III à ceux qui voudraient étudier à l'Université d'Orléans.

montrer le contraire : le procès porté devant le parlement n'avait pas seulement pour cause les dissensions qui, trop souvent, divisèrent le corps universitaire et le corps municipal (1) ; pour s'en convaincre, il suffit de se reporter aux dispositions de l'arrêt : « Néantmoins or- « donnons que les demandeurs seront ci-après pourvus dès régences « de ladicte Université qui vacqueront par le cas du décès desdicts « docteurs-régents ou autrement, selon leur mérite et qualification. »

Il est donc certain que la sentence du tribunal souverain avait pour objet de régler la contestation survenue entre les docteurs ; et, en effet, l'une des parties *en cause*, Pierre de L'Estoile, est devenu l'un des régents les plus savants et les plus illustres de cette Université.

C'est ce qui ressort du texte lui-même que nous transcrivons ici : « La cour ordonne que lorsqu'en remplacement d'un docteur dé- « cédé, ou absent pour toujours, ou promu à une plus haute di- « gnité, ou appelé à un autre emploi, il y aura lieu de faire une « autre élection, les docteurs-régents, ayant convoqué les conserva- « teurs royaux (des priviléges) et deux décurions ou échevins, prête- « ront serment entre les mains du recteur, sur les saints Evan- « giles ; que pour remplir la place vacante, ils éliront le plus savant, « le plus utile et le plus favorable aux études, celui qui ne laissera « rien à désirer pour la doctrine et le zèle (*tempus*) qu'il apportera « à l'enseignement, de manière à ce que cette élection soit le ré- « sultat seulement du choix des docteurs, mais non des conserva- « teurs et des échevins (2). »

---

(1) On remarque ces divisions dans toutes les villes siéges d'Universités ; M. de Savigny signale celles qui se manifestèrent à Bologne, dont l'Université s'éloigna plusieurs fois, et dans laquelle elle revint pour ne plus la quitter.

(2) Curia decernit ut cùm in locum demortuorum vel perpetuo obfuturorum, aut eorum qui ad majus dignitatis fastigium promovebuntur, aut aliàs ad vacantem locum erit subrogatio facienda, doctores regentes, evocatis nominatim conservatoribus regiis et duobus decurionibus vel scabinis ejusdem civitatis ad sanctissimum jusjurandum per rectorem adigantur, tactis etiam sacrosanctis evangeliis, quod in locum vacantem doctissimum, utilissimum et studiosis accomodatissimum eligent, in quo nihil eorum desit, quæ ad rationem et tempus lectionum pertinent, ita tamen, ut electio prædicta doctorum regentium tantum sit, non etiam conservatorum aut scabinorum.

Ce ne sont pas les seules prescriptions de cet arrêt, intitulé : « *Ca-* « *pita ad constitutionem seu conservationem universitatis Aurelianensis* « *pertinentia per curiam decreta;* » il nous semble indispensable de le suivre dans les parties les plus importantes de ses dispositions.

Nous avons vu que le nombre des docteurs était réduit à huit, cinq préposés à l'enseignement du droit civil, trois à l'enseignement du droit canon.

L'arrêt veut que les deux plus anciens professeurs des cinq en droit civil, professent tous les jours, l'un le matin et l'autre le soir, à l'heure où la lecture extraordinaire a lieu; il exige d'eux qu'ils expliquent clairement au public les textes et la glose, ou les œuvres de Barthole, afin d'assurer le progrès et l'avancement dans la connaissance de ces textes (1).

Après avoir ainsi tracé aux deux plus anciens leurs devoirs, l'arrêt détermine ceux des trois plus jeunes; ils devront faire chacun deux lectures et insister sur l'explication des textes.

Pour obtenir ce résultat, la cour ordonne que les livres des institutes seront lus chaque année, depuis le premier jusqu'au dernier chapitre (2), voulant prévenir ainsi trop de précipitation dans les études du droit et empêcher que les jeunes gens ne passent plus tôt qu'il ne le faut des éléments de la science à ce qu'elle a de plus difficile.

La cour veut que ce soit le dernier des docteurs, dans l'ordre des réceptions, qui soit chargé de cette branche de l'enseignement, à moins que le contraire ne soit décidé par le conseil des docteurs, dans l'intérêt de la dignité et de l'éclat de l'Université : ce professeur prenait le titre *d'institutaire.*

En outre, elle détermine les devoirs des trois docteurs en droit canon : le plus ancien d'entre eux était tenu de lire le matin, à l'heure accoutumée, et d'expliquer les textes et commentaires de *Panormi-*

---

(1) Et quod ex quinque profitentibus seu regentibus in jure civili duo antiquiores semel saltem in singulos dies unus videlicet matutinâ horâ statutâ, alter vero pomeridianâ ex tempore quo extraordinaria lectio factitari consuevit.

Accuratè, delucide et publice legant, explicantes textum, glosas et commentarios, seu apparatum *Bartholi,* ut possint jàm provecti in illarum prælectionibus proficere.

(2) Ad hoc dicta curia statuit : institutionum libros publicè legendos ita ut quotannis liber ipse *à fronte ad calcem* peragatur.

tani ; les deux autres devaient donner deux leçons par chaque jour ; elle prescrit aux docteurs d'accomplir ce devoir dans des cours publics (1).

Elle règle aussi la police intérieure des cours et défend qu'on emploie en conversations sérieuses et en plaisanteries l'heure fixée pour les leçons, comme quelques-uns avaient coutume de le faire, invitant les docteurs à la faire tourner, autant qu'ils le pourront, à l'utilité des auditeurs (2).

Elle défend expressément aux docteurs de vendre, donner ou aliéner leurs régences par quelque mode que ce soit ; elle n'admet de remplacement possible *qu'en cas de mort,* et veut qu'il ait lieu dans les formes établies pour la réception des docteurs ; elle défend aussi aux docteurs de substituer qui que ce soit dans leurs cours, à moins que ce ne soit pour une juste cause soumise à l'Université tout entière (3).

Le docteur-régent qui voulait se faire remplacer devait présenter une requête expositive du motif qui nécessitait cette substitution, et faire connaître celui par lequel il désirait l'être, afin que l'Université pût apprécier cette cause et la personne proposée ; et afin que l'autorisation ne fût ni indistinctement ni trop facilement accordée, la cour limitait la cause de substitution aux seuls cas d'une vieillesse avancée ou d'une grave infirmité ; elle exigeait l'accomplissement de ces formalités, afin aussi qu'il ne fût perçu pour les deux docteurs qu'un seul et même appointement (4).

(1) Prætereà statuitur ex tribus professoribus juris canonici qui antiquissimus fuerit legat mane horâ consuetâ diligenti interpretatione explicando textum et commentarios Panormitani (*), reliqui vero duo binis in singulos dies lectionibus industriæ suæ documenta idque in scholis publicis præstare jubeantur doctores etiam.

(2) Fabulamentis et nugis ut quidem facere consueverunt horam statutam non conterant, inservientes quomodo poterunt maxime auditorum utilitati.

(3) Interdicit eadem curia doctoribus regentibus ne regentias suas vendere, donare aut quoquo titulo in alium transferre audeant ; inhibetque doctoribus ne substitutorum operâ utantur, nisi ex causâ justâ, necessariâ ac per collegium approbatâ.

(4) Ut postulatis suis apud collegium expositis hoc facere permittatur vicario doctore et per collegium substituendo ambobus unico tantum emolumento contentis ; quod tamen dicta curia nec passim nec facilè censet concedendum, nec quâlibet ex causâ, sed tam demum cum per senium aut corporis invaletudinem, cuipiam illorum muneri suo incumbere non licebit.

(*) Tedeschi Nicolas ou Nicolas Panormitani, célèbre canoniste du XVᵉ siècle, archevêque de Palerme, ainsi que l'indique le surnom qu'il avait adopté, suivant l'usage de ce temps.

La cour veut que désormais nul ne soit admis à la régence s'il ne justifie préalablement avoir enseigné pendant le temps prescrit de cinq années dans l'Université elle-même, soit dans tout autre centre de sciences et de discussion (*vel in alio loco insigni*) (1).

La cour décide ensuite et immédiatement le mode de l'élection des docteurs-régents par une disposition que nous avons textuellement rapportée.

Elle ajoute à ces formes un anathème contre ceux qui auraient accepté quelque récompense ou quelque somme d'argent pour donner leur voix dans l'élection ; et si quelqu'un était convaincu d'avoir, à ce titre, donné ou reçu quelque chose, qu'il soit, dit l'arrêt, noté d'infamie, déshonoré à perpétuité et sans espoir de réhabilitation, et privé de son grade de régent (2).

Après une invitation aux professeurs de donner aux élèves l'exemple des bonnes mœurs, afin que ceux-ci, rendus à leur patrie et à leurs familles, qui les ont envoyés à Orléans *comme à un bazar de la science et des arts*, puissent eux-mêmes être proposés en exemple aux jeunes gens de leur âge, la cour passe aux réglements des fêtes de l'Université ; elle prohibe toutes celles qui ne sont pas célébrées par le commun des fidèles ; quant à celles qu'on a coutume d'appeler du lendemain *(crastinas)*, elle veut qu'elles soient rayées du calendrier, excepté celles qui sont célébrées le dimanche, telles que la fête de Pâques, celle de la Pentecôte et de la Nativité ; elle maintient également comme *légitimes* les fêtes des vendanges (3) *(vendemiarium)*, l'observance des jeudis *(aut diei Jovis)*, que les étudiants avaient coutume d'appeler le jour de Justinien *(quod festum Justiniani vo-*

(1) Statuit dicta curia ut nullus deinceps ad regendi munus admittatur qui non priùs lectitaverit legitimum quinquennium publicè in scholis vel *aliquo loco insigni* secundùm formulas statutorum Universitatis hujus senatus-consulti graciam faciendi.

(2) Quod si quisque convincatur, eo nomine, aliquid accepisse vel dedisse, ut inter infames reputetur et perpetuo absque ullà spe restitutionis *exauctoretur*, omnibus regentis commodis privatus.

(3) Le *Glossaire* est muet sur ce mot. Il est d'usage encore dans le vignoble orléanais de clore la vendange par une fête appelée la *farcie*, à laquelle on invite les vignerons, les jardiniers et les ouvriers attachés à la maison. Au XVIe siècle, cette fête devait être religieuse et durer plus d'un jour ; c'est sans doute à cette solennité que l'on fait allusion ici.

cant), lors même qu'aucune autre fête religieuse ne devrait être célébrée ce jour-là (1).

Enfin l'arrêt traite des formes dans lesquelles les licenciés et les
bacheliers doivent être reçus.

La cour exige que tous les docteurs concourent aux examens; elle
ne les en dispense que lorsqu'ils justifient d'une excuse légitime, et
dans le cas où ils n'en justifieraient pas, elle les punit d'une amende
que les autres docteurs partageaient entre eux (2); et pour ce qui
regarde l'examen des licenciés, la cour ordonne que les docteurs
concourent à cet examen comme à celui des bacheliers; elle veut que
quatre de ces docteurs examinent les prétendants quatre fois en
deux jours, savoir : deux fois le matin et deux fois dans l'après
midi.

Elle exige que les examens soient *sérieux,* pressés d'arguments,
d'explications de répliques, et non pas légèrement, et *comme par manière d'acquit,* avec indulgence et dans l'intention d'être favorables à
celui qui se présenterait pour obtenir ce grade (3).

La cour s'occupe *en passant* du scolastique.

Elle lui ordonne de n'admettre personne à la licence qu'après que
ces formes auront été observées, et de n'approuver que l'admission
de ceux qui lui paraîtront dignes de ce grade (4).

Elle termine cet acte réglementaire en confiant son exécution aux
soins des maire et échevins de la ville; elle les invite à présenter
une requête dans la forme accoutumée pour dénoncer ceux qui
contreviendraient à ses prescriptions et obtenir la condamnation

(1) Ut nulli dies festi in Universitate celebrentur, præter eos qui à populo observari
soliti sunt; et ut omnes feraciones (quas crastinas appellant) omnium dierum quilibet
solemnium à calendariis expugnantur, etc.

(2) In examinandis bacchalariis et precipuè licenciendis, curia primùm ut omnes
regentes ad examen conveniant, quorum si qui abfuerint causâ nullâ aut sonticâ, aut
alias legitimâ, mulcto nomine eorum portio præsentibus accrescat.

(3) Deindè quod ad licenciendos pertinet, ut in dies singulos quaterni cùm plurimi
examinantur, duo matutino et totidem post meridiem, cum justâ explicatione, repli-
cacioneque argumentacionum, non perfunctoria aut indulgenti, aut aliâ graciosâ li-
cenciendorum explicatione.

(4) *Obiter* præcipiens magistro scholastico, ad gradum licenciæ admittere, quos
hujusmodi ratio examinis dignos non approbaverit.

à une amende contre ceux qui auraient négligé de les observer ou de les faire observer (1); et déclare que tous les autres statuts auxquels elle n'aurait pas dérogé conserveraient toute leur autorité.

Est-il vrai, comme le dit l'auteur des *Antiquités d'Orléans,* que cet état de choses ait continué jusqu'en l'année 1567, époque à laquelle les protestants s'étant emparés de la ville, en chassèrent les catholiques et les docteurs-régents? Nous ne saurions le penser; il oublie un édit du roi François Ier de l'année 1531, dont les dispositions doivent être considérées comme une des époques de transformation que nous suivons à la trace.

Il appartenait à ce prince de donner une direction pratique et vraiment nationale à l'enseignement du droit; ce qu'il fit par son édit de 1531 ne devait pas avoir pour seul résultat d'effacer les derniers vestiges de ces anciens centres de controverses et de disputes, affaiblis par le pouvoir clérical; cet édit devait encore avancer, par la science, l'œuvre de centralisation et d'unité qu'il était si difficile d'opérer par les voies administratives.

(1) Cette dernière partie de l'arrêt réduit le reste du corps municipal à un simple contrôle de l'élection des docteurs-régents, contrairement à la prétention élevée par lui d'y prendre une part active et directe. On verra donc sans étonnement, dans la suite, les maire et échevins assister à la réception des docteurs; mais ce qu'on aura peine à concevoir, c'est qu'ils donneront leur avis et prendront part à la discussion engagée sur le mérite de chacun des récipiendaires; c'est ce qui résulte cependant de deux procès-verbaux de l'élection de plusieurs docteurs, l'un de l'année 1626, l'autre de l'année 1668.

Par le premier, il est vrai, les maire et échevins, tout en protestant contre l'oubli que l'on avait commis de les avertir de se trouver à la solennité de l'acte probatoire, ne s'expliquent que sur le nombre des docteurs-régents, qu'ils voudraient faire réduire; par le second, ils donnent formellement leur avis sur le mérite des candidats entendus dans leurs thèses et disputes auxquelles ils ont assisté.

Cette contradiction nous avait tellement frappé, que, rapprochant ces deux procès-verbaux de la disposition de l'arrêt se terminant par ces mots : *Ita tamen ut electio prœdicta doctorum regentium tantùm sit,* non etiam *conservatorum aut scabinorum,* nous croyons avoir mal lu; mais en examinant ce texte attentivement, nous avons vu que la contradiction existait, et en réfléchissant à l'esprit qui animait alors les différentes corporations, au peu d'autorité attachée aux décisions du pouvoir judiciaire faisant acte réglementaire, à la prédominance de l'usage et de la coutume sur la loi, nous en avons été réduit à nous soumettre à la prédominance du fait sur le droit.

Nous ne saurions trop insister sur cette progression, que notre but, dans ces études, est de mettre en relief.

Le pouvoir clérical impose des conditions au droit d'enseigner ; il oppose une digue à ce torrent de disputes et de controverses dont la foi avait eu beaucoup de peine à triompher ; le pouvoir royal achève lentement cette entreprise que le clergé ne pouvait ou ne voulait peut-être pas rendre aussi définitive. Pendant un temps, il est vrai, les deux pouvoirs marchent de front, leurs actes sont confondus, et cependant le second n'est déjà plus que l'auxiliaire du premier ; bientôt celui-ci l'emporte et dirige sans partage ; il réglemente seul ces institutions, fixe le mode de réception des gradués, les conditions de leur admissibilité, et avance ainsi l'œuvre de transformation qu'elles devaient subir.

Ces intentions, toutes contradictoires qu'elles semblent, doivent, cependant, être considérées comme tendant au même but : le pouvoir ecclésiastique, dans la période de ces modifications, voulait rester le maître de la controverse et lui imposer une direction favorable à l'orthodoxie ; mais, affaibli devant le pouvoir royal, celui-ci devait reprendre et remplir la tâche que le pouvoir ecclésiastique avait commencée ; soumis et fidèle au pouvoir spirituel, même au moment où il lui paraissait le plus hostile, il dut le protéger contre le danger que, dans des temps antérieurs, l'Église seule pouvait conjurer.

Il n'y avait de changé que la main d'où venait le secours ; ce changement était considérable sans doute : il était le résultat d'une révolution ; mais, momentanément, il ne devait rien produire dont le fond de la question eût à souffrir.

Un rapprochement de dates est ici nécessaire et suffit à justifier notre observation.

Les modifications importantes apportées dans les réglements de l'Université par l'arrêt du parlement, remontent à l'année 1512, et c'est en l'année 1417, date très-peu éloignée de la première, si on prend en considération l'état politique et social de la France, que le concile de Constance condamnait Jean Huss et Jérôme de Prague.

Un édit de 1531 confie l'élection des docteurs-régents à l'Université de Paris ; en 1529, sous le rectorat de Pierre de l'Estoile, Jean

Calvin, comme étudiant de la nation de Picardie, faisait ses cours à Orléans.

Cette ville était fort disposée à l'hérésie ; elle est restée fort disposée à l'opposition, accueillant les idées de réforme dans un temps de convictions religieuses, et se livrant avec complaisance à la critique des actes du pouvoir dans des temps où les actes des pouvoirs publics sont soumis au contrôle des citoyens ; on la voit, au XIIe siècle, accepter les doctrines des Vaudois ; on la voit, au XIVe, s'opposer à l'introduction du droit romain, et faire un émeute dans laquelle la vie des docteurs et des élèves est menacée (1310) ; on la voit, au XVIe siècle, manifester des tendances peu favorables au pouvoir papal, tendances qu'il faut certainement attribuer à la présence de Calvin.

Calvin, dès le temps de son séjour à Orléans, avait commencé à propager ses doctrines ; c'est là qu'il rencontra l'un de leurs apôtres les plus fervents, Théodore de Bèze, son disciple et bientôt son ami, à ce point que tous les deux furent obligés de quitter la ville, poursuivis par le ressentiment que la hardiesse de leurs opinions avait excité parmi les docteurs et les officiers du pouvoir royal ; tout cela peu de temps après la publication de la *Captivité de Babylone*, par Luther, ouvrage condamné par la Sorbonne en 1521, auquel on avait cru devoir répondre par une autre publication intitulée *l'Anti-Luther*.

Ces réglements divers sont donc intervenus dans des temps de lutte et de combat, et pour satisfaire aux nouveaux besoins que chacune des périodes où ils ont pris naissance faisait éprouver au pouvoir, quel qu'il fût, clérical ou séculier, spirituel ou politique.

Cette observation nous semble importante pour apprécier le véritable esprit des statuts et réglements qui ont modifié ceux auxquels l'Université obéissait.

Cet édit de 1531, dont nous venons de rapporter la disposition principale, doit trouver place ici dans toute son étendue ; il dispose :

1° Que quiconque voudra être docteur-régent de l'Université d'Orléans devra se présenter à l'Université de Paris, et là, devant les délégués du parlement, disputer et argumenter publiquement.

La condition de capacité remplie n'était pas suffisante ; il fallait encore que l'aspirant se soumît à une information, c'est-à-dire à une véritable procédure établissant *ses mœurs et sa bonne vie*. Or, on comprend facilement que cette formalité n'était qu'un mode pour connaître les opinions religieuses de l'aspirant ;

2º Que les docteurs-régents ne pourraient se faire substituer dans leurs cours ;

3º Qu'on n'admettrait plus à la licence en secret, et en s'affranchissant des solennités accoutumées ; mais publiquement, et après indication des jour, lieu et heure où l'examen aurait lieu ;

4º Que les deniers communs à l'Université seraient déposés dans un coffre à plusieurs clés, et seraient exclusivement employés au profit de l'Université ;

5º Enfin que, les écoliers seraient tenus d'observer une conduite régulière et modeste et de porter respect et obéissance aux docteurs-régents.

C'est ainsi, et à partir de cette époque, que l'Université d'Orléans a passé des mains du pouvoir spirituel à celles du pouvoir temporel ; c'est ainsi que la science du droit est devenue définitivement une des branches de l'enseignement national, et que l'autorité à laquelle elle devait son existence, sa prospérité et sa gloire, en a été dépouillée.

François Iᵉʳ devait aller plus loin encore :

Nous trouvons un arrêt du parlement du 7 septembre 1538, rendu entre le procureur général du roi d'une part, le recteur, les docteurs-régents, le procureur général de l'Université et les procurateurs des dix nations d'étudiants, d'autre part.

Cette désignation des parties, en ce qui touche les dix nations, ne nous semble en rien contredire ce que nous avons avancé sur la proportion gardée entre le nombre des docteurs et celui des nations ; il est probable qu'avec le calme, la restauration des pouvoirs publics, l'Université avait continué d'être le rendez-vous des étrangers, et qu'ainsi le nombre des nations était devenu ce qu'il était précédemment.

La cour du parlement déclare réviser son arrêt de 1512 et celui du mois de mai 1531 ; enfin celui de l'année 1537 (que nous n'avons rencontré nulle part), et les arrêtés *baillés* par *les régents de l'Université, procureur général et procurateur des nations d'icelle*, et ordonner que ces arrêts et arrêtés continueront à recevoir leur pleine et entière exécution.

On serait autorisé à croire que tout est fini, c'est tout le contraire; l'édit de 1531 est détruit dans ses dispositions principales : celle concernant l'élection des docteurs, et par des prescriptions d'une excessive prolixité, opère une véritable transformation de tous les statuts réglementaires, et substitue un ordre de choses nouveau à l'ordre de choses ancien.

Nous aurions voulu analyser cette décision souveraine que nous n'aurions pu mieux réussir que n'ont réussi les étudiants de la nation germanique eux-mêmes; nous trouvons, en marge de la copie qu'ils en ont faite, le résumé, d'autant plus concis qu'il est en latin, de toutes ses dispositions; nous userons du secours qu'il nous a conservé, et nous ne nous séparerons de ces notes que lorsqu'il sera indispensable de le faire pour l'intelligence du texte de l'arrêt.

Doctores neminem ad docendum possunt substituere nisi saltem sint licenciati; les docteurs ne se substitueront personne pour enseigner, à moins que ceux qu'ils se substitueront ne soient au moins licenciés.

Decem nationes in quatuor reductæ; les dix nations sont réduites à quatre; nous avons vu plus haut comment cette réduction s'était opérée et comment *les nations* avaient été mélangées.

Procuratoribus, rectori, duobus tantùm doctoribus dat vim eligendi rectores, procuratores, et alios quosvis officiarios; l'arrêt concentre le droit d'élire les recteurs, les procurateurs et les autres officiers quels qu'ils soient, dans les personnes des procurateurs, du recteur, et seulement de deux docteurs.

Ici, abandonnant la note marginale, nous avons recours au texte de l'arrêt lui-même : « Et à chacune des quatre nations y aura un « procurateur, qui se élira dorénavant pour *chacun rectorat,* ès-jours « que l'on a accoutumé faire l'élection, par les procurateurs des « quatre nations, par ledit recteur et deux docteurs dudit collége, et le « procureur général de ladite Université; et assisteront les dessus dits, « seulement les notaires qui feront les actes desdites élections. »

L'arrêt exige un serment préalable des élisants, serment dont la formule n'est pas donnée, mais il était nécessaire de régler le mode de le prêter, chacun ayant le même pouvoir; la cour y pourvoit, en prescrivant ce qui suit : « Et feront lesdits élisants le serment ès-« mains dudit recteur, et le recteur ès-mains du docteur le plus an-

« cien desdits deux docteurs; » quant aux procurateurs, ils devaient faire leur serment, ès-mains du recteur, et en son absence, ès-mains du plus ancien docteur.

Nous ferons remarquer ici la différence existant entre cet ordre de choses et celui qu'il détruit.

Autrefois, le droit d'élire le recteur était général; par l'arrêt, ce droit s'exerce par sept personnes seulement.

La qualité de procurateur de nations ne pouvait être confiée qu'une seule fois à la même personne : *Qui semel fuit procurator nationis, numquam potest ampliùs elegi.*

Rector, duo doctores, et quatuor procuratores eligunt procuratorem generalem; non refert cujus nationis sit procurator generalis eligendus; le recteur, deux docteurs, élisent le procureur général; on peut choisir celui-ci indistinctement dans toutes les nations d'étudiants; aussi le procureur général était-il le mandataire de toutes les nations auprès de l'Université, et de l'Université auprès de toutes les autorités civiles et ecclésiastiques.

L'arrêt ajoute que « ces élections auront lieu dans la chapelle de l'U-
« niversité, les portes closes, et au lieu où dè présent se fait ou ci-après
« se fera la congrégation de tout le collége de ladicte Université. »

A la différence de l'édit de Charles VI, le parlement de François Ier prohibe toute réunion et assemblée des étudiants, et leur fait défenses d'apporter aucun empéchement auxdites élections, sous peine d'amende arbitraire.

Nous continuons l'analyse de l'arrêt par les notes marginales :

Duo bedelli; electio bedellorum spectat tantùm ad rectorem, duos doctores, et quatuor procuratores; eligentes bedellum, nihil debent accipere; ubi duæ nationes sunt conjunctæ, singula natio suum habebit bedellum... duæ massæ.

Il y aura deux bedeaux; ici se manifeste une différence notable entre ce qui est ordonné par cet arrêt et ce qui était ordonné précédemment; on se souvient du bedeau général, des bedeaux et sous-bedeaux : cette petite armée de valets est réduite à trois personnes (*duo bedelli*), et un bedeau général.

L'arrêt ajoute : « Les nations seront précédées de leurs bedeaux
« dans toutes les solennités auxquelles elles seront convoquées. »

Cette dernière partie des annotations est parfaitement expliquée dans le texte de l'arrêt : « Et au moyen que par ci-devant y avait dix be-
« deaux ès-dites dix nations, est ordonné que lesdits bedeaux de-
« meureront en la forme et manière qui en suit : c'est à savoir que
« Picardie et Champagne et Normandie, Écosse, Allemagne et Lor-
« raine, auront chacune leur bedeau, et les autres quatre bedeaux qui
« sont pour la nation de France, et autres unies à icelle, demeure-
« ront durant leur vie ; et par le décès de deux d'iceux, seront deux
« desdits officiers supprimés, en sorte qu'il restera pour chacune
« nation deux bedeaux. »

Les mots *duœ massœ,* que nous avons reproduits, nous confirment ce que nous avons déjà fait connaître, que les deux bedeaux appartenant au corps universitaire, proprement dit, reste du grand nombre qui dans les temps anciens ajoutaient à la pompe de ses réunions et protégeaient sa marche, portaient une masse d'argent ; les bedeaux des nations avaient le même droit, et pour les distinguer, sur chaque masse était gravé l'armorial de chacune d'elles ; depuis la réduction des dix nations à quatre, nous ne savons si l'usage de graver l'armorial sur les masses a été observé, mais ce détail est futile et ne mérite pas qu'on s'y arrête.

Procurator, absque rectoris et collegii universitas consensu non possunt substituere sibi alterum ; le procurateur ne peut se substituer qui que ce soit sans le consentement du recteur et de l'Université tout entière ; la sévérité de cette disposition est tombée, il est vrai, devant la tolérance de l'usage ; on trouve ces mots à la marge : *Hodiè non observatur.*

L'arrêt règle ensuite la fonction du receveur général, et sans parler des collecteurs des donations, il institue un receveur général pour le corps universitaire et pour les nations, supprimant l'office de receveur particulier de chacune d'elles ; il veut que ce receveur général, dans la caisse duquel devront tomber les deniers appartenant à chacune des corporations d'étudiants, soit pris parmi les citoyens de la ville, et elle fixe ses appointements à 36 deniers tournois par livres des deniers qu'il recevra.

Il règle le mode des redditions des comptes du receveur général, et si nous devons négliger les détails minutieux dans lesquels la cour entre à ce sujet, nous pensons devoir nous arrêter au passage concernant, accidentellement, les fêtes patronales de ces nations, fêtes que nous avons pris le soin de décrire ; nous le résumerons ici, au moyen de la note que nous trouvons au registre : *Pœcunia ad epulum et festa nationum anniversaria ductu procuratoris regii, doctorum et procuratorum nationum debet distribui.*

Les choses se passaient bien différemment jadis : le droit de fêter avec une pompe bruyante n'était pas réglé, il n'était qu'accidentellement contesté ; s'il fallait demander une autorisation, elle était presque toujours accordée ; si elle était refusée, on éludait assez librement la défense.

Mais le schisme avait, ainsi que nous l'avons vu, pénétré dans l'Université ; la fête des Rois, célébrée par les étudiants allemands, avait été délaissée, et le pouvoir voulait, en plaçant ces solennités sous l'autorité immédiate des procureurs du roi et des docteurs, prévenir le retour des différends dont ces fêtes avaient été l'occasion.

La cour prend le soin de régler le denier des jurandes au serment des étudiants, des bacheliers, des licenciés et des docteurs ; il était de 20 sous parisis, sur lesquels 12 deniers étaient attribués au bedeau. et 12 deniers au procurateur, de sorte que cette dernière fonction, restée jusque-là honorifique, devenait salariée.

Quant au droit de réception, il était fixé, pour les bacheliers qui avaient une *petite bourse,* à 25 sous parisis ; pour ceux, au contraire, plus favorisés de la fortune, il était de 33 sous tournois, *distribués comme anciennement se faisait au procurateur de la nation dont serait le bachelier ;* de plus, on payait 2 sous 6 deniers tournois aux bedeaux.

Le droit de licence était ainsi fixé : pour *les grandes bourses, cent sous tournois ;* au bedeau général, 15 sous tournois ; au procurateur de la nation du licencié. 2 sous 6 deniers tournois ; au receveur de la nation, même somme ; au clerc de la chambre, 5 sous tournois ; au scholastique, 20 sous tournois ; au clerc du scholastique, *pour la façon de la lettre,* 5 sous tournois ; à celui qui porte les livres, ce qu'il a accoutumé, et ce par manière de provision ; et seront, ajoute l'arrêt, signées, les *approbandes* et *licenciades,* de l'un des docteurs qui a été à l'examen, du bedeau général et du receveur.

Et quant au degré de docteur, la cour a ordonné « que dores-
« navant, ceux qui seront élus à ce degré, ne bailleront aucuns
« bonnets ne robes aux procurateurs, bedeaux, procureur général de
« ladite Université, libraires ou aultres ; et que les danses et ban-
« quets ne se feront, ains seulement se fera le jour de la doctorande
« un déjeûner où seront appelés les recteur, docteurs, procureurs
« et le bedeau desdites nations et procureur général de ladite Uni-
« versité. »

L'arrêt fait « inhibes et défenses aux dessus dits et autres de-
« prendre ne lever auxdits jurandes, degrés, bacheliers, ne même de
« doctorat, autres deniers ou profit que ce que dessus est contenu. »

Viennent ensuite les prescriptions relatives aux fêtes et réunions
d'écoliers.

Et en outre ladite cour « inhibe auxdits écoliers et suppôts de
« ladite Université, suivant la teneur desdits arrêts, tous banquets
« et comestations publiques qui se font en ladite Université, ni hanter
« les danses fors aux nopces ou aultres lieux, et hanter les jeux de
« paulme pendant que les leçons se font auxdites écoles ; ne faire
« monstres ne assemblées publiques ; et au baillif et prévôt d'Orléans
« ou leurs lieutenants ne leur donner congé ne permettre leur faire
« les dites monstres et assemblées, et ce sous peine d'amende arbi-
« traire. »

La cour même défend « à tous menestriers tenant jeux de paul-
« mes, tavernes ou aultres de semblable qualité, de ne recevoir les
« écoliers pendant les lectures qui se font aux Universités, sous peine
« de prison et d'amende, ou aultre peine arbitraire. »

Elle défend aussi au recteur et aux docteurs de ne faire aucun déjeûner, *lorsque les chappes bailleront aux licenciades et que l'examen
se œuvre*.

La cour fixe ensuite les heures des leçons, *statutum de lectionibus*,
elle ordonne que *l'extraordinaire* sera enseigné à une heure après
midi, et que le docteur qui aurait *lu* de sept à huit heures du matin en été, et à huit heures du matin en hiver, lirait après midi à
deux heures ; que celui qui aurait *lu* à huit ou neuf heures du matin
lirait à trois heures, et que celui qui aurait *lu* à neuf ou dix heures
du matin, lirait à quatre heures de l'après-midi.

Enfin elle ordonne que les docteurs auraient un délai de quinzaine

pour comparaître devant elle, afin de répondre aux demandes qui seraient dirigées contre eux.

C'est ainsi que le pouvoir royal consomme son œuvre; les praticiens du parlement substitués aux théoriciens et aux libres penseurs
de la controverse religieuse; l'étude du droit, sèche, aride, substituée
aux études philosophiques, telles sont les conséquences de tous les
actes que nous avons examinés.

Mais l'esprit public devait gagner en science pratique ce qu'il
devait perdre en science spéculative, la raison l'emportait enfin sur
la passion, la méditation sur l'enthousiasme.

Grâces aux précautions prises pour en comprimer les élans, il fut
conduit et non plus entraîné : à Jean Huss, à Jérôme de Prague succédèrent Luther et Calvin; tous avaient déposé dans les Universités le
germe de la réforme; il se développa dans le silence des études universitaires, et passa de ces grandes écoles dans la magistrature, dans
le barreau, dans les compagnies de procureurs.

Au milieu de ces partis extrêmes, se développa la doctrine mi-
toyenne des libertés de l'Eglise gallicane, protestantisme mitigé qui
devait, sous le nom de Jansénius, amener l'expulsion du parti ultra-
montain; et bientôt après l'assemblée constituante, la constitution civile du clergé, nouvelle et trop violente tentative des sectes ennemies
de la papauté, qui préparaient ainsi la grande transaction du con-
cordat.

L'esprit de défiance qui inspira l'arrêt de 1538 continua à exercer
son empire à mesure que la réforme devenait plus menaçante; et
sous le règne de Henri II parut une ordonnance (27 juin 1551) par
laquelle, faisant revivre les dispositions de l'édit de 1531, elle confie
au pouvoir ecclésiastique la nomination du recteur et des docteurs-
régents de l'Université.

A cette époque, la France était livrée aux guerres religieuses; il
n'est donc pas étonnant que ce roi, soumis à l'influence de sa mère et
des Guises, rendît une pareille ordonnance.

Ces guerres eurent des fortunes diverses : les protestants désiraient
s'emparer de la ville d'Orléans, ce nombril de la Loire (*umbilicus Ligeris*), afin d'y établir leur quartier-général.

Ils y parvinrent : le bailli Groslot, ami de l'amiral, fougueux sectaire, s'associa à ce projet; les habitants eux-mêmes, pour la plu-

part, appartenaient à la réforme ; il ne fut pas difficile aux protestants, auxquels tant de sympathie dans la place était assurée, de
s'en rendre maîtres.

La fureur des partis fut telle au sein de la cité, qu'il était impossible qu'un corps enseignant pût ouvrir ses cours; l'Université
resta fermée.

Ce fut de l'année 1561 à l'année 1567 que cette lacune exista (1);
les élèves et les docteurs, effrayés de l'état de la France et des combats dont la ville d'Orléans était le théâtre, durent non-seulement la
fuir, mais hésiter long-temps avant d'y rentrer.

Cependant on était dans ces temps fort attaché aux traditions ;
d'ailleurs, la situation centrale de la ville, son voisinage de Paris et
même de l'Angleterre et de l'Allemagne, si on pense à la situation des
autres Universités, la douceur de son climat, devaient engager, non-
seulement les Français, mais encore les étrangers à venir s'y fixer;
c'est ce qui eut lieu presqu'aussitôt après l'apaisement des troubles.

L'Université rouvrit ses classes au cours de l'année 1567, mais il
y eut long-temps encore un bien petit nombre d'élèves.

Il devait y avoir aussi un bien petit nombre de docteurs; car, ainsi
que nous l'avons dit, il est certain qu'originairement le nombre de
ceux-ci suivait le nombre des nations, et, dans la suite, le nombre
plus ou moins considérable des élèves.

Mais, quelque peu d'importance que dût avoir alors l'Université,
l'autorité publique ne cessait de la surveiller.

Henri III, réunissant les doléances contenues dans les cahiers
produits aux Etats de Blois, rendit, en 1579, un grand nombre d'ordonnances qui, suivant lui, contenait la réponse à tous les griefs
dont on demandait le redressement par ces cahiers; ce sont ces
actes du pouvoir royal qui ont pris entre autres noms celui d'*Ordonnance de Blois* (2).

---

(1) M. Lottin et M. Pellieux, le premier auteur des *Annales de la ville d'Orléans*,
le second auteur de l'*Histoire de la ville de Beaugency*, prétendent que le roi
Henri II, par une ordonnance du 31 janvier 1539, transporta l'Université d'Orléans à
Beaugency; nous ne trouvons ni l'ordonnance, ni aucune trace de sa mise à exécution;
l'auteur des *Antiquités*, Lemaire, invoqué par M. Lottin, garde cependant le silence
à ce sujet.

(2) *Code* de Louis XIII.

Cette partie de l'ordonnance est d'autant plus intéressante et s'applique d'autant mieux aux réglements de l'institution universitaire d'Orléans, qu'elle est édictée sur les remontrances des *trois Etats cidevant tenus dans cette dernière ville.*

Il est nécessaire de rapporter ici les principales dispositions de cette ordonnance.

Le roi veut, art. 67 (1) (1er), « que lettres de commission soient adres-
« sées et expédiées à certain nombre de notables personnages que
« le roi devait députer, pour : dedans six mois voir et visiter tous les
« priviléges octroyés aux Universités par les rois ses prédécesseurs,
« ensemble les fondations des colléges; et ce faict, procéder à l'entière
« réfòrmation et rétablissement de l'exercice et discipline ès-dites
« Universités et colléges, nonobstant oppositions ou appellations
« quelconques. »

Comme on le voit, il ne s'agit pas seulement de réglementer les Universités, mais bien l'enseignement public dans toutes ses parties.

L'art. 69 (3) défend à ceux de l'Université de Paris de lire ou *graduer* en droit civil.

L'art. 70 (4e) traite de l'autorité du recteur : « Tous professeurs et
« lecteurs, dit-il, de lettres et sciences tant divines que profanes, ne
« pourront lire en assemblée et multitude d'auditeurs, sinon en lieu
« public, et seront subjets aux recteur, lois, statuts et coutumes des
« Universités où ils liront. »

L'art. 75 (8e) dispose que les recteurs qui seront ci-après élus
« visiteront chacun collége une fois pendant leur rectorerie, pour
« voir l'état d'iceux colléges, ouïr plaintes, si aucunes se présentent,
« tant des disciples que régents et pédagogues, et tenir la main à l'en-
« tretenement des statuts et Universités. »

L'art. 76 (9e) règle l'élection des recteurs : « Voulons que toutes
« les élections tant des recteurs, procureurs, *intrans,* qu'autres
« dignités, offices ou charges desdites Universités, soient faites à
« l'advenir sans brigues, banquet ou autres choses tendant à cor-

(1) Ces articles sont confondus avec ceux des autres titres de l'ordonnance ; nous mettrons en regard des numéros d'ordre adoptés pour l'ensemble le numéro d'ordre que chacun des articles du titre devrait avoir, s'il était séparé des autres titres composant l'ordonnance.

« ruption de voix et suffrages, sur peine d'être déclarés incapa-
« bles de telles dignités, charges et offices, ou aucuns seraient entrés
« par telles brigues et moyens sinistres, et de 40 écus d'amende ap-
« plicables aux pauvres. »

L'art. 83 (15e) parle des lettres de garde gardienne et testimoniales :
« Ne seront délivrés aucuns mandements par les conservateurs des
« priviléges apostoliques ou royaux, ne par leurs greffiers, par éco-
« liers, docteurs-régents, principaux, lecteurs, bedeaux, messagers,
« suppôts ou officiers de l'Université, que premièrement ne leur ap-
« paroisse des lettres testimoniales de l'estude, régence, lecture et
« service. »

L'art. 94 (16e) s'applique à l'examen et à la réception des degrés :
« Tout examen sera faict, et chacun des degrés passés en public où
« se trouveront tous les maîtres et docteurs-régents de la faculté, as-
« sistés des bedeaux, selon les anciennes solennités et cérémonies,
« lesquelles nous entendons être inviolablement gardées, et ce,
« sans faire aucuns banquets, déclarant toutes collations de degré
« faictes en chambre et en privé, nulles et de nul effet et va-
« leur. »

L'art. 95 (17e) détermine les personnes auxquelles les degrés seront conservés : « Les degrés ne seront conférés sinon à person-
« nes qui auront étudié par tems et intervalles opportuns, selon
« les ordonnances des rois nos prédécesseurs, dont ils seront te-
« nus de faire apparoir par certificat et rapport de leurs régents et
« recteurs. »

L'art. 96 (18e) règle le mode de conférer les régences : « Quand il y
« aura régence vaccante, en droit canon ou civil, les docteurs-ré-
« gents en la faculté mettront dans le mois affiche de ladite vaccance,
« et en enverront autant aux plus prochaines et fameuses Univer-
« sités du parlement, ès quelles il y aura exercice de ladite faculté,
« assigneront jour certain et compétent pour ouvrir la dispute, et
« sera préféré celui qui par leçons continuera un mois durant, et par
« répétition publique aura été trouvé le plus digne par le jugement
« des docteurs-régents de ladite faculté. »

Enfin l'art. 98 (19e) confirme les priviléges dont les Universités
jouissent respectivement, « nonobstant que les lettres de leurs dits

« priviléges se trouvent perdues ou adirées par le moyen des troubles
« ou autrement. »

Cette ordonnance, si elle n'eût eu pour contrepoids l'esprit de
corps et l'influence de la tradition, aurait produit un bien fâcheux
effet; elle aurait confondu ces écoles de l'enseignement du droit avec
les écoles de l'enseignement primaire et secondaire; car, ainsi que
nous l'avons fait remarquer, ses dispositions sont communes à toutes
les écoles; elle va même jusqu'à régler le mode de conférer les titres
de docteur en médecine et de chirurgiens et apothicaires, professions
alors confondues avec l'astrologie, l'empirisme et avec celles de bar-
biers et d'herboristes.

Mais heureusement il n'en fut pas ainsi, et l'exécution de cette ordonnance fut telle, qu'elle permit aux Universités de droit de rester
encore distinctes des branches de savoir, alors fort peu avancées et
honorées, avec lesquelles on voulait les confondre.

Nous verrons, en effet, bientôt quelles furent celles de ses dispositions qui obtinrent l'honneur d'être observées; et comme elles se
réduisent à des proportions fort peu importantes ainsi dégagées des
autres facultés que l'on affectait de mélanger à l'Université, la mise
en pratique de ses dispositions ne porta aucune atteinte à la dignité
des corps universitaires qui restèrent, sauf les empiètements succes-
sifs dont ils étaient l'objet de la part du pouvoir, ce qu'ils avaient été.

Henri IV, en l'année 1616, fit revivre l'édit d'Henri II, qui remettait la nomination des docteurs-régents à l'approbation du pouvoir clérical.

C'est ainsi que deux princes, animés de sentiments religieux bien
différents, eurent recours au même moyen de compression : l'un
pour satisfaire aux exigences de son propre parti, l'autre pour
apaiser la colère du parti qu'il avait vaincu sans l'avoir détruit.

Les tristes conséquences des *troubles* continuaient à se faire sentir
dans cette école célèbre; les étudiants y reparaissaient à peine; mais,
soit que l'éclat dont elle avait brillé réfléchit sur ceux qui devaient en
faire partie dans des temps moins prospères, soit que le nombre réduit des docteurs-régents n'en fût pas moins composé d'hommes
éminents, et faisant revivre ceux qui avaient donné à l'Université
d'Orléans son illustration, toujours est-il que le titre de docteur-

régent attaché à cette institution fut, même alors, l'objet d'une ardente concurrence.

C'est ce que nous apprend un arrêt réglementaire du parlement de Paris, rendu, *pour la réformation et rétablissement de l'Université d'Orléans,* le 25 juin 1626.

Il est bien d'établir entre quelles parties cet arrêt a été rendu.

On voit figurer en première ligne, dans l'intitulé de l'arrêt, trois docteurs ès-droit, avocats en la cour de parlement; ils s'étaient rendus appelants de l'élection faite par les docteurs-régents, de Me Jean Jourdain, à la place de docteur-régent ès-droit civil qu'avait occupée feu Me Mathieu Legrand.

Les autres parties étaient trois docteurs-régents en l'Université, intimés en leur propre nom; venaient ensuite les maire et échevins, l'évêque du diocèse, le scolastique-chancelier de l'Université, les lieutenants généraux et particuliers du bailliage et prévôté, l'avocat-général au bailliage d'Orléans et son substitut, les conseillers au bailliage; tous étant, ou se prétendant conservateurs des priviléges de l'Université, et demandeurs en intervention; tous représentés par des avocats et des procureurs différents et prenant des conclusions contradictoires.

Il n'est pas moins nécessaire de faire connaître les circonstances dans lesquelles l'élection attaquée avait eu lieu.

Au cours de l'année 1625, un docteur-régent, messire Jehan-Mathieu Legrand, remarquable par sa science et sa probité, était mort; sa chaire devait être donnée au concours.

Le nombre des docteurs-régents était réduit à quatre; cependant celui des écoliers avait pris un certain accroissement; on voulut profiter de cette occasion pour nommer deux docteurs, ce qui aurait permis d'accueillir deux des dix concurrents qui se présentaient.

Nous devons noter, en passant, à la gloire de l'Université d'Orléans, que parmi ceux-ci se trouvait un avocat au parlement de Toulouse.

L'un des autres concurrents était Me François Legrand, fils du docteur qu'il s'agissait de remplacer.

Nous ajournons le compte à rendre des formalités suivies pour la réception des docteurs-régents; il doit nous suffire pour le moment de dire que les opinions ayant été recueillies dans la forme en usage, le lieutenant-général du bailliage, dans un long discours, établit que *le nombre des quatre docteurs avec l'institutaire est plus que suffisant à fournir de leçons l'école et les écoliers.*

Malgré ces observations, le lieutenant général est d'avis de remplir cette chaire vacante de deux candidats qu'il désigne.

Le lieutenant particulier, sans s'expliquer sur le nombre, objet cependant de la délibération, déclare « que sur les six co-rivaux, il « en faisait partage en deux, mais inégal, et tant qu'à son advis, « quatre d'entr'eux ne sont assez forts ni assez robustes pour prester « le collet et terrasser en la lutte un seul seullement des dix aultres « qui sont descendus sur le sable; que l'âge, le tems et la conti- « nuation de leurs labeurs les fortifieront pour l'advenir; que pour « le regard des six aultres, ils avaient courageusement contesté « et combattu, avec armes égales, soit en leurs *leçons,* soit en leurs « disputes. »

Dans l'embarras du choix, M. le lieutenant particulier se décide pour celui qui a reçu dès son enfance l'éducation et les leçons d'un père qui avait passé une vie honorable dans le doctorat.

« Ce qui lui a fait soutenir être beaucoup plus expédient, de pro- « noncer pour ceux qui auraient sucé les principes de la jurispru- « dence avec le lait, et comme l'on tenait de Platon, Aristote et tant « d'aultres sages, qui depuis s'étant divisés en diverses bandes, qu'ils « avaient plus appris des mœurs que des paroles de Socrate, aussi « ledit sieur Legrand ayant autant profité de la conversation fami- « lière de son dict feu père, et des dits sieurs docteurs-régents, qu'en « leurs leçons et enseignements, il s'était véritablement rendu digne « et capable à cette charge. »

M. le lieutenant général de la prévôté est d'un avis contraire : « Les « historiens préfèrent, dit-il, Alexandre-le-Grand à Darius, roi des « Perses, parce que Darius naquit avec l'empire, et Alexandre-le- « Grand le conquit par sa valeur et force héroïque, étant chose plus « glorieuse d'être grand par mérite que par fortune. »

Il continue en soutenant qu'il faut faire choix et élection du plus capable et digne, pour maintenir la réputation de cette Université qui est l'une des plus célèbres et anciennes du royaume; il termine en ne désignant qu'un seul des compétiteurs ; cependant, prévoyant le cas où MM. les docteurs-régents penseraient devoir nommer deux docteurs pour la chaire vacante, il finit par en nommer un second.

M. le lieutenant particulier de la prévôté allait parler, il avait même prononcé ces mots : *Avec un ancien, j'admire.........,* lorsque MM. les conseillers au présidial, qui prétendaient à la préséance sur lui et qui l'avaient obtenue, l'interrompirent et soutinrent que la parole leur appartenait ; mais le recteur, avant la séance, avait défendu au scribe *de rien mentionner de ce qu'ils diraient,* ce dont s'étant aperçu les conseillers, ils se contentèrent de formuler leurs protestations et réserves.

Alors le lieutenant de la prévôté continua ainsi : « J'ai accordé à « tous les contendants la concurrence et capacité avec le sieur Le- « grand ; aussi de leur part doivent-ils reconnaître que la nature leur « ayant à tous dénié d'avoir pour père et précepteur un docteur en « droit, ils n'ont pu recevoir une teinture si tranchée, si imbibée, « une instruction si solide et si particulière en la cognoissance du « droit, comme le sieur Legrand, leur compétiteur, qui avait été « destiné et dévoué par son père à cette seule étude, dont l'idonéité le « rendait *studiosis utilissimum* et *accommodatissimum* ; à ce sujet aussi « les élèves l'aimaient avec passion, le désiraient avec impatience, « et publiaient ne remporter et ne recueillir de ses écrits et discours « rien qui ne fût facilement enseigné et judicieusement élaboré : « *Adsunt aptæ, inquiunt, crebæque sententiæ : gravis et decora cons-* « *tructio, opportunitas in exemplis, proprietas in epithetia, flumen in* « *verbis, fulmen in clausulis* (1) ; » cette dernière action, ajoute-t-il, « est la troisième en laquelle Me Legrand : *Ex opaco situm exemerat* « *qui sic umbratili studiorum vita diutius palluerat* (2) ; qu'il était à « propos de donner quelque fin, non à ses études et à ses travaux,

_____

(1) « Il y en a, disent-ils, des raisons considérables et nombreuses ; son style est « grave et élégant, ses citations heureuses ; il se distingue par une grande propriété « des épithètes ; ses discours ont l'entraînement d'un fleuve ; ses conclusions pro- « duisent l'effet de la foudre. »

(2) « Il était sorti de son obscurité, lui dont la vie avait long-temps pâli à l'ombre « de l'étude. »

« mais à son attente et à ses espérances ; son avis était donc : *Ut*
« *stupentibus factiosis acclamantibus bonis, reclamantibus nullis aut*
« *paucis, filium collegæ nostri demortui, viri alioquin clari et gravis,*
« *et qui memoria suo prodesse filio debeat, filium tamen honestate,*
« *mansuetudine, pietate insignem tam morum quam litterarum suf-*
« *fragia refferantem collegam nobis adsciscemus ; suamque memo-*
« *riam tam grata predictione et recordatione extendi et prorogari*
« *censeremus* (1). »

M. l'avocat du roi opine dans le même sens et par les mêmes
motifs ; il les puise dans la loi romaine : *frater à fratre* ; il invoque Cujas et un assez grand nombre de textes latins, et il conclut
de toutes ces autorités, et d'ailleurs en rendant hommage au mérite
et aux mœurs de Me François Legrand, qu'il doit être élu.

Le second avocat du roi ne partage pas cet avis ; il se décide pour
un autre compétiteur ; il regrette cependant, ne pensant pas que
deux docteurs dussent être élus, que l'avocat du parlement de
Toulouse, Me Davezan, qu'il dit être surnommé *le Gascon,* auquel
il applique ce passage de Martial : *Homo ingeniosus, acutus et acer,*
et qui in discendo, plurimum haberet et salis et fellis nec candoris mi-
nus (2), ne puisse être nommé.

Aussitôt après ce discours, MM. les conseillers de la prévôté veulent donner leur avis ; mais, ainsi qu'il l'avait fait à l'égard de MM. les
conseillers du présidial, M. le recteur ayant donné ordre au scribe
de rien mentionner de ce qu'ils diraient, leur déniant le droit de
concourir à l'élection (3), ils se bornent à protester et l'on passe
outre.

(1) Qu'on accueille, en réunissant sur lui les suffrages, le fils de notre collègue que
« nous venons de perdre, qui était un homme éminent et grave, dont la mémoire
« doit être utile à ce fils qui, de son côté, n'est pas moins remarquable par sa pro-
« bité, sa douceur, sa piété, que par l'étendue de ses connaissances, pensant ainsi
« perpétuer, par les espérances favorables qu'il donne et par cette marque de souvenir,
« la mémoire de son père, et cela à la stupéfaction des méchants, à l'approbation des
« gens de bien, et avec point ou peu d'opposition. »

(2) Esprit ingénieux et piquant, et qui, en enseignant, avait autant de sel et de
raillerie que de simplicité.

(3) Cette circonstance sera précisée lorsque l'on rendra compte des formes observées
dans l'élection des docteurs-régents.

On donne ensuite lecture de l'avis des maire et échevins; ceux-ci commencent par protester contre l'oubli que l'Université a fait de les inviter à assister aux disputes des contendants; et après cette réserve de leurs droits, et de se pourvoir en nullité contre l'élection, ils s'expliquent sur le nombre des docteurs qui doivent enseigner à l'Université.

« Il est expédient, disent-ils, d'augmenter les docteurs au nombre
« ancien de huit, vu la multitude des écoliers qui sont en ladite ville,
« l'infréquence des leçons qui se font auxdites écolles, et le régle-
« ment sur ce donné par l'arrêt de l'année 1512 et autres arrêts pu-
« bliquement donnés, joint que les profits extraordinaires que font
« lesdits sieurs docteurs, étant même modérés de quatre à huit,
« pourront honnêtement suffire à leur entretien; aussi sera le moyen
« de retenir dans cette cité huit doctes personnages, la science des-
« quels pourra grandement profiter au corps général de la ville,
« aux particuliers originaires et à tous les étrangers qu'elle at-
« tirera. »

Les débats étant terminés par l'émission de cet avis, on procède ensuite à l'élection dans les formes que nous rapporterons bientôt; et par le résultat de la délibération, M⁰ Jourdain fut nommé *seul* à la chaire vacante.

Comme on le pense bien, cette élection, attaquée dès son origine, le fut après qu'on l'eût rendue publique et signifiée aux candidats désappointés; et ce fut ainsi que s'engagea la cause d'appel au moyen duquel on saisissait le parlement de Paris de l'appréciation de la validité de cette opération.

On se demande, en premier lieu, comment on a pu appeler d'un procès-verbal d'élection; à cette époque, il n'y avait pas d'autre mode de se pourvoir contre un acte dont on avait à se plaindre.

L'exposé des discussions contenues dans ce procès-verbal explique les questions soumises au parlement et la présence des parties.

On conçoit que les candidats repoussés figurent comme appelants; que les conseillers du présidial, prétendant au droit de donner leur avis, figurent comme intervenants; que les maire et échevins, qui voyaient leurs droits consacrés par les ordonnances et arrêts précédents, méconnus, interviennent aussi; que le scolastique suive la même voie, et qu'enfin les docteurs-régents et le nouvel élu figurent comme intimés.

Ce qui s'explique moins, c'est l'intervention de l'évêque du diocèse; aussi est-ce sans surprise que l'on voit l'arrêt intervenu garder le plus profond silence sur les conclusions qui tendaient à ce qu'il fût reçu intervenant et à ce que le nombre des docteurs fût porté à huit.

Il est nécessaire, pour bien connaître la cause *motive* de ce procès, de résumer ici les questions qu'il présentait.

Nous les diviserons en cause principale et en cause accessoire.

La cause principale était le nombre des docteurs et l'exécution de l'arrêt de 1512 portant ce nombre à huit.

Les causes accessoires étaient elles-mêmes au nombre de deux ; d'abord, on demandait l'annullation de la thèse comme contenant des maximes contraires aux libertés de l'Eglise gallicane; nous verrons, en son temps, en quoi consistait ce reproche dirigé contre cette thèse soutenue par le nouvel élu.

En second lieu, les maire et échevins poursuivaient la reconnaissance de leurs droits, ainsi que les conseillers du présidial et le chancelier-scolastique de l'Université.

La cour s'est peu préocupée de ces dernières questions ; le juge ne semble pas, dans ce temps, avoir eu l'obligation, comme aujourd'hui, de statuer sur toutes les conclusions qui lui étaient soumises; la cour n'a statué que sur leurs deux premiers chefs.

Il nous semble inutile de nous appesantir sur les conclusions des parties en cause; nous ne nous arrêterons qu'au réquisitoire de l'avocat général Talon et à l'arrêt lui-même.

L'avocat-général expose que « les disputes et thèses qui devaient « avoir lieu par suite du décès de l'un des docteurs-régents ayant « été publiées dans les formes régulières, dix hommes de lettres se « sont présentés, qui tous prétendaient devoir être docteurs, parce « que chacun d'eux ayant bonne opinion de ses études se faisait ac- « croire, puisque la régence devait être au plus savant, il pouvait y « espérer plus de part que son compagnon. »

Appréciant les conclusions des parties tendant à ce que le nombre de *huit docteurs* fût fixé pour l'Université d'Orléans, il trouve ces conclusions fondées, « en ce que les concluants ont cet avantage que « ce qu'ils demandent est jugé par l'arrêt de 1512, exécuté pendant « quarante années consécutives. »

Il établit que, jusqu'en 1554, les huit docteurs ont enseigné, « ce « qui a continué, dit-il, jusqu'à ce que les troubles de la R. P. R. « étant survenus, l'estude de la jurisprudence est délaissée pendant « quelques années, de façon que n'y ayant ni recteur, ni régents en « l'Université, cela donna lieu à la réduction du nombre des docteurs « qui étaient *huit,* alors qu'ils n'avaient aucun gage ; maintenant « qu'ils ont *huit cents écus de gage,* ils ne veulent être que *quatre ;* « comme si nos lettres-patentes, et sans l'autorité de la cour, ce qui « se trouve avoir été établi pour la réformation d'une Université pou- « vait être changé, et que le temps, qui peut quelque chose sur les « biens des particuliers, pût autoriser un usage et un abus qui est « fondé sur une contravention faite aux arrêts de notre cour au pré- « judice de l'honneur des lettres. »

L'avocat général continue la démonstration que le nombre de huit doit être admis, « veu l'état auquel est à présent cette Université ; » il ajoute qu'en augmentant le nombre au moins de deux docteurs, il en résultera une honnête émulation à bien faire, et l'*espéranee* aux autres, qui s'exerceront en l'étude du droit, de pouvoir *espérer* pa- reilles charges.

Pourvu qu'ils s'instruisent, dit-il, en une meilleure doctrine que celle qui est contenue dans les propositions soutenues par Jour- dain.

Ici, l'avocat général entre dans la critique de ces propositions, sur lesquelles, ainsi que nous l'avons dit, nous reviendrons dans un autre chapitre. Il nous suffit de recueillir, quant à présent, le résultat de ces réquisitions.

En premier lieu, il fait voir que les quatre concurrents étaient dignes d'occuper la chaire, que le nombre des docteurs devait être de huit, et il accorde à l'arrêt de 1512 une pleine et entière vigueur.

En second lieu, il nous apprend que le nombre des docteurs avait été réduit par suite de la suspension absolue des cours, dont la reprise n'avait été que lente après les troubles (1) ;

Que les docteurs-régents, dans les temps antérieurs à ces troubles, ne recevaient *aucuns gages,* et que ce n'est que depuis qu'ils ont reçu *huit cents écus* (2), c'est-à-dire deux cents écus chacun, qu'ils veulent maintenir le nombre de quatre; attribuant à l'avarice des docteurs leur opposition à ce que le nombre de *huit,* fixé par l'arrêt de 1512, fût complété.

Il est d'autres observations qui résultent de l'examen des conclusions prises par les parties et du réquisitoire de l'avocat général : c'est que, d'une part, le sujet des disputes et des thèses devait être soumis aux maire et échevins , afin qu'ils vérifiassent si elles ne portaient pas sur des points de doctrine contraires à *l'autorité royale et aux matières de l'État,* c'est-à-dire aux *libertés de l'église gallicane;* que ces thèses étaient alors rendues publiques; que tous ceux qui voulaient concourir étaient appelés , nous verrons bientôt dans quelle forme; qu'ensuite les concurrents étaient mis en présence, les thèses tirées au sort, et que les docteurs assistaient aux développements que les récipiendaires leur donnaient, ainsi que les officiers du pouvoir royal, *conservateurs des priviléges de l'Université;*

Qu'il fallait, en outre, être immatriculé sur les registres de l'Uni-

(1) Cette réduction avait eu lieu à la sollicitation des docteurs-régents, qui avaient obtenu du roi Louis XIII, au mois de juin 1628, une déclaration par laquelle le nombre des docteurs était, de huit, réduit à quatre; cette déclaration est énoncée dans un acte d'*adhésion,* de Gaston, comme duc d'Orléans, le 17 août suivant.

A cette époque, il y avait cinq docteurs, outre l'*institutaire.* Le roi ordonne que la réduction aura lieu par extinction, à la charge par chacun des docteurs de faire une leçon par jour, et l'institutaire *idem ;* et qu'ils entretiendraient aux écoles des leçons, depuis sept heures du matin jusqu'à onze ; et après dîner, depuis une heure jusqu'à trois; qu'ils se suppléeraient réciproquement, en cas d'absence ou maladie, de manière à ce que les leçons ne puissent manquer, pour quelque cause et occasion que ce soit.

(2) Cette somme était composée de 600 écus soleil, accordée par le roi Henri III, suivant son ordonnance du 15 mai 1583, aux quatre docteurs-régents de l'Université, « pour leur entretenement, gages, à cause de leur dict état; » elle devait être prise sur *les octrois et autres* qui entraient dans la ville; et 200 écus soleil, donnés par la reine, duchesse d'Orléans, suivant donation confirmée par lettres-patentes du roi, du 27 du même mois de mai.

versité, qui constataient ainsi un séjour de six mois dans la ville où la thèse devait être soutenue, de la part des aspirants au grade de docteur-régent ;

Enfin que l'Université avait triomphé au XVIIᵉ siècle des épreuves qu'elle avait subies au XVIᵉ, puisque l'avocat général reconnaît que son état présent exige l'adjonction de deux docteurs au nombre existant ; il est vrai qu'il base cette dernière proposition *sur la nécessité de suspendre les cours et de pourvoir au nombre suffisant de docteurs, à cause de la vieillesse et indisposition de deux anciens personnages de grande considération.*

L'arrêt décide conformément à ces réquisitions ; il dit que l'arrêt de 1512, conservant le nombre de huit docteurs à l'Université d'Orléans, sera gardé et observé *quand l'affluence et multitude des écoliers l'exigera* ; qu'outre les *trois docteurs* qui sont à présent dans ladite Université et *l'institutaire,* il y aura encore trois docteurs, faisant le nombre de six.

Il nomme les appelants à cette fonction, et fixe les gages de chacun, savoir : 700 livres aux deux anciens, et 400 à chacun des quatre autres, et se termine en maintenant le droit d'élection *aux seuls docteurs-régents.*

L'autorité de cet arrêt ne devait pas être de longue durée ; les docteurs représentèrent au roi que le nombre de six docteurs réduit à quatre, par suite des guerres civiles qui *avaient dépeuplé la ville* et rendu les écoles de droit désertes, était excessif ; ils justifiaient ce qu'ils avançaient en rappelant la déclaration de Henri III. Expliquant ensuite l'arrêt réglementaire de 1626, ils attribuèrent ses dispositions à l'état de vieillesse et d'infirmité de deux docteurs-régents, état qui, en nuisant à la tenue et au cours des leçons, avait déterminé le parlement ; ils ajoutaient que le nombre des élèves, loin d'augmenter, avait diminué à ce point qu'ils ne se présentaient pas aux cours dans un nombre excédant vingt ou vingt-cinq ; que le petit gage attaché aux chaires des deux docteurs, *les derniers du nombre six,* éloignait de cette fonction les plus doctes et versés en jurisprudence ; que l'une de ces chaires étant venue à vaquer, personne ne s'était présenté, au lieu que si le nombre eût été réduit à quatre, ces chaires seraient plus recherchées à cause des gages qui leur seraient attribués ; que dans les autres Universités, qui *toutes étaient bien plus fréquentées* que celle d'Orléans, il n'y àvait que quatre docteurs ; et enfin que six leçons par jour étaient plus que suffisantes.

C'est sur cet exposé qui a passé tout entier dans l'ordonnance du roi, datée de La Rochelle au mois de juin 1628, deux ans après l'arrêt dont nous venons de rapporter les dispositions, que cette ordonnance fut rendue.

Aussitôt les maire et échevins, conseillers du bailliage et du présidial, forment *provisoirement* au greffe du parlement une opposition à son enregistrement et se réunissent le 4 septembre suivant pour savoir s'ils *lui donneront suite ou s'en désisteront.*

Le résultat de cette délibération fut que les maire et échevins poursuivraient l'instance en opposition « *pour la grande utilité de la ville* « *qui s'en allait par un grand canton déserte,* les écoliers s'étant ung « an quasi tous retirés, *tant pour le mépris qu'ils font des docteurs* que « pour l'insuffisance des leçons, seule faute d'iceux, et qu'il serait « expédient que le nombre fût augmenté jusqu'à huit, suivant l'arrêt « de 1512 ; soit affin que dans ce nombre il s'en trouvât quelques- « uns qui s'acquittassent dignement de leur charge, soit affin de faire « naître une émulation entr'eux, dont il tournerait honneur à eux et « proffit à la ville. »

Sur cette opposition, la cour rendit un arrêt de *soit communiqué,* et la procédure reçut tous ses développements ; elle fut close par un arrêt du 7 septembre 1630, aux termes duquel le parlement, faisant droit sur l'opposition des maire et échevins, dit que : conformément à l'arrêt de 1626, il y aura six docteurs à l'Université d'Orléans.

C'est ainsi que cette dernière décision devint définitive ; et cependant elle ne fut pas exécutée, car nous avons sous les yeux le procès-verbal de l'élection de deux docteurs de l'année 1668, qui nous apprend que le concours avait lieu, sur la provocation de trois docteurs seulement, par suite de la mort de leur collègue, et qu'une nouvelle provocation et publication du premier concours était devenue nécessaire, l'un de ces trois docteurs étant venu à mourir depuis ; ce qui démontre bien qu'à peine l'arrêt de 1626 était-il rendu qu'il était méconnu, et que les docteurs-régents, auxquels il était imposé, étaient parvenus à se soustraire à son autorité.

Tout s'explique par la lecture d'un arrêt de 1670, qui nous révèle que si les arrêts de 1512, 1626 et 1630 n'ont pas reçu d'exécution, c'est que les docteurs-régents, par suite d'une procédure que l'avocat général Talon qualifie de collusoire, avaient obtenu un arrêt au cours de l'année 1641, réduisant le nombrre des docteurs à quatre au lieu de six, contrairement aux arrêts précédents.

Pour bien comprendre cet arrêt de 1670, contenant les révélations les plus intéressantes sur l'état de l'Université et les mœurs universitaires, et pour être fixé sur la véritable situation de l'enseignement, nous devons établir quelles étaient les parties en cause et le véritable sujet de la contestation.

En l'année 1667, Me Davezan, cet avocat au parlement de Toulouse, surnommé *le Gascon,* qui avait concouru sans obtenir la régence en 1625, mais qui l'obtint depuis, et Me Claude Colas (1), étaient morts; leurs chaires furent mises au concours.

Cinq contendants se présentèrent, deux seulement furent nommés.

La lutte dura long-temps, car le procès-verbal de *ces régences,* ouvert le 17 août 1667, ne fut clos que le 23 mai 1668. Cependant deux des cinq contendants furent admis, ce furent Me Prousteau, le fondateur de la bibliothèque publique d'Orléans, et Me Leberche.

Le concours avait été ouvert par les trois docteurs survivants, MMes Jacques Delalande, Claude Colas et Edme Rivière; mais, quelques jours après sa publication, Me Colas vint à mourir, de sorte que les thèses et disputes furent ajournées et ouvertes de nouveau par deux docteurs-régents seulement, Me Delalande et Me Rivière.

Ce n'est pas le seul incident qui devait se présenter : au moment de l'ouverture des thèses, Me Delalande était recteur de l'Université; quelques mois après, *l'année de son rectorat* vint à expirer, et Me Rivière fut élu recteur *en l'assemblée et manière accoutumée.*

L'élection faite de Mes Prousteau et Leberche donna lieu à un appel qui fut porté devant le parlement de Paris.

Nous nous sommes demandé, en rendant compte de l'arrêt de 1626,

(1) De Brouville.

comment on pouvait appeler d'un procès-verbal d'élection, et comment un premier degré de juridiction n'était pas parcouru avant d'arriver à la cour souveraine par voie d'appel ; nous avons trouvé la réponse à cette question : d'abord, dans la pratique du palais ; nous la trouvons surtout dans la composition même des assemblées qui prenaient part, au moins par voie d'avis nécessaire, à la nomination des docteurs-régents.

Toute la magistrature concourait ou avait la prétention de concourir à l'élection des docteurs-régents ; les lieutenants généraux des bailliage et prévôté avaient manifestement cette mission ; les avocats du roi, et même les conseillers au présidial et à la prévôté prétendaient au droit d'assister aux thèses et disputes, et de donner leur avis sur le mérite des contendants ; et lorsqu'on leur déniait ce droit, ils protestaient et intervenaient dans les procès de réglements.

De sorte que toutes les corporations judiciaires étaient parties dans ces sortes de causes, et qu'il aurait fallu, pour suivre la procédure ordinaire, une instance préalable en réglement de juges, et désigner un tribunal d'attribution.

Enfin, il faut remarquer l'extrême difficulté d'appliquer des arrêts de réglements et la nécessité d'avoirs recours à la juridiction qui les rendait ; car ces arrêts ne pouvaient jamais avoir un caractère définitif, leur application devant être ou n'être pas possible, suivant des circonstances variables et imprévues.

Ces appels, quoiqu'ils prissent ce nom, étaient donc bien plutôt des instances en interprétation d'arrêts que des appels proprement dits.

Cette fois, comme en 1626, les parties saisirent la cour du parlement d'un appel de décret d'élection qui nommait MM[es] Prousteau et Leberche docteurs-régents de l'Université.

La première partie que nous rencontrons est un des prétendants désappointés, Me Charles Goullu, *advocat en la cour, institutaire en l'Université d'Orléans.*

Ses conclusions attestent la passion qu'il apportait dans cette circonstance, l'importance qu'il attachait à la fonction et au grade de docteur-régent, et de la haute idée qu'il avait de son mérite.

Il élève d'abord la question du nombre des docteurs ; il prétend que quatre chaires sont vacantes ; invoquant les arrêts de 1512 et de

1626, il réclame la première régence sur celles à donner; il va jusqu'à demander que Mᵉ Rivière soit considéré comme n'étant pas valablement investi non-seulement de son titre de recteur, mais même de son titre de docteur, et que la chaire soit remise au concours.

Il argue de nullité le décret de l'élection en premier lieu, parce que, contrairement à l'article 66 de l'ordonnance de Blois, il n'a été rendu que par deux élisants; en second lieu, parce que, et c'est le seul grief qui rentre dans les dispositions de cet article de l'ordonnance invoquée, Mᵉ Rivière, quoique juge des disputes, aurait intrigué et sollicité pour Mᵉ Prousteau; en troisième lieu, parce que les deux élisants étaient divisés d'opinion et avaient envoyé chercher une tierce personne pour les départager; et enfin, parce qu'on avait attendu huit jours pour faire l'élection, contre l'usage ancien.

Ces moyens de forme sont suivis de moyens du fond.

Mᵉ Goullu se prévaut de ce qu'il a été déclaré digne de la première chaire par quatre magistrats sur cinq.

Il prétend que l'Université, suivant l'arrêt de 1512, doit avoir huit professeurs, et fait remarquer que le nombre de six avait été maintenu par les arrêts de 1626 et 1630.

Il ajoute « qu'en 1641 on avait obtenu, sans mettre en cause les « magistrats, et par connivence avec les maires et échevins, un arrêt « du conseil réduisant le nombre des docteurs à quatre, et que mal- « gré ses prescriptions, l'Université n'en tenant aucun compte, en « 1653, au lieu d'élire un seul docteur-régent, on en a élu deux, « ce qui portait leur nombre à cinq, d'où il tire la conséquence que « ce que les docteurs-régents ont fait, l'a été au mépris de cet « arrêt. »

Ce ne sont pas les seuls reproches qu'il adresse à l'Université : les conditions imposées aux docteurs-régents par l'arrêt de 1641 n'ont point été observées, dit-il; les docteurs n'ont jamais fait six leçons par jour, comme ils s'y étaient engagés.

« Ils ont obtenu, ajoute-t-il, cet arrêt sans faire connaître à la cour « qu'ils avaient augmenté le prix des licences; les revenus de l'Uni- « versité exigent le rétablissement de huit docteurs, les seuls émolu- « ments de licence, par un compulsoire fait de l'ordonnance de la cour, « montant à 24,000 livres par an, *le fort portant le faible,* pendant six

« années, à commencer de 1663, temps non suspect, sans y comprendre
« huit cents écus de gages, les messageries et les bedelleries (1). »

Les autres parties étaient les deux docteurs-régents élus, intimés ;
Mᵉ Rivière, recteur, en sa double qualité de docteur-régent et de recteur ; et dans la première, pris à partie en son propre et privé nom,
puisqu'on demandait la remise au concours de la chaire qu'il occupait depuis *douze ans ;* enfin l'autre docteur-régent ancien, comme
intervenant.

Il n'est pas nécessaire de nous occuper des autres parties aussi intervenantes, au nombre de deux ou trois, non plus que des conclusions prises par chacune d'elles ; le rapprochement de celles prises par
l'appelant principal, du réquisitoire de l'avocat général Talon, suffira
à l'intelligence de ce qu'il nous semble important de faire connaître.

L'avocat général établit qu'il y a deux questions en la cause : l'une,
la validité du décret ; l'autre, le rétablissement de deux chaires.

« Pour la première, dit-il, après avoir méthodiquement resserré
« le débat dans ses plus étroites limites, encore que Goullu qui avait,
« en sa faveur, toutes les voix des conservateurs, excepté celle du
« lieutenant particulier, et qu'il prétend ne pas lui avoir été favorable
« à cause dudit procès ; encore, disons-nous, qu'il ait été exclu,
« quoique jugé le plus capable par le lieutenant gnéral et par les of-
« ficiers du parquet et par le lieutenant en la prévôté, qui étaient
« d'avis de lui adjuger la première chaire ; encore que le refus fait par
« Mᵉ Edme Rivière, intimé, de répondre sur les faits qui lui ont été
« signifiés, donnât beaucoup de soupçons que l'élection n'a pas été fort
« canonique, et que quelques-uns des officiers de la ville assurent
« qu'elle n'a pas été exempte de brigues ; tout cela ne paraît pas suf-
« fisant pour rétracter le choix qui a été fait par les docteurs, particu-
« lièrement si l'on considère que Leberche et Prousteau ont toutes
« les qualités nécessaires pour remplir les deux places qui leur ont
« été adjugées ; qu'ils en sont en possession depuis deux ans. »

(1) Si ce qu'avance là le docteur appelant est vrai, les revenus des docteurs devaient être bien considérables. Ils avaient d'abord 4,000 livres chacun pour droit de
licence, 200 écus et les droits de bacheliers ; les droits de messageries et de bedellerie étaient affermés : le tout partagé entre quatre ou cinq personnes, suivant les convenances des docteurs qui faisaient l'élection.

Examinant, d'après ces prémices, l'opportunité d'établir le nombre de huit docteurs, et les arrêts de 1512, 1626 et 1630, et celui du conseil de 1641, il établit les vices de celui-ci, qui « n'aurait pas « été enregistré en la cour du parlement, et dont les conditions im- « posées aux docteurs-régents n'auraient pas été exécutées par eux ; » il exprime l'avis qu'il est nécessaire de rétablir leur nombre ancien.

Il repousse cependant l'argument tiré par Me Goullu, appelant, à l'appui de sa demande afin de rétablissement du nombre des docteurs-régents, de la quantité considérable de licences délivrées, et de l'é-molument qui en résulterait pour eux ; car il admet que cette quantité de licences est le résultat d'un abus qu'il regrette de ne pouvoir pré-venir ; *ces licences se donnant,* dit-il, *sans aucune épreuve suffisante et sans aucune preuve d'étude* (1).

Il conclut à ce que toutes les parties intervenantes soient reçues en cette qualité, à ce que l'appel soit mis à néant et à ce que ce dont est appel reçoive son exécution, à ce qu'il soit ordonné que les arrêts de 1626 et 1630 seront exécutés ; en conséquence, que le nombre des docteurs-régents soit élevé à six ; que la première des deux places soit remplie par Goullu et la seconde par Proust.

La cour rendit un arrêt en tous points conforme à ces conclu-sions.

Jusqu'ici nous ne voyons guère intervenir que le pouvoir judiciaire exerçant son droit réglementaire, et cependant Louis XIV régnait, et sa toute-puissance se portait sur toutes les branches de l'administra-tion publique.

Il eût été surprenant que ce long règne se fût passé sans que l'en-seignement public eût été l'objet de son attention, et sans qu'il eût imprimé aux institutions universitaires le cachet de son despotisme ; il se garda bien d'y manquer, et ce qu'il y a de remarquable, c'est qu'il ne le fit que lorsque les inquiétudes que lui inspiraient les pro-testants le portèrent à des mesures également réprouvées par l'huma-nité et par une sage politique.

Au mois d'avril 1679, on vit apparaître un *édit pour le rétablisse-ment des études du droit canonique et civil dans toutes les Universités*

_____

(1) L'Université de Bologne a encouru le même reproche. (M. DE SAVIGNY.)

du royaume, et trois ans après (6 août 1682), le roi publia une *dé-claration sur l'exécution de l'édit de 1679.*

Nous allons suivre, avec détail, les actes de ce gouvernement ap-pliqués au régime universitaire ; nous les verrons empreints du double esprit de crainte et de despotisme qui le caractérise.

Trois dates se présentent ici : 1679, 1682, 1700 ; aux deux pre-mières furent rendus un édit et une ordonnance dont nous avons donné le titre et accusé l'intention apparente qui, fût-elle sincère, révèle-rait le dessein arrêté d'opérer une nouvelle transformation des Uni-versités ; mais nous pensons que cette intention n'avait pas ce carac-tère de sincérité et qu'elle en cachait une autre ; c'est ce que nous pouvons justifier par le rapprochement des dispositions de cet édit et de cette ordonnance des circonstances dans lesquelles ils sont inter-venus.

En 1679, s'agitait la grande question des droits régaliens ; en d'au-tres termes, la guerre était déclarée par le pouvoir séculier au pou-voir clérical ; il s'agissait donc de comprimer les Universités. afin d'éviter que des avis contraires à l'autorité de cet édit et de cette or-donnance ne vinssent à s'y manifester ; mais il ne s'agissait encore à cette époque que de s'emparer de l'esprit des professeurs.

Pour être juste, il faut se rappeler les longues guerres religieuses dont la France sortait à peine ; les factions qui l'avaient divisée, et qui, après s'être éteintes dans les troubles de la fronde, menaçaient de se reproduire [dans des sectes nouvelles ou seulement oppri-mées.

En 1679, le roi luttait contre les envahissements du pouvoir spi-rituel ; les précautions qu'il prenait à l'égard des Universités con-statent plutôt ses craintes qu'elles ne sont justifiées par la situation des esprits : les corps enseignants étaient convertis à la doctrine du pouvoir royal, mais enfin il voulait être sûr de toutes les parties de l'administration ; il attachait, avec raison, une grande importance au concours des docteurs des Universités.

Son premier soin fut de les affaiblir dans les provinces et de sa-tisfaire la jalousie de l'Université de Paris ; l'enseignement du droit romain ayant été proscrit, par les papes, de ce grand et illustre centre d'enseignement, le roi saisissait cette occasion de faire acte d'indépendance au regard du pouvoir spirituel, et de manifester la prédominance qu'il entendait exercer sur lui.

L'article 1er de l'édit de 1679 *rétablit* l'enseignement du droit romain à Paris.

Ce mot *rétablit* n'est pas exact ; jamais l'Université de Paris n'avait été en possession d'une chaire de ce droit ; ce premier pas fait, la protestation va plus loin : *nonobstant,* ajoute l'édit, *l'ordonnance de Blois, ordonnances, arrêts et règlements à ce contraires ;* ces mots cachent la vérité : il aurait fallu, pour être franc, dire : *nonobstant les bulles et les prohibitions des papes ;* mais les mots importent peu, en présence des choses elles-mêmes.

L'article 4 exprime bien plus nettement encore la pensée du pouvoir : « Enjoignons aux professeurs de s'appliquer *particulièrement* « à faire lire et entendre par leurs écoliers les textes du droit civil, « et les anciens canons qui servent de fondement aux libertés de « l'église gallicane.

L'article 5 défend, sous les peines les plus sévères (5,000 livres d'amende), « à d'autres que les professeurs, de faire leçons publique- « ment dudit droit canonique et civil, à peine d'être déchus des « degrés qu'ils auraient obtenus, et déclarés incapables d'en obtenir « dans l'avenir. »

Il étend cette peine à ceux même qui prendraient des leçons *desdits particuliers.*

Ici la frayeur qu'inspire la controverse et les associations de sectaires est trop évidente pour qu'il soit nécessaire d'insister sur ce que nous avons dit de l'esprit qui a inspiré l'édit.

Il n'est pas nécessaire, non plus, d'insister sur ses autres parties purement réglementaires, d'autant mieux qu'on les retrouve dans les documents qu'il nous reste à examiner, le but que nous nous proposions étant d'ailleurs atteint par la reproduction des textes que nous lui avions empruntés. Cependant, nous ne pouvons nous en séparer sans nous arrêter à l'article 9 : « Et considérant, y est-il dit, que « plusieurs personnes, sans avoir fait aucunes études de droit, ayant, « suivant la pratique ordinaire, obtenu des lettres de licence et « ensuite prêté serment d'avocat, il ne serait pas convenable au bien « et à l'administration de la justice qu'ils puissent être admis aux

« charges de judicature sans avoir acquis les connaissances néces-
« saires pour ce ministère. »

« Voulons et ordonnons que nonobstant lesdites lettres de licence
« et de matricule d'avocats, ceux qui voudront entrer dans lesdites
« charges de judicature soient tenus, savoir : ceux qui au premier
« jour de la présente année auront au moins vingt ans accomplis, de
« faire leçons pendant le temps porté par l'édit, de subir les examens
« et soutenir des actes pour obtenir de nouvelles licences et matri-
« cules d'avocat.

« Et ceux qui seront trouvés dans un âge au-delà de vingt ans ac-
« complis (au premier jour de la présente année), d'assister assidue-
« ment et sans aucune intermission aux audiences des cours et siéges
« de leur demeure pendant quatre années consécutives, si tant il leur
« en reste pour parvenir à l'âge convenable pour être pourvu desdites
« charges de judicature.

« Et à l'égard de ceux qui n'ont point obtenu lesdites lettres de
« licence ni prêté le serment d'avocat et qui seront trop âgés pour
« employer les années prescrites par notre présente déclaration, jus-
« qu'à ce qu'ils puissent entrer en charge ; ils soient tenus, dans un
« mois du jour de la publication des présentes, de représenter leur ex-
« trait baptistaire par-devant le juge ordinaire de leur domicile, de le
« faire enregistrer au greffe de la faculté de droit dans laquelle ils
« voudront étudier, et d'employer le temps qui leur reste, jusqu'à ce
« qu'ils puissent être pourvus de charge de judicature, sauf à assister
« aux audiences des cours et siéges où seront situées lesdites facultés,
« à prendre deux leçons publiques par jour, au moins, pour ensuite
« obtenir les degrés de bacheliers et de licenciés, suivant les inter-
« valles qui seront réglés à proportion de leur âge. »

Nous avons expliqué les intentions politiques et peut-être exclusives de cette déclaration, par les souvenirs qu'avaient laissés dans les
esprits les anciennes guerres religieuses et par les luttes nées de
l'exercice du droit régalien ; nous devons expliquer ses intentions,
dans sa partie purement réglementaire, par l'état de souffrance dans
lequel se trouvaient les Universités, et par les abus qui s'étaient glissés dans les études du droit.

Louis XIV s'inspirait donc de deux circonstances importantes pour courber sous son autorité les corps enseignants ; et ceux-ci étaient d'autant moins disposés à la résistance , que manifestement , le relâchement de la discipline, de coupables complaisances , les avaient rendus indignes d'une indépendance qu'ils n'avaient pas su continuer à mériter.

Aussi les Universités de France , et notamment celle d'Orléans, s'empressèrent de se conformer à ces deux actes de la toute-puissance royale, et de rédiger un réglement conforme à leurs prescriptions.

Aux termes de celui adopté par l'Université d'Orléans, l'ouverture des cours avait lieu à la Toussaint, et se prolongeait jusqu'au 22 juillet.

Les docteurs devaient enseigner tous les jours, à l'exception des fêtes et jeudis ; ils devaient dicter une demi-heure, expliquer les textes, exercer les élèves, en leur faisant exposer les espèces des lois, la raison de décider et celle de douter, pendant une autre demi-heure.

Le nombre de six docteurs était conservé : trois enseignaient le digeste ; le premier faisait la leçon sur le *vieux digeste*, le second sur *l'infortiat*, le troisième sur le *nouveau digeste, y rapportant les lois du code et les novelles* ; le quatrième traitait du code, le cinquième expliquait le titre *de verborum significatione,* ou *de regulis juris*; le sixième, le droit canon.

Les institutes devaient être expliquées pendant le cours de chaque année ; l'institutaire devait faire deux leçons par jour, depuis Pâques jusqu'à la fin des écoles.

Les leçons du matin commençaient à sept heures et finissaient à onze heures; celles de l'après-midi commençaient à une heure et se prolongeaient jusqu'à quatre en hiver et cinq en été.

Les étudiants en philosophie ne pouvaient s'immatriculer et prendre des leçons et degrés de droit, à peine de nullité des degrés.

Les religieux étaient admis à prendre des degrés en subissant l'examen, pourvu qu'ils apportassent des certificats des *lecteurs* de leurs maisons, attestant qu'ils avaient étudié le temps prescrit par l'édit.

Ce temps était ainsi fixé : deux ans pour le baccalauréat, trois ans pour la licence, et l'on ne pouvait se présenter à l'examen de bachelier avant les six semaines précédant l'expiration des deux ans, et des trois ans prescrits pour la licence.

On ne pouvait se présenter pour prendre un degré sans soutenir un examen particulier devant le recteur et un autre docteur-régent de l'Université nommé par la faculté; et les examinateurs ne délivraient la matière des thèses que si les postulants étaient jugés avoir les dispositions requises pour soutenir leurs *actes probatoires*.

Le recteur était élu pour *trois mois*, et, pendant ce temps, il devait présider à tous les examens et à tous les *actes* soutenus pour la promotion au degré.

La matière donnée à l'aspirant, il devait rédiger ses thèses et les rapporter au recteur dans le temps que celui-ci avait déterminé, afin qu'il pût s'assurer qu'elles ne contenaient rien de contraire à la religion, aux intérêts du roi et aux libertés de l'Eglise gallicane; et lorsque ces thèses étaient approuvées par le recteur, le jour de la dispute était assigné.

Les bacheliers étaient tenus de *disputer aux actes* pendant le cours de l'année précédant leur admission à la licence, et le recteur nommait *par tour* ceux qui devaient disputer; le récipiendaire à la licence avait l'obligation de remettre ses thèses aux bacheliers.

Comme on le voit, l'Université est absolument absorbée par le pouvoir royal; il n'est plus question de libertés intérieures; toutes les opérations du corps enseignant sont soigneusement et minutieusement déterminées par l'autorité publique et sous son influence.

Cependant nous devons remarquer un immense progrès dans la voie de l'ordre et dans la division des matières de l'enseignement.

Indépendamment de cet ordre et de cette division, on voit que de nombreux abus devaient cesser.

Quelle différence entre ce qui se passa par suite de la mise en pratique de ce nouveau statut repoussant des études du droit, même les élèves en philosophie, et ce qui se passait pendant l'application des statuts n'exigeant, pour être admis au rang des écoliers d'une institution où s'enseignait le double droit, qu'un certificat constatant que l'on savait lire et écrire!

Quels progrès ne devait pas assurer aux étudiants la prescription de faire disputer les bacheliers aux actes de licence avec ceux qui aspiraient à l'obtenir !

Enfin, il résulte de ce statut réglementaire un resserrement nouveau des attributions du corps universitaire.

Il y avait, certes, loin des disputes telles qu'elles étaient réglées par l'arrêt de 1512, aux disputes antérieures, bien loin elles-mêmes de celles dont les voûtes des grandes écoles de France retentissaient avant les réglements émanés de l'autorité cléricale ; déjà le pouvoir séculier avait renchéri sur ces limitations, et, jusqu'à un certain point, confisqué le corps universitaire qu'il avait réduit sous sa dépendance immédiate : mais jusqu'à Louis XIV, un œil attentif et pénétrant pouvait saisir encore, dans les franchises et les habitudes des Universités, la trace des anciennes franchises et des anciennes habitudes controversistes des temps antérieurs.

Par le réglement de 1682, tout disparaît, la trace effacée ne laisse plus le moindre vestige ; et les Universités, depuis long-temps déjà étrangères au pouvoir ecclésiastique, peuplées de bourgeois appartenant exclusivement à la société séculière, tombent, pour n'en plus sortir, dans le domaine du pouvoir royal et subissent les exigences de sa politique.

Les docteurs-régents perdent jusqu'à l'autorité directe sur les étudiants, la discipline des cours eux-mêmes est réglée et sanctionnée par le pouvoir administratif ; il n'y a plus de peines graduées, suivant l'importance des fautes ; les étudiants, dit le statut réglementaire, se comporteront avec modestie dans les écoles et ne feront aucune action contraire au respect qu'ils doivent aux professeurs, à peine d'être déchus des priviléges de scholarité.

Le pouvoir royal va jusqu'à imposer un nouveau tarif aux docteurs-régents, réformant celui contenu dans l'arrêt réglementaire de 1538.

Sous l'empire de cet arrêt, le droit de réception des bacheliers était : pour les petites bourses, de 25 sous parisis, et pour les grandes, de 25 sous tournois ; le nouveau réglement le porte à 16 liv., sans distinction de petites et de grandes bourses.

De plus, il exige un droit d'attestation de capacité, de 6 liv. ; il fixe le droit de lettres ou de diplôme de bachelier à 58 liv.

Le droit de licence, en 1512, pour les *grandes bourses*, était de 100 sous tournois (on ne parlait pas de petites bourses dans cet article); le règlement de 1682 le porte à 16 liv.; de plus, il exige 6 liv. pour l'attestation de capacité, et 48 liv. pour la délivrance des lettres ou diplôme de licencié.

Enfin, il fixe les lettres de docteur à 100 liv.; de sorte qu'en additionnant les droits universitaires payés par un docteur au XVIIe siècle, on voit qu'ils s'élèvent à la somme énorme, pour ce temps, de 250 liv.

Il est vrai qu'il n'est plus question de droits *de jurandes* payés par les étudiants à leur entrée dans l'école; mais il n'en est pas moins évident qu'en élevant ainsi le chiffre des dépenses, qui pouvaient d'ailleurs se cumuler avec les droits anciens que l'usage avait pu maintenir et dont le statut réglementaire a pu ne pas s'occuper, le pouvoir royal limitait en même temps les libertés des institutions enseignantes et le nombre des écoliers, dont beaucoup devaient être éloignés des études du droit par l'énormité des dépenses qu'elles occasionnaient.

A côté de ces prescriptions restrictives, nous voyons cependant apparaître quelques dispositions généreuses de nature à réconcilier avec des actes qui tendaient à détruire les derniers souvenirs des plus anciennes et des plus respectables immunités.

C'est ainsi que, par l'art. 17 de sa déclaration, le roi maintint les bourses qui avaient été créées dans les Universités de droit pour les *pauvres écoliers qui avaient étudié ès lettres humaines et philosophie*, et règle l'usage de ces bourses, dont la durée devait être de trois ans pour ceux qui n'aspiraient qu'au grade de bachelier ou de licencié, et de cinq ans pour ceux qui aspiraient au doctorat.

C'est ainsi qu'en se réservant le droit exorbitant de nommer sans concours à la chaire de droit français qu'il venait de créer, il limite son propre droit de nomination aux seuls avocats *ayant fait les fonctions du barreau au moins pendant dix ans avec assiduité et succès, et à ceux qui avaient, pendant ledit temps, exercé une charge de ses justices.*

Pour bien comprendre cette dernière partie du statut réglementaire et apprécier les envahissements du pouvoir royal, il est indis-

pensable de rapporter ici la disposition de la déclaration du mois
d'août 1682, rendue, ainsi que nous l'avons dit plus haut, pour l'exécution de l'édit du mois d'avril 1679.

Cette déclaration porte, dans son préambule, que, « par l'art. 3 de
« l'édit, le roi avait ordonné qu'il serait donné avis, par chacune
« des facultés de droit, de toutes les choses qui seraient estimées
« utiles et nécessaires pour le rétablissement du double droit cano-
« nique et civil; que par l'art. 14 il avait voulu que le *droit français,*
« contenu dans ses ordonnances et coutumes, fût publiquement en-
« seigné; et qu'à cet effet *il nommerait* des *professeurs* qui feraient
« des leçons publiques de la jurisprudence française dans toutes les-
« dites facultés; et que, pour assurer davantage l'exécution de cet
« édit, il aurait ajouté dans lesdites facultés, *aux professeurs de*
« *droit,* un nombre suffisant d'agrégés, lesquels assisteraient, avec
« lesdits professeurs, aux examens, aux thèses, aux réceptions des
« aspirants et aux assemblées et fonctions desdites facultés. »

Bien que ce préambule suffise pour donner une juste idée de l'esprit dans lequel la déclaration a été conçue et des conséquences nécessaires qu'elle devait avoir, nous croyons utile d'en rapporter les
principales dispositions.

L'art. 1er maintient les anciens statuts et réglements qui ne seraient
pas contraires à la déclaration.

L'art. 2 donne voix délibérative aux agrégés, et cependant concède qu'en cas de partage, le président, qui sera le recteur, aura voix
conclusive, si ce n'est, dit la déclaration, que les suffrages ne soient
donnés par bulletins.

L'art. 3 donne égalité de nombre aux professeurs régents et aux
professeurs agrégés; deux des uns, deux des autres, dans les
examens.

L'art. 4 prescrit que les professeurs agrégés présideront alternativement, et chacun à leur tour, avec les professeurs, les thèses de baccalauréat; et à l'égard des thèses de licence et du doctorat, il porte
qu'ils pourront les présider au lieu du professeur qui sera en tour,
quand ils en seront par lui requis.

L'art. 5 admet la substitution des professeurs régents, en cas
d'empêchement légitime, par les professeurs agrégés.

L'art. 7 ordonne qu'on *élise* un autre professeur à la place de l'agrégé qui s'absente pendant six mois.

L'art. 9 veut que l'on ne choisisse dans cette élection que ceux qui auront trente ans accomplis ayant le grade de docteur en droit.

Il veut, de plus, que les *élus* réunissent les deux tiers des suffrages et qu'ils soient choisis parmi ceux qui font profession d'enseigner le droit canonique et le droit civil *dans les lieux où sont établies les facultés,* les avocats fréquentant le barreau, et même entre les magistrats et juges honoraires *desdits lieux.*

L'art. 11 prescrit que le professeur de droit français et que les professeurs que le roi *nommerait* à l'avenir, seraient du corps des facultés ; qu'ils auraient voix délibérative dans toutes les assemblées et séances, entre le plus ancien et le second professeur, sans qu'il puisse devenir doyen et participer au gage desdits professeurs.

L'art. 12, que le professeur de *droit français* serait tenu de faire l'ouverture des leçons en même temps que les autres professeurs, et *d'entrer* les mêmes jours, et pendant une heure et demie de l'après-diner au moins ; qu'il dicterait et expliquerait, en *langue française, le droit* contenu dans les ordonnances du roi, celles de ses prédécesseurs, et dans les *coutumes.*

L'art. 13 impose aux avocats, comme condition de leur admission, l'étude du droit français pendant l'une des trois années d'étude ordonnées par l'édit de 1679, laquelle tiendrait lieu *d'une des leçons qui sont d'obligation.*

L'art. 15 prévoit le cas de vacance de la chaire de droit français ; alors on devait présenter trois candidats pris parmi les avocats ayant dix années d'exercice avec assiduité et succès ; cette présentation devait être faite par les *avocats et procureurs du roi de la cour du parlement* au chancelier de France.

L'édit fonde, par son art. 17, des bourses dans les Universités, en faveur des pauvres écoliers, pour trois ou cinq années consécutives, selon qu'ils aspireront à la licence ou au doctorat.

Enfin, l'art. 23 prohibe la faculté de prendre des degrés en droit civil ou canon de la part de toutes les personnes ayant vingt-sept ans accomplis ; cependant il modère la sévérité de cette prescription si, à l'expiration de leur vingt-septième année, ces personnes se présentent, pour soutenir leurs thèses de bacheliers et de licenciés, de trois mois en trois mois ; alors elles pouvaient encore être reçues avocat et prêter serment.

On peut facilement comprendre maintenant la disposition finale du statut réglementaire de 1682.

On a vu, en effet, que le roi se réservait de *nommer les professeurs* de droit français ; que cette qualification est substituée à celle de *docteur-régent,* comme désignant plus spécialement la nature des fonctions limitées désormais au professorat proprement dit ;

Que ce droit de nommer les professeurs atteint les professeurs titulaires, eux-mêmes, admis pour le concours ;

Que les professeurs agréés sont *nommés,* sans concours, par le roi, *de plano ;*

Et l'on comprend alors que le statut, basé sur cette déclaration, qui n'est elle-même qu'une ordonnance de mise en pratique d'un édit royal, porte cette mention :

« Me Goullu (Charles), conseiller du roi, docteur-régent en l'Uni-
« versité d'Orléans, a été nommé par S. M. pour la charge et profes-
« seur en droit de ladite Université et l'exerce *depuis un an.* »

On comprend aussi qu'il nomme *douze personnes* comme docteurs agrégés.

De sorte que, d'une part, l'investiture royale a un effet rétroactif ; que ce n'est pas assez d'un an d'exercice, après un concours solennel et régulier, pour le professeur, s'il n'a l'agrément du roi, qui pouvait évidemment le faire sortir de la chaire, puisqu'il pouvait l'y maintenir ; que, de l'autre, le droit d'élection devenait illusoire, et qu'en tous cas il devait succomber par l'introduction, dans le corps universitaire, d'un nombre de professeurs agregés, tenant leurs pouvoirs de la puissance du roi, double du nombre des professeurs qui auraient tenu leurs pouvoirs de l'élection et du concours.

Mais ce qu'il y a de non moins remarquable dans ces actes, c'est l'innovation qu'ils contiennent.

On voit apparaître le droit *français;* il y est défini ; et Louis XIV, qui préférait son pouvoir à celui de la loi, tient le même langage que celui que nous avons vu, au commencement de ces recherches, tenir à Philippe-le-Bel.

On voit aussi l'Université, à laquelle six professeurs suffisaient quelques années avant, ainsi que le parlement l'avait consacré, malgré la réclamation des maire et échevins de la ville, se trouver, comme par enchantement, dans la nécessité d'en recevoir dix-huit.

Certes, quel que fût le nombre des étudiants, ce luxe de professeurs prenait sa source dans un tout autre motif que celui révélé par l'édit et par la déclaration de 1679 ; ce motif ne pouvait être que de détruire l'influence de l'Université et de diriger l'esprit de la jeunesse dans la voie de l'obéissance aux volontés du prince.

La dernière des dates que nous ayons à examiner est celle du 20 janvier 1700. Le roi rendit ce jour-là une déclaration *concernant les études de droit.*

Il dit dans le préambule, que « l'expérience a fait connaître que l'on « peut ajouter quelque degré de perfection aux actes réglementaires « des années 1679 et 1682, tant pour les études que *pour la disci-* « *pline et le bon ordre des facultés* de droit établies dans le « royaume. »

Une première observation résulte du rapprochement des actes que nous avons examinés et de ceux que nous examinons, c'est que les premiers étaient surtout relatifs au professorat, tandis que le troisième est surtout relatif aux écoliers.

Les uns avaient pour objet de réduire les docteurs-régents à l'état de professeurs, et par conséquent de les rendre, autant que les mœurs le permettaient, des fonctionnaires agissant sous l'œil du pouvoir et soumis à son influence et à sa direction.

Ce que ces réglements contiennent de relatif aux étudiants n'est qu'indirect ; il fallait perfectionner cette œuvre, et après avoir atteint le corps enseignant, il fallait atteindre le corps enseigné et s'en rendre maître.

C'est ainsi que la déclaration du 20 janvier 1700 ne parle qu'accidentellement des professeurs, comme les édits et déclarations de 1679 et 1682 ne parlent qu'accidentellement des écoliers.

Cette observation, que la lecture seule de ces réglements justifie, n'a pas besoin d'être développée.

Cependant, nous reportant aux art. 13, 17, 21, 22 et 23 de la déclaration de 1682, nous voyons que ces seuls articles s'occupent des écoliers, tandis que quelques passages seulement de la déclaration de 1700 s'occupent des professeurs.

Et c'est ainsi qu'au moment où les discussions relatives aux droits régaliens, et dont la conséquence devait être la déclaration de 1682 consacrant les libertés de l'Eglise gallicane, le pouvoir veut s'assurer des professeurs enseignant dans les Universités de droit; et qu'au moment où la secte des protestants, fécondée par l'édit de Nantes, plus connu par l'édit de sa révocation, fait des efforts pour propager ses doctrines et son culte et résister à l'oppression; qu'au moment où la querelle des Jésuites et des Jansénistes était plus animée, et menaçait d'entraîner les esprits aux dernières extrémités, on voit paraître la déclaration de 1700 qui doit compléter le système d'asservissement des Universités, en rangeant les écoliers sous la même discipline que celle imposée antérieurement aux professeurs.

Nous devons maintenant faire connaître les dispositions principales de cette déclaration.

Elle prescrit, en premier lieu, que les écoliers s'inscriront sur un registre; que ces inscriptions n'auront lieu que du 10 au 30 novembre de chaque année; qu'elles seront renouvelées par chaque trimestre pendant les trois années que devront durer les cours, et *que le double de la feuille des inscriptions sera envoyé à l'ancien des avocats généraux aux cours des parlements, dans la quinzaine du mois suivant, par le syndic de la faculté.*

Les dispositions qui suivent règlent les divisions des écoles: la première année est consacrée aux lectures des institutes, à la fin de laquelle un examen devait être passé sur cette matière, *sans quoi,* dit la déclaration, *les écoliers ne pourront être admis à supplier pour le baccalauréat;* la seconde année devait être consacrée à l'une des leçons du droit civil et à l'une de celles que l'un des professeurs donnerait du *décret* (on a donné ce nom à plusieurs compilations d'anciens canons) et des *paratitles* (1).

La déclaration prescrit qu'à l'expiration de ces deux premières années, les écoliers qui se seront soumis à ces études passeront leur examen de bachelier.

(1) *Paratitla,* exposition sommaire des titres des lois romaines. (Voir Cujas, qui définit ce mot un abrégé.)

La troisième année était consacrée à l'étude du *droit français,* et en outre à l'étude du droit civil ou canonique, au choix des étudiants.

Mais la préférence était donnée à l'étude de la jurisprudence française ; et afin, dit la déclaration, que les étudiants soient plus obligés de s'appliquer à l'étude de la jurisprudence française, voulons qu'ils subissent sur icelle, depuis le 1er juillet jusqu'au 7 novembre, durant une heure, un examen public devant deux docteurs-régents et deux des docteurs agrégés qui *seront tirés au sort,* ou *le professeur en droit civil français* qui PRÉSIDERA, ou, à sa place, celui des *docteurs agrégés qu'il voudra choisir.*

Cet examen était, quoique la déclaration ne le dise pas, celui de la licence ; car, continuant ses prescriptions, elle veut que ceux qui surviendront aux examens puissent faire telles questions qu'ils jugeront propres ; que les suffrages des examinateurs soient donnés par scrutin ; et aussitôt elle prescrit que tous ceux qui se présenteront dans la suite, pour prêter serment d'avocat ne puissent être admis qu'en rapportant, outre leurs lettres de licence, un certificat *du professeur en droit français et des autres professeurs agrégés qui auront assisté* audit examen, *portant qu'ils l'ont subi et qu'ils ont été trouvés capables.*

Ce passage contient une disposition presque incroyable : le sort des étudiants ne dépend plus de l'ensemble des avis des professeurs ; il est remis, non pas à ces professeurs collectivement, mais au professeur de droit français et aux professeurs agrégés tenant leur chaire de la volonté du prince qui les nommait ; et les professeurs titulaires sortis du concours, soumis à des conditions d'admissibilité plus considérables et plus difficiles, ne participent pas au témoignage de capacité ajouté à celui qui devait résulter du scrutin, après les *actes probatoires.*

Il est ici clair comme le jour qu'une inquisition est constituée contre les opinions des licenciés ; que les professeurs titulaires enseignant le droit écrit ou canonique sont primés et dominés par les professeurs agrégés et le professeur de droit français ; et cette intention est d'autant plus manifeste, que ce professeur président des thèses peut se faire remplacer, non pas par des docteurs du concours et tenant leurs pouvoirs du seul corps universitaire, mais par un docteur agrégé de son choix.

Cette disposition parut tellement exorbitante, que l'on prescrivit un concours public pour l'admission des docteurs agrégés qui « de- « vaient, comme *actes probatoires,* donner deux leçons de droit civil, « deux de droit canonique et soutenir une thèse qui était, le matin, « sur le droit civil, et l'après-midi sur le droit canonique; et enfin, « que lesdites places ne seraient adjugées qu'à celui qui en serait le « plus digne. »

Le reste de la déclaration ne touchant qu'aux conditions d'admissibilité des avocats et à quelques détails concernant les docteurs honoraires auxquels on permet d'assister aux examens, nous croyons devoir ne pas insister davantage; seulement, nous rapporterons ce passage très-significatif : « Les docteurs agrégés n'assisteront aux « examens qu'en nombre égal à celui des docteurs qui sont actuelle- « ment régentants dans chaque faculté; les résolutions passeront à « la pluralité des suffrages; et, en cas de partage, le docteur qui pré- « sidera aura voix *conclusive.* » Or, ce docteur était le professeur de droit français remplacé par un docteur agrégé de son choix.

Le pouvoir royal avait donc ainsi, et suivant les temps et les dangers qu'il croyait devoir conjurer, réglementé les docteurs et les écoliers, et s'était assuré des uns par les autres.

Il va plus loin encore, et, le 9 août 1700, le parlement, faisant retour sur les édits et déclarations antérieurs, et notamment sur ceux de 1679, rendit un arrêt destiné à réglementer l'exécution de ces actes réglementaires.

Cet arrêt rappelle, en premier lieu, que l'édit de 1679 exige des étudiants qu'ils écrivent de leur main, sur le registre de l'Université, le lieu de leur demeure, à peine d'être déchus du trimestre; qu'il faut que leur résidence se continue dans la ville pendant tout le temps des études, à peine de déchéance d'un temps d'étude égal à celui pendant lequel l'absence se sera prolongée.

En second lieu, il ordonne que les lieutenants généraux des bailliages où les facultés sont établies soient tenus de se transporter, en présence du substitut du procureur général, au moins une fois par chaque trimestre, dans les écoles de droit, après avoir indiqué le jour de leur transport par une ordonnance qui devrait être publiée vingt-quatre heures avant la visite et non plus tôt; et que les écoliers seront tenus de comparaître en personne et de signer au procès-verbal dressé de cette visite, sauf cependant les excuses, et hors ce cas, sous peine de la déchéance du trimestre.

L'arrêt prescrit de ne prendre de grades qu'après une année d'étude dans la faculté à laquelle les étudiants appartiennent; il leur interdit, lorsqu'ils sont *refusés* dans une faculté, de se présenter dans une autre; il prescrit la tenue d'un double registre constatant *les admissions et les refus.*

Et par sa disposition finale, il ordonne que ceux qui auront commencé leurs études dans une faculté ne puissent les continuer dans une autre qu'en rapportant une attestation signée du doyen et du syndic de la faculté qu'ils ont quittée, constatant le temps de leur durée, la mention des grades qu'ils ont obtenus et de ceux qui leur ont été refusés; et enfin la tenue d'un double registre constatant ces certificats, l'un à la faculté que quittent les élèves, l'autre à celle dans laquelle ils veulent entrer.

Ici, nous saisissons, comme nous avons pu le faire précédemment, l'esprit de ces actes réglementaires dans la situation elle-même du pays.

Les querelles des jésuites et des jansénistes occupaient la société, encore émue des troubles que la révocation de l'édit de Nantes avait occasionnés dans le midi de la France; la doctrine de Jansénius, soutenue par des sectaires qu'il n'avait pas voulu se donner, inquiétait l'Eglise; la conscience du roi, tourmentée par ses confesseurs, sa haine des schismatiques, sa crainte des factieux, la similitude qu'il croyait apercevoir entre les doctrines des jansénistes et celles des protestants, lui inspirèrent de céder aux suggestions qui entouraient sa vieillesse triste et malheureuse.

Les Universités, celle d'Orléans entre autres, étaient le foyer de ces doctrines; la ville entière suivait l'école de *Port-Royal* avec une ardeur tenant du fanatisme.

Louis XIV, plus qu'aucun autre prince, devait faire sentir son pouvoir et opprimer les corps enseignants suspects d'hérésie, lui qui avait enlevé les enfants à leur père, cassé les mariages, déclaré les enfants bâtards et inhabiles à hériter, assiégé les malades à leur lit de mort, proscrit les cadavres, dragonné, exilé, confisqué, pour détruire le protestantisme.

Toutes les précautions prises par l'arrêt de 1700 révèlent l'inquiétude du pouvoir royal; ses prescriptions sont évidemment des entraves apportées au libre exercice de l'étude du droit, un moyen de s'opposer à ce qu'un élève suspect d'hérésie continue ses études dans quelque faculté que ce soit.

Et, en effet, à cette époque, les thèses étaient souvent *infectées* de propositions *mal sonnantes*; beaucoup étaient supprimées; et l'élève refusé ne devait pas jouir de l'impunité en passant de nouveaux examens dans une faculté étrangère à celle qui le connaissait, quand même il aurait dû mettre plus de prudence dans l'exposition de ses doctrines.

C'est ainsi que nous pouvons, de son origine au temps voisin de sa décadence, en analysant les actes du pouvoir relatifs à l'Université, en étudiant les vicissitudes, les modifications qu'elle a subies, suivre le pays dans ses épreuves, dans ses vicissitudes morales, politiques et religieuses, dans ses périodes de décadence et de prospérité.

Animé par un sentiment de justice, nous voulions rattacher tous ces réglements au désir, déjà fort ancien au XVIIIe siècle, d'établir l'unité de la législation, et de se rendre maître des Universités pour arriver à ce but si désiré.

Charles VII avait codifié les *Coutumes*;

Louis XI avait dit qu'il ne voulait *qu'un poids, qu'une mesure, qu'une loi*;

Henri III voulait un code unique;

Louis XIV usa de sa toute-puissance pour introduire un droit civil composé d'admirables ordonnances visant à cette unité;

Dumoulin, Lamoignon, d'Aguesseau et Pothier ont rêvé ce code unique rêvé par Henri III; ils ont secondé le désir des rois; mais il fallait plus que la science et le patriotisme pour établir la société sur une base unique.

Il semble même qu'il y ait un lien assez étroit entre la déclaration de 1679, qui introduit dans les Universités l'étude du droit civil composé des *ordonnances royaux* et des *coutumes,* et ce que les histo-riens du droit ont appelé l'*assimilation ;* ce qu'il eût été mieux de désigner par le mot *fusion* du droit romain, des *ordonnances* et des coutumes.

Mais quelque désir qui nous animât de rencontrer cette intention, nous n'avons vu, au contraire, en rapprochant ces réglements des circonstances et des temps au milieu desquels ils ont pris naissance, d'autre motif que l'esprit de parti, le désir d'influencer les études au profit du pouvoir et d'étouffer les voix des théoriciens.

Ces actes ne sont donc que le résultat des calculs d'un pouvoir ombrageux ; et tout en reconnaissant que, dans ces entreprises suc-cessives, il avait opposé une digue salutaire à l'esprit de système, et transformé, au profit de la science pratique qu'il a *popularisée,* les écoles où ne se faisait entendre qu'une métaphysique sonore et creuse, d'où ne sortait que le doute et la division, sans profit pour la raison humaine, nous n'avons pu nous empêcher de déplorer les intentions qui ont eu des conséquences aussi heureuses qu'inattendues.

Ces réflexions nous ont été suggérées par l'examen de tout ce qui a été fait pour régir l'Université depuis le XIVᵉ siècle jus-qu'au XVIIIᵉ.

Et puisqu'il nous a été permis et qu'il nous a semblé même néces-saire, pour apprécier l'esprit de l'arrêt réglementaire de 1512, de rattacher l'intervention des officiers civils dans la nomination des doc-teurs-régents au trouble jeté par l'expension des doctrines des hus-sites ; l'élection des docteurs-régents par l'Université et les mem-bres du parlement de Paris (1531), à la présence de Calvin et de Théodore de Bèze (1529) à l'Université d'Orléans ; puisque même nous avons été autorisé à ne voir, dans les réglements et statuts éma-nés du pouvoir clérical, alors qu'il régissait cette institution, que le désir d'éteindre un foyer de controverse religieuse ; il nous est bien permis de rapprocher les édits, déclarations et arrêts réglementaires de 1679-1682 et de 1700, des querelles religieuses de ces temps.

Nous pouvons dire en nous résumant :

Que l'édit de 1679 est contemporain de la grande querelle née entre Louis XIV et le clergé français, de l'exercice du droit réga-lien ;

Que l'ordonnance réglementaire de 1682 est contemporaine de la déclaration du clergé qui reconnaît les libertés de l'Église gallicane;

Que l'édit du roi, portant révocation de l'édit de Nantes (1685), est immédiatement suivi de la déclaration par laquelle il défend que personne ne soit reçu en aucune charge de judicature, dans toutes les cours de justice, même celles de *hauts justiciers* et des *hôtels de ville*, même en celles de greffiers, procureurs, notaires, huissiers, sans avoir une attestation du curé de la paroisse, en forme de déposition, de leurs bonnes vie et mœurs, ensemble de l'exercice qu'ils font de la religion catholique, apostolique et romaine; déclaration qu'avait prévenue un évêque d'Orléans, d'Elbenne (1), en publiant une ordonnance par laquelle il prescrivait les mêmes conditions d'admissibilité au grade de licencié dans l'Université d'Orléans;

Enfin, que la déclaration du roi du 20 janvier correspond à la persécution dont les protestants furent l'objet et précède de quelque temps seulement les troubles qui éclatèrent en Languedoc (1701), et aussi aux querelles des jansénistes et des ultramontains.

Arrivé à ce point de l'examen des actes réglementaires d'une institution jadis libre, *privilégiée*, déjà et désormais privée de ses franchises et de ces immunités, nous pourrions nous arrêter et considérer cette partie de notre tâche comme terminée; cependant nous devons, pour la compléter, parcourir quelques actes du pouvoir royal, qui ne sont que le complément et la conséquence pratique de ceux qui précèdent.

A la déclaration royale de 1679, à l'arrêt du parlement de 1700, succéda un autre réglement publié dans une déclaration du 18 août 1707, rédigée en vingt articles.

Une innovation étrangère à l'Université d'Orléans, mais d'une grande importance, avait été introduite par les édit et déclaration de 1679.

L'Université de Paris, jusque-là privée de l'enseignement du droit, venait d'être pourvue, par ces derniers actes de l'autorité royale, d'une chaire de *droit français*.

_____

(1) Evêque d'Orléans en 1648.

Déjà le droit romain tendait, par les efforts et les ouvrages des jurisconsultes, à *s'assimiler* au droit coutumier et à se confondre avec les édits, ordonnances, déclarations, lettres-patentes du roi et arrêts du parlement de Paris ; cette chaire dut paraître suffisante à l'enseignement du droit; car, aux grades que les étudiants en droit français devaient obtenir, étaient attachés les mêmes avantages que ceux obtenus dans les facultés des Universités de droit écrit.

Il dut résulter de ce concours entre les Universités des provinces et celle de la capitale, un grand désavantage pour les premières; l'effet produit par la création de cette nouvelle chaire ne tarda pas à se faire sentir : les élèves désertèrent Orléans.

La déclaration de 1707 atteste cette décadence, dans son article 1er, en nous montrant le nombre des *professeurs* réduit de six à cinq ; et réduisant elle-même, par son article 7, le nombre des docteurs agrégés de douze à huit.

Elle restitue aux docteurs-régents l'égalité dans les votes, en prescrivant, par son article 8, que les agrégés n'assisteraient aux délibérations qu'en nombre égal à celui des docteurs-régents.

Elle continue à absorber les pouvoirs de l'Université, en prescrivant, par son article 6, que le professeur qu'elle désigne comme devant prendre possession de la chaire de droit français y soit admis sans *dispute préalable.*

L'influence de cette création d'une chaire de droit français à l'Université de Paris devint, avec le temps, plus funeste encore pour les Universités des provinces, et nous voyons que le 1er février 1719, le roi, se fondant sur le double motif du petit nombre des élèves et de l'insuffisance des gages et honoraires des cinq professeurs en droit civil et en droit canon et d'un professeur du droit français à l'Université d'Orléans, ordonne que le nombre de ces professeurs sera réduit de cinq à quatre.

Et, dans le désir d'assurer une aussi grande part de considération à l'enseignement du droit français que celle dont avait joui l'enseignement du droit civil et canonique, le roi veut que le professeur du droit français, partageant le privilége jusque-là exclusivement concentré sur la personne des docteurs-régents, puisse, à son tour, devenir doyen et recteur, et prononcer le discours à la rentrée des écoles.

Nous ne rencontrons plus d'actes ayant un trait direct à la police intérieure des grandes écoles d'Orléans.

A la haine du jansénisme succéda, dans les hautes régions du pouvoir, la haine des ultramontains; par une exception bien rare et bien éphémère, le gouvernement et les citoyens, particulièrement les corps enseignants et judiciaires, se trouvaient d'accord et s'unissaient pour repousser le système et les hommes qui avaient exercé une si grande influence dans les conseils du dernier roi.

L'Université d'Orléans, d'ailleurs, ainsi transformée et réduite à la condition d'une simple institution scolaire, prolongea son existence, sans être l'objet de nouvelles mesures politiques ou administratives.

Cette dernière période ne fut cependant pas la moins glorieuse : c'est à elle qu'appartient le plus illustre des jurisconsultes et le plus vertueux des hommes, Pothier, dont le nom seul a suffi pour perpétuer dans la mémoire des générations qui ont suivi l'époque de sa destruction l'imposante image de l'Université d'Orléans.

C'est à cette dernière époque qu'appartiennent des docteurs qui, pour n'être pas des esprits aussi éminents par l'étendue de l'intelligence et le savoir, n'en étaient pas moins dignes (et c'est encore un suprême honneur) de figurer honorablement auprès de lui, et dont quelques-uns furent ses amis et tous ses élèves.

C'est ainsi qu'à son déclin, soutenue par ce grand nom et par ceux des Guyot, des Salomon de la Saugerie, des Robert de Massy et des de la Place de Montevray, elle a succombé dans toute sa gloire, non pas sous l'insuffisance de ses leçons, non pas effacée par l'éclat d'une autre Université, foyer plus ardent de lumières, mais dans les convulsions d'une révolution politique et sociale, devant laquelle devaient pàlir, comme un flambeau pàlit aux rayons du soleil, les querelles des sectes, les guerres religieuses, l'occupation même du territoire par une nation ennemie.

CHAPITRE VIII.

DU RECTEUR; DU SCOLASTIQUE; DU COLLECTEUR DES DONATIONS; DU RECEVEUR

GÉNÉRAL; DU COSTUME; DE LA CLOCHE.

Nous croyons devoir revenir sur les différents dignitaires et officiers de l'Université, afin de préciser leur véritable situation et le véritable caractère de leurs fonctions.

Nous nous occuperons, en premier lieu, du recteur.

Ce mot représente à la pensée cet officier comme le maître absolu, sans partage et, jusqu'à un certain point, sans contrôle, de l'administration universitaire; il devait régir *(regere),* c'est-à-dire, gouverner (1), dans le sens primitif de ce mot.

Il paraît cependant qu'il n'en était pas ainsi, à moins que ce ne fût dans les premiers temps de l'institution.

Nous avons vu, en effet, que le bedeau général était tenu, aux termes d'une des dispositions du *statut des docteurs,* de prendre les ordres du recteur huit jours avant la fête de Saint-Euverte, pour faire les convocations générales, ce qui démontre, en premier lieu, qu'à cette époque les convocations étaient périodiques et presque à jour fixe, et, en second lieu, que le recteur *régissait* l'Université; que dans ses mains résidait le droit de faire des *congrégations,* par conséquent, de les empêcher; et qu'il avait l'initiative de toutes les

(1) *Rector parochialis,* gouverneur de la paroisse.

mesures, qu'il croyait utiles à la prospérité et à la dignité de l'institution, comme à la prospérité et au progrès des études.

Cette suprématie était tellement le caractère distinctif de la fonction de recteur, qu'aussitôt après son élection, on le conduisait processionnellement aux grandes écoles, et que les bedeaux de chaque nation portaient un sceptre devant lui.

Ce cérémonial, attesté par un compte de dépenses porté sur un des registres de la nation germanique, n'avait lieu que dans cette occasion (1); peut-être même n'était-il que le souvenir de l'insigne que le recteur portait à l'origine de la création des Universités.

Il ne serait pas impossible qu'à cette époque où les docteurs-régents appartenaient à la phalange ecclésiastique, on eût remis au chef d'une institution alors toute cléricale, la marque de l'autorité que les chefs du clergé avaient le droit de porter; les évêques, les abbés, les abbesses s'appuyaient sur une crosse, symbole de la houlette qui arme la main pacifique des bergers, mais, en même temps, symbole de l'autorité et du commandement; on a bien pu placer le même signe dans la main du chef d'une institution appartenant à l'ordre ecclésiastique, fondée et dirigée par lui; il ne fait rien que la forme et le nom de ce signe aient changé; la houlette et la crosse sont, bien certainement, le *sceptre* des princes de l'Eglise et la marque éclatante de leur dignité (2).

---

(1) Le bedeau recevait 16 sous pour salaire. On voit sur le registre que non-seulement on portait *le sceptre* pour la nation germanique, mais encore pour la nation lorraine, quoique ces deux nations fussent alors confondues.

(2) Voici ce que nous lisons dans les *Lettres sur le Nord,* de M. MARMIER, au chapitre : *Des Universités suédoises* : « Le recteur change à chaque semestre ; il est élu « par le consistoire et confirmé par le chancelier ; son installation se fait toujours « avec grande pompe; la veille du jour où elle doit avoir lieu, le recteur dont les « fonctions expirent lui adresse un sommaire historique de tout ce qui est arrivé à « l'Université pendant le temps de son administration. Le lendemain, les professeurs « se réunissent dans sa demeure, et toutes les Facultés se rendent avec lui en pro- « cession à l'église, au son de la musique et des cloches, et précédés des sergents de « l'Université, les *pedels* portant le *sceptre d'argent du recteur,* comme autrefois les « licteurs portaient les faisceaux des consuls ; là il prononce un discours en latin ; il « reçoit le serment de son successeur et lui remet, l'un après l'autre, les insignes de « sa dignité : *le sceptre, le sceau,* la clef des archives, de la prison, le livre des sta- « tuts. » (Édition de 1840.)

Cet état de choses, remontant à l'époque où le clergé était dominé par le principe aristocratique (1) et par l'épiscopat, dut se prolonger ; et les membres du corps universitaire, qui avaient puisé dans la hiérarchie cléricale le sentiment de la suprématie des hautes fonctions, durent la transporter dans les corps enseignants, qui n'étaient encore qu'un démembrement du pouvoir clérical.

Mais à mesure que, sous l'influence du pouvoir royal, la hiérarchie ecclésiastique perdit de son importance, les recteurs perdirent de leur autorité, jusqu'à ce qu'enfin le corps universitaire venant à se séculariser, l'institution changea de caractère ; et alors le pouvoir des recteurs s'affaiblit au point que cette fonction ne fut plus qu'honorifique, qu'elle ne fut plus que de courte durée, par conséquent sans initiative, et transformée en une charge commune à tous les docteurs-régents, forcés d'en remplir les devoirs chacun à son tour et pendant le même laps de temps.

La diminution progressive du nombre des docteurs qui, participant également aux avantages émolumentaires, devaient être soumis aux mêmes charges, contribua aussi à annihiler l'autorité du recteur.

Nous pouvons suivre la décroissance de ce pouvoir ; pour cela, nous n'avons besoin que de rappeler, en nous résumant avec brièveté, ce que nous avons dit dans les chapitres précédents.

En 1307, l'Université venait d'être constituée par le pape ; le recteur jouissait alors de toutes les prérogatives de sa dignité ; moins d'un siècle s'était écoulé (1406) que ces prérogatives sont détruites par l'ordonnance de Charles VI, dont nous avons rapporté les dispositions au chapitre des *Statuts généraux*.

On a vu, en effet, par cette ordonnance, le recteur dans l'impuissance d'empêcher les congrégations générales ; ses pouvoirs, en cas de refus de sa part de les autoriser, transportés, non seulement au plus ancien docteur, mais encore à l'un des procurateurs des dix nations ; enfin, nous avons vu qu'une amende, fixée par l'assemblée, pouvait être infligée aux recteurs *refusant* ou *délayant* la réunion d'une congrégation réclamée par la plus *grant partie* des membres de l'Université.

(1) M. Guizot.

Cette dignité, originairement confiée par l'élection, sans le concours de l'autorité séculière, affaiblie par l'ordonnance de 1406, reçut une nouvelle atteinte par les dispositions de l'arrêt réglementaire de l'année 1512.

A partir de ce moment, l'Université fut réduite au corps des docteurs, les écoliers furent dépouillés du titre de membres du corps universitaire, et les docteurs seuls prirent part à l'élection du recteur; et encore cette élection ne fut-elle valable qu'avec le concours des officiers du pouvoir royal, *conservateurs* des priviléges de l'institution, du maire, des échevins de la ville, mis au nombre de ceux qui avaient ce titre.

Il est vrai qu'aux termes de l'arrêt du parlement de 1538, les écoliers furent réintégrés dans ces droits, mais par délégation et par leurs mandataires, les procurateurs.

Et en même temps que les écoliers rentrent dans ce droit d'élection, il est retiré aux docteurs-régents; il n'y a plus que deux d'entre eux qui puissent prendre part à cette opération, et le recteur sortant est admis à se donner un successeur, c'est-à-dire à placer l'influence qu'il devait acquérir par l'exercice de sa haute fonction dans la balance de l'élection du recteur, des procurateurs et des autres officiers, allégée du poids de l'influence de ses collègues, réduits à deux (1).

Originairement, le rectorat durait une année entière; mais, sans qu'à cet égard nous puissions nous arrêter à une prescription réglementaire, nous avons la preuve que la durée du rectorat fut réduite à trois mois.

Cette preuve ressort d'un procès-verbal de thèses, du 24 décembre 1667.

Nous avons vu, au chapitre précédent, qu'au cours des opérations préliminaires de l'examen des prétendants à la chaire de docteur, Me Rivière, qui alors était recteur, vit arriver le terme de sa fonction, et qu'à sa place fut élu, en la *manière accoutumée*, Me Delalande; et que, le 24 de mars suivant, la *rectorie* de Me Delalande étant venue à expirer, Me Rivière fut réélu.

(1) Procuratoribus, rectori, duobus tantùm doctoribus dat vim eligere rectores, procuratores et alios quosvis officiarios.

Il y avait alors une excellente raison pour qu'il en fût ainsi : à cette époque, l'Université n'avait que quatre docteurs-régents, et, comme nous l'avons précisé au chapitre précédent, l'un des quatre étant mort, le concours s'ouvrit devant les trois survivants; pendant l'accomplissement des opérations préliminaires, l'un de ces trois docteurs étant lui-même venu à mourir, les thèses et actes probatoires commencés furent ajournés, jusqu'à ce que le nouveau concours fût publié; et, cette fois, comme il avait lieu sous l'autorité de deux docteurs-régents seulement, la dignité de recteur devait se partager entre eux.

Si donc, dans une circonstance semblable, on voit le rectorat permuté rigoureusement d'un docteur à l'autre, on doit en conclure que sa durée n'était certainement que de trois mois et ne pouvait se prolonger au-delà de ce délai (1).

Ainsi s'est accomplie successivement la dégradation du titre de recteur; de telle façon qu'au XVIe siècle, et probablement dès avant, jusqu'à la fin du XVIIIe, cette dignité ne fut plus qu'une commission passagère d'administrer la chose commune, dans un intérêt général, sans attributions importantes; qu'une charge que chacun des docteurs était obligé de remplir, que tous partageaient à leur tour, et n'ayant plus d'autre importance que de rappeler un titre qui avait eu, mais aussi qui avait perdu son éclat, ses prérogatives et son utilité (2).

En recherchant et en reconnaissant l'importance primitive des fonctions de recteur, accusée par le sens même du mot au moyen duquel on la désignait, nous étions préoccupé d'une autre fonction peut-être supérieure, en tous cas rivale de celle de recteur.

Dans l'origine même de l'institution, les droits du *scolastique* ou chancelier de l'Université ont été plus importants que ceux du recteur : l'autorité du scolastique s'étendait sur un plus grand nombre de

----

(1) L'article 76 de l'*Ordonnance de Blois* laissa les choses dans cet état; on a vu qu'il y est question de la sincérité beaucoup plus que du mode de l'élection. (*Code de Louis* XIII, p. 275.)

(2) L'édit de 1679 enlève toute initiative au recteur. Il règle toutes les matières de discipline intérieure et les conditions d'admissibilité aux grades, non-seulement sans le concours du recteur, mais même sans parler de lui.

personnes, son initiative embrassait un plus grand nombre d'objets, sa position était fixe, tandis que celle du recteur était élective et temporaire.

Nous devons établir le caractère de ces deux dignités, afin de faire ressortir la différence qui existait entre elles.

Nous avons vu, lorsque nous avons traité des *messageries*, que, dans le but de remplacer les familles pour les écoliers, on avait établi un recteur et un procurateur de chaque nation, créant ainsi un protecteur pour l'universalité des étudiants, et un protecteur particulier à chacune de leurs catégories.

Le recteur eut la mission d'administrer, mais il administrait plus qu'il ne dirigeait.

C'est ainsi que, dans l'administration moderne de l'instruction publique, le recteur a plus de part à la direction des affaires personnelles et contentieuses de l'Université qu'il n'en a sur celle des études, et que les inspecteurs ont une plus grande part d'influence sur la partie intellectuelle et scientifique que les recteurs eux-mêmes.

Le scolastique était une espèce d'inspecteur (1); la qualification de *magister scolarum* résume et détermine parfaitement ses attributions; elles sont non moins clairement définies par ces mots : *Qui ab antiquo consuevit disponere scholares.*

L'autorité du scolastique était donc grande; bien avant qu'il y eût des recteurs, il y avait un scolastique; cette fonction remonte à l'établissement des *écoles*, et par conséquent est bien antérieure à leur transformation en Université.

Les papes avaient établi, dans chaque centre d'enseignement, un officier, chanoine de la cathédrale, chargé de diriger les études, d'inspecter les écoles primaires, et dans la suite les Universités.

On assure que son autorité sur les maîtres et maîtresses d'école

(1) Dans les académies *de l'empire*, le chancelier ou scolastique occupe la première place après le recteur; sa charge est perpétuelle; il est *l'inspecteur* et le censeur commis pour empêcher qu'on ne viole les lois et statuts de l'académie, qu'on ne remplisse les emplois de personnes incapables, et qu'on ne confie les degrés de bacheliers et de docteur à ceux qui en sont indignes par leur ignorance et leurs mauvaises mœurs. (*Dictionnaire de Trévoux.*)

était telle, qu'il les instituait, les surveillait, les poursuivait en cas de fautes graves, les emprisonnait préventivement dans une maison d'arrêt mise à sa disposition, jusqu'à ce que le bras séculier, auquel il les livrait, en eût disposé (1).

Nous disons que l'autorité du *scolastique* devait être supérieure à celle du recteur lui-même ; il ajoutait, en effet, à ce titre, celui de *chancelier*. Or, si nous nous reportons, non pas seulement au sens originaire et spécial de ce mot, mais à l'application qui en a été faite dans l'ordre le plus élevé de la hiérarchie administrative, nous voyons qu'il désignait le chef de la justice. On résumait l'office du chancelier, dans un temps où le roi concentrait en lui-même l'autorité souveraine, c'est-à-dire la plus complète et la plus absolue, par ce mot : *la bouche du roi* ; c'était le souverain lui-même, exprimant par son organe sa volonté, qui était la loi (2).

Dans un ordre d'idées plus restreint, l'office de chancelier devait être la plus importante fonction de l'institution à laquelle il appartenait ; car, pour nous servir d'une définition très ancienne, il était *le dépositaire du sceau, des actes et des papiers du corps dont il était le premier ou l'un des principaux.*

Il ne faut donc pas confondre cette position avec celle des *cancellarii*, greffiers, gardes des archives ou scribes ; l'Université avait, outre son *chancelier,* son secrétaire-greffier-archiviste qui prenait le titre de *scribe,* et le chancelier restait absolument séparé de ce *cancellarius,* remplissant à son égard une charge subalterne.

Nommés par les papes dans un but de surveillance et de direction, les *scolastiques* n'avaient originairement que ce titre (3) ; ce ne fut que plus tard, et lorsque les Universités furent constituées par l'autorité du chef de l'Eglise, qu'on adjoignit le scolastique comme chancelier de ces institutions.

Nous avons fait remarquer l'inquiétude que causaient au pouvoir spirituel les controverses qui s'établissaient au sein de certaines villes et engageaient la discussion sur des points qu'il paraissait dangereux

(1) LEMAIRE.
(2) Si veut le roi, si veut la loi.
(3) *Scholasticus :* dignitas ecclesiastica, quâ qui donatus est, ecclesiasticis præest.

à l'Eglise de voir mettre en doute ; ces scolastiques, pris exclusivement dans l'ordre ecclésiastique, avaient certainement pour mission
de s'opposer aux écarts des esprits, en matière de foi, de combattre
les propositions hérésiarques ou même mal sonnantes, d'en référer au pape, et de préparer ainsi le grand travail de l'unité de
l'Eglise.

On conçoit que, dans l'origine des Universités, ces officiers y
exerçassent leur surveillance ; et que, déjà placés à la tête de l'enseignement public, contrôlant des réunions scientifiques animées du
besoin d'examiner et de croire, ils fussent naturellement les chefs
de ces réunions de savants, auxquels avait été imposée une marche
plus régulière et plus méthodique pour propager la science par les
études spéciales.

Mais, en même temps, on comprend que leur influence ne dut
pas tarder à s'amoindrir.

Ces personnages ecclésiastiques, nommés à perpétuité par les
papes, étaient de précieux auxiliaires pour la direction des études,
tant qu'il ne s'agissait que de la science du droit canon, des théo-
ries se rattachant aux principes religieux, ou de la direction des esprits appliqués à l'étude des lettres ou de la philosophie, et même
tant que l'autorité cléricale dirigea exclusivement les études du droit
civil ; mais ils durent perdre de leur importance à mesure que les
études avaient pour objet une science à laquelle ils pouvaient et
devaient être étrangers, et s'affranchissaient du pouvoir ecclésiastique
en se sécularisant et en tombant dans le domaine de l'administration
civile.

Ce qui devait arriver arriva : le scolastique de l'Université ne fut
bientôt plus qu'un fonctionnaire nominal, sans consistance, et dont
la trace ne se rencontre qu'à de rares intervalles, jusqu'à ce qu'elle
se perde tout-à-fait dès avant le XVIe siècle.

En effet, jusque-là, les documents que l'on peut consulter le
montrent bien plus comme dirigeant l'instruction primaire que
comme exerçant quelque influence sur l'enseignement universitaire ;
il n'est fait aucune mention de lui dans les statuts généraux de l'Université ; nous ne le connaîtrions même pas si, indépendamment de
quelques écrivains, nous ne le voyions faire partie, devant le parle-

ment de Paris, des intervenants dans la contestation terminée par l'arrêt de 1626, que nous avons fait connaître plus haut (1).

Les édits du roi Louis XIV n'en font, non plus, aucune mention, et nous ne nous sommes occupé de cette fonction, qui nous semble plutôt avoir été, surtout dans la suite des temps, une dignité qu'un office, que parce qu'elle a tenu une certaine place honorifique dans le corps universitaire, et qu'elle y est restée comme un signe sensible du lien qui unissait l'enseignement universitaire à l'ordre ecclésiastique; et, en même temps, comme un signe sensible de leur séparation progressive et définitive.

A côté du recteur et des docteurs-régents se trouvait, dans un ordre inférieur, un autre docteur-régent ne prenant aucune part aux examens, aux thèses, et par conséquent ne prenant aucune part aux rétributions attachées à ces travaux; ses appointements, alors même qu'ils furent fixés régulièrement, étaient moindres que ceux de ses collègues; il ne pouvait prétendre au rectorat, ni à la mission de faire le discours d'usage lors de la rentrée des cours. Ce docteur était celui que l'on désignait sous le titre d'*institutaire*.

Chose remarquable, on attachait plus d'importance, tant la scolastique avait d'empire, aux subtilités du droit qu'à la connaissance exacte de ses principes; on négligeait la base de l'édifice, pour ne s'occuper que de vains ornements.

L'institutaire était le professeur qui *préparait les étudiants aux études du digeste par l'enseignement des institutes.*

L'arrêt réglementaire de 1512 attribuait cette chaire aux derniers des docteurs, dans l'ordre des réceptions.

Ses dispositions élevaient, il est vrai, la qualité d'institutaire, jusque-là considérée comme une position modeste, sinon subalterne, au niveau de celle de docteur-régent; et cependant l'institutaire ne se confondait pas avec eux, il en demeurait séparé; car, en 1625, on

---

(1) L'*Ordonnance de Blois* garde le plus profond silence sur le scolastique chancelier, et s'il intervint dans les élections des docteurs-régents en 1626 et 1628, ce n'est, comme nous l'établirons ultérieurement, que pour réclamer des droits tombés en désuétude.

disait encore que quatre docteurs-régents, *avec l'institutaire*, étaient plus que suffisants *pour fournir des leçons à l'école et aux écoliers.*

Telle a été cette fonction qu'il nous a semblé utile de déterminer, le mot qui l'exprime ne présentant pas, dans le langage vulgaire, un sens se rapportant à un mot latin, non plus qu'à un mot français.

Il nous reste, pour épuiser l'examen transitoire auquel nous nous livrons, à arrêter notre attention sur deux autres offices, dont l'un a succédé à l'autre, et qui n'étaient pas sans quelque importance dans le cadre de la constitution de l'Université : nous voulons parler du *collecteur des donations* et du *receveur général.*

On a vu, dans la première partie des *Statuts généraux,* apparaître un *collecteur des donations;* nous avons expliqué cette fonction par le sentiment de bienveillance qui entourait le corps enseignant, à une époque où les docteurs-régents ne recevaient aucun traitement; peut-être alors l'école, appartenant de la manière la plus absolue à l'institut clérical, trouvait-elle, dans la munificence des amis des sciences, une rémunération plus fructueuse que celle qui, plus tard, leur fut allouée avec la consécration de l'autorité royale; peut-être même les écoliers donnaient-ils à leurs docteurs-régents ce que leur générosité leur inspirait ou leur fortune leur permettait de donner, en reconnaissance du bienfait de la science qu'ils en recevaient.

Quel qu'ait été le sens qu'on attachât alors au mot *donation,* toujours est-il qu'au XVIᵉ siècle il existait, comme faisant partie du corps enseignant, un officier qui prenait le titre de collecteur des *donations;* mais, avec le temps, cet office disparut; on n'en rencontre de trace que dans les statuts des docteurs de l'année 1307; à partir de cette date ancienne, il n'en est plus question; on ne trouve plus que le *receveur général.* Cet officier figure au milieu du corps universitaire comme un des dignitaires de l'Université; son concours, pour la validité de certaines opérations, pour tout ce qui concerne le contentieux, semble aussi important que celui du recteur et des docteurs eux-mêmes.

Cette charge de collecteur des donations était bien manifestement

la même que celle qui appartenait à l'officier désigné sous le titre de
receveur général.

Nous avons vu qu'au XIV⁰ siècle, les obligations imposées au recteur pour la reddition de ses comptes de dépenses emportaient celle
de la reddition, de la part du collecteur des *tailles,* du compte des
recettes qu'il avait faites au nom de l'Université, et que le reliquat
du compte balancé devait être déposé dans une caisse à trois clés,
remises, l'une entre les mains du recteur, l'autre entre les mains
du procurateur des nations, et la dernière entre celles de l'un des
docteurs-régents; de sorte que le receveur n'était préposé qu'à la recette, et non à la dépense, qu'il n'avait qu'un office : celui de percevoir, le trésor ou la disposition des deniers étant confiée à d'autres
qu'à lui.

Une autre remarque ressort de la prescription du statut et du réglement des droits et devoirs du collecteur des donations, devenu
receveur général.

Il paraît qu'alors le trésor était commun aux docteurs-régents et
aux écoliers, car la caisse renfermant les deniers perçus, soustrac-
tion faite des deniers dépensés, était confiée à la garde et au contrôle communs des docteurs et des procurateurs.

Au surplus, la nation germanique, si abondante en renseignements,
nous en a transmis un assez précieux à cet égard.

Nous trouvons, sur l'un des registres de cette nation, ce qui
suit :

DU RECEVEUR GÉNÉRAL.

« Cet office, qui existe depuis un temps immémorial, appartient
« plutôt à l'Université qu'à notre nation, car il ne lui a été dévolu
« qu'à son tour, et après la nation de Lorraine, qui venait autrefois
« immédiatement après nous (1), et c'est pour cela que nous ne le
« mentionnons ici que transitoirement.

« Il est confié par trimestre, et il est bon de savoir que celui qui
« le reprend n'est pas élu; mais qu'il est dévolu, autant que pos-

_____

(1) Ce réglement a été fait en l'année 1517, mais il a été reporté sur les registres
de la nation, après le mélange des Lorrains et des Germains (1558).

« sible, à celui qui a rempli la charge de procurateur de notre na-
« tion, et que même si, au mois de janvier, le procurat vient à va-
« quer, celui-là sera receveur général qui, aux calendes d'octobre, a
« été élu procurateur, après qu'il aura rempli son office pendant ce
« trimestre (1). »

Cependant, il paraît qu'avec le temps, l'administration des deniers
universitaires fut complètement modifiée; car, à cette fonction de receveur général, appartenant plus à l'Université qu'aux nations elles-
mêmes, imposée à chacun des procurateurs, à quelque catégorie d'é-
coliers qu'ils appartinssent, à l'expiration du procurat, ce qui démontre qu'originairement les deniers étaient communs, fut ajoutée
la fonction de receveur particulier de chacune d'elles, percevant les
droits d'entrée et de grades pour leur compte exclusif.

On voit, en effet, dans le registre de la nation germanique (2),
figurer après la mention du receveur général celle du receveur de la
nation; les réglements particuliers de chacune de ces nations parlent
de cet officier qui prêtait un serment spécial et rendait ses comptes,
non plus au recteur et en même temps que lui, mais au procurateur
de celle à laquelle il appartenait.

Cette fonction doit être considérée comme contemporaine de la
marche progressive du luxe et des dépenses inconnues dans les premiers temps de l'institution, et le fruit de la sécurité et de la paix
qui amenaient aux Universités une plus grande quantité d'étudiants;
elle semble ne pas devoir remonter au-delà du XVI⁰ siècle, et ne pas
être d'une création antérieure à l'année 1517, époque à laquelle des
droits nouveaux ont été imposés aux gradués, et des appointements

---

(1) *De receptore generali*. Hoc officium potiùs est Universitatis (uti et precedens)
quàm nationis, quia tamen per circulum et ordinem nationum decurrens, alioquid ad
nostram nationem devolvitur, post scilicet lothoringiæ, quæ olim secunda existit; ideo
transeunter saltem hic propter rei ordinem subnotavimus; durat autem hujusmodi
officium per trimestre; illud quoque sciendum quod iste receptor in natione non eligitur, sed quantumcumque ad eam devolvitur tunc ille hujusmodi gaudet officio qui
ultimo dictæ nostræ nationis procuratoris officium gessit, ut si mense januario vacet,
is erit receptor generalis qui kalendis octobribus in procuratorem electus fuit, postquam officium suum per illud trimestre administraverit.

(2) *Registre* V, *de 1444 à 1596*.

assez considérables accordés au bedeau général, au moins à celui de la nation germanique (1).

Mais, quelle que soit l'époque à laquelle cette innovation fut introduite, elle révèle une modification importante apportée à l'administration des deniers qui cessèrent d'être communs, et nous permet d'apercevoir l'altération du caractère primitif de l'Université.

Il résulte de tout ce qui précède, que dans l'origine, recteur, docteurs, écoliers, étaient, à peu près au même titre, membres de l'institution ; qu'elle ne formait qu'une association régie par la loi d'une parfaite égalité et réunie par l'amour de l'étude et de la science ; rappelons-nous, en effet, que les écoliers étaient membres du corps universitaire, prenaient part à ses assemblées générales, élisaient le recteur, enseignaient conjointement avec les docteurs, après l'admission au premier grade qu'ils avaient obtenu, et versaient dans une caisse commune le montant des droits exigés d'eux, afin qu'ils fussent employés dans l'intérêt commun.

Cet état de choses ne pouvait exister que dans un temps où tous les membres de l'Université étaient à peu près du même âge, car ce serait une erreur de comparer les centres d'études de nos jours à ceux de cette époque.

Alors l'enfance se prolongeait ; on était enfant plus long-temps et jeune plus tard : la simplicité et la sévérité des mœurs, entretenues par le sentiment religieux, devaient produire cet effet. Nous avons vu les statuts (2) prohiber la faculté de prendre des grades après l'âge de vingt-sept ans accomplis, d'où il suit que, dans les temps antérieurs

_____

(1) Le réglement porte, entre autres dispositions, qu'à chaque licenciade, le bedeau aurait droit à 7 sous 6 deniers tournois, et à chaque doctorande, à un beret et à une paire de mitaines, ou leur valeur : *A quolibet doctorando pro jure suo unum byrrethum et par chirotecarum, aut valorem.*

Dans un chapitre précédent, il a été parlé des droits principaux accordés aux bedeaux et de quelques autres charges imposées aux écoliers, soit pour leur admission au nombre des nationaires, soit aux différents grades conférés par le corps enseignant ; mais il est impossible de suivre dans ces détails accessoires les réglements sans cesse modifiés, abolis et remplacés.

(2) Celui de l'année 1697.

au XVIIe siècle, on pouvait étudier bien après cet âge, et entrer dans les grades à une époque voisine de la vieillesse (1).

Ces réflexions nous semblent expliquer une situation qui pourrait paraître singulière, et qui devient ainsi toute simple et facile à comprendre.

La fonction de receveur général fut restreinte à la perception des deniers appartenant aux membres du corps enseignant ; il fut un véritable officier de l'Université ; et les écoliers, séparés du corps des docteurs, se trouvèrent obligés d'avoir un délégué pour la perception des deniers, qui, cessant d'être communs, appartinrent à chacune des catégories d'étudiants ; il en fut ainsi jusqu'en l'année 1538.

Nous avons rapporté la disposition de l'arrêt réglementaire de cette date, qui, en réduisant le nombre des docteurs à quatre, rendit plus facile l'exercice d'une perception par un receveur général, en rendant d'ailleurs impossible la perception des deniers appartenant à chacune des nations réduites à quatre au lieu de dix, par un percepteur pris dans leur sein.

A cette époque, les deniers semblent avoir repris leur ancienne nature : ils redevinrent communs ; le receveur général cessa d'être membre de l'Université ; ce fut un véritable fonctionnaire public pris dans la cité et rétribué par des appointements proportionnels.

Il nous a semblé nécessaire de bien déterminer ces variations nous montrant l'institution dans ses différentes périodes, et, comme l'ont fait les statuts généraux, à tous les aspects.

Il nous reste à nous occuper d'un détail plus intéressant qu'on ne pourrait le supposer ; nous voulons parler du costume du recteur, des docteurs-régents, du scolastique et, dans certains cas, des écoliers.

Nous avons pu, à l'aide de recherches puisées aux sources des temps les plus anciens, des temps intermédiaires et des temps les plus récents de l'existence de l'Université, suivre les variations des costumes laissés, par les réglements, *au choix* du corps universitaire.

---

(1) Nous avons vu aussi, il est vrai, les statuts prohiber l'admission des enfants de 10 ans au nombre des écoliers, mais cet abus, né de l'affranchissement des charges publiques accordé aux membres du corps universitaire, et auquel d'ailleurs on a mis ordre, ne détruit pas une proposition certaine.

Il est probable que, dans l'origine et lorsque l'Université était soumise à l'influence exclusive du pouvoir clérical, et que, même après sa soumission au pouvoir séculier, le costume était celui de l'ordre ecclésiastique.

Cette proposition évidente tire sa justification de deux renseignements empruntés à l'art du sculpteur et du peintre.

Il existe, au centre de la ville d'Orléans (1), un petit monument encore connu sous la dénomination de *Salle des actes ou des thèses* (2).

L'Université, qui n'avait jamais possédé de monument et à laquelle diverses congrégations religieuses ont successivement donné l'hospitalité (3), sentit le besoin de faire construire une salle dans laquelle elle pût, loin du bruit, recevoir ses bacheliers, ses licenciés et ses docteurs; le goût architectural le plus pur a présidé à son plan et à son exécution.

La rue où se trouvait situé le monastère de Notre-Dame-de-Bonne-Nouvelle, qui, a-t-on dit, pendant les guerres du XVe siècle, ouvrit ses portes à l'Université, obligée de fuir le couvent des Frères Prêcheurs ou Jacobins, située alors hors l'enceinte de la ville, était en communication directe avec la rue de l'*Écrivinerie*.

Il était tout simple que les *écrivains* se groupassent auprès d'une maison occupée par l'ordre savant et laborieux des disciples de saint Benoît; il était tout simple que l'Université, installée dans ce quartier qu'elle ne devait plus quitter, s'assurât tous les moyens de donner aux diverses parties de ses actes scientifiques les développements qui leur étaient nécessaires.

Du XIVe au XVe siècle, elle fit édifier ce petit temple à double issue, ouvrant l'une sur la rue de l'Écrivinerie, l'autre sur la rue des Gobelets, cette dernière faisant face aux dépendances du monastère de

---

(1) Rue de la Préfecture, anciennement de l'*Écrivinerie*.

(2) L'attribution donnée à cette salle peut être acceptée, car elle a la consécration du temps et de la tradition; et cependant les élections des docteurs-régents, au cours des années 1626 et 1668, ont eu lieu, ainsi que les procès-verbaux le constatent, aux Grandes-Écoles, dans la salle de la librairie, située au premier étage de cet édifice.

(3) Cette assertion, contestée jusqu'ici, sera justifiée aux cours de ce chapitre.

Bonne-Nouvelle et aux bâtiments dans lesquels l'Université donnait ses leçons (1).

Il nous semble indispensable de faire connaître les dispositions de ce monument remarquable, et pour remplir notre tâche à cet égard, nous emprunterons les détails contenus dans un rapport présenté à la Société Archéologique de l'Orléanais (2) ; son auteur s'exprime ainsi :

« Cet édifice est un bâtiment à haute toiture, à pignons pyrami-« daux, à fenêtres ogivales, comme on les construisait au XVe siècle.

« Une ligne de piliers octogones le divise en deux nefs d'égale di-« mension ; les deux travées des deux extrémités ont une largeur de « trois mètres dix centimètres, et les autres de trois mètres seule-« ment.

« Des nervures soutiennent une voûte d'arrêtes et vont aboutir « d'un côté à chacune des faces de l'octogone, où elles se perdent ; « de l'autre, au mur intérieur, plane et sans ornements, où elles « reposent sur des *culs-de-lampe* ; elles se composent d'un listel « entre deux cavets, surmonté d'un talon et d'un autre cavet.

« Des écussons entourés de six ogives à contre-courbes découpés « forment clés de voûte ; ils ont dû contenir des signes de blason « qui aujourd'hui sont effacés. »

Ceux que leurs études ont initié à la science architectonique peu-vent, d'après cette description, se former une juste idée de l'effet que doit produire cette charmante construction, dont la hauteur de chaque pilier, du sol à la naissance des nervures, s'élevant elles-mêmes en voûte, est de douze mètres soixante-dix centimètres, et dont le sol a une longueur de sept mètres treize centimètres sur une largeur de sept mètres trente centimètres.

Pour nous, qui hésiterions devant une description en termes tech-niques d'un monument de cette époque appartenant si éminemment à l'art, nous nous bornerons à dire que malgré l'état d'abandon dans

(1) Par suite des nouvelles constructions dans lesquelles les Bénédictins furent ins-tallés, une rue, formée de l'ancien monastère et des bâtiments servant d'asile à l'Uni-versité, auprès desquels on construisit quelques habitations particulières, fut ouverte ; elle prit le nom de rue de l'*Université* ou des *Grandes-Écoles*.

(2) Il est de M. l'abbé de Torquat, auteur de publications estimables sur la ville d'Orléans.

lequel celui-ci est délaissé, malgré l'absence de jour tiré des fenêtres ogivales couvertes de planches laissant à peine pénétrer la lumière, il est impossible de ne pas être frappé de la délicatesse et de la légèreté des nervures de sa double voûte, de la science et du goût qui ont présidé à son édification.

Ce sentiment augmente alors que la pensée, se délivrant de tous les objets dont il est rempli, des dégradations dont il est altéré, on se rend compte de ce qu'il devait être alors que ses portes, en harmonie avec les décorations artistiques de l'intérieur, s'ouvraient sur un double perron, que son sol était couvert de dalles larges et brillantes, que le soleil dardait à son lever et à son coucher ses rayons sur des vitraux de mille couleurs, que la chaire sculptée des docteurs et des récipiendaires, les bancs des écoliers, resserraient l'espace, et que la parole des savants empruntait plus d'étendue aux nervures soutenant les voûtes sous lesquelles venaient s'abriter ces studieuses assemblées (1).

Les *culs-de-lampe* dont parle le passage descriptif que nous venons de rapporter sont composés de statuettes d'une belle exécution ; nous négligerons quatre d'entre elles , parce qu'elles sont absolument en dehors de notre sujet : l'une représentant Dieu le Père sous la forme d'un vieillard à barbe tombant à flots sur sa poitrine, montrant un agneau, figure mystique de Jésus-Christ, et les trois autres, des anges soutenus par des nuages.

Nous ne devons décrire ici que les neuf autres, représentant des docteurs-régents.

L'examen de ces personnages démontre qu'au XVe siècle l'Université n'avait pas encore adopté de costume uniforme ; que tous ses docteurs avaient la faculté de prendre celui qui leur convenait le mieux ; et que cependant la diversité du costume de chacun de ceux que les statuettes représentent n'était autre que le costume clérical avec ses variations, suivant la différence des ordres auxquels les docteurs appartenaient; aussi cette variété est-elle peu importante, et

---

(1) On sait que les nervures prolongées des monuments *gothiques* sont un moyen puissant d'acoustique ; on les considère comme d'excellents conducteurs du son, et neutralisant ainsi l'élévation et la vaste étendue ordinaire de ces monuments.

n'existe-t-elle même, véritablement, que dans la coiffure de chacun de ces personnages.

Le premier d'entre eux, placé dans l'angle nord, a la tête couverte d'un bonnet conique, dont la pointe tombe à gauche; le rebord de cette coiffure présente des échancrures; ce personnage porte une longue barbe et tient un *volumen* dans ses mains.

Le second, à l'ouest, porte une coiffure basse, à oreilles retombantes, telle qu'on la retrouve dans les portraits des rois des XIVe et XVe siècles; sa robe, à larges manches, est semée de boutons et serrée par une ceinture à rosette; sa longue barbe descend sur sa poitrine; il porte dans ses mains un livre ouvert.

Un autre personnage vient ensuite; il écrit avec *une plume* sur un *volumen*; ses traits portent l'empreinte de la méditation et même du mécontentement; on a voulu sans doute représenter un candidat à la régence refusé, obligé de recommencer ses *actes probatoires*, ou bien un docteur persuadé que son mérite est incompris.

Sa robe est raide et adhérente à sa poitrine; sa coiffure se compose d'un *rouleau* dont les extrémités tombent sur les côtés; son menton est imberbe, quoiqu'il ait le visage d'un homme fait.

Le quatrième personnage de ce côté représente un docteur tenant un livre ouvert appuyé sur ses genoux; son index levé lui donne l'attitude de la démonstration; une espèce de mosette descend sur ses épaules; un capuchon est ramené sur sa tête, couverte d'une calotte.

Enfin le cinquième personnage est représenté comme le précédent, donnant sa leçon; et comme lui, mais plus vivement, engagé dans une laborieuse explication; ses deux index réunis et superposés indiquent un effort de son intelligence pour faire comprendre un texte obscur ou le sens difficile à saisir d'une proposition; un livre est déposé sur ses genoux; son capuchon est renversé, et un mortier, laissant apercevoir une calotte, couvre sa tête.

Ces costumes indiquent, ainsi que nous le disions, le caractère clérical de ceux qui les portaient; la seule différence existant entre eux réside dans la coiffure de chacun d'eux, et ne peut être assez importante pour s'opposer à ce qu'on ne considère tous ces docteurs comme appartenant au clergé; et cependant on pourrait encore admettre, en se reportant au costume généralement adopté alors, que ces personnages appartiennent à ce moment de transition où l'enseignement passe des clercs aux séculiers, et voir dans ces différents personnages, le mélange commencé de ces deux classes de la société dans l'accomplissement de la même tâche.

Le dessin et la peinture nous donnent des renseignements contemporains de ceux que nous venons de produire, et nous conduisent jusqu'aux derniers jours de l'existence de l'institution.

Nous avons remarqué, sur un des registres laissés par la nation germanique, quelques médaillons représentant l'image de *l'empire* personnifiée par celle de Charlemagne assis sur son trône, autour duquel sont groupés du côté droit des guerriers, du côté gauche des savants.

Ces médaillons nous donnent une idée du costume des docteurs.

Il serait difficile d'attacher une date à ces essais artistiques, se rencontrant dans le volume *V de 1305 à 1596* ; car il est certain que ce volume n'est que la copie et la restauration, pour employer les expressions des nationaires eux-mêmes, de registres antérieurs, menacés d'une destruction prochaine par la négligence dont ils avaient été l'objet ou par l'injure du temps ; cependant il est probable qu'il appartient à la fin du XVe siècle ou au commencement du XVIe.

Ce qui est non moins probable, c'est que l'auteur d'un de ces médaillons était animé d'un esprit de critique et de malveillance pour les docteurs lorsqu'il a retracé leur image, tant il les a grimés et rendus ridicules, ce qu'il s'est bien gardé de faire à l'égard du souverain et des guerriers placés près de lui ; malgré cette intention ironique, son œuvre nous permet de connaître le costume adopté par ceux qui se livraient à l'enseignement du droit.

On peut en compter cinq revêtus de robes de diverses couleurs ; les uns portent une mosette blanche, sans ornement ou brodée d'or ; ils ont tous la tête couverte d'une étoffe tombant sur leurs épaules, ou de calottes et de capuchons.

L'état matériel de ce médaillon altéré par le temps ne permet pas de déterminer la véritable couleur de ces costumes ; mais ce que l'on voit bien, c'est que les manches des robes sont larges et serrées au poignet, qu'une espèce de bourse pend attachée à la ceinture de chacun des personnages, et que chacun d'eux porte à l'extrémité antérieure de sa coiffure avancée jusqu'à la partie médiale du front, et au milieu de la coiffure elle-même, un petit rond dont l'effet est tel que sans les lignes tirées à la place occupée par l'organe de la vue, on pourrait prendre ces personnages pour une réunion de cyclopes; ce rond représente évidemment l'art du lunetier à son enfance.

Tel était le costume primitif des membres du corps universitaire; mais à mesure que l'enseignement se sécularisait, ce costume, tout en gardant l'empreinte de son origine cléricale, dut se modifier; la magistrature avait adopté une robe dont la forme se rapprochait de la soutane : les docteurs-régents, dont plusieurs étaient magistrats, et qui devaient considérer l'Université comme le séminaire de cet ordre, durent, en se séparant du clergé, adopter la robe de l'ordre de la magistrature, émanation elle-même du costume clérical, et n'établir de différence entre elles que celle de la couleur.

On trouve dans l'*Album* de la nation germanique, registre destiné à conserver l'armorial de chacun de ses procurateurs (1), l'écu de celui qui avait été élu pour l'année 1550.

Cet écu est dominé par un casque orné d'un cimier; deux personnages le supportent : l'un est un docteur, l'autre un guerrier, symbole de la science et de la valeur réunis ; le docteur est couvert d'une robe rouge, avec simarre étroite de soie noire.

Deux bandes de la même étoffe et de la même couleur, séparées de la simarre descendant des épaules jusqu'à la ceinture sur le devant de la robe, dont les manches sont longues et pendantes ; il porte une longue barbe, et son cou, orné d'une collerette espagnole, laisse tomber sur sa poitrine une large peau d'hermine échancrée de chaque côté et terminée en forme circulaire ; la tête est couverte d'une espèce de calotte de velours noir, portant de chaque côté de courts compartiments de même étoffe.

Ce costume pourrait être celui des magistrats ou des docteurs allemands, mais en le rapprochant d'un des tableaux existant à la chambre du conseil de la Cour d'appel d'Orléans, et représentant Me Jérôme

---

(1) La bibliothèque d'Orléans en possède un grand nombre, tous enrichis de médaillons héraldiques de la plus grande beauté, sous le double rapport du dessin et de l'éclat des couleurs et des métaux.

Lhuillier, docteur-régent de l'Université de cette ville au commencement du XVIIᵉ siècle, on voit bien que dès le XVIᵉ ce costume était généralement adopté ; car celui du docteur-régent français était le même que celui reproduit par l'écu du procurateur allemand ; le bonnet seul est différent : il est noir et à peu près semblable à celui que portent les avocats et les ecclésiastiques de nos jours.

Nous avons, en outre, examiné un objet d'art fort précieux, c'est une pièce de satin sur laquelle un artiste a représenté la solennité de l'entrée de M. de Coislin, évêque d'Orléans, en l'année 1666.

Le cortége est disposé processionnellement ; le prélat est dans son fauteuil, porté par quatre hauts barons de son diocèse (1) ; à la tête du cortége, et ceci est peu favorable à l'idée que l'on pourrait se faire des distinctions dont l'Université était l'objet, on remarque les docteurs-régents revêtus d'une robe *droite,* avec le chaperon herminé et le bonnet que nous venons de décrire.

Ces renseignements ne sont pas les seuls : la bibliothèque publique d'Orléans possède le portrait de son fondateur, Mᵉ Guillaume Prousteau, l'un des plus savants professeurs, élu à la chaire de droit civil en l'année 1668. Il est représenté revêtu d'une robe rouge sans simarre et avec le rabat clérical ; enfin le portrait de Mᵉ Robert de Massy, qui a succédé à Pothier dans la chaire de droit français, et c'est le dernier état de choses à cet égard, car ce docteur a survécu à l'institution dont il faisait partie, nous le montre revêtu d'une robe rouge avec simarre et avec le même rabat que celui porté par ses devanciers.

Cependant il paraît que cette robe rouge, herminée ou non, avec ou sans simarre, était le grand costume, et que les jours ordinaires les docteurs portaient une simple robe noire ; la famille de M. Pothier possède un portrait de cet illustre docteur, dont on a fait un assez grand nombre de copies, et la simplicité et la modestie de ses mœurs l'ont engagé à se faire représenter sous ce costume.

(1) Les barons d'Yèvre-le-Châtel, de Sully, de Cherai-les-Meung et d'Aschères avaient ce singulier privilége : ils y tenaient à ce point qu'ils faillirent se tuer entre eux et faire tuer leurs gens en 1643, à l'occasion d'une question de préséance ; il s'agissait de savoir lequel de ces barons saisirait le premier l'un des bâtons sur lequel était appuyé le fauteuil de l'évêque.

Nous voudrions pouvoir déterminer celui du scolastique dans les temps anciens, et nous regrettons de ne pouvoir le faire qu'en nous appuyant sur un document d'une date bien récente, et au moment où cette fonction avait perdu l'influence qu'elle ne pouvait, ainsi que nous l'avons dit, conserver, depuis la sécularisation complète de l'institution placée sous sa surveillance et son contrôle ; mais il est permis de suppléer à l'absence de justification sur ce point, et de supposer que ce dignitaire, appartenant au chapitre de la cathédrale, ne devait avoir d'autre marque distinctive que l'habit alors très-somptueux des chanoines, qui à lui seul suffisait pour le distinguer des autres membres de l'Université.

Un procès-verbal de l'élection d'un docteur-régent, dressé au cours de l'année 1742, dit que le scolastique portait une robe *de cérémonie à chaperon violet* ; il faut croire que cette robe était rouge, puisque les simples docteurs avaient le droit d'en porter une semblable, et que la couleur seule du chaperon le distinguait de ces derniers.

Ce procès-verbal nous apprend, en effet, qu'ils étaient revêtus d'une robe rouge à chaperon de même étoffe.

Quant aux agrégés créés par les édits de Louis XIV, ils portaient une robe noire à chaperon rouge.

Enfin nous avons vu dans la relation d'une des cérémonies auxquelles les procurateurs des nations étaient admis, que ces derniers portaient la robe ; il est probable qu'elle était noire et qu'ils ne portaient le chaperon qu'autant qu'ils avaient obtenu quelques-uns des grades universitaires permettant cette marque distinctive.

Ces études, auxquelles nous n'attachons qu'une importance bien relative, ne nous ont pas paru indignes d'attention ; il nous a semblé intéressant de constater que si le costume des corps savants a changé, ce n'est que dans quelques-unes de ses parties accessoires ; qu'ils sont restés fidèles à leur origine ; et qu'en se séparant de l'ordre ecclésiastique, ils n'ont point oublié que c'était de lui qu'ils tenaient leur existence et leur gloire.

C'est ainsi que, dans les désignations des dignitaires de la hiérarchie scientifique et enseignante se trouvent reproduites les désignations de la hiérarchie de l'Église ; et que dans la première comme dans la seconde on retrouve les mots : *magister, doctor, rector, conservator,* qui tous appartenaient aux dignitaires du clergé français.

C'est ainsi que jusqu'au XVIe siècle, c'est-à-dire pendant la durée du siècle qui suivit la sécularisation de l'Université, les docteurs-régents en droit canon, et même les docteurs-régents en droit civil, s'abstinrent de s'engager dans les liens du mariage, considéré alors comme un acte de la vie religieuse appliqué à la vie civile (1).

Tels ont été la puissance de ces traditions, le profond sentiment qu'elles ont laissé dans les esprits, que, de nos jours encore, après des luttes animées par une philosophie ignorante et haineuse, et poussées jusqu'à la fureur contre le christianisme et ses institutions civilisatrices, la magistrature française et les membres de toutes les compagnies attachées à l'ordre judiciaire portent le costume clérical que leur ont légué les corps universitaires.

Nous ne terminerons pas cette partie de notre investigation de détails sans jeter un coup d'œil rapide sur deux circonstances bien accessoires, il est vrai, mais que, pour être complet, nous ne devons pas négliger, de l'existence de l'Université d'Orléans : nous voulons parler des monuments dans lesquels elle a tenu ses cours et donné ses leçons, et du droit qu'elle eut d'annoncer les heures de ces cours et de ces leçons par le tintement de la cloche.

Nous avons dit, il n'y a qu'un instant, qu'elle n'avait jamais possédé, à titre de propriétaire, un monument exclusivement destiné à la recevoir, et qu'elle avait constamment reçu l'hospitalité de quelques congrégations religieuses.

Ce point a été contesté; il ne semble cependant pas contestable si nous consultons les auteurs qui ont spécialement écrit sur les antiquités d'Orléans; nous ne trouvons que dans un seul d'entre eux (2) l'énonciation d'une propriété ayant appartenu au corps enseignant dans la ville d'Orléans (3).

Si cette assertion était justifiée, elle se réfèrerait à un temps bien

---

(1) Voir LEMAIRE.

(2) M. Vergnaud-Romagnési, collectionneur éclairé, antiquaire instruit, chercheur laborieux, auquel on doit l'initiative, dans la ville d'Orléans, des travaux historiques, archéologiques et numismatiques.

(3) Il la place rue des *Basses-Gouttières,* aujourd'hui détruite.

antérieur à la constitution de l'Université, non-seulement par le pape, mais encore par le roi ; c'est-à-dire à ces temps où le clergé préludait à l'établissement de l'enseignement public, et mélangeait l'étude des lettres à l'étude de la philosophie, l'étude du droit canon à l'examen des propositions intéressant la foi.

L'auteur des *Antiquités d'Orléans* (1), que sa patience et ses consciencieuses recherches placent au rang des indicateurs les plus utiles, ne dit pas un mot de cette première résidence ; et cependant il qualifie d'Université, sans contestation, sans examen et sans critique, les écoles fondées à Orléans dès les premiers siècles de la monarchie.

Il indique, au contraire, le lieu des premières leçons de l'institution qu'il qualifie improprement d'Université comme ayant été le monastère des *Jacobins* ou *Frères prêcheurs* (2).

Les raisons qu'il nous donne de ce premier séjour des études paraissent on ne peut plus satisfaisantes.

Il est certain qu'au commencement du XIVe siècle, le monastère des Frères Jacobins possédait deux chaires scientifiques, celle de la philosophie et celle de la théologie. Il était naturel que des hommes d'élite qui professaient le droit canon, science intimement liée à l'étude de la théologie, et ceux qui hasardaient quelques leçons de droit romain, dont quelques parties composaient l'étude du droit canon, se réunissent, et que ces réunions eussent lieu dans l'enceinte du monastère où s'était faite la première tentative, dans l'intérêt de l'enseignement public.

C'est, en effet, là qu'éclata l'émeute de 1309, qui, quatre années après la bulle d'institution de l'Université, força le pouvoir royal à s'en emparer (3).

On doit donc considérer le couvent des Jacobins comme le premier établissement de l'Université à Orléans.

Elle en fit son séjour jusqu'en l'année 1337, époque à laquelle

(1) LEMAIRE.
(2) Les écoliers allemands, qui en savaient aussi long que qui que ce soit à cet égard, désignent, dans plusieurs passages de leurs registres, le monastère des Jacobins comme le siége primitif de l'Université.
(3) Voir le premier chapitre.

elle se retira au centre de la ville, telle qu'elle était alors construite, dans le couvent de Notre-Dame-de-Bonne-Nouvelle.

On a expliqué cette retraite par les événements politiques auxquels la France était alors soumise. On a prétendu que le couvent des Jacobins étant situé hors les murs d'enceinte, et n'ayant aucun moyen de protection contre les violences dont il pouvait être l'objet de la part des bandes et des gens de guerre qui parcouraient toutes les contrées, l'Université avait été dans la nécessité de rentrer dans la ville.

Ces suppositions ne sont pas justifiées; cette ville et son territoire semblent avoir joui, au contraire, d'une grande tranquillité à cette époque.

L'Université est rentrée dans la ville par le même motif qui l'avait engagée à se réunir aux Frères Jacobins.

Nous avons vu, par les lettres-patentes de 1312, qu'en même temps que le roi reconnaissait l'Université d'Orléans et s'en emparait, il accordait à l'Université de Paris le privilége exclusif d'enseigner la théologie, prohibant tout enseignement de cette science de la part du corps enseignant, auquel, par ces lettres-patentes, il accordait le privilége exclusif d'enseigner le double droit.

Mais, à cette époque, il n'était pas facile d'arriver à des réformes immédiates. Les professeurs de philosophie et de théologie du couvent des Jacobins résistèrent et continuèrent à ne pas séparer l'enseignement du double droit de celui de la philosophie et de la théologie; ils obtinrent même du roi, à raison de ces deux dernières sciences, des priviléges identiques à ceux qu'il avait accordés aux professeurs et écoliers de l'Université de lois.

Mais cependant, soit que l'Université de Paris ait élevé des réclamations contre l'infraction aux lettres-patentes de l'année 1312, soit que les chaires des Frères Jacobins fussent abandonnées par les écoliers, il arriva qu'en l'année 1337 elles furent supprimées, et alors le motif qui avait engagé les professeurs du double droit à se réunir aux professeurs de théologie venant à cesser par la suppression de leurs chaires, ils rentrèrent dans l'intérieur de la ville.

Il est même permis de voir, dans cette retraite, le résultat d'une mesure administrative qui, pour éviter la continuation des leçons défendues et s'assurer que cette défense ne serait pas éludée, prescrivit la séparation des deux natures d'enseignement, réunies jusque-là.

Et on pourrait induire d'un passage du *statut des docteurs* (reproduit au chapitre des *Réglements généraux*), que l'Université se réunissait aussi au monastère des *Frères mineurs*, situé, comme le premier, hors la ville et plus éloigné de son enceinte. Nous avons vu, en effet, qu'une messe instituée en reconnaissance des priviléges accordés à l'Université d'Orléans par le pape Clément V avait lieu, alternativement, aux autels des Frères prêcheurs et des Frères mineurs.

Il est donc probable que les deux monastères avaient l'avantage de recevoir l'Université et de lui prêter ses salles pour ses leçons; mais cet état de choses est antérieur à la charte royale, c'est-à-dire à la constitution régulière de l'institution; il est manifeste que depuis, les leçons ont été données au couvent des Frères Jacobins, jusqu'au moment où elles ont été données dans les dépendances du couvent de Notre-Dame-de-Bonne-Nouvelle, et que l'institution n'a eu que trois résidences bien déterminées.

Ces réflexions nous conduisent à examiner quelle a été la seconde, c'est-à-dire celle qui devint définitive.

L'auteur des *Antiquités d'Orléans* dit qu'à partir de l'année 1337, ce fut le couvent de Bonne-Nouvelle.

Ici se présente un doute.

On prétend (1) que le monument dont nous avons fait la description au début de ce chapitre fut construit, à cette époque, par le corps des docteurs, obligés de quitter le couvent des Jacobins.

Cette assertion, qui n'est étayée d'aucune preuve, est démentie par Lemaire; elle l'est plus formellement encore par le nombre des écoliers qui suivaient les cours.

A cette époque, les écoliers *affluaient* à l'Université d'Orléans, et quelles que fussent les divisions des heures de leçons, il eût été impossible que la salle de la rue de l'Écrivinerie les contînt tous.

Il est donc plus probable que cette salle isolée, destituée de

(1) Beauvais de Préaux, *Histoire de la ville d'Orléans*.

toute construction accessoire nécessaire à l'administration d'une institution de cette nature, quelque simple que l'on suppose les rouages
bureaucratiques de ces temps, et en admettant même qu'ils fonc-
tionnassent alors aux domiciles respectifs des agents de l'institution,
a été édifiée bien après l'entrée de l'Université à *Bonne-Nouvelle,*
et lorsque le corps universitaire éprouva le besoin d'ajouter à ce qu'il
devait à la bienveillance de la savante congrégation qui l'avait accueilli.

Cette salle fut donc, la seule inspection et la tradition en font
foi, un lieu exclusivement consacré aux thèses et aux examens.

On a prétendu cependant que l'Université, depuis sa translation à
Bonne-Nouvelle, et au cours de l'année 1498, avait reçu de la munificence royale un monument indépendant de cette maison religieuse,
dans lequel elle continua ses cours.

Il est presque évident qu'il en fut ainsi. L'ancien monastère de
Bonne-Nouvelle, remplacé par l'immense construction servant aujourd'hui d'hôtel au préfet du Loiret, était situé au levant de la rue
de l'Université ; et cependant on a vu au couchant, c'est-à-dire en
en face même des anciens bâtiments occupés par les Bénédictins, un
monument digne, a-t-on dit, de sa destination, composé d'une salle
au rez-de-chaussée, dans laquelle se suivaient les leçons, et d'une
salle au premier étage, servant à la librairie, appartenant à la nation
germanique, et qu'elle mettait à la disposition des écoliers (1); et ce
sont ces constructions qui forment la rue connue, ainsi que nous
l'avons dit, sous le nom de l'Université ou des Grandes-Écoles (2).

L'Université a donc eu trois résidences distinctes et une succur-
sale : la première, au couvent des Jacobins, aujourd'hui transformé
en caserne pour un régiment d'infanterie, le monastère de Bonne-
Nouvelle et le bâtiment construit en face même de ce couvent.

Nous n'insisterons pas sur le droit concédé à l'Université de posséder une cloche ; ce droit, admis par tous les écrivains sur la ville
d'Orléans, est attesté d'ailleurs par la présence d'un suppôt désigné sous le nom de *sonneur,* distinct d'un autre suppôt, l'*hor-*

_____

(1) C'était une des conditions de la formation de cette bibliothèque.
(2) Ce monument, démoli au cours de l'année 1829, a été remplacé par une maison
d'école habitée par les Frères de la paroisse de Saint-Pierre-le-Puellier.

logeur, et par les termes du règlement du 10ᵉ jour des kalendes du mois de mai 1308, dans lequel on remarque ces mots : *Cum erit dies clara, ad pulsationem alicujus campanæ ad hoc deputatæ intrant scolas.*

Ce droit n'était cependant pas indifférent ; la cloche était alors un signe religieux ; son usage date du Vᵉ siècle, mais il s'est propagé lentement et ne dut être appliqué qu'aux monuments de la religion et à l'indication des cérémonies du culte. Il fallait donc une immixtion bien grande avec les corporations cléricales pour être associé à ce droit qui leur appartenait exclusivement.

L'Université d'Orléans a joui de cette prérogative ; elle est une marque de son origine ajoutée à toutes les autres ; elle l'a conservée, parce qu'alors ce qui était acquis ne cessait pas, et parce qu'à ce droit se rattachait le souvenir de son caractère primitif et de son mélange avec l'ordre ecclésiastique, auquel elle n'a cessé complètement d'appartenir que dans les derniers temps de son existence.

CHAPITRE IX.

Si, pour apprécier l'enseignement répandu par les différentes écoles qui se sont succédé dans la ville d'Orléans, au moyen-âge, nous acceptions tout ce qu'en dit l'écrivain le plus respectable qui ait écrit sur cette matière, nous courrions risque de tomber dans de graves erreurs.

L'auteur des *Antiquités d'Orléans* nous reporte au temps des druides ; ce point de départ, de l'établissement des écoles dans cette ville accepté, et le suivant jusqu'à l'introduction du christianisme, il parcourt tous les siècles, jusqu'au XVIIᵉ, en exaltant la force des études, leur variété et leur influence ; tous les docteurs enseignant dans la cité dont il raconte l'histoire étaient les plus savants et les plus illustres, et l'éclat dont brillait particulièrement l'Université était tel, qu'aucune autre ne saurait être mise en comparaison avec elle.

Nous pensons, sans vouloir en rien amoindrir le juste hommage que nous croyons devoir être rendu aux corps savants de ces temps fertiles en hommes puissants et en grandes institutions, qu'il y a dans toutes ces assertions une grande exagération tenant à deux causes.

La première consiste dans la vivacité du sentiment de localité qui, au XVIIᵉ siècle, devait exercer une grande influence sur l'es-

prit de l'écrivain ; la seconde est certainement le résultat de la nature de ses études.

Il consultait les bulles des papes, les déclarations et édits des rois;
et le style de ces actes est tellement emphatique, que celui dont la
plume est conduite par l'esprit provincial, et dont la pensée est sans
cesse fixée sur ces textes, doit être entraîné à les imiter.

Le vice littéraire qui entachait les actes des deux pouvoirs souverains était inévitable; ceux émanés de l'autorité pontificale, antérieurs à ceux émanés du pouvoir royal, appartenaient à des imagina-
tions italiennes, ou pour le moins méridionales ; ils étaient rédigés en
latin, non pas dans la langue de Cicéron, de Tacite et de Virgile,
mais dans cette langue connue sous le nom de *latinité* qui vint, à
la suite des barbares, mélangée de leurs idiomes, se substituer à la
langue-mère, à peu près comme, dans les temps de troubles et de
révolutions politiques, les hommes du dernier rang du prolétariat se
substituent aux hommes d'ordre, de science et de génie (1).

Les édits des premiers rois, rédigés par des clercs, devaient appartenir à la même école et parler le même langage.

Tous devaient donc être remplis de métaphores exprimant avec la
plus grande exagération les idées les plus simples et les plus ordinaires. Ici on invoque un passage du prophète Daniel, que nous
avons cité, pour caractériser ceux qui distribuent le bienfait de la
science, et on leur dit que leur souvenir brillera dans la mémoire
des hommes comme les étoiles brillent au firmament dans l'éternité,
in perpetuas æternitates ; là on dit que l'Université avait rendu la
ville d'Orléans la seule pleine de peuple, et que cette Université était
la *reine des nations : Sola civitas populo plena, et Universitas gentium domina.* Toutes les bulles, tous les édits sont précédés d'une
apologie de cette glorieuse institution ; et même, dans les temps intermédiaires, les édits des rois, quoique rédigés en français, célébraient avec la même pompe ses études, ses docteurs et ses écoliers.

(1) Le frontispice d'une édition du *Glossaire* de Du Cange (celle de 1736), représente une belle femme éplorée, au milieu de monuments en ruines; dans le fond du
tableau, on voit Rome incendiée, les barbares effaçant les inscriptions, détruisant les
édifices, et sur le socle d'une colonne brisée on lit ce mot : *Latinitas.*

On peut donc, sans porter atteinte au respect légitime que doivent inspirer ces belles institutions, aborder leur examen avec quelque défiance des récits antérieurs, et dans un esprit plus modéré.

Nous oserons donc poser et résoudre cette question :

Est-il bien vrai que la ville d'Orléans ait été, dès avant l'établissement de l'Université, le siége d'écoles aussi célèbres qu'on le dit ?

Constatons d'abord la nature des études, leur progression vers le droit civil, l'enseignement définitif de ce droit.

Nous avons, dans les chapitres précédents, fait pressentir ce que nous devions dire ici.

En traitant de l'origine de l'Université, nous avons parcouru les différentes phases et indiqué le véritable caractère de l'enseignement ; nous n'avons négligé, dans les chapitres suivants, aucune occasion de préciser le mouvement des esprits dans ces diverses périodes.

C'est ainsi que nous avons signalé, dès le VIe siècle, l'école d'Orléans comme possédant un grand nombre de savants (1), et fait observer que depuis le VIe siècle jusqu'au XIIe, il ne se manifeste aucune trace de l'enseignement du droit dans cette ville.

Au XIIIe siècle, nous avons vu cette école s'enrichir (en l'année 1230) des débris de l'Université de Paris, dispersée par une émeute fomentée, disait-on alors, par l'Angleterre, dans le but, qu'elle atteignit, d'attirer les docteurs de cette école déjà célèbre. Mais nous devons faire remarquer, en premier lieu, que cette circonstance n'a pu exercer d'influence sur la nature des études, car jamais l'Université de Paris ne fut un centre de l'enseignement du droit ; et en second lieu, et comme conséquence de cet état de choses, que la qualification d'Université donnée à l'école d'Orléans, même antérieurement, n'est que le fruit de l'exagération du langage et du sentiment trop vif de localité. Il n'existait pas d'Université dans cette ville à cette époque ; elle n'existait pas davantage en 1298, lorsque le

_____

(1) Ce concours de savants est attesté par l'édit de Philippe-le-Bel, du mois de décembre 1312, par lequel il revient sur l'édit constitutif de l'Université, et défend aux recteur, docteurs et écoliers de faire Université, ainsi que nous l'avons vu au chapitre Ier.

pape Boniface VIII consultait les docteurs orléanais sur un des livres de ses décrétales (1).

Qu'était-ce donc que l'école d'Orléans, déjà célèbre au moment où elle fut élevée à l'état d'Université ?

Son caractère nous est attesté par l'existence du *scolastique* de Sainte-Croix, chargé de la direction et de l'inspection des études, dans lesquelles étaient alors comprises la partie la plus élevée de ces études elles-mêmes et la partie élémentaire de l'éducation ; mais il n'y existait certainement pas encore une école de droit proprement dite. C'est ce que démontre très-bien un savant contemporain, lorsqu'il réfute les preuves que l'on a voulu emprunter à quelques actes, de l'existence d'une école de droit à Orléans au Xe siècle (2).

Cependant rien n'est plus compatible que l'existence d'écoles consacrées à l'étude de la dialectique, de la philosophie, de la théologie et des lettres, avec l'étude du droit civil.

Le même auteur démontre très-bien, en effet, que le droit romain a été conservé dans toutes les parties de l'empire, et que même il s'infiltra dans le droit public ou coutumier des barbares après la conquête des Gaules.

Il démontre surtout que ce droit fut conservé par le clergé. Il est vrai que, même sous les auspices de cet ordre alors tout-puissant, ce ne fut qu'avec lenteur que le droit romain fit partie de l'enseignement public ; mais ce dépôt, précieusement gardé et mis partiellement en pratique par lui, devait un jour servir à la propagation ouverte de son étude.

Ceci explique bien que les bulles du pape Clément V n'aient organisé l'Université d'Orléans qu'en l'année 1305 ; comment, dès l'année 1230, l'école d'Orléans comptait des docteurs assez considérables pour que l'on ait pu être autorisé à faire remonter jusque-là la qualification d'*Université* ; comment, en 1298, le pape Boniface VIII put lui soumettre ses décrétales, en même temps qu'il les soumettait à l'école de Bologne, et comment Clément V lui-même, en instituant l'Université, put nous révéler que c'est en reconnaissance du

_____

(1) Voir chap. Ier.

(2) M. DE SAVIGNY, *Enseignement du droit au moyen-âge*, chap. VI, § 136.

service qu'il a reçu de cette école, dans laquelle il avait étudié la double science des lettres et du droit.

Si donc on doit reconnaître que l'étude du droit ne fut pas instituée spontanément et ouvertement dans les grandes écoles de dialectique, de lettres, de théologie et de philosophie, alors qu'elles étaient dirigées par le clergé, au moins faut-il admettre qu'elle y fut toujours présente, s'y propagea lentement et progressivement; que cette propagation lente et progressive prépara les esprits à recevoir cette science, et qu'au moment où furent constituées les Universités du double droit, il n'y eut plus aucun effort à faire, et que cette constitution n'était que la manifestation d'un fait qui tendait depuis long-temps à s'accomplir.

C'est donc une erreur matérielle et peut-être systématique que celle dans laquelle sont tombés quelques écrivains, et notamment Pasquier, lorsqu'ils ont prétendu que les papes, par un esprit exclusif, ont proscrit l'enseignement du droit civil dans les Universités.

On cite, il est vrai, une bulle d'Honoré III, élu au saint-siége en 1216, qui défendit d'enseigner le droit civil à Paris, *afin qu'on s'appliquât davantage à l'étude de l'écriture sainte* (1).

Mais, indépendamment de ce que cette bulle est isolée, elle ne concerne que la ville de Paris, rendez-vous général des controversistes, foyer de discussions dangereuses pour la foi, que le mélange des études du droit civil avec celles de la théologie auraient pu rendre plus dangereuses. Cette Université retentissait encore des leçons d'Abeilard lorsque le pape Honoré III fulmina sa bulle; et ce qu'il a cru devoir faire pour cette grande ville, où se sont agitées dans tous les siècles tant de passions, il ne l'a pas fait pour les autres villes, siéges d'Universités.

Il n'aurait pu le faire, il eût été trop tard; bien d'autres Universités propageaient déjà la science du droit; et le clergé, en unissant les principes du droit canon aux principes du droit civil, en l'appliquant sans cesse, ainsi que cela est devenu de la dernière évidence, aurait rendu vains les efforts du chef de l'Eglise.

Ceux qui écrivaient ces choses auraient dû considérer que les bulles d'institution cléricale des Universités de droit, et ces Universités

(1) D'HÉRICOURT, *Lois ecclésiastiques.*

elles-mêmes, par leur existence antérieure aux édits des rois, réfutaient ces propositions fausses ou passionnées.

Ainsi, l'école de Sainte-Croix d'Orléans, sous le contrôle et la direction de son scolastique, contenait, dans les éléments de ses leçons, le germe de l'enseignement du droit civil et du droit canon.

Nous disions, il n'y a qu'un instant, que l'Eglise elle-même, en unissant le droit civil au droit canon, avait conservé cette grande législation.

Il semble, en effet, que les principes du droit romain, admis par l'Eglise, n'aient été cachés sous un droit spécial que pour attendre le temps de sa réapparition.

Nous croyons devoir, avant de déterminer les études universitaires, jeter un coup d'œil sur ce qui composait le droit canon au moyen-âge, et nous aurons ainsi une idée assez juste du lien de parenté qui unissait l'un et l'autre droit.

M. de Savigny énumère les sources auxquelles le clergé puisait la science du droit canonique ; douze parties formaient la matière des études.

D'abord, le *Codex vetus canonum* ; ensuite plusieurs recueils de différents auteurs. Le *Codex vetus canonum,* comme tous les autres recueils dont parle l'auteur, sont remplis de fragments appartenant au droit romain. Ici des fragments du passage théodosien ou du code Julien ; là des passages des *Institutes,* du *Code,* des *Novelles, des Constitutions,* du *Digestum vetus,* du *Digestum novum* (1).

---

(1) M. de Savigny, dans son chapitre XV du deuxième vol., intitulé : *Droit romain conservé par le clergé,* p. 185, 189, 193, fait remarquer que parmi les recueils contenant les matières des études du droit canon, le *Digestum vetus* et le *Digestum novum* fournissent un grand nombre de fragments, tandis que l'*Infortiatum* n'en donne aucun. Voici comment il s'exprime en parlant d'un recueil du XIe siècle : « Le *Digestum vetus* a fourni un grand nombre de fragments, le *Digestum novum* un seul, « l'*Infortiatum,* aucun. »

Parle-t-il d'un recueil remontant au XIIe siècle, et attribué à Ivo (*), il dit : « Le « *Digestum vetus* est très-souvent cité dans le décret, le *Novum* une seule fois, l'*Infortiatum,* jamais. »

Parle-t-il des lettres d'Ivo, il dit : « Quant aux Pandectes, les lettres ne rapportent

(*) Évêque de Chartres en 1190.

Ce n'était pas là, il faut le reconnaître, des documents suffisants pour constituer une étude régulière, complète et méthodique du droit ; les recueils dont nous parlons étaient manuscrits, ne contenaient que des fragments copiés sans ordre et sans esprit de système. Au-dessus de ces études, qui ne devaient être qu'accessoires, le clergé plaçait les décrétales des papes, les décisions des pères de l'Eglise, les décisions des conciles ; de sorte que les études du droit, réduites à ces éléments, devaient être plus dangereuses qu'utiles, laisser d'immenses lacunes, soumettre l'esprit à l'examen de doutes nombreux et de contradictions insolubles ; mais enfin, telle qu'elle était, cette branche d'enseignement protestait contre l'oubli dans lequel le droit civil était tombé.

Et c'est ainsi que M. de Savigny, entre autres moyens scientifiques, fait disparaître cette supposition, acceptée par les esprits les plus éminents, que le droit romain a cessé d'être enseigné théoriquement, et, à la longue, d'être pratiqué, par la perte totale des pandectes dans les désordres du bas-empire, jusqu'à ce qu'enfin, un exemplaire échappé au sac d'une petite ville d'Italie, Amalfi, en 1137, permît à la science du droit de renaître.

« rien de l'*Infortiatum,* un seul passage du *Digestum novum,* mais une foule de mor-
« ceaux empruntés textuellement au *Digestum vetus.* »

On serait peut-être satisfait de connaître le motif de cette négligence apparente que M. de Savigny ne cherche pas à expliquer ; nous croyons pouvoir le faire de la manière la plus simple : l'*Infortiatum* ne contient que des chapitres qui intéressent surtout la famille et les successions, et que, par conséquent, les jurisconsultes canoniques croyaient pouvoir négliger, ne considérant le droit civil que dans les rapports généraux que le clergé et les communautés religieuses pouvaient avoir avec les autres classes composant la société.

Nous pouvons justifier cette proposition en renvoyant aux titres des livres composant l'*Infortiatum ;* nous voulons, cependant, donner une idée de la justesse de notre observation par la citation de quelques-uns de ces titres :

De soluto matrimonio ; de impensis in res dotales factis ; de actione rerum amatarum ; de agnoscendis et alendis liberis ; de inspiciendo ventre custodiendo partu; si mulier ventris nomine in possessione calumniæ causâ esse dicetur ; de concubinis ; de testamentaria tutela ; de legitimis tutoribus, etc.

On conçoit facilement que les légistes canoniques n'aient pas cru devoir appliquer leurs études à ces chapitres, formés d'une quantité considérable de lois auxquelles les ordres dont ils faisaient partie étaient nécessairement étrangers, et qui, dans les pays soumis au droit coutumier, n'intéressaient aucune classe de la société.

Montesquieu, dans son chapitre XLII, intitulé : *Renaissance du Droit romain*, adopte cette version, et, après ce grand nom, nous n'avons pas à nous occuper des autres auteurs qui se sont conformés à ce système.

Cependant nous ne pouvons passer sous silence une mention fort singulière de ce fait, consignée à la tête de l'édition de 1818 des *Pandectes* de Pothier.

On a placé, au commencement du premier volume de la réimpression de cet ouvrage, un *facsimile* du manuscrit retrouvé en 1137, et, au bas de ce *facsimile,* on lit les mots suivants : « Texte « de la page : Cette page, sur velin de Florence, présente l'image « peinte avec l'écriture de ce renommé et souverainement respectable « exemplaire des Pandectes, qu'une sorte de Providence a dérobée « aux coups du sort et fait retrouver, par un heureux hasard, dans « la ville d'Amalfi (1). »

On a placé, en regard de cette écriture reproduite, sa vulgate, en tête de laquelle on lit ces mots : « Ceci a été transcrit mot à mot et « ligne par ligne en regard de ce texte, qui reproduit l'image fidèle « de l'écriture des Pandectes de Florence (2). »

Enfin, on prend le soin d'apprendre au lecteur que l'écrit dont on donne une vulgate contient les dernières dispositions de la loi 20 au ff., *lib. 40, t. 5,* de *fidei commissariis libertatibus,* et que les lois au ff. 21, 22 et 23; les deux premières complètes; la troisième en partie seulement, suivent la première loi transcrite.

L'éditeur (3) de l'ouvrage de Pothier transmet ainsi à la postérité la preuve de ce fait accepté par Montesquieu.

Le monde savant, jusqu'aux recherches de M. de Savigny, admettait donc une solution de continuité absolue dans l'étude et dans la pratique du droit romain.

(1) Pagina hæc, è membranis florentinis, depictam speciem exhibet cum scripturâ tùm etiàm forma relatissimi hujus et maximè venerandi Pendectarum exempli, quod numinis alicujus beneficio fatis ereptum, fausto casu, in Amalphîtanâ civitate repertum est.

(2) Textus paginæ : Hic in conspectu jacentis et fidam Pendactarum florentinarum scripturæ imaginem referentis de verbo ad verbum, deque de lineâ ad lineam conscriptus.

(3) M. Latruffe, avocat à Paris.

« On croyait autrefois, dit-il dans la préface de son histoire du *droit*
« *romain au moyen-âge,* que le droit romain, entraîné dans la chute
« de l'empire d'Occident, s'était, après six cents ans, relevé comme
« par hasard : fait imaginaire que depuis long-temps on s'accorde
« à rejeter. »

Cette solution de continuité, comme il le démontre, n'a été que
relative, elle a tenu au désordre des temps ; mais le droit romain n'a
jamais cessé d'exercer son empire, et ses textes ont été conservés;
ils ont servi de base aux actes importants de la vie civile; ils se sont
infiltrés dans les coutumes les plus barbares, et n'ont jamais cessé
leur salutaire influence.

Le clergé, alors dépositaire de toutes les traditions scientifiques,
chargé d'une mission de rédemption et de civilisation, devait posséder cet élément d'affranchissement et de progrès; et, soit avec connaissance de cause, soit instinctivement et pour obéir à une heureuse
fatalité, il gardait cette législation, qu'il appliquait dans les limites
de ses nécessités sociales, jusqu'au jour où elle devait servir à guider de nouveau l'humanité dans les voies que la Providence lui réservait et que le clergé lui avait préparées.

C'est lui qui l'a conservée, qui l'a pratiquée, l'a transmise et l'a
reconstituée.

Ce que nous venons de dire n'autorise cependant pas à admettre
tout ce qu'on nous a rapporté de la gloire de l'école d'Orléans, de
l'illustration de ses docteurs, de l'étendue de ses études; au contraire, il en résulte que nous ne devons admettre ces éloges qu'avec
une extrême réserve; car, s'il en était ainsi, cette école, devenue
Université, aurait perdu de son importance.

A la dialectique, à la philosophie, à la théologie, aurait été substituée l'étude exclusive du droit civil et du droit canonique; toutes
les autres sciences ayant composé le programme de ce corps enseignant en auraient été rayées, d'abord en l'année 1312, et définitivement en l'année 1337; et encore, lorsqu'au cours de cette dernière
année, les chaires de philosophie et de théologie furent supprimées,
appartenaient-elles aux Frères prêcheurs, et non à l'Université même.

L'école aurait donc consenti à déchoir en échangeant une position considérable pour un titre plus relevé, mais qui ne lui aurait

conféré que des attributions plus restreintes, comparées à celles qu'elle possédait peu de temps auparavant.

C'est ici que devient évidente l'exagération des termes dans lesquels on s'exprime en parlant de l'école d'Orléans; car il paraît que, transformée en Université, elle accueillit cette transformation avec reconnaissance; et que, loin de croire à un amoindrissement, elle considéra qu'elle avait été illustrée par ce titre et par cette institution nouvelle.

Nous avons peu de choses à ajouter. L'école d'Orléans, glorieuse dès son origine, embrassant un grand nombre de branches de sciences et d'études, et même une faible partie des principes du droit romain, mais énervée par la quantité même des facultés dont elle était composée, comprit la nécessité de se conformer à l'esprit du temps, de se régénérer en resserrant son cadre et en acceptant des études spéciales et déterminées.

Le tableau que nous présente l'auteur des *Lettres sur le Nord* (1) des Universités contemporaines, de cette partie du monde, un peu moins avancée que ne l'est l'Occident dans la civilisation, nous donne une juste idée de la situation des études dans les Universités françaises au moyen-âge, et nous permet de comprendre que si des hommes éminents sont sortis de ces institutions, ils devaient plus à l'étendue de leur mérite personnel qu'aux développements de la science qu'ils y avaient puisée, leur succès et leur supériorité.

Et comme nous devons reconnaître l'importance que prit l'école d'Orléans dès les premiers temps de sa transformation officielle, nous devons penser que celle qu'on lui attribuait avant ce fait accompli, est purement imaginaire.

Enfin la grande école d'Orléans, déclarée Université, n'eut dans le programme de ses études que deux natures de science intimement liées entre elles : le droit civil et le droit canonique. La théologie et la philosophie elles-mêmes en furent soigneusement distraites et reportées à l'Université de Paris; de même que l'Université d'Orléans avait été privée de l'étude de la théologie et de la philosophie, soit que l'autorité des papes eût pris le dessus et fait

_____

(1) M. MARMIER.

violence à l'autorité royale, soit que des raisons puisées dans l'esprit de catégorie qui animait les institutions de ces temps s'opposassent à ce que l'enseignement du droit fût accordé à l'Université de Paris; de même cette Université en fut privée.

Si des professeurs de lettres, d'arts, de philosophie, de langues vivantes, affluèrent à Orléans à ce point que cette ville, au XIVe siècle, *en était remplie,* on doit considérer leur présence comme un reste des habitudes de cette liberté d'enseignement en vigueur dans les premiers temps de l'établissement des études cléricales, liberté s'éteignant par la nouvelle direction donnée à l'esprit public; mais ces professeurs n'avaient rien de commun avec le *corps universitaire;* et ce serait tomber dans une confusion contraire à la vérité que de les mélanger et leur attribuer une mission commune, un même caractère.

L'institution dont nous nous occupons n'a donc été, dès son origine et jusqu'à sa fin, qu'une école dans laquelle on enseignait le double droit civil et canonique.

Et si une nouvelle branche d'enseignement lui fut accordée par un édit de Louis XIV, celle du *droit français;* loin que l'on puisse voir dans cette mesure un hommage rendu à la science, à l'antique gloire de l'Université et un gage de prospérité, on ne doit, au contraire, la considérer que comme un premier pas dans la voie de décadence vers laquelle elle s'avançait déjà.

Ce qui nous reste à dire démontrera le caractère exclusif des études à l'Université d'Orléans, car, en appliquant notre attention aux thèses soutenues par les aspirants aux grades qu'elle conférait, nous l'appliquerons à la mise en pratique du programme des études universitaires lui-même.

Pour bien apprécier l'étendue et la nature des études exigées des aspirants aux grades de bacheliers et de licenciés, nous nous bornerons à revenir sur ce que nous avons dit dans le chapitre des *Statuts généraux.*

Nous avons vu, en effet, ce que ces statuts prescrivaient à ceux qui recherchaient les deux premiers grades universitaires.

Nous résumerons donc ici ce que nous avons dit des conditions d'admissibilité aux différents grades conférés par le corps des docteurs, et nous prendrons pour point de départ les prescriptions du statut de 1308, cela pour deux motifs :

Le premier, c'est que ces prescriptions nous donnent une juste et complète idée de la force des études dès avant la constitution par le pouvoir royal de ces institutions; le second, c'est que ces prescriptions ont été, long-temps après cette constitution, respectées et exécutées.

Le baccalauréat, sous l'empire du statut des docteurs (1307), ne semble avoir été considéré que comme un grade assez indifférent. Aucune disposition de cet acte réglementaire ne détermine les conditions de l'admissibilité des bacheliers. On leur donne le droit de lecture et d'enseignement; on n'exige d'eux, même alors qu'ils sont étrangers à l'Université au sein de laquelle ils viennent enseigner, d'autre formalité que le serment prêté, entre les mains du recteur, de lui obéir en toutes choses licites et honnêtes, et d'observer les statuts, même ceux qui seraient établis dans l'avenir.

Nous avons attribué cette extrême facilité à la tradition, et nous l'avons considérée comme un reste de l'usage des controverses soutenues par les dialecticiens voyageurs, usage s'affaiblissant et entravé par le pouvoir clérical lui-même.

L'année 1308 donna naissance à un nouveau réglement canonique; le pape renchérit sur les conditions d'admissibilité des bacheliers. Cependant, s'il est plus exigeant, ce n'est pas en ce qui touche à l'admissibilité au grade; il garde le silence à cet égard, mais c'est en ce qui concerne leur admissibilité à *la lecture*.

Ainsi, même sous l'empire de cet acte canonique, on ne voit rien qui ait le moindre rapport à l'examen que devaient subir ceux qui aspiraient au grade de bacheliers; on ne s'occupe d'eux que lorsqu'ils veulent lire, et on les soumet à des épreuves qui les assimile aux licenciés voulant également *lire*.

Il résulte de l'examen de ces textes qu'en 1308, comme antérieurement, les examens subis pour obtenir le grade de bachelier n'étaient entourés d'aucune solennité.

Les difficultés ne se manifestent, pour ceux pourvus de ce grade, que lorsqu'ils veulent user de la faculté d'enseigner attachée à ce grade.

On exige alors qu'ils aient suivi le cours ordinaire du *Code* et du *Digestum vetus*, du *Digestum novum*, de trois livres du *Code* des *Institutes* et des *Authentiques*, et cela pendant cinq années. On veut, de plus, que l'aspirant à ce droit prête, entre les mains du recteur, le serment qu'il a suivi et étudié pendant cinq années les livres indiqués, et que le docteur sous lequel il a étudié prête le même serment.

Cette dernière formalité nous semble exclusive de tout *acte probatoire* ou de tout acte de réception officielle, car elle serait inutile en présence de cet acte lui-même.

Ainsi, jusqu'en 1308, aucun acte réglementaire n'indique le mode de réception publique des bacheliers, et, au contraire, les dispositions de ces actes autorisent à penser qu'on n'attachait pas une grande importance à ce grade; que, dans ce temps d'études fortes et laborieuses, on croyait n'avoir pas besoin de titres officiels attestant des études fortes et laborieuses, lorsqu'il ne s'agissait que du premier degré universitaire; ou que, dans l'intention de les favoriser, on ne considérait l'enseignement du bachelier que comme un stage à l'aide duquel on voulait féconder les essais de ceux qui aspiraient au grade de docteur.

Ces cours *extraordinaires* doivent donc être considérés comme des *conférences* dans lesquelles l'erreur pouvait être rectifiée aussitôt qu'elle se produisait.

Il est remarquable que le réglement de 1308 assimile les bacheliers aux licenciés, et que les mêmes conditions d'admissibilité sont, à peu de chose près, communes aux deux grades, à l'exception que le licencié, qui avait subi ces épreuves, pouvait lire *ordinairement*, tandis que le bachelier ne le pouvait qu'*extraordinairement*.

Cette assimilation pourrait paraître injuste; elle nous semble tirer son origine de l'intention de mettre, d'une part, une digue au torrent des disputeurs et des controversistes; de l'autre, d'engager ceux qui auraient eu la pensée de s'arrêter au grade de bachelier, et de s'assurer ainsi, sans plus de peine et de persévérance, à jouir, en grande partie, des immunités accordées aux licenciés, à poursuivre leurs études. Cette exigence peut donc être considérée autant comme un moyen d'émulation que comme un moyen restrictif.

Nous avons dit que les choses restèrent en cet état jusqu'en l'année 1512; que de l'année 1308 à l'année 1512, on ne voyait aucune trace, sur les registres des nationaires germaniques, si soigneux à réunir tous les réglements intéressant l'Université, de réglements intermédiaires (1); et nous avons attribué cette absence de tout acte de cette nature, pendant un aussi long espace de temps, à trois causes : la première, le respect que l'on avait alors pour tout ce qui provenait de l'autorité ecclésiastique; la seconde, l'immobilité des institutions au moyen-âge; la troisième, les événements politiques qui s'étaient accomplis sur le sol de la monarchie française.

Nous n'avons plus qu'à rechercher les conditions d'admissibilité au grade de bachelier, depuis le XVIe siècle jusqu'au XVIIIe.

Nous voyons, dans ce long intervalle, une plus grande solennité observée dans la réception au grade de bachelier.

L'arrêt de 1512 veut que tous les docteurs-régents concourent à l'examen, et punit d'une amende ceux d'entre eux qui se dispenseraient d'y assister.

Il prescrit que chacun des récipiendaires, bacheliers et licenciés, soit examiné quatre fois en deux jours.

Il veut que les examens soient sérieux ; il prohibe la complaisance et la faveur.

Cette dernière prescription semble n'avoir pas été religieusement observée, et un édit de 1531 rappelle les docteurs-régents à ce devoir. Il dit, en termes formels, que le corps universitaire ne doit pas s'affranchir des solennités accoutumées; mais que l'examen doit avoir lieu publiquement, et après l'indication publique des jour, lieu et heure auxquels il se fera.

(1) Il en existe cependant deux, l'un intitulé : *De doctorandis ;* l'autre: *Statutum appunctuatum ad quos examen baccalaurerum pertineat.* Tous deux remontent à l'année 1336 ; le premier n'a véritablement d'autre but que de régler les rapports des bedeaux et des aspirants au doctorat ; le second, plus explicite, règle surtout les rapports des docteurs avec le scolastique, à l'occasion des examens des bacheliers, et les droits et prérogatives de ce dignitaire dans ces occasions; cependant il impose certaines formes pour l'examen; mais il laisse au scolastique un tel arbitraire dans l'étendue des textes ou dans leur restriction, qu'il est impossible de le considérer comme ayant la moindre importance ; elle fut encore affaiblie à mesure que l'influence du scolastique s'affaiblissait elle-même, et on ne peut la placer au nombre des réglements universitaires depuis que la dignité du scolastique n'était plus que nominale.

En 1538, on sent encore le besoin d'insister sur ce point : l'arrêt réglementaire de cette année défend au recteur et aux docteurs de faire aucun déjeûner lorsque *les chappes* (1) *se bailleront aux licenciades et que l'examen se œuvre.*

Les efforts du pouvoir tendaient à maintenir la force des études en décrétant la forme des examens et en contraignant à rendre ces examens sérieux.

A mesure qu'il prenait de l'empire sur la direction des corps enseignants, son autorité devait être plus directe, ses réglements devaient être plus explicites. C'est ce qui arriva en l'année 1679, lorsque le roi rendit un édit pour le *rétablissement* des études du droit canonique et civil dans toutes les Universités du royaume.

Le titre seul de cet acte du pouvoir souverain suffit à signaler le relâchement dans lequel les corps enseignants étaient tombés, et révèle la nécessité de leur donner une direction plus énergique et plus efficace.

Cet édit fixe le temps d'étude nécessaire pour obtenir le grade de bachelier à deux années, et prescrit que nul ne pourra prendre ce grade sans, au préalable, soutenir un examen devant le recteur ou un docteur-régent de l'Université. A cet examen préparatoire était attachée l'admission à l'examen lui-même. On ne délivrait les thèses aux postulants que s'ils étaient jugés avoir les dispositions requises pour soutenir leurs *actes probatoires.*

Il est évident que, jusque-là, ou qu'au moins depuis un assez long temps, les solennités des examens étaient négligées, et que les grades s'obtenaient avec une trop grande facilité.

Ce que nous avons dit de la situation des bacheliers, soit qu'on les considère comme de simples gradués, soit qu'on les considère comme se livrant à l'enseignement, faculté qu'ils ne semblent pas avoir conservée au-delà de l'année 1512, est commun aux licenciés. On exigeait de ces derniers l'étude du *Digestum novum,* autant de l'*Infortiatum;* et, de plus, mais dans le cas seulement où l'aspirant n'aurait pas étudié *extraordinairement* : les *Institutes* et le *Digestum vetus* en entier; et ces études ordinaires ou extraordinaires devaient se prolonger pendant trois années.

(1) Costume que revêtaient les récipiendaires.

Rien de remarquable ne se passait donc à l'occasion de ces réceptions.

D'abord, négligence produit de traditions dont le souvenir n'était pas effacé, du malheur et des désordres des temps, et par conséquent absence de solennité dans les examens; ensuite, efforts du pouvoir pour faire cesser ce fâcheux état de choses, et régularisation définitive de ces détails importants de l'administration universitaire; tel est le tableau que nous présentent les différents actes des pouvoirs qui se sont occupés des corps enseignants en France, depuis le XIVe siècle jusqu'au XVIIe.

Il n'en était pas ainsi de ce qui concernait l'admission au grade de docteur-régent.

Il semble que l'attention du corps entier fût concentrée sur cette dignité. Cela se conçoit, lorsqu'on porte un regard sur les hautes fonctions judiciaires à cette époque, sur la profession d'avocat, sur l'état des officiers ministériels.

Les charges de la judicature, pour lesquelles on n'exigea le grade de licencié et la justification du serment d'avocat qu'en l'année et par l'édit de 1669, étaient devenues héréditaires. Quelque peu de mérite qu'on eût, on trouvait un office de juge dans la succession paternelle *comme on y trouvait une métairie*. La profession d'avocat était, dans les temps anciens, beaucoup moins élevée qu'elle ne l'est devenue dans la suite, et confondue, dans certaines juridictions, avec celle des procureurs (1); divisée en catégories, avocats consultants ou jurisconsultes, avocats plaidants, avocats au Parlement, avocats au Châtelet ou en Parlement, cette profession, tout honorée qu'elle fût dès son origine, semble cependant n'avoir été véritablement et définitivement constituée qu'à dater du XVIe siècle, et n'avoir pris le rang qu'elle a occupé et qu'elle occupe encore dans la société que dans le cours du XVIIe.

---

(1) Voir JOUSSE, vol. II, p. 479, de l'*Ordonnance d'Orléans*, tit. 47, art. 58 : « Et « pour le soulagement de nos subjects, avons permis aux advocats de faire l'une et « l'autre charge d'advocat ou procureur, leur enjoignant conseiller fidellement leurs « parties, et ne soutenir ou défendre mauvaise cause, à peine de tous despens, dom- « mages, intérêts, desdites parties. »

Une décision du présidial de Bourg-en-Bresse, du 24 mai 1603, porte que les causes ordinaires seront plaidées par les avocats, et les causes sommaires par les procureurs.

Cette profession exige, d'ailleurs, la pratique des affaires. La preuve d'études fortes a pu sembler au corps universitaire moins utile que lorsqu'il s'agissait du doctorat (1), et lorsqu'un écolier s'en tenait au grade de licencié, il paraissait, par cela seul, peu digne d'être examiné avec une extrême sévérité. D'ailleurs, les avocats les plus distingués briguaient l'honneur du doctorat, et, dans les derniers temps, la fonction de docteur-régent n'était pas incompatible avec l'exercice de cette profession.

Quant aux procureurs, il se peut que quelques-uns fussent gradués; mais aucun réglement, aucun édit, aucune ordonnance n'exigeait, pour l'admission dans cette corporation, d'une création plus récente que celle des avocats, un grade universitaire. Elle pouvait être exercée par celui auquel quatre avocats accordaient un certificat de capacité; et encore, plus tard, n'exigea-t-on plus qu'un certificat de bonnes vie et mœurs et de catholicité. Cela s'explique : les offices de procureurs au parlement, même ceux de procureurs aux Châtelets et aux grandes subdélégations, étaient devenus héréditaires.

Les examens, qui ne devaient servir qu'à l'entrée dans les charges de judicature et dans l'ordre des avocats, devaient donc paraître une simple formalité; pour les uns, un moyen de recueillir l'hérédité paternelle dans toutes ses parties; pour les autres, un moyen d'exercer une profession rentrant, à beaucoup d'égards, dans celle des praticiens.

Il n'en devait pas être ainsi lorsqu'il s'agissait de créer un docteur-régent qui devait appartenir à la corporation cumulant la science et le double caractère du professeur et du jurisconsulte.

Là tout est solennel, et, dès avant l'édit de 1679, les difficultés et les

(1) Le temps d'étude et les solennités de l'admission pour l'exercice de la profession d'avocat ont été long-temps arbitrairement changés et déterminés; l'ordonnance de 1490 exigeait cinq années d'étude : un arrêt de 1661 n'exigeait qu'une année, la déclaration de 1679 exigeait trois années, celle de 1690 réduisait le temps d'étude à deux années, enfin celle de 1700 exige trois ans. Aucune ne parle des solennités de l'admission, aussi le parlement de Paris rendit, le 10 avril 1646, un arrêt réglementaire ordonnant que les licences ne se prendraient que dans les Universités qui font *exercice public* (BOUCHER D'ARGIS, *Histoire de l'Ordre des avocats*).

épreuves les plus longues et les plus rigoureuses étaient imposées à ceux qui aspiraient à l'insigne honneur de faire partie du corps des docteurs.

Il va sans dire que pour se présenter à l'*acte probatoire* du doctorat, il fallait avoir parcouru les grades de bachelier et de licencié ; et que, par conséquent, les candidats avaient étudié toutes les matières du droit romain et du droit canon.

Il est vrai que les actes réglementaires de 1307 et de 1308, non plus que l'arrêt de 1512, ne prescrivent de formalités spéciales pour l'admission au doctorat.

Nous n'avons rencontré sur cette matière, dans de longues recherches, qu'une ordonnance du roi Henri II du 27 juin 1551, qui remet au pouvoir ecclésiastique la nomination du recteur et des docteurs-régents de l'Université d'Orléans ; ordonnance renouvelée par Henri IV au cours de l'année 1616.

Mais, à défaut de prescriptions réglementaires, nous sommes heureux de pouvoir consulter deux procès-verbaux qui nous enseignent en même temps la théorie et la pratique.

Tous les deux appartiennent, il est vrai, l'un au commencement, l'autre à la fin du XVIIᵉ siècle, mais ils devaient être, au moins dans la partie de leurs prescriptions concernant les thèses et les disputes, la fidèle image de ce qui se passait aux époques les plus anciennes ; l'esprit des institutions générales de ce temps nous en donnerait l'assurance, quand même la forme des actes et les solennités, dont ils constatent l'accomplissement, ne nous révéleraient pas l'antiquité de ces formalités elles-mêmes.

Nous suivrons, en premier lieu, le procès-verbal de 1626, dont nous avons déjà eu occasion de parler au chapitre des *Statuts généraux*, dans toutes les parties que nous n'avons pas abordées, ne nous occupant de celles dont nous avons tenu compte alors que par voie de souvenir.

Cet acte est intitulé : *Procès-verbal de la régence vacante en l'Université d'Orléans, par le décès de* Messire *Jehan-Mathieu Legrand, docteur-régent en ladite Université, adjugée à* Mᵉ *Jehan Jourdain, le 14 février 1626.*

Le scribe de l'Université ouvre son procès-verbal le 9 avril 1625 ;

il commence par constater que le recteur lui a remis plusieurs copies imprimées d'un programme ainsi conçu :

« Le recteur et les professeurs de l'Université d'Orléans, à tous
« ceux que ces présentes peuvent intéresser, font connaître, par çe
« programme public, que la chaire de Jehan-Mathieu Legrand,
« l'un des professeurs de cette Université, et l'un des professeurs
« ordinaires les plus distingués en l'un et l'autre droit, est vacante
« par la mort de ce dernier, et doit être accordée au plus digne et
« à celui qui se fera le plus remarquer par sa vertu et son amour
« pour les sciences. A ces causes, que quiconque des plus instruits et
« possédant les doctrines du droit civil et du droit canon, qui aspire-
« rait à la charge de professeur à l'Université d'Orléans, se rende dans
« la salle de la bibliothèque de l'Université, le onzième jour du mois
« d'octobre prochain, à neuf heures du matin, dans l'intention d'ac-
« cepter la matière des disputes publiques et des thèses qui seront
« soutenues pendant un mois, et qui seront désignées par le sort,
« sur l'un et l'autre droit; auxquelles, suivant un ancien, solennel
« et légitime usage remontant aux temps les plus anciens, les doc-
« teurs donnent leurs voix dans l'ordre des préséances, et auxquelles
« le collége tout entier assiste; et qui tous jugent consciencieuse-
« ment qui doit l'emporter par la facilité de l'expression, l'habileté
« de l'enseignement et la subtilité de l'interprétation (1). »

Il constate ensuite que, sur l'ordre du recteur, il avait remis ces
copies aux gardes de la librairie, pour être, en sa présence, et afin
qu'il en fît acte, affichées aux portes des écoles de droit, à celles du
Châtelet et de l'église cathédrale, et sur la place du Martroi.

---

(1) Rector et antecessores Aurelianensis academiæ, omnibus ad quos ea res pertinet, hoc publico programmate denunciant Johannis-Mathei Magni, ejusdem academiæ
antecessoris, et ordinariè juris utriusque professoris clarissimi morte vacuam cathe-
dram, digniori et virtute atque bonis artibus precellenti optimâ fide esse adducen-
dam ; propter ea quicumque ingenii et doctrinas fiducia freti juris civilis et pontificii
disciplinæ instructissimi, ad antecessoris munus aspirare voluerint Aurelianum in ædes
bibliothecarias Universitatis die undecima mensis octobris proximi nona hora matutina
conveniant publicarum disputationum et prælectionum menstruarum argumenta sorte
deducta et utriusque juris accepturi, quibus solemni more et ordinarie legitimi peractis
antecessores in suum ordinem cooptabunt et collegum assistent quem probitate morum
dicendi facundia, peritia docendi, et interpretandi subtilitate prestare judicaverint.

Il constate également que plusieurs copies lui ont été remises pour les faire parvenir aux Universités, tant en droit canon qu'en droit civil, même en la ville de Paris, suivant l'ordonnance de Blois, pour y être pareillement affichées, afin de convoquer toutes personnes capables d'occuper ladite régence, à se présenter en la salle de *la librairie* ou bibliothèque, aux jour et heure portés par ledit programme.

Il constate aussi que ces copies ont été affichées à Orléans et dresse l'acte de cette affiche.

Il transcrit ensuite les procès verbaux d'affiches qui lui ont été transmis par les scribes des Universités auxquelles elles ont été envoyées; ces Universités sont celles de Bourges, Paris, Angers et Poitiers.

Deux de ces certificats sont rédigés en latin, deux autres en français (1).

Et, enfin, il constate qu'une nouvelle affiche a été faite à Orléans.

Ces formalités de publications ont lieu, tant pour la première fois à Orléans que pour la seconde dans la même ville, après avoir été remplies dans les siéges des principales Universités de France, du 21 avril au 25 août. Le 21 septembre, le scribe se rend à la librairie pour inscrire tous ceux qui voudraient concourir, et il inscrit en effet les noms de dix concurrents.

Il paraît que tous se présentèrent en même temps. Une question de préséance ou plutôt de priorité s'agita aussitôt. Il s'agissait de savoir lequel des dix serait inscrit le premier; mais, *à cause du recpect dû à l'ancien âge de l'un d'eux,* tous consentirent qu'il les précédât. Une autre contestation s'éleva sur la même question entre deux autres candidats; elle fut vidée par les docteurs-régents, auxquels ils déclarèrent s'en rapporter.

(1) Ego subsignatus facultatis decretorum in alma parisiensi academia scribà et major bedellus, fidem facio omnibus quorum interest vel interesse in posterum, poterit cura et sollicitudine domini florentii Pocquet, juris utriusque doctoris, et in eadem facultate antecessoris ordinarii vigenti quatuor presentis programmatis exemplaria per loca urbis, civitatis, et Universitatis publica affisca fuisse, die octavo mensis maii anno domini millesimo sexcentesimo vigesimo quinto. — *Signé:* Duval.

Ces préliminaires, auxquels on attachait alors une très-grande importance, terminés, le recteur fait ouvrir le Code et le Digeste par le procureur général de l'Université, et prend, dans divers endroits de ces livres, la matière de la *lecture* et de la *dispute*, que le scribe transcrit sur dix billets différents. Ces billets, placés dans un chapeau, sont à l'instant tirés par les candidats. Le scribe constate les matières de *lecture* et de *dispute* échues à chacun des candidats.

Le recteur ordonne que lecture et dispute auront lieu pendant deux jours, et que cinq des candidats seront entendus le premier, et cinq le second. Il indique, pour commencer cette première épreuve, le 20 décembre. Les candidats s'accordent entre eux sur les heures, et le recteur enjoint au scribe de faire connaître par des affiches ces indications données et convenues.

Cependant l'un des candidats se désiste de son inscription, et cette circonstance rend nécessaire une nouvelle indication publique de jour, d'heure, et une nouvelle indication dans le rang accordé à ceux qui persistent.

Au jour indiqué, les docteurs-régents se trouvent réunis dans la salle de la librairie, *pour ouïr ceux qui devaient lire et disputer.*

Ces candidats se rendent dans la même salle, où se trouvaient déjà un grand nombre d'auditeurs, *tant des juges que autres, et plusieurs écoliers.*

Le procès-verbal, après avoir constaté toutes ces choses, constate les lectures et disputes à mesure qu'elles ont lieu.

Aussitôt que cette épreuve est terminée, le recteur et les docteurs-régents indiquent le jour où les thèses devront être tirées au sort.

On laissait alors un assez long intervalle entre le jour où les thèses devaient être tirées au sort et celui où l'épreuve des lectures et des disputes étaient terminées. Le motif donné de cet intervalle était, suivant le procès-verbal, *de garder une grande égalité entre les contendants, et afin que ceux qui auraient argumenté les premiers n'eussent pas plus d'avantage que les derniers.*

Nous avons vu qu'originairement il n'y avait que neuf contendants, l'un d'eux, inscrit, s'étant désisté; mais un autre licencié s'étant présenté, qui avait accepté les matières de dispute et de lecture données par le sort à ce dernier, le nombre primitif s'était complété;

tous avaient donc été entendus dans leurs exercices les 20 et 21 octobre, et l'Université remit le tirage des thèses au 20 décembre suivant.

Au jour indiqué pour le choix des textes, les recteur et docteurs-régents remplissent cette formalité. Les thèses sont placées, comme l'avaient été précédemment les matières de lecture et de dispute, dans un chapeau, et tirées au sort par le bedeau. Elles sont désignées sur un registre émargé par chacun des candidats, qui prenaient l'engagement de faire imprimer leurs thèses et de se les communiquer respectivement, trois jours au moins avant celui où ils devaient les soutenir.

Chaque *acte probatoire* devait durer deux jours entiers, et chacun des candidats soutenait le premier jour sa thèse de droit civil, et le second sa thèse de droit canonique.

C'est ainsi que le concours dont nous rendons compte, ayant été ouvert le 7 janvier 1626, ne dut finir que le 12 février suivant, un jour de repos étant laissé entre les deux jours que devaient durer les examens.

Cet ordre fut mis à exécution. Le 7 janvier, le premier des contendants fut *conduit* par le recteur et les docteurs-régents, assistés du procureur général et du scribe de l'Université, à huit heures du matin, dans la salle de la librairie des grandes écoles; et là, en présence du *lieutenant général du bailliage, du lieutenant général de la prévôté, de plusieurs conseillers, de MM. les avocats et procureur du roi ou bailliage, à la prévôté, d'un grand nombre d'avocats, de personnes notables et d'écoliers, le premier récipiendaire soutint sa thèse de droit civil.*

Le surlendemain, conduit aux grandes écoles avec le même cérémonial et en présence des mêmes dignitaires, et devant un nombreux auditoire composé de personnes de toutes qualités et *conditions,* il soutint sa thèse de droit canonique.

Il en fut ainsi pour les autres candidats.

Et le scribe, en constatant l'accomplissement de chacune de ces solennités, ne manque pas de désigner chacune des compagnies dont il mentionne la présence dans l'ordre des préséances qui devait être rigoureusement observé.

Il est tellement préoccupé de l'accomplissement de ce devoir que, n'ayant pas mentionné quelques dignitaires du clergé qui avaient assisté à ces examens, il s'en excuse et répare cette omission en citant le révérend abbé de Saint-Euverte, *les doyens, sous-doyens, l'official et plusieurs autres principaux du clergé de Sainte-Croix*, et le sous-doyen official de l'église de Saint-Aignan.

Aussitôt après cette opération définitive terminée, le corps universitaire indique le jour où l'élection de celui qu'il aura jugé le plus capable devait avoir lieu. Le procès-verbal fixe ce jour au surlendemain 14 du mois de février. Le recteur, par une ordonnance spéciale signée de lui et scellée du scel de la rectorerie, enjoint au bedeau général de citer à se trouver dans la salle de la librairie, pour assister à ladite élection, tous les membres des corps judiciaires qui avaient assisté aux thèses soutenues et les maire et échevins en corps.

Le scribe constate que s'étant transporté, dès le lendemain, chez tous les magistrats et membres du corps municipal, assisté du bedeau général, ce dernier avait posé les citations au domicile de chacun d'eux.

Toutes ces formalités accomplies, la réunion du corps universitaire et de toutes les personnes *citées* avaient lieu dans la même salle où les thèses avaient été soutenues et où devait se faire l'élection.

Il était rare, dans ce temps, qu'il ne s'élevât pas quelque question de préséance, d'usurpation ou de méconnaissance de prérogatives; un événement aussi ordinaire devait se présenter à l'élection de 1626.

Le scribe constate la présence de tous les dignitaires dans le rang qui leur appartenait; aucune plainte ne s'éleva à ce sujet. Mais il paraît que cette réunion était composée d'un plus grand nombre de magistrats qu'il n'en avait été invité.

Le recteur ouvre la séance en protestant contre la présence de quelques-uns d'entre eux. S'adressant à MM. les conseillers au bailliage et à MM. les conseillers à la prévôté, il leur enjoint de se retirer, et leur fait remarquer qu'ils sont venus sans avoir été appelés. Alors M⁰ Brachet de Gironville, pour les conseillers au bailliage, répond que *c'est ce dont ils se plaignent, et qu'ils auraient dû l'être;*

l'un des conseillers à la prévôté, pour lui et ses collègues, fait la même réponse; et tous disent qu'ils sont respectivement conseillers en la *conservatoire*, aux bailliage et prévôté d'Orléans, et qu'*en cette qualité ils avaient droit d'assister en ladite asssemblée*.

Les lieutenants généraux du bailliage et de la prévôté s'empressent de s'élever contre *cette nouveauté qu'on voulait introduire*, disant qu'elle ne peut leur préjudicier; les conseillers au bailliage et à la prévôté persistent dans leur protestation.

Le recteur ajoute « *qu'il n'a force pour mettre hors ladite assemblée* « *lesdits sieurs conseillers; et que, quand il l'aurait, il ne voudrait en* « *user par le respect qu'il leur porte; et que, puisqu'il ne leur plai-* « *sait de se retirer, il faisait défense au scribe de rien écrire de ce qui* « *se dirait de leur part.* »

La question était donc de savoir si le lieutenant général et le lieutenant particulier, c'est-à-dire le président et le vice-président, représentaient les corps à la tête desquels ils étaient placés; et si les conseillers avaient le droit d'intervenir quand les chefs de leurs compagnies agissaient en leur nom.

Cette question, assez futile aujourd'hui, et qui alors était loin d'être indifférente, semble n'en être pas une; car, si quelques-uns des membres de ces compagnies avaient pu se présenter, tous auraient pu faire comme eux, et les discussions eussent été sans fin.

L'incident fut donc terminé par le parti assez énergique que prit le recteur; et après une allocution dans laquelle il rappela le but de la réunion, les avis furent ouverts sur le mérite des divers candidats.

Nous avons rapporté, dans le chapitre des *Statuts généraux*, les discours prononcés à l'occasion de cette élection, et signalé les interruptions dont furent frappés les discours de ceux qui, bien que présents, étaient considérés comme *hors de l'assemblée;* ce détail dans lequel nous sommes entré alors avait deux objets : le premier, de reproduire un reflet de l'esprit littéraire et du langage de cette époque; le second, de signaler l'une des phases de l'enseignement public dans la ville d'Orléans, par le nombre des docteurs de son Université.

Nous n'avons pas à revenir sur ces deux parties de nos recherches;

nous n'avons plus qu'à signaler les dernières formalités suivies pour l'élection d'un docteur-régent.

Les avis recueillis, le recteur faisait apporter sur la table le livre des Evangiles, et le livre ouvert, levant la main, il prêtait le serment suivant. « Je jure d'élire à la place vacante le plus docte, « le plus utile et le plus favorable aux études, et n'avoir reçu aucun « cadeau ou somme d'argent, et n'en devoir accepter ni directement, « ni indirectement, à l'occasion du suffrage que j'ai donné (1). » Les docteurs-régents prêtaient le même serment.

Il manquait une protestation, elle arrive aussitôt. *Le scolastique déclare que son assistance ne peut nuire ni préjudicier à ses droits et prééminence et à la voix d'électeur qu'il dit avoir à l'élection des docteurs.*

Cette dernière querelle apaisée en même temps qu'élevée, puisque tout se borne à une protestation à laquelle on ne répond même pas, tant la fonction de scolastique était effacée, ceux qui s'étaient réunis au corps universitaire se retirent et le laissent seul délibérer sur l'élection qui a lieu aussitôt.

Le candidat élu, le recteur appelle le bedeau général et lui commande d'aller quérir le nouveau docteur-régent. Il est introduit. On lui fait connaître le résultat de la délibération qui l'élève à sa nouvelle fonction, et il prête entre les mains du recteur le serment *d'exercer fidèlement la charge de docteur et de garder les statuts de l'Université.*

On passait immédiatement à la prise de possession de la chaire. Le recteur et les docteurs-régents, assistés du bedeau général et du scribe, conduisent le nouvel élu vers la chaire dans laquelle il devra enseigner ; le recteur l'y fait monter en présence d'*un grand nombre d'écoliers et de personnes de toutes conditions,* et le nouveau docteur prononce un discours en latin.

Le procès-verbal auquel nous empruntons ces détails se termine par le constat que faisait le bedeau général, revêtu de ses insignes, de la signification de l'élection aux candidats qui n'avaient pas réussi;

---

(1) Juro me electurum in locum vacantem, doctissimum, utilissimum, et studiosis accommodantissimum, et nihil muneris aut pecuniis accepisse, accepturum ve esse, nec per me, nec per suppositam personam suffragii edendi nomine.

Mais, désormais, tout ce qui se passe, les protestations des compétiteurs désappointés, n'étant qu'accidentel, ne peut trouver place ici.

Ce que nous venons de dire nous dispense d'entrer dans l'examen détaillé du procès-verbal de l'élection de l'année 1668.

Nous en avons d'ailleurs parlé dans le chapitre des *Réglements généraux*, à l'occasion de la durée du rectorat, et dans celui concernant le recteur, l'institutaire, autres dignitaires et officiers de l'Université.

Tout se passe, à quelques nuances près, comme en l'année 1626.

Ces quelques nuances sont cependant assez importantes pour n'être pas passées sous silence.

La première différence, sur laquelle nous n'insisterons pas, entre les formalités constatées en 1626 et celles constatées en 1668, réside dans la forme de l'annonce du programme ; cette différence n'existe, d'ailleurs, que dans les termes.

On y voit aussi que le scribe, après avoir constaté l'inscription des contendants, descend dans la rue, et qu'à la porte de l'Université, il interpelle à haute voix ceux qui voudraient disputer la chaire vacante.

Une autre circonstance signalée, celle de l'élection d'un recteur après l'ouverture du concours, nous révèle que pour cette élection, le recteur dont les pouvoirs expiraient et les docteurs, se réunirent dans l'une des salles de l'Université, assistés du procureur général et du procureur de la nation germanique, et que, par conséquent, ce procurateur fut le seul des représentants des nationaires qui prît part à cette importante opération.

Enfin une notable différence existe, et c'est la seule qui soit véritablement digne d'être révélée, entre le mode de prise de possession de la chaire et celle constatée par le procès-verbal de 1625-26.

Nous avons vu que le recteur y conduisait le docteur élu, l'y faisait monter, et que le nouveau docteur, en signe d'approbation de tout ce qui venait d'avoir lieu et pour l'exprimer, prononçait un discours en latin.

En l'année 1668, les choses se font avec plus de solennité. Le recteur conduit le docteur élu à la chaire qu'il vient d'obtenir, et il le met en possession de cette chaire par ces mots : *Ego te in posses-sionem induco, habes-ne gratum ?* et le docteur répond : *Habeo.*

Enfin, une autre circonstance ressort de ce dernier procès-verbal. En 1626, le serment du nouveau docteur-régent ne s'appliquait qu'à ses devoirs universitaires; en 1668, ce serment s'applique à la conscience et à la religion. En 1626, le docteur jurait de bien et fidèlement vaquer aux devoirs de sa charge et d'observer les statuts de l'Université; en 1668, il ajoutait à cette formule celle de vivre et mourir dans la religion catholique, apostolique et romaine.

Nous avons dû rapprocher la pratique de la théorie, faire connaître quelle était la nature des études, quelle était la nature des épreuves auxquelles étaient soumis ceux qui voulaient suivre la carrière du doctorat.

Ce que nous venons de dire donne une juste et bien imposante idée des travaux exigés pour obtenir ces grades et ces hautes fonctions.

Le droit romain et le droit canonique étaient l'objet d'un travail continuel, incessant; et alors que les études les plus fortes étaient terminées, elles recommençaient plus laborieuses encore pour celui qui voulait atteindre le dernier degré de l'échelle des dignités universitaires; et des épreuves préalables, les disputes, puis les thèses les plus formidables, rendaient nécessaires, non-seulement les études les plus sérieuses et les plus profondes, mais encore l'art du dialecticien et, jusqu'à un certain point, le talent de l'orateur.

L'introduction du droit français par l'édit de 1679, l'assimilation qu'il faisait de la thèse passée sur les matières qui le composaient alors et les matières du droit romain et du droit canonique, vint apporter une funeste dégradation aux anciennes études.

Et cependant, long-temps encore, on s'attacha au droit romain; et le droit français, quelles que fussent les immunités attachées à ses études, dut être le partage des esprits frivoles et négligents. C'est pour cela, sans doute, que l'Université d'Orléans a vu son ancienne gloire résister à la marche du temps et triompher des fâcheuses préoccupations du pouvoir.

Certes, l'édit qui élevait les études des coutumes et des ordonnances des rois à la hauteur de l'étude des pandectes est une tache

22

. dans l'administration de Louis XIV ; et la persistance des légistes d'Orléans, attestée par Pasquier (1) pour des temps antérieurs à la constitution de l'Université, et dans laquelle ils se sont maintenus, malgré les difficultés qu'ils ont rencontrées dans les temps contemporains de cette constitution, et dans les temps qui ont suivi les édits de 1679 et de 1682, révèle le mépris qu'ils attachaient à l'étude d'ordonnances dont quelques-unes, et en bien petit nombre, étaient dignes de respect, mais dont la plupart le disputaient de barbarie avec le droit coutumier, et dont la majeure partie, nées de circonstances passagères et faites pour des temps qui n'étaient plus, ne pouvaient recevoir la moindre application.

La quantité considérable de thèses que nous avons sous les yeux appartenant, en partie, au dernier siècle, c'est-à-dire à ce temps où le droit français, enseigné à l'Université d'Orléans, tenait lieu de leçons du droit romain, et à Paris, permettait de jouir des grades conquis dans les Universités du double droit, atteste que les écoliers d'Orléans n'ont pas voulu profiter de ces facilités offertes à la paresse ; qu'ils n'ont jamais voulu s'associer à la coupable action de dégrader et d'énerver la science en la réduisant aux plus simples proportions ; toutes sont en latin, roulent sur des textes du droit romain et du droit canonique, et constatent des études élevées et une science profonde du *double droit*.

Quelques-unes nous donnent une idée de la lutte des partis qui divisaient alors la société, de l'esprit dans lequel les corporations enseignantes et les légistes envisageaient la question religieuse ; ou plutôt dans lequel ils appréciaient les actes du pouvoir, la question d'opposition se cachant alors sous la question de dogme ; et la guerre des sectes n'étant autre, au moins pour les chefs de partis, que la guerre des ambitions et des systèmes.

Nous nous garderons, cependant, d'insister sur ce point qui pourrait nous conduire plus loin que nous ne le voudrions ; nous ne nous y arrêterons qu'autant qu'il le faudra pour faire connaître les efforts des libres penseurs voulant donner carrière à leurs doctrines, les efforts du pouvoir voulant les comprimer ; efforts d'autant plus

(1) Chap. Ier.

louables de la part des premiers, qu'une censure préalable était exercée, au moins depuis 1679, sur les thèses, qui devaient être communiquées au recteur dans le délai qu'il avait déterminé, et qui ne devaient être prononcées que sous son approbation.

Nous avons vu l'avocat général Talon, dans son réquisitoire prononcé en 1626, critiquer la thèse qui avait donné lieu à l'élection d'un docteur-régent, et dire, en s'expliquant sur la contestation élevée devant le parlement de Paris à l'occasion du nombre des docteurs qui devaient participer aux cours de l'Université d'Orléans, que ce nombre devait être élevé à huit, et qu'il en résulterait « une « honnête émulation à bien faire, pourvu, ajoute-t-il, qu'ils s'ins- « truisent en meilleures doctrines que celles contenues dans les pro- « positions soutenues par le docteur-régent qui venait d'être élu. »

Ces propositions étaient conçues en ces termes : « Dieu a fait deux « grands luminaires, il a établi deux grandes dignités, savoir : « l'autorité pontificale et la puissance royale. Mais la puissance spi- « rituelle a la prééminence sur la puissance temporelle, de sorte que « la même différence existe entre les papes et les rois qu'entre le « soleil et la lune.

« Par suite de cette double puissance, il a été établi deux juri- « dictions, la juridiction ecclésiastique et la juridiction séculière. « L'une ou l'autre est compétente pour connaître des causes intéres- « sant les laïcs, soit que ces causes soient civiles ou ecclésiastiques; « mais la juridiction ecclésiastique est seule compétente pour juger « les causes tant civiles que criminelles qui intéressent les clercs (1).»

---

(1) Fecit Deus duo luminaria magna ; duas instituit dignitates quæ sunt pontificalis auctoritas, et regalis potestas ; sed illa quæ præest spiritualibus major est, quæ vero temporalibus minor ut quanta inter solem et lunam, tanta inter reges, et pontifices differentia cognoscatur; pro illâ duplici potestate, duplex quoque forum (*) est constitutum ecclesiasticum et seculare, utrum laicis competens prout causa civilis est vel ecclesiastica ; ecclesiasticum vero solum est clericis competens tàm in civilibus causis, quam in criminalibus.

(*) Forus est exercendarum litium locus; a fuudo dictus sivo a forenco rege qui primus græcis legem dedit (Corpus juris canonici).

Nous ne pousserons pas plus loin la citation, ce que nous venons
d'extraire de la thèse étant suffisant pour bien faire comprendre le
motif de la critique de l'avocat général, critique qu'il laisse éclater
aussitôt après la citation du texte :

« Lesquelles propositions, dit-il, tirées des passages de l'Ecri-
« ture dont on se sert à contre-sens, sont fausses et scan-
« daleuses, tendantes à la diminution de l'autorité royale et à sous-
« traire les sujets de l'obéissance qu'ils doivent à leur prince souve-
« rain, sous prétexte de faire des comparaisons ineptes et non véri-
« tables, lesquelles sont toujours odieuses, principalement lors-
« qu'elles sont faites entre ces deux grandes puissances que Dieu a
« établies pour gouverner le monde, lesquelles sont distinctes l'une
« de l'autre et égales entre elles; ceux-là sont blâmables de les op-
« poser l'une à l'autre, et qui veulent établir entre elles quelque sorte
« de mélange et de confusion pour troubler la bonne intelligence
« avec laquelle elles s'entretiennent. »

La colère gallicane du célèbre magistrat ne s'arrête pas à ces
écarts; elle se répand très-abondamment sur l'Université elle-même :
« Il faut, dit-il, empêcher que ces propositions ne soient plus en la
« bouche de qui que ce soit, et que tous les écrits, si aucuns étaient
« faits sur ce sujet, soient supprimés aussitôt qu'on les voudrait
« mettre en lumière, afin que la cour, qui montre l'exemple de bien
« faire à toutes les compagnies, ayant, par la sévérité de son arrêt,
« condamné la thèse, et pour l'indignité de l'auteur, aucun ne
« soit désormais si osé, dans notre royaume, de soutenir en public
« des propositions contraires à notre autorité. »

Il conclut : à la suppression de la thèse; à ce que défense soit faite
à l'Université d'Orléans et à tous autres écoles et colléges de souffrir qu'il soit disputé aucune thèse contraire à l'autorité royale, à
peine de punition corporelle, et à ce qu'il soit ordonné que l'arrêt à
intervenir soit lu et publié à l'audience du présidial et à l'ouverture
des écoles, *tous les ans;* transcrit aux registres de l'Université et
de la commune d'Orléans, et, en outre, dans toutes les Universités
du ressort du parlement de Paris, afin qu'il n'en soit prétendu cause
d'ignorance.

Il était difficile de pousser plus loin le zèle et de faire plus d'indignation pour une cause aussi futile. Le docteur-régent élu avait soutenu une thèse de droit canonique. On voit, dans le procès-verbal de 1625-26, qu'il lui était échu, pour cette partie de la dispute, le chapitre : *Si diligenti de foro competenti*. Il avait soutenu ses propositions au point de vue des règles de ce droit, et pouvait même, personnellement, ne pas admettre en pratique ce que, comme légiste, il n'admettait qu'en théorie, et qu'il repoussait peut-être comme homme (1).

La cour s'associe à toutes les sévérités de l'avocat général, et commence le dispositif de son arrêt par faire droit à cette partie de ses conclusions, comme elle adopte, d'ailleurs, ainsi que nous l'avons dit plus haut, toutes les autres :

« Les gens du roi s'étant retirés, la juridiction saisie délibère et
« rend un arrêt par lequel elle donne acte au procureur du roi du
« dépôt qu'il fait de la thèse dénoncée et de ses réquisitions; ordonne
« qu'*il sera informé* contre ceux qui ont débité lesdites feuilles et
« contre *l'imprimeur* d'icelles, jusqu'à ce qu'ait été autrement or-
« donné par la cour; et cependant fait défense de passer outre à la
« dispute des propositions contenues dans ladite thèse; permet au
« procureur du roi de faire saisir les exemplaires partout où ils se-
« ront trouvés, et ordonne que l'arrêt rendu sera montré, notifié et
« signifié par le *greffier* aux sieurs professeurs et docteurs de l'Uni-
« versité d'Orléans. »

Mais si la thèse est supprimée, l'auteur reste inattaquable; et de quelque passion dont son œuvre soit l'objet, de quelque anathème dont elle soit chargée, le docteur-régent reste dans sa chaire; et telle est la hauteur de sa position, que l'esprit de secte, poussé jusqu'à faire oublier au magistrat le plus éminent de son époque la dignité et la

_____

(1) Cette réflexion est justifiée par l'esprit du titre II du *Corpus juris canonici,* intitulé : *De foro competenti,* et particulièrement par l'esprit de celui sur lequel le récipiendaire dont il s'agit ici a fait sa thèse; il est le 12e au chapitre cité des *Décrétales* de Grégoire IX, et a pour sommaire le texte suivant : *Clericus non potest constituere sibi judicum laïcum, etiamsi proprium juramentum et adversarii consensus accedat.*

modération du langage, et jusqu'à lui inspirer les réquisitions les plus exagérées, ne va pas jusqu'à lui inspirer de demander la moindre injonction, ni la moindre mesure qui puisse porter atteinte à l'indépendance personnelle du docteur-régent.

En 1721, un écolier de la nation germanique, Henri de Vagedes, avait rédigé sa thèse qu'il avait communiquée au recteur ; celui-ci y avait laissé des propositions mal sonnantes introduites dans le chapitre, très-court d'ailleurs, intitulé : *Theses miscellaneæ*.

Nous les transcrivons :

PROPOSITIONS DIVERSES.

I. L'excommunication pour la défense des biens temporels est sans valeur entre les princes souverains.

II. Les rois ou les princes souverains ne peuvent être excommuniés pour des fautes particulières, mais seulement quand ils entraînent leur peuple à la ruine spirituelle.

III. Une communauté ou un royaume ne peuvent être excommuniés tout entiers.

IV. Le concile n'est pas au-dessus du pape.

V. Dans les cas où se trouve matière à péché, il faut suivre le droit canon, à l'exclusion du droit civil.

VI. C'est une doctrine plus probable que, dans le droit civil, on n'admet aucune antinomie (1).

Ces propositions pouvaient toutes, sauf la première, la troisième et la sixième, ce nous semble, être comprises dans un anathème commun ; cependant, au premier abord, une seule éveilla l'attention du procu-

(1) I. Excommunicatio ad defensionem bonorum temporalium non valet inter summos principes.

II. Reges aut summi principes excommunicari non possunt propter delicta privata, sed tunc demùm, quando populum suum trahunt in ruinam spiritualem.

III. Tota communitas, aut totum regnum excommunicari non possunt.

IV. Concilium non est supra pontificem.

V. In casibus, ubi versatur materia peccati, sequendum est jus canonicum, relicto jure civili.

VI. In jure civili nullam dari antinomiam probabilior est sententia.

reur du roi ; c'est la quatrième : *Concilium non est suprà pontificem.*
Un gallican pur devait être frappé de cette proposition ; et dussent toutes
les autres contenir des principes hasardés et même présentant une
véritable hérésie, celle-là, par sa concision et son énergie, devait les
absorber toutes.

Aussi est-elle l'unique sujet de ses réquisitions présentées, en
forme de requête, à M. le bailli, conservateur des priviléges de l'Université d'Orléans.

Cette dernière qualité que l'on donne au bailli, affectant même
de ne pas s'adresser au lieutenant général du bailliage, est celle
que l'on aurait dû le plus négliger dans la circonstance, car la requête avait évidemment pour but d'obtenir que l'on portât atteinte à
ces priviléges ; le procureur du roi concluait à ce qu'il lui fût donné
acte du rapport qu'il faisait de la thèse, et à ce qu'il fût fait défense,
par provision, jusqu'à ce que la cour en ait autrement ordonné, de
soutenir la proposition qu'elle contenait.

« Il serait facile, dit-il dans son réquisitoire, de démontrer le
« contraire de la proposition ainsi formulée ; qu'au contraire, plu-
« sieurs souverains pontifes ont été repris par des conciles ; que le
« concile de Constance a précisément déclaré que le pape est soumis
« au concile et tenu de lui obéir ;

« Qu'en effet, Jésus-Christ a promis l'infaillibilité à son Eglise,
« et ne l'a promise qu'à elle seule. »

Nous ne voulons pas continuer un exposé de principes que le rédacteur de l'acte lui-même finit par reconnaître *ne pas appartenir
à son ministère;* nous nous bornerons à suivre cette procédure qui,
à elle seule, est toute l'histoire de la guerre existant entre les jansénistes et les ultramontains.

Sur ce requisitoire, une ordonnance est rendue. Le lieutenant général du bailliage constate que, par suite de la requête à lui présentée
par le procureur du roi, les gens du roi sont entrés, le 27 mai 1721,
à la chambre du conseil, et que le procureur du roi portant la parole, avait remontré qu'il lui avait été remis, par le chancelier de
l'Université, des feuilles imprimées à la tête desquelles sont ces mots :
« *Theses inaugurales, de testamentis ex jure civili et canonico de-*

« *sumptœ, quas sub gloriosis auspiciis immaculatœ semper virginis ac*
« *verbi æterni matris Mariæ, et sancti Johannis Nepomuceni,* etc. »

Le procureur du roi se ravisant, reproduit la teneur entière du
titre de la thèse, depuis le premier mot *jusqu'au nom de l'imprimeur.*

Cette exagération de précaution pour spécialiser et constater l'identité de la thèse attaquée avec celle appartenant au récipiendaire,
trahit le véritable esprit qui anime le magistrat. L'auteur, en se
plaçant, dès le début de son œuvre, sous les auspices de la Vierge
immaculée, avait justifié les reproches que la fin lui avait attirés.

Aussi le procureur du roi va-t-il plus loin qu'il n'avait été dans son
premier réquisitoire. Il n'avait signalé à la sévérité de la justice qu'un
passage des *Theses miscellaneœ*; il finit par attaquer, non-seulement
la quatrième, mais encore la seconde, comme contenant des propositions erronées et *contraires aux libertés de l'église gallicane*, A LA
SURETÉ *et autorité du roi.*

Il expose que la thèse a été soutenue contrairement aux dispositions de l'édit du mois de mai 1682.

Il termine en demandant acte du dépôt qu'il fait sur le bureau de
cette thèse, et de la requête qu'il présente, afin de sa suppression.

Le procureur du roi se plaint d'une proposition, ensuite de deux.
Le bailliage admet cette critique; il défend provisoirement que ces
thèses soient soutenues, et il va jusqu'à faire comprendre au corps
universitaire qu'il pourrait bien être recherché, ainsi que les conclusions du procureur du roi le faisaient pressentir.

Effrayé des dimensions que cette affaire prenait et des conséquences
qu'elle pourrait avoir, le conseil des docteurs renchérit encore sur la
magistrature; il blâme, non-seulement les *Theses miscellaneœ*, en ne
laissant subsister qu'un passage sur six; il va plus loin : entrant dans
l'examen tardif de la thèse elle-même, il recherche quelques passages qui avaient échappé à l'œil investigateur du procureur du roi,
et pousse le scrupule jusqu'à la supprimer tout entière.

Le récipiendaire n'avait plus qu'une chose à faire pour conserver le
fruit de ses études, et il la fait : il se rétracte.

« Je soussigné, réprouve, conformément au décret de l'Université

« d'Orléans, les cinq premières propositions que j'ai placées sous le
« titre *Thèses diverses*, à la fin de ma thèse sur les *Testaments;* et
« spécialement en ce qui touche la seconde et la quatrième, je
« les réprouve l'une et l'autre généralement et avec leurs consé-
« quences déduites et à déduire, comme respectivement fausses et
« erronées et contraires aux canons de l'Eglise reçus en France, aux
« libertés de l'église gallicane, aux édits du roi très-chrétien, aux
« arrêts du parlement de Paris, enfin à l'*autorité et à la sécurité* du
« roi. Quant aux trois autres, comme elles sont conçues en termes
« trop généraux, de manière qu'on en pourrait tirer ou déduire quel-
« ques fausses conséquences, surtout à l'égard de la validité de l'ex-
« communication, je les repousse comme incomplètes et mal posées,
« et, en conséquence, je veux qu'elles soient regardées comme sup-
« primées ou non avenues.

« En ce qui touche les propositions elles mêmes comprises sous
« le titre de *Testamentis*, comme il s'y trouve plusieurs principes
« concernant les prérogatives du souverain pontife, spécialement à
« l'égard des testaments des clercs ou religieux excommuniés, les-
« quels principes sont contraires aux maximes et aux libertés de
« l'église gallicane, je consens, aux termes du décret de l'Univer-
« sité, qu'elles soient supprimées (1). »

Cet acte de réparation fut suivi d'une demande en autorisation par

(1) Infra scriptus reprobo juxta decretum Universitatis Aurelianensis quinque primas
positiones, quæ in fine meæ theseos de *testamentis* sub titulo miscellanearum apposita
fuerunt, et in specie quidem quantum ad secundum et quartam reprobo utramque
generaliter cum consequentiis indè deductis ac deducendis tanquam respectivè falsas
et erroneas, ecclesiæ canonibus in galliâ receptis, gallicanæ ecclesiæ libertatibus,
christianissimi regis edictis, supremique parisiorum parlamenti decretis, nec non auc-
toritati atque securitati regis contrarias. Quantùm ad tres reliquas quia nimis generaliter concepta sunt, ut ex iis falsæ quædam consequentiæ inferri ac deduci possent,
imprimis circà excommunicationis validitatem, reprobro illas tanquam mancas ac malè
positas, atque ideò eas tanquam suppressas aut non impressas haberi volo.

Quantùm vero ad ipsas theses sub titulo *de Testamentis*, comprehensas attinet,
quia in illis nonulla principia prærogativas summi pontificis concernentia reperiuntur,
in specie circà testamenta excommunicatorum clericorum, ac religiosorum, quæ prin-
cipiis ac libertatibus ecclesiæ gallicanæ contraria sunt, consentio ut juxtà decretum
Universitatis supprimantur. — *Signé:* Theodorus Henricus VAGEDES.

le candidat de soutenir sa thèse, ce qu'il obtint par une ordonnance rendue sur sa requête, le 22 juillet 1721 (1).

Nous en avons dit assez, ce nous semble, sur la nature des études universitaires, les formes adoptées pour la réception des bacheliers, des licenciés, des docteurs-régents, sur l'esprit qui dirigeait et les études et les consciences, depuis l'origine de l'institution jusqu'à sa fin.

Il ne nous reste plus qu'à jeter un coup-d'œil rapide sur les hommes célèbres qui, en qualité de docteurs-régents ou d'écoliers, ont illustré cette Université.

(1) La sévérité des arrêts et des poursuites judiciaires n'arrêtait pas cependant le zèle de l'esprit de parti et n'éveillait pas suffisamment la censure préalable du recteur ; les thèses continuaient à recevoir des propositions alors considérées comme dangereuses ; et le roi, pour parvenir à la destruction de cet abus, rendit, le 10 mars 1731, en son conseil, un arrêt *qui impose un silence général et absolu au sujet des disputes touchant les deux puissances :*

« Fait très-expresses inhibitions et défenses à toutes les Universités du royaume,
« notamment aux facultés en théologie et de droit civil et canonique, de permettre
« aucune dispute sur ces matières, comme aussi d'enseigner ou de souffrir qu'on en-
« seigne rien de contraire aux principes ci-dessus marqués sur les deux puissances. »

Cet arrêt du conseil trouva un écolier de l'Université d'Orléans sourd à l'avertissement qu'il lui donnait, et le conseil d'État, par un arrêt du 9 mai 1733, « supprima
« la thèse soutenue par François-de-Sales-Daniel Poullin, *voulant être reçu docteur,*
« et fait défenses aux recteur, professeurs, syndic et autres membres de ladite faculté
« d'Orléans, de souffrir qu'il y soit soutenu de pareilles thèses, leur enjoignant d'ob-
« server et de faire observer exactement le contenu audit arrêt du 10 mars 1731, à
« peine de privation de leurs chaires et autres places, même de leurs degrés, s'il y
« échéait. »

Ici le pouvoir royal va plus loin qu'il n'avait jamais été : il menace l'existence même des professeurs, ce qui n'avait pas eu lieu jusque-là.

CHAPITRE X.

DES DOCTEURS-RÉGENTS ET DES ÉCOLIERS CÉLÈBRES DE L'UNIVERSITÉ.

Le sujet de ce chapitre nous entraînerait dans d'interminables longueurs, si, partageant l'exagération louangeuse des écrivains orléanais que nous avons eu l'occasion de citer et auxquels nous avons emprunté quelques renseignements précieux, nous nous attachions à tous les docteurs ou écoliers qui, suivant eux, ont concouru à illustrer les *grandes écoles* et l'*Université* d'Orléans.

Mais déjà nous nous sommes séparé de cette admiration passée à l'état de système ; et nous tenant à un juste mais consciencieux hommage, nous avons recherché la vérité avec une réflexion indépendante et la modération d'un examen attentif.

C'est ce sentiment qui nous guidera dans l'appréciation des hommes dont le génie ou le mérite ont jeté un véritable éclat sur l'Université d'Orléans.

Délaissant donc ceux qui, obéissant à l'ancienne tradition des premiers temps de ces institutions, venaient y porter, en passant, le tribut de leur savoir ou chercher à l'augmenter, n'y ont fait qu'une courte apparition, nous commencerons la mise en pratique de cette règle de conduite, en éloignant de la série des hommes célèbres dont l'esprit s'est formé à ce centre d'enseignement tous ceux dont la présence a précédé la bulle de Clément V.

Gontran, roi d'Orléans, Robert-le-Pieux et tant d'autres illustrations princières ou cléricales ont dans l'histoire une place particulière; il ne nous semble pas nécessaire de l'agrandir en les comprenant dans le nombre de ceux que la science a illustrés, et qui n'ont pas d'autre titre à l'attention et au respect de la postérité.

La sentence d'exclusion que nous venons de prononcer n'atteindra pas cependant le fondateur de cette grande institution; mais nos travaux ayant un caractère spécial, nous ne devons interroger sa vie que dans la partie se rattachant au grand acte qui le recommande spécialement à notre souvenir.

CLÉMENT V.

Bertrand de Got, de Goth ou de Gouth (on est indécis sur son véritable nom de famille, bien qu'elle fût, dit-on, ancienne et titrée), suivit, dès le commencement du XIIIe siècle, ses cours de lettres et de droit à Orléans.

Né dans le diocèse de Bordeaux, la célébrité de l'école d'Orléans l'y attira. On ignore l'époque précise à laquelle il s'y rendit et combien de temps il y resta. Mais, ce qui est certain, c'est qu'il conserva de son séjour dans cette ville un souvenir reconnaissant, et que la vivacité de ce sentiment fut telle, qu'elle lui inspira la bulle par laquelle il transforma cette école en *Université*.

Ce haut témoignage de sa gratitude rendu bien long-temps après ses études terminées, et lorsqu'il fut parvenu à un rang où l'on oublie tant de bienfaits, manifeste d'une manière plus sensible encore le caractère de ce souvenir; et il est impossible de ne pas reconnaître, dans l'institution due à son pouvoir, la preuve de sa générosité et de l'élévation de son esprit.

Un rapprochement de dates justifie ce jugement. Nommé évêque de Comminges en 1295 et archevêque de Bordeaux en 1299, il fut élu pape en 1305. Aussitôt, et dès le 6 des kalendes de février de cette année, c'est-à-dire bien avant son couronnement, qui n'eut lieu, à Lyon, que le 11 novembre suivant, il publia sa bulle.

Toutefois, l'élévation de Clément V n'est pas restée pure aux yeux de l'histoire : on l'a acccusé d'intrigues et d'engagements envers le pouvoir royal, qui exerça une grande influence sur son avènement.

Les circonstances que nous avons signalées, dans lesquelles la publication de la bulle eut lieu, et surtout le grave événement qui la suivit (1), nous ont autorisé à considérer le pape Clément V, sinon comme un instrument du roi Philippe-le-Bel pour assurer la prédominance du pouvoir royal sur le pouvoir pontifical, au moins comme réduit à l'état d'entière soumission au premier.

Cette soumission a été considérée généralement comme le prix de cette élévation elle-même. On a été jusqu'à prétendre qu'il s'associa par avance, et en reconnaissance de l'appui qu'il tenait du roi, à la persécution que celui-ci méditait de diriger contre les Templiers.

Il est vrai qu'il revisa, en s'associant dans cette tâche Pierre de la Chapelle, que nous avons vu et que nous reverrons bientôt sous le nom de *Prænestinus,* la procédure suivie contre cet ordre trop puissant et peut-être coupable; mais il est vrai aussi qu'il le fit avec une extrême modération. Les Templiers n'en succombèrent pas moins, et la mémoire de Philippe-le-Bel et celle du pape Clément V sont restées jusqu'à ce jour chargées de l'opprobre attaché à une sentence inique et cruelle.

On raconte que Jacques de Molay, commandeur de cet ordre, les appela tous les deux, en mourant, au tribunal de Dieu dans un délai rapproché, et que tous les deux, en effet, sont morts dans le délai fixé par cette parole prophétique (2).

Clément V, représentant de l'intérêt français dans l'élection du pape, est resté fidèle à l'esprit de cette élection; il ne quitta jamais

(1) Voir le chap. Ier.

(2) Cette partie légendaire de la vie de Clément V et de Philippe-le-Bel a été transmise par tous les historiens; elle a passé de l'histoire dans les lettres. La tragédie des *Templiers,* de RAYNOUARD, l'exprime en ces termes :

« Nous sommes innocents, nous mourons innocents ;
« L'arrêt qui nous condamne est un arrêt injuste,
« Mais il est dans le ciel un tribunal auguste,
« Que le faible opprimé jamais n'implore en vain,
« Et j'ose t'y citer, ô Pontife romain ;
« Encor quarante jours... Je t'y vois comparaître.

. . . .
« . . . O Philippe, ô mon maître, ô mon roi!
« Je te pardonne en vain, ta vie est condamnée :
« Au tribunal de Dieu je t'attends dans l'année. »

la France ; c'est par lui que le saint-siége fut fixé dans la ville d'Avignon. Il mourut à Bordeaux, en l'année 1314.

Il est l'auteur de décrétales qui prirent le nom de *Clémentines* ; son successeur, Jean XXII, les publia ; elle ont fait partie des matières du droit canonique enseigné dans les Universités.

JEAN XXII.

On a vu que, consulté sur des mesures de rigueur inspirées à Philippe-le-Long contre l'Université d'Orléans, par suite de sa fuite à Nevers, Jean XXII, animé du même sentiment de reconnaissance que son prédécesseur, et du même désir de favoriser les développements de la science du droit dans la ville où, comme lui, il avait fait ses études, publia une bulle empreinte d'une extrême modération.

Le but avoué du pape, et qu'il sut atteindre, était la restauration d'une Université fondée par Clément V, dans laquelle il avait étudié, et dont l'existence était menacée.

Clément V et Jean XXII l'auraient illustrée comme écoliers, alors même que l'un ne l'eût pas fondée et l'autre rétablie.

PRÆNESTINUS *ou* CHAPELLE (Pierre de la).

Nous abordons ici la vie d'un homme qui réunit au titre de docteur-régent des grandes écoles celui de réformateur de l'Université d'Orléans.

Pierre de la Chapelle ne porte ce nom que parce qu'il est né dans un bourg du Limousin appelé *la Chapelle*.

On ne dit pas dans quelle ville il prit ses grades ; ce que l'on sait, c'est qu'il obtint une chaire de droit, non pas à l'Université, elle n'était pas encore constituée, mais à l'école d'Orléans, au cours de l'année 1278.

Sa réputation de savoir, et probablement de vertus, le fit nommer à un des canonicats de l'Eglise de Notre-Dame de Paris.

A cette époque, ainsi que nous l'avons fait remarquer, les *contro-*

verses et les *disputes* étaient encore en usage. Un *parlement* s'ouvrit à Toulouse en l'année 1288; la présidence en fut décernée à Pierre de la Chapelle.

Cette mission d'une haute importance atteste l'extrême confiance que son savoir lui avait conciliée et la pureté de son orthodoxie.

Clément V ne laissa pas dans l'ombre un mérite aussi distingué : à peine élevé au trône pontifical, il conféra à Pierre de la Chapelle la dignité de cardinal (1305). Une nouvelle mission, et non moins considérable que la première, lui était réservée. Le procès des Templiers, que le saint-siége allait réviser, exigeait un agent aussi ferme qu'éclairé : il fut nommé *inquisiteur de cette procédure.*

La dignité de cardinal était alors inséparable d'un fief : on lui donna, à ce titre, la ville de Palestrine, aujourd'hui Præneste, située dans les Etats romains. Il substitua à son nom, qui lui-même n'était que celui du lieu de sa naissance, le nom de la ville dont il était le seigneur, et ne fut plus connu que sous le nom de *Prœnestinus.*

C'est de lui dont nous avons parlé, au chapitre des *Statuts généraux,* comme réformateur, en l'année 1309, de l'Université d'Orléans.

Cet homme éminent mourut à Avignon, en l'année 1312.

REUCHLIN (JEAN).

Ce célèbre philologue, né en 1455, à Pforzheim (duché de Bade), étudia le droit à Orléans, en 1478. Il était pauvre et subvenait à la dépense occasionnée par son séjour dans cette ville en donnant des leçons de grec et d'hébreu.

Il n'appartient pas à la grande famille des jurisconsultes, car il s'adonna bientôt exclusivement à son amour pour la linguistique ; cédant à la manie de son temps, il transforma son nom en celui de *Capnion,* qui en grec a le même sens, ou à peu de chose près, que le mot Reuchlin en allemand, Rauch, dans cet idiome, voulant dire *fumée.*

L'empereur lui confia l'exécution d'un édit par lequel il ordonnait de brûler tous les livres de la religion judaïque qui contiendraient quelque chose de contraire à la religion chrétienne.

Sa tolérance lui suscita de la part des théologiens catholiques une persécution qui lui fit perdre tous les avantages que sa haute position scientifique lui avait assurés ; il finit sa vieillesse dans l'indigence et mourut à Stuttgard, où il donnait encore des leçons de grec et d'hébreu, le 30 juillet 1522. Il est probable même qu'il fut recueilli à l'hôpital de cette ville, car c'est dans le cimetière de cet établissement de charité qu'il fut enterré.

PYRRHUS D'ANGLEBERME.

Si notre tâche était de rendre compte des œuvres de ceux qui ont illustré l'Université, le docteur-régent dont nous devons nous occuper tiendrait ici la place la plus importante.

Pyrrhus, ou, pour être plus exact, Petrus d'Angleberme, dont le père exerçait la médecine (1), et que l'on dit être originaire de Prague ou de Francfort, est né à Orléans, de 1470 à 1475.

Il étudia d'abord les lettres sous Erasme (2) ; il suivit ensuite les cours de droit, et obtint une chaire de docteur-régent au commencement du XVIe siècle.

L'incertitude la plus grande règne sur les détails de la vie de ce savant. Il n'en est pas ainsi de son mérite : il est attesté par les autorités les plus respectables. Pasquier le place au nombre des illustrations scientifiques de son époque ; Jean Robert en parle avec éloge ;

---

(1) Érasme se préparait à retourner à Paris, lorsque Pierre Angleberme, fameux médecin, lui fit présent d'un vin aromatique dont Érasme le remercia par une lettre écrite la veille de son départ d'Orléans. Il lui en témoigna sa reconnaissance, en lui promettant que, dès qu'il serait à Paris, il veillerait sur les études de son fils (DE BURIGNY).

(2) Voir la note ci-dessus. On regarde généralement Pierre Gérard, dont le nom scientifique et populaire est *Erasme* (*), comme un élève ou un docteur de l'Université d'Orléans : c'est une erreur et une confusion. Erasme était gradué quand il vint à Orléans, et ne fit pas partie du corps des docteurs-régents de l'Université dont il n'avait pas été écolier. (Voir tous les biographes et la *Vie d'Érasme,* par DE BURIGNY, t. Ier, édition de 1757.)

(*) *Erasmus,* Ἐράσμος, nom que prit Érasme, parce qu'il avait de l'analogie avec le mot latin *Desiderius,* qu'il avait d'abord adopté, et cela, parce que le mot Gérard, en hollandais, a quelque rapport avec le terme latin *desiderare* (De Burigny).

ce mérite serait d'ailleurs démontré par la dignité de membre du sénat de Milan que lui conféra François Ier.

Pierre d'Angleberme changea son prénom en celui de Pyrrhus, *par amour,* dit un biographe, *de la vénérable antiquité.*

Il mourut dans l'exercice de sa haute fonction de sénateur de Milan, des suites d'une erreur qu'il commit en s'administrant une drogue dont il ne connaissait pas les effets, et qui lui brûla les entrailles : *Periit viciatis hausta pulveris præcordiis.* Il était, dit-on, âgé de 50 ans.

L'incertitude répandue sur cette existence scientifique est telle, que les biographes les plus estimés sont tous en désaccord sur les dates de sa naissance, les principales circonstances de sa vie et l'époque de sa mort.

C'est ainsi que l'un d'eux (Moreri) prétend qu'il est mort en 1521, et que cependant il lui donne Dumoulin pour élève en l'année 1526. Cette erreur, dont il ne s'aperçoit même pas, malgré ce qu'elle a de saisissant, n'est que relative ; Dumoulin étudia sous d'Angleberme, et la preuve de ce fait intéressant résulte d'un passage des ouvrages de ce célèbre jurisconsulte : *Pyrrhus d'Anglebermeus, jurisconsultissimus et utriusque linguæ peritissimus, quondam preceptor meus.*

D'Angleberme fut lié, à Milan, avec le célèbre jurisconsulte Alciat. On considère celui-ci comme lui ayant succédé dans la dignité de membre du sénat de Milan.

Le monde savant prit le deuil à la mort de d'Angleberme ; son ami Alciat composa une épitaphe que sa médiocrité et la sévérité avec laquelle elle a été accueillie ne nous dispensent pas de reproduire ici :

« *Quis non malignas mortis accuset vices,*
« *Virtute clarosque viros præceps rapit*
« *Vivaciores improbos corvis sinens !*
« *En Pyrrhus ille tot animi illustris bonis*
« *Latoque clavo* (1) *est ante præceptus diem,*
« *Frustra putavit esse te virtus deam*
« *Quæ fortuitis serviebas casibus.* »

« Qui ne maudit les funestes hasards de la mort ! Véritable gouffre, « elle engloutit les hommes les plus éminents par leur vertu, con-

(1) *Latoque clavo, latus clavus ;* laticlave, clou d'or qui fixait sur ses épaules le manteau du sénateur.

« servant aux corbeaux les méchants qui atteignent la dernière vieil-
« lesse. Voyez Pyrrhus, qui fut avant le temps désigné, à cause des
« nobles qualités de son âme, au manteau de sénateur; c'est en vain
« qu'il pensa, ô vertu, que tu étais une divinité, lorsque toi-même
« obéissais aux coups imprévus du sort. »

Ses ouvrages sont nombreux. Il ne s'adonnait pas seulement à
l'étude de droit; il cultivait les lettres, et publia des œuvres purement littéraires, entre autres : *Panegyricus Aureliæ, urbis claris-
simæ; Militia Regum francorum pro re christianâ*. Il publia aussi
les *Florides d'Apulé*, ou *Fragments des déclamations* de ce rhéteur;
on a de lui la *Vie de saint Euverte* et l'*Eloge de saint Aignan*.

Entre autres ouvrages de droit, il a laissé un commentaire de la coutume d'Orléans. Mais il paraît que, chez lui, le littérateur l'emportait sur le jurisconsulte : ses ouvrages de droit ne semblent pas avoir
joui de la même approbation que ses essais littéraires.

DUMOULIN.

D'Angleberme a dirigé les études de Dumoulin; ce que nous venons de citer de ce savant et illustre jurisconsulte l'atteste d'une manière incontestable.

Tous les deux consacrent la haute position scientifique d'une
institution qui possédait de tels docteurs et d'où sortaient de tels
écoliers (1).

ÉTOILE (Pierre de l').

Le XVe siècle touchait à sa fin, lorsque naquit à Orléans, dans une
famille déjà ancienne, et dont tous les membres surent rester long-
temps en possession d'un rang honorable, un enfant qui, parvenu à
l'âge mûr, devait être le flambeau de la science.

En nous servant de cette expression, nous ne voulons pas nous

---

(1) Dumoulin étudia aussi sous Jean Feu, docteur-régent, dont la réputation contribua à la renommée de cette Université; Jean Feu, né à Orléans, passa au sénat de
Milan et mourut président du parlement de Rouen.

conformer à la coutume littéraire de cette époque, qui consistait à saisir toutes les occasions que pouvait offrir le sens des noms propres pour caractériser ceux qui les portaient. Quel que soit notre éloignement pour ces jeux de l'esprit dont on abusait alors, nous n'avons pas cru devoir nous abstenir d'une qualification méritée par celui dont nous nous occupons, et que nous verrons bientôt reproduite dans les éloges que ses contemporains lui ont décernés.

Pierre Tauau de l'Etoile obtint une chaire de docteur-régent à l'Université d'Orléans en l'année 1512; il était âgé de 32 ans, et par conséquent né en 1480.

Sa manière d'enseigner, dit un biographe, *multiplia singulièrement le nombre de ses écoliers.*

Il s'engagea dans les liens du mariage; mais, devenu veuf, il entra dans les ordres. Il obtint un canonicat à l'église de Sainte-Croix, en 1528, et fut nommé archidiacre de l'église de Sully-sur-Loire.

La réforme faisait alors d'immenses progrès; le catholicisme s'en émut, et un concile provincial fut convoqué à Paris au cours même de cette année.

Pierre de l'Etoile en fit partie, et le zèle anti-réformiste qu'il y fit éclater lui valut d'être nommé conseiller au parlement de Paris, et bientôt après président de la chambre des enquêtes.

La manifestation d'une orthodoxie sans reproche semble peu compatible avec les liaisons intimes de Pierre de l'Etoile.

A cette époque, deux hommes déjà désignés à l'attention publique par l'ardeur de leur dévouement à la cause du protestantisme, étudiaient à l'Université d'Orléans.

L'un devait un jour, renchérissant sur l'hérésie de Luther, se substituer au fondateur de cette hérésie; l'autre, en donnant au monde l'exemple du fanatisme de l'amitié l'emportant sur le fanatisme du sectaire, était déjà et devait rester son apôtre le plus dévoué.

Il est à peine nécessaire de nommer Calvin et Théodore de Bèze.

Pierre de l'Etoile, docteur-régent, devenu chanoine, archidiacre, membre d'un concile convoqué pour s'opposer aux doctrines de Luther, exagérées par Calvin et Théodore de Bèze, élevé aux plus hauts emplois judiciaires par son dévouement au catholicisme plus encore que par son immense savoir, resta l'ami de Calvin et de Théodore de Bèze.

Sa tolérance alla si loin qu'il cultiva ce dernier, malgré les relations trop intimes qui s'étaient établies, entre sa propre sœur et lui.

Ses convictions surent se concilier avec son attachement pour ceux qui avaient entrepris la ruine du pouvoir de l'Eglise romaine ; et cet attachement ne recula point devant une liaison que le sentiment de la famille, d'accord avec la religion et la morale, devait lui rendre odieuse.

Faut-il considérer Pierre de l'Etoile comme un de ces esprits sceptiques qui, placés entre leur conscience et l'amour des honneurs, sacrifient l'une à l'autre ? Sa conduite, toute extraordinaire qu'elle soit, ne semble pas devoir autoriser un jugement aussi sévère. Il pouvait aimer les hommes, admirer leur incontestable mérite, être fier de les avoir pour écoliers, et cependant repousser et combattre leur doctrine.

Ce savant jurisconsulte a laissé deux ouvrages, l'un intitulé : *Petri Stellæ repetitio legis* ; l'autre avait pour objet de commenter et d'expliquer quelques lois romaines, sur le sens desquelles l'école était alors divisée.

Le premier de ces ouvrages est appelé par Dumoulin : *Docta repetitio*. Cette louange, partie de si haut, suffit à la renommée de celui qui sut la mériter.

Il mourut à Orléans, le 28 octobre 1537. Sa mort fut l'occasion d'un deuil général ; la nation picarde nous en a laissé sur ses registres un témoignage touchant.

La mention que fait de cet événement le procurateur de cette *nation* est entachée de la *manière* alors en usage ; on y remarque les allusions que nous avons fait pressentir et contre lesquelles nous nous sommes élevé il n'y a qu'un instant. Le bon goût réprouve certainement la recherche de cette forme littéraire ; mais enfin, cette mention est conçue dans des termes qui révèlent à un si haut degré le sentiment profond que la science de ce docteur laissait dans les esprits, qu'il est impossible de l'exclure des détails propres à le faire connaître :

« En l'année 1537, le 28e jour du mois d'octobre, est mort Pierre « de l'Etoile, docteur de cette Université, le plus savant des juris- « consultes et le jurisconsulte des plus savants de notre âge. Il fut

« appelé au parlement de Paris, et ensuite nommé le second de la
« chambre des enquêtes, à cause de son remarquable savoir.

« Semblable à l'étoile du matin au milieu des nuages et comme
« un soleil resplendissant, il brilla à l'Université d'Orléans, dans
« laquelle il mourut ce jour dernier, au grand dommage et au deuil
« profond de notre république des lettres. Son corps est déposé dans
« le cimetière de cette ville.

« Et de même qu'il a reçu sur la terre un imposant témoignage
« de sa vertu, puissent les habitants du ciel lui faire un accueil fa-
« vorable, et puisse-t-il vivre avec eux dans les siècles des siècles (1). »

Ce n'est pas le seul hommage rendu au mérite et à la mémoire de
Pierre de l'Etoile; le même registre contient l'épitaphe suivante :

> « Cy gist dans ce tombeau, mort par grande souffrance
> « Le plus savant jadis qu'on pût trouver en France ;
> « Car il fut évoqué, sans qu'il s'en donnast peine
> « Pour son savoir exquis en la cour souveraine,
> « J'entends du parlement, où si bien fit devoir
> « Qu'on le put conseiller, aussi président voir ;
> « Et je crois que, si tost, n'eust laissé ceste vie
> « Il eust plus haut monté, nonobstant toute envie ;
> « Mais la mort l'a ravi qui si peu tous nous prise
> « En lui coupant le veuil de mortelle entreprise. »

Quelque jugement que l'on puisse porter sur le caractère privé de
Pierre de l'Etoile, il est hors de doute qu'il doit être considéré
comme l'un des plus illustres docteurs qui ont honoré l'Université
d'Orléans.

---

(1) Anno millesimo quingentesimo tricesimo septimo, die vero vigesima octava
mensis octobris, obiit dominus Petrus Stella, doctor hujus Universitatis, *jure consul-*
tissimorum nostræ ætatis sapientissimus, et sapientissimorum jure consultissimus.
qui prætexta eximiæ suæ doctrinæ ad Parisiensem senatum evocatus, ad secundi
præsidiis inquestarum magistratum aspiravit.

Ille quasi stella matutina in medio nebulæ et quasi sol refulgens emicuit in Aurelianensi academia, in qua demum extremum diem obiit, non sine maxima jactura et lu-
jurento incommodo reipublicæ nostræ litterariæ ; cujus cadaver sepultum est in
cimeterio Aurelianensi.

Faxint superi ut quemadmodum apud nos gravissimum de sua virtute testimonium
accepit, ita apud eós benè audiat vivatque cum eis in secula seculorum.

CALVIN, BÈZE (Théodore de).

Il suffit de mentionner ici ces deux noms inséparables dans l'histoire de l'Université d'Orléans, comme ils le sont devenus dans l'histoire de la religion.

La vie de Calvin, le succès de l'œuvre qu'il avait entreprise au moment même où il suivait le cours de Pierre de l'Etoile, le placent, comme savant et comme penseur, au premier rang des hommes qui, à ce point de vue, ont illustré la France et l'Université où il venait étudier.

Les nationaires picards, dont il faisait partie (on sait qu'il est de Noyon), durent être fiers d'un tel condisciple ; aussi, assure-t-on qu'en qualité de leur procurateur, il usa du droit que cette *nation* avait de rançonner les habitants de Beaugency, débiteurs de la maille d'or de Florence, en retard de la payer.

La présence de Calvin à l'Université d'Orléans, attestée par tous les historiens et les biographes, résultait d'un témoignage précieux qui disparut seulement avec les derniers vestiges du monument ayant servi d'asile à ce corps enseignant ; sur l'un des piliers de la salle des cours, on lisait : *Calvin*. Il est probable que l'écolier, dans l'un de ces moments où il faisait trêve à ses méditations et à ses études, et cédait aux habitudes frivoles de ceux qui l'entouraient et à l'esprit de son âge, avait tracé son nom sur la muraille. Ce précieux autographe a disparu, et nous n'avons plus qu'une tradition certaine pour en perpétuer le souvenir.

Théodore de Bèze s'est tellement absorbé dans celui dont il se contenta de n'être que l'ombre, qu'il nous paraît inutile de nous occuper plus longuement de ce qui le concerne.

DUBOURG (Anne).

A Pierre de l'Etoile devait succéder un docteur-régent non moins distingué par son profond savoir, comme lui appelé à faire partie du parlement de Paris ; mais qui, bien différent de son prédécesseur, devait payer de sa tête l'inflexibilité de ses opinions religieuses, sa hardiesse à les exprimer, sa persévérance à les soutenir.

Né à Riom, en 1521, il fut de bonne heure docteur-régent de l'Université d'Orléans ; car ce fut à l'élévation de son enseignement qu'il dut d'être nommé conseiller-clerc au parlement de Paris, en l'année 1557.

Destiné par sa famille à l'état ecclésiastique, il adopta bientôt l'hérésie de Calvin. Ses opinions se firent jour avec une extrême violence dans la séance du parlement, ou lit de justice tenu par le roi, en 1559. Il s'agissait d'obtenir l'enregistrement d'ordonnances rigoureuses portées contre les protestants ; quelques conseillers s'opposèrent à cette mesure, et motivèrent leur opinion devant le roi lui-même.

Le langage d'Anne Dubourg fut tel, qu'il fut mis à la Bastille au sortir de la séance.

Nous n'irons pas plus loin ; sa fin tragique son courage lui méritèrent d'être placé par la secte religieuse à laquelle il appartenait au nombre de ses plus glorieux martyrs.

Son profond savoir, sa haute position judiciaire qui en fut la récompense, plus que sa catastrophe arrivée dans la 38ᵉ année de son âge, nous faisaient un devoir de le placer au nombre des célébrités du corps des docteurs d'Orléans.

Nous n'ajouterons à ce que nous avons dit qu'un court passage de l'historien de Thou ; il termine ainsi le récit du procès intenté à Anne Dubourg :

« Il était de Riom, en Auvergne, d'une honnête et riche famille,
« dont était sorti Antoine Dubourg, chancelier de France. Sous Fran-
« çois Iᵉʳ, il fut fait conseiller au parlement de Paris, où il se signala
« par son intégrité avec plus d'estime et de gloire ; et fut aidé pen-
« dant son procès par beaucoup de monde, même de ceux qui n'ap-
« prouvaient pas son sentiment touchant la religion, et fut pleuré
« après sa mort avec des larmes véritables. »

HOTMANN (François).

Né en 1524, d'une famille française, mais originaire de la Silésie, l'exemple et la constance d'Anne Dubourg exaltèrent son imagination au point de lui faire abandonner le catholicisme pour la réforme.

Obligé de fuir la colère paternelle que cette détermination avait excitée contre lui, il se retira à Lausanne.

Bientôt il vint professer le droit à Strasbourg, et il le fit avec éclat ; sa réputation s'étendit au loin ; mais malgré ses résolutions d'éviter les luttes religieuses et de vivre en paix auprès de la femme qu'il avait choisie dans une famille orléanaise, que ses opinions religieuses avaient engagée à se réfugier en Suisse, il céda à l'entraînement de son caractère mobile et impétueux ; il revint en France et prit assez d'importance dans les querelles de son temps pour que Catherine de Médicis crut devoir l'éloigner, en lui donnant une mission en Allemagne ; il put alors cultiver la science à laquelle il devait sa célébrité. L'empereur l'envoya à l'Université de Valence, alors déchue de son antique célébrité, et Hotmann la lui rendit par l'élévation de son enseignement.

Cependant les troubles de la France l'y rappelèrent ; Orléans, où s'agitaient toutes les passions des chefs catholiques et protestants, le revit bientôt ; il ne quitta cette ville qu'après la pacification apparente des deux partis, et reprit à Bourges l'enseignement du droit.

Il était dans cette ville au moment du massacre de la Saint-Barthélemi ; parvenu à se soustraire aux recherches dont il était l'objet, il quitta la France pour n'y plus rentrer.

Mais alors il écrivit pour soutenir ses opinions et les poussa à cette exagération qu'il contesta à la branche des Bourbons son droit héréditaire à la couronne de France ; il soutint Charles X, ce roi éphémère, contre Henri IV lui-même.

Il est vrai qu'il se rétracta, effrayé de la désapprobation universelle dont sa nouvelle production était l'objet.

Hotmann aurait pu atteindre à la plus haute renommée scientifique : il lui préféra les agitations de l'esprit de secte ou de l'esprit de parti et les approbations momentanées que l'on accorde au pamphlétaire.

Il mourut en l'année 1590.

COQUILLE (GUY).

Au cours de l'année 1548, un homme qui devait laisser un nom distingué dans les lettres étudiait à Orléans.

L'auteur de l'*Histoire du Nivernais* doit être placé au nombre de ceux qui ont illustré cette école.

Sa statue vient d'être élevée à Nevers. Vainement l'ironie de quelques pamphlétaires essaya d'atteindre cet hommage rendu au mérite d'un laborieux écrivain ; les habitants de l'ancienne province du Nivernais ont dignement et convenablement acquitté la dette de la reconnaissance, et la frivolité qui préside à la rédaction de ces feuilles d'un jour a pu seule attaquer l'expression d'un sentiment qui doit être durable et profond.

TRIPAULT (Léon).

Au moment où Anne Dubourg passait de l'Université d'Orléans au parlement de Paris, se trouvait dans cette Université un savant modeste, auquel il ne devait pas être réservé de jouer un rôle aussi éclatant que celui dont il avait été l'élève, mais dont les utiles et nombreux travaux attestent un esprit froid et cependant lumineux, attentif et patient et pourtant actif.

Ce savant ne fut pas admis aux honneurs universitaires, qu'il ne rechercha sans doute pas ; mais il appartient à la science du droit par ses études à l'Université et par sa qualité d'avocat au présidial d'Orléans.

Ses travaux, appliqués à la réforme de la coutume, le confondent avec les docteurs les plus distingués de cette institution.

Léon Tripault (1) se fit remarquer, dans l'exercice de sa profession, par un profond savoir et un rare talent.

Ces qualités le recommandèrent à l'attention du chancelier, qui le nomma membre de la commission chargée, en 1585, de préparer la *réformation de la coutume d'Orléans.*

On sait que cette coutume, modifiée et transformée par les savants jurisconsultes au nombre desquels Léon Tripault fut admis, devint, avec celle de Paris, l'un des corps du droit en vigueur alors, le plus sage et le commentaire de toutes les autres.

Il ne s'en tint pas là, et voulut que la *coutume réformée* ne laissât aucune prise au doute dans ses dispositions ; il l'expliqua et la com-

---

(1) Il avait un frère, Thomas Tripault, homme de lettres distingué, qui écrivit aussi sur le droit ; ce fait n'a pas d'autre preuve qu'une épigramme que dirigea contre lui Théodore de Bèze, aussi nous ne croyons lui devoir que cette courte mention.

menta de nouveau, et réunit à ce *commentaire* celui de *toutes cou-tumes en vigueur dans le ressort du bailliage et prévôté d'Orléans.*

Il eût été plus sage à lui de s'en tenir aux travaux dans lesquels il avait obtenu un légitime succès; malheureusement il se crut appelé à une mission scientifique dans l'accomplissement de laquelle il semble avoir complètement échoué.

Léon Tripault publia un ouvrage intitulé : *Certè hellenisme,* ou *Etymologie des mots français tirés du grec;* une critique assez amère l'a plongé dans l'oubli. Un savant jésuite démontra que Tripault con-fondit quelques mots latins et celtiques passés dans la langue fran-çaise avec quelques mots auxquels il attribuait une origine grecque.

Nous devons ajouter qu'il traita des *Antiquités de la ville d'Or-léans,* et laissa un manuscrit intitulé : *Histoire du siége qui fut mis devant Orléans par les Anglais, le 13 octobre 1428,* et publia une brochure intitulée : *Joannæ d'Arc, puellæ aurelianensis res gesta, imago et judicium.*

Il mourut dans l'exercice de sa profession d'avocat, à la fin du XVIᵉ siècle; sa vie ne fut pas sans éclat, mais elle fut surtout utile et laborieuse. Les biographes ne s'occupent pas de lui (1).

ROBERT (JEAN).

Né à la fin du XVIᵉ siècle, d'un docteur-régent de l'Université d'Orléans dont le mérite fut assez remarqué pour que François Iᵉʳ le nommât membre du sénat de Milan, honneur que celui-ci refusa *par amour pour sa patrie* qu'il ne voulait pas quitter, Jean Robert succéda à la chaire qu'avait occupée son père.

Il entra bientôt dans la magistrature et fut nommé conseiller au présidial d'Orléans.

(1) Il a laissé un fils, Emmanuel Tripault, lieutenant particulier du bailliage royal de Neuville ; ce dernier passa sa vie à faire des anagrammes, délassement laborieux fort en usage dans ce temps; Léon Tripault, aussi naïf que savant, était dans l'admi-ration devant ces productions de son fils : ce dernier avait une sœur portant la charité au-delà des limites de sa modeste fortune; elle se nommait Charlotte Tripault; son frère, en décomposant ces deux mots, en forma cette louangeuse épigramme: *La charité peut trop;* si les autres ne valent pas mieux que celle-ci, le père et le fils employaient mal leurs loisirs.

A cette époque, Cujas professait à Bourges et répandait ses ouvrages dans le monde savant.

Jean Robert cultivait la science du droit ; il devait alimenter ses lectures des écrits les plus remarquables : ceux de Cujas obtinrent nécessairement, et en première ligne, son attention. Il suivait toutes les autres publications répandues par les docteurs et les jurisconsultes ; sa critique s'exerça sur ces productions. Il avait remarqué que les docteurs ajoutaient, par *interpolation,* aux textes des lois romaines, des textes qui leur appartenaient, sans distinguer entre les uns et les autres (1).

Il crut devoir dénoncer au monde savant cet abus, qu'il considérait, avec raison, comme faisant courir à la science un immense danger ; il ne ménagea pas Cujas lui-même, et cita, dans un écrit publié en 1568, et intitulé : *Receptarum lectionum,* quelques-unes des altérations qu'il reprochait à celui-ci.

Cujas n'était pas d'humeur à supporter ces attaques ; violent, altier, plein d'orgueil ; comme le lion importuné des piqûres de la mouche ébranle l'air et le sol de ses mugissements et de ses mouvements convulsifs, de même Cujas, harcelé par le bourdonnement et l'aiguillon de l'obscur docteur d'Orléans, mit le monde savant dans la confidence de sa colère allant jusqu'à la fureur ; et, sous la forme de correspondance que Jean Robert signait *Joannes Robertus,* et que Cujas signait *Jacobus Mercator,* pseudonyme dont on ne peut expliquer l'adoption, dans une telle circonstance, que par une affectation de dédain pour l'adversaire qui osait se mesurer avec lui, un véritable combat scientifique s'engagea entre ces deux athlètes.

Cujas crut tellement avoir remporté la victoire, qu'il a pris le soin de réunir, dans le Xe tome de ses ouvrages, en tête de leur *appendice,* toutes les lettres échangées entre Jean Robert et lui ; et de faire précéder cette collection d'une lettre très-brève adressée à Jean Robert, dans laquelle il lui explique, avec une insolence et une moquerie excessives, les motifs de cette publication.

---

(1) Il faut lire, pour la justification du véritable motif attribué à la querelle de Jean Robert et de Cujas, l'épître intitulé : *Viro clarissimo Ludovico œlealmo, consiliario regio, Aurelianensis præsidii intègerrimo et doctissimo, Johannes Robertus Aurelianensis antecessor* (Jacobi Cujacii, t. X., *sive appendix*).

Il lui dit qu'il a lu ses trois livres de critiques, qui ne lui ont pas paru dignes d'attention, mais auxquels il a bien voulu, dans certaines parties, ajouter des annotations, afin d'en éclairer les obscurités.

« Tu ne dois pas t'affliger de ce que j'en ai agi ainsi sans te consul-
« ter, lui dit-il, car je l'ai fait dans ton intérêt, d'abord, afin que
« d'obscur tu devinsses clair et plus agréable à lire, et ensuite, afin que
« la voie dans laquelle tu t'égares, et dans laquelle cependant tu veux
« t'efforcer d'entrer et de t'avancer, te soit ouverte. Tu pourras
« peut-être te plaindre et te prévaloir de ce que j'ai été chercher des
« mains armées de lanières qui m'ont apporté quelque secours et
« m'ont mis au second plan; mais que faire? Je n'aurais pu seul
« suffire à tant de critiques, et j'ai été obligé d'appeler à mon aide
« quelques autres docteurs (1). »

Cette apostrophe est le couronnement d'une querelle qui aurait pu tourner au profit de la science et à l'honneur des deux adversaires : elle se transforma bientôt en une lutte où les personnalités les plus grossières se substituaient à la froide raison.

Jean Robert résume toutes ces injures, dont, il faut le dire, Cujas avait pris l'initiative, dans la préface de la collection de sa correspondance avec ce grand docteur : « Combien de fois m'appelle-t-il pla-
« giaire, bègue, rosse, maniaque, bête de somme, voleur, âne,
« double âne, gamin, double gamin, impudent, obscurantiste, ivro-
« gne, concombre, melon, et quelle injure ne m'adresse-t-il pas? (2) »

(1) Has ego si feci te inconsulto, non est quod doleas; feci enim in rem tuam; primum ut ex obscuro clarior esses et suavior; deinde ut via tibi pateret, qua deerrabas si eam ingredi fortè tandem et capessere velles : hoc tantum dolere et queri potes, quod lorarios adhibuerim, qui in hoc opere mihi suppetias ferrent, facerent que secundas : sed quid egissem? non poteram solus tot sufficere animadversionibus, alii mihi fuerunt in auxilium advocandi doctores.

(2) Quoties marrucinum (*) vocat, bambalionem, buricum, lucumonem, magnum cantherium, furem, asinum, sesquiasinum, infantem, bis infantem, fatualem, lucifugum tenebrionem, positio stultiorem, cucumerem, peponem, et quid non?

(*) *Marrones, marones, marruci.* On appelait ainsi les pays qui étaient restés soumis au joug des Sarrasins après leur invasion de l'Italie.
Il paraît que ces populations étaient composées de bandits, de pirates et d'*écumeurs de mer;* d'où, par une extension beaucoup trop large, on a fait l'application du mot *marruci,* dans les lettres, à ceux qui pillent les ouvrages d'autrui.

Ces injures ne sont pas les seules auxquelles Cujas soit descendu ; à cette époque, le *bel esprit* exerçait un souverain empire : Cujas ne dédaigna pas, pour repousser des attaques sérieuses, de se soumettre à ce goût détestable. L'anagramme faisait le fond de toutes les plaisanteries et de tous les pamphlets. Pour peu que l'on découvrît, dans le nom de celui que l'on voulait livrer à la raillerie publique, le moyen, en le décomposant, de constituer un mot injurieux, on le saisissait avec empressement. Cet usage, outre son injustice évidente, avait l'inconvénient de transformer les discussions en personnalités, de les envenimer, et de s'opposer à toute solution raisonnable et satisfaisante.

Cujas se mit donc à la recherche d'une décomposition injurieuse du nom de son adversaire, et comme ces deux savants combattaient en se servant de la langue latine, et qu'ainsi que nous l'avons dit, Jean Robert signait ses écrits ou ses lettres *Joannes Robertus,* le grand jurisconsulte fut heureux de trouver dans ces deux mots les quatre mots suivants : *Sero in orbe natus.*

Il faut en convenir, l'anagramme remplit la double condition exigée pour être aussi bonne qu'une anagramme peut être : les quatre mots substitués aux deux premiers sont composés du même nombre de lettres, et leur sens est une injure qui peut, selon le jugement que l'on portera sur les écrits dont Cujas prétendait avoir à se plaindre, caractériser l'auteur *né dans l'ombre, voué à l'obscurité.* Il ne s'en tint pas là, et à toutes les épithètes grossières que Jean Robert lui-même réunit, il l'appelle le plus sot des hommes, *stultissime hominum omnium;* il lui dit qu'il a honte de discuter avec lui.

Cette lutte ainsi engagée, malgré l'empressement avec lequel le public accueille les discussions passionnées et le peu de politesse alors répandue dans les classes les plus élevées de la société, ne réussit pas à Cujas ; elle ne fit pas non plus grand honneur à Jean Robert, qui, excité par la fâcheuse initiative qu'avait cru devoir prendre son redoutable adversaire, l'imita, sans pouvoir le dépasser.

Dans son irritation, il révéla une circonstance douloureuse pour l'amour-propre de Cujas : il lui reprocha de n'être venu enseigner à Bourges que parce qu'il avait échoué trois fois dans les concours ouverts à Toulouse.

Malgré l'amertume de cette révélation, Cujas eut une part plus grande que Jean Robert dans le mécontentement général que cette querelle indécente fit naître; on prit parti pour ce dernier; on accusa Cujas d'exagération dans le mépris qu'il faisait d'un homme dont le mérite, à coup sûr, n'égalait pas le sien; mais qui, en défendant avec courage la cause de la sincérité des textes et du respect qui leur est dû, protégeait la science elle-même.

Robert jouissait d'une haute réputation de savoir; elle est conservée par Etienne Pasquier, et son nom figure parmi les docteurs éminents cités par ce dernier.

Elle est attestée par Cujas lui-même, qui peut-être a trop présumé de sa supériorité en conservant et en faisant publier à la suite de ses propres œuvres le grand débat ouvert entre lui et Jean Robert.

Certes, il est impossible de dépenser plus de science que ne l'a fait ce savant et laborieux docteur; les trésors de son érudition, plus verbeuse que celle de Cujas, se reproduisent sous toutes les formes; il appelle à son aide les textes, les commentateurs, les historiens, les poètes; il interroge les latins et les grecs.

Son style, il est vrai, manque de limpidité, il est tourmenté et ne peut entrer en comparaison avec celui de Cujas, toujours bref, élégant et clair; mais enfin un tel adversaire n'était pas indigne de respect, même de la part du prince de la science; et Cujas aurait mieux fait de laisser à Jean Robert le soin de publier ses propres écrits que de les publier lui-même.

Ce qu'il y a de non moins remarquable que l'immense savoir de Jean Robert, c'est le résultat minime que la science devait obtenir de ces interminables et profondes discussions : tout se réduit, en effet, à de simples malentendus et à des arguties plus qu'à la solution de véritables et sérieuses difficultés.

Jean Robert fut un adversaire digne de Cujas, et, quoique sa renommée ait été effacée par celui qui aurait dû le combattre avec déférence, et préféra, tant il le redoutait, le couvrir de mépris, elle n'en est pas moins digne de respect.

Le combat scandaleux engagé ne finit qu'avec les deux combattants (1) : ils moururent tous les deux au cours de l'année 1590 ; la vieillesse n'avait pas ralenti leur ardeur : Jean Robert était âgé de quatre-vingts ans.

Cette lutte animée dut troubler le calme de sa vie et de ses études ; il en soutint une autre non moins laborieuse avec sa conscience. Les membres de sa famille, nés comme lui dans le sein de l'Eglise romaine, avaient adopté la réforme ; Jean Robert suivit leur exemple : pendant plusieurs années il demeura séparé de l'Eglise ; mais il y rentra en 1559 et s'y maintint jusqu'à sa mort.

Cependant, il paraît qu'il fut livré à une assez grande incertitude, même après cet événement, car il prêta, en 1568, serment de fidélité aux dogmes introduits par Calvin. Ce nouveau serment fut bientôt suivi d'une rétractation ; ou tout au moins sa conduite, peu d'accord avec cette manifestation assez solennelle, puisque le serment prêté le fut entre les mains de d'Entragues, gouverneur d'Orléans, lui suscita une persécution de la part des calvinistes, à laquelle il paraît avoir été très-sensible.

Robert Maçon, connu sous le nom de Lafontaine, ministre protestant, publia un écrit très-violent contre lui, si on en juge par le titre de la réponse qu'il y fit en 1569. Il adressa, en effet, un mémoire au roi, intitulé : *Détestation des calomnies, injures et menaces proposées par Me Robert Maçon, ministre, contre Me Jean Robert, docteur-régent en l'Université d'Orléans.*

Ce fut à partir de cette année que commença sa controverse avec Cujas.

Les hommages ne manquèrent point au souvenir que Jean Robert laissa dans le monde savant ; nous avons parlé de celui que lui rend Etienne Pasquier : il le réitère dans plusieurs parties de ses ouvrages. Raoul Boutraye, dans son poëme intitulé *Aurelia,* le comparant à Papinien, l'appelle le flambeau de la science du droit :

Qualis erat radiosa lucerna Robertus.

---

(1) Cujas n'eut pas que ce seul adversaire ; un docteur de Bourges, nommé Mérille, voulut mettre Cujas en contradiction avec lui-même. Cette querelle, plus dédaignée que celle de Jean Robert, est tombée dans un plus complet oubli.

ORY *ou* OSIUS (FRANÇOIS).

Célèbre par sa polémique en faveur de Cujas contre Merille, docteur en l'Université de Bourges, dont il est question dans la note placée au cours de la notice sur Jean Robert ; il a publié en 1642 un ouvrage intitulé : *Dispunctor ad Merillium, seu de varientibus Cujacii interpretationibus in libris digestorum dispunctiones 52.*

Ce docteur paraît avoir été fort enclin à l'irritation et à la colère ; il reçut un soufflet de Jean Monnet, docteur assez distingué de l'Université d'Orléans.

Il mourut en 1657, laissant une fortune de 150,000 livres, chiffre énorme pour ce temps, et à cause de cela signalé par les biographes (1).

FORNIER (GUILLAUME).

Guillaume Fournier, ou Fornier, ou Forner, né à Paris, professa le droit à l'Université d'Orléans, et conquit dans le monde savant une grande renommée.

Son éloge est partout, et cependant on rencontre peu de détails sur sa vie ; les seuls que nous ayons trouvés concernant ce célèbre jurisconsulte se trouvent dans le mémoire sur l'Université d'Orléans faisant partie de la collection de M. Guyot, et dont nous avons eu déjà occasion de citer un passage en parlant de la *maille d'or de Florence.* Voici ce que nous lisons dans ce mémoire :

« Guillaume Fournier, docteur-régent à Orléans, fils de Pierre Fournier, procureur du roi au Châtelet de Paris, n'est pas moins cé-

(1) Nous ne devons qu'une simple mention à quelques autres savants restés étrangers à la science du droit, tels que Jean Budée, célèbre helléniste, mort en 1540, Jean Philipson, connu dans la science sous le nom de Sleidan, né à Schleide en 1606 ; et surnommé le *Tite-Live de l'Allemagne ;* Paul Merula ; Denis Godefroy, archiviste de la cour des comptes ; et Vincent Placcius, historien célèbre, né à Hambourg, et qui prit ses grades de licencié à l'Université d'Orléans.

Il faut cependant insister sur Baudouin, que les biographes d'Hotmann signalent comme un docteur si fameux de cette Université, que le père de ce dernier fut engagé à y envoyer son fils par la renommée de ce savant docteur.

lèbre que Jean Robert. Cujas, voulant publier un traité sur le chapitre *De verborum significatione*, après avoir lu celui que publia Guillaume Fornier, ne voulut jamais faire imprimer le sien.

« MM. de Harlay, de Thou, Hurault et de L'Hôpital l'honorèrent d'une très-étroite amitié.

« Ayant résigné son office de conseiller au présidial d'Orléans pour vaquer plus librement à l'école, il fit imprimer trois volumes de ses leçons, qui devaient atteindre le nombre dix. Il fit aussi des notes sur Cassiodore, et fut consulté par Henri III sur le mariage des enfants de famille sans le consentement des pères.

« Il fit partie de la commission qui prépara la réformation de la coutume d'Orléans.

« Il travailla puissamment à l'établissement de l'*Aumône* (Hôpital) *générale d'Orléans*, dont l'administration et présidence furent données au corps de l'Université, par lettres-patentes du 15 février 1556.

« Il mourut à Paris, où ses affaires l'avaient attiré, au cours de l'année 1584.

« Pasquier le met au nombre des jurisconsultes les plus célèbres de son temps ; il a fait son épitaphe en vers latins. »

LHUILLIER (JÉRÔME).

Jérôme Lhuillier était contemporain de Jean Robert ; il fut élu docteur en l'année 1588, après une lutte qui le rendit célèbre, soutenue contre Raoul Fournier, fils aîné de Guillaume Fournier, dont on a dit qu'il avait recueilli le droit romain comme un fief de famille (édition de la coutume publiée en 1740).

Les deux compétiteurs étaient dignes de combattre l'un contre l'autre ; et si Lhuillier ne l'emporta pas, l'Université lui donna une marque de sa haute estime en lui promettant qu'il remplirait la première chaire venant à vaquer, et, chose assez singulière, en lui accordant la moitié du traitement de son compétiteur plus heureux.

On raconte que Cujas ayant assisté à quelques-unes de ses leçons, frappé de son mérite, s'écria qu'il était un soleil levant dont la lumière enflammerait toute l'Europe à son couchant : *Sol oriens qui in horizonte radiis suis universæ Europæ lumen accenderet.*

24

L'Université tint parole : en l'année 1588, ainsi que nous l'avons dit, il obtint une chaire de docteur; mais il ne paraît pas qu'il ait réalisé la prédiction qu'il avait inspirée : il se contenta d'être un professeur fort instruit, et n'a rien laissé qui causât, même partiellement, l'incendie dont l'Europe était menacée.

Il mourut en 1633.

MOLIÈRE.

Nous plaçons ici, avec plus d'orgueil que de certitude, un écolier qui a répandu sur l'Europe et sur le monde civilisé l'éclat de son nom.

Il fit plus que briller au barreau, sur le siége du magistrat ou dans la chaire de l'enseignement : il se constitua législateur, et sut inspirer un égal effroi au vice et au ridicule.

En l'année 1640, le fils d'un tapissier, dont la boutique s'ouvrait obscurément sur la rue Saint-Honoré, à Paris, vint étudier à Orléans et se fit inscrire au nombre des écoliers de l'Université; il y resta, sans s'y faire remarquer, tout le temps nécessaire pour obtenir le grade de licencié en droit; et, muni de son diplôme, il retourna à Paris.

Mais il avait déjà des préoccupations peu compatibles avec la profession d'avocat, à laquelle sa famille le conviait; rêveur et mélancolique, gai, cependant, jusqu'à l'abandon et à la grosse joie, il avait déserté le comptoir du marchand pour une institution dirigée par les jésuites, l'antichambre des rois pour l'école de droit; il devait fuir le barreau pour céder à ses inspirations, alors sévèrement jugées par tous les membres de sa modeste mais honorable famille : il quitta le chaperon de l'avocat pour le juste-au-corps des niais de théâtre.

Ce parti, qui paraîtrait aujourd'hui à d'honnêtes bourgeois la plus grande des fautes, une espèce d'indignité, dut, à cette époque, leur inspirer un sentiment bien plus vif que celui qu'ils éprouveraient de nos jours.

Le théâtre n'était, à vrai dire, que les tréteaux, rendez-vous d'hommes spirituels, mais dissolus; de femmes perdues, ne reproduisant que la *farce* ou les scènes les plus triviales, sans méthode, sans dignité, sans art. Comment se faire à la pensée, alors qu'on est régulier dans l'exercice des pratiques de la religion, régulier dans tous les actes de la vie intérieure, entouré de l'estime générale, que son fils est devenu le camarade de Lafleur, de Gauthier-Garguille, de Turlupin, de Guillaume Gorju, et peut-être de bateleurs d'un plus bas étage encore, de Barry et d'Orviétan, empiriques, marchands de baume, opérateurs en plein vent?

Et cependant l'élève des jésuites, l'écolier de l'Université d'Orléans infligea cette honte à sa famille (1); mais le génie couvre l'homme, et les détails de la vie privée disparaissent devant la gloire.

Est-il bien vrai que Molière fut étudiant en droit à Orléans, qu'il y prit ses grades et qu'il fut avocat?

Ce fait est resté incertain. Nous reproduisons ici tous les documents propres à le fixer (2).

Grimarest, auteur des mémoires sur la vie et les ouvrages de Molière, assure que cette circonstance lui a été attestée *par des personnes qui devaient savoir mieux la vérité que le public*; il ajoute, il est vrai, qu'elle lui a été niée par quelques membres de la famille de ce dernier.

Mais Lagrange, acteur qui a fait partie de la troupe de Molière, et son ami, dans une préface des œuvres de celui-ci, l'énonce comme un fait certain.

Tous les contemporains de Molière en étaient si persuadés, que, dans un pamphlet dirigé contre lui en forme de comédie, on le lui reproche avec amertume.

Cette pièce est intulée : *Elomire hypocondre*, ou *les Médecins vengés*; elle est d'un auteur tombé dans l'oubli, Leboulanger de Chalussai.

On doit remarquer, avant tout, que le mot *Elomire* n'est que

(1) Il ne faut pas être trop sévère; il faut, au contraire, apprécier les choses au point de vue de leur époque. Racine lui-même a commencé par être le bouffon des cercles de la haute société; l'exagération du système aristocratique, en élevant outre mesure les uns, dégrade nécessairement les autres.

(2) Voir l'*Histoire de la vie et des œuvres de Molière,* par M. Jules TASCHEREAU.

l'anagramme du mot *Molière*; l'auteur, usant d'un moyen que nous avons signalé en parlant de la querelle de Cujas et de Jean Robert, attaque son ennemi, mais cette fois sans pouvoir le caractériser au gré de sa haine. *Elomire* n'est donc qu'une vaine et futile dissimulation du véritable nom qu'il voulait livrer, non-seulement à la risée, mais même au mépris des contemporains, et peut-être de la postérité (1).

Examiner avec détail cette œuvre serait tout à la fois s'éloigner du but que nous nous proposons et s'occuper d'une production indigne, au double point de vue de la morale et du mérite littéraire, de fixer l'attention.

L'auteur a voulu venger les médecins, et pour atteindre ce but, il s'est borné à déshonorer Molière dans son talent d'acteur, dans ses écrits, dans son caractère et dans sa vie privée; il le représente comme un *bouffon* sans talent, un écrivain licencieux sans génie, un méchant homme, bilieux, hautain et égoïste; il lui reproche d'avoir épousé sa propre fille, et proclame ses infortunes conjugales, tout cela dans le style le plus bas et le plus vulgaire, et dans un cadre sans invention, sans intrigue, destitué de tout intérêt. La pièce se dénoue par l'arrestation de Molière, considéré comme un assassin. Jamais, peut-être, la méchanceté ne sut prendre une forme aussi repoussante.

Mais, au milieu de ce flot d'injures et d'outrages, on rencontre quelques traits de la vie de Molière, passée en revue dans toutes ses phases et dans toutes ses particularités, qu'il serait peu sage de dédaigner; et, bien qu'on doive se tenir en garde contre les assertions d'une production de cette nature, cependant il ne faut pas négliger ce qui peut être d'un utile enseignement, surtout lorsque le pamphlétaire se rencontre avec des témoignages dignes de foi.

Leboulanger de Chalussai se réunit à Grimarest et à Lagrange pour nous apprendre que Molière a fait ses études de droit à l'Université d'Orléans.

Dans la seconde scène du quatrième acte de la prétendue comédie

(1) Molière eut plusieurs ennemis qui l'attaquèrent tous sous l'anagramme d'Élomire.

d'*Elomire*, scène qui a pour but de nous représenter le principal personnage comme le plus despote, le plus dur des hommes et le plus infatué de son propre mérite, il lui fait tenir ce langage :

ÉLOMIRE (*s'adressant aux comédiens composant sa troupe*).

C'est vous, ô champignons élevés sur ma couche,
Vous, pour qui j'ai tiré jusqu'au pain de ma bouche,
Vous, pour qui j'ai veillé tant de jours et de nuits,
C'est vous, ingrats, qui me comblez d'ennuis !
. . . .
Rougissez, rougissez, ingrats, de tant de biens
Dont je vous ai comblés, même aux dépens des miens ;
Mais pour tous ces bienfaits vous êtes sans mémoire ;
Il faut, pour vous confondre, en dire ici l'histoire.

FLORIMONT.

Écoutons :

ÉLOMIRE.

. . . . . En quarante, ou quelque peu devant,
Je sortis du collége, et j'en sortis savant ;
Puis venu d'Orléans, où je pris mes licences,
Je me fis avocat au retour des vacances ;
Je suivis le barreau pendant cinq ou six mois,
Où j'appris à plein fond l'ordonnance et les lois ;
Mais quelque temps après, me voyant sans pratique,
Je quittai là Cujas, et je lui fis la nique.
Me voyant sans emploi je songe où je pouvais
Bien servir mon pays des talents que j'avais ;
Mais ne voyant point où, que dans la comédie,
Pour qui je me sentais un merveilleux génie,
Je formai le dessein de faire en ce métier
Ce qu'on n'avait point vu depuis un siècle entier,
C'est-à-dire, en un mot, ces fameuses merveilles,
Dont je charme aujourd'hui les yeux et les oreilles.

ROSIDOR (*bas à Florimont*).

Ne t'étonnes-tu pas qu'il n'ait dit les esprits ?

FLORIMONT (*bas à Rosidor*).

Il se serait trompé plus de moitié du prix.

Elomire continue d'énumérer ses droits à la reconnaissance de ses comédiens, en se représentant comme l'arbitre de leur sort; ceux-ci repoussent ses prétentions avec beaucoup d'amertume.

ANGÉLIQUE.

Mais ce qui m'a piquée et qui me pique au vif
C'est de voir que le fils.... je ne dis pas d'un juif,
Quoique juif ou fripier soit quasi même chose;
C'est, dis-je, qu'un tel fat nous censure et nous glose;
Nous traite de canaille, et principalement
Mes frères qui l'ont fait ce qu'il est maintenant;
J'entends comédien, dont il tire sa gloire
Qu'il nous vient d'étaler racontant son histoire;

ÉLOMIRE.

Tes frères! qui? ce bègue et ce borgne-boiteux?

ANGÉLIQUE.

Eux-mêmes, oui, maroufle, ce sont eux. . . .
Mais les ingrats, dis-tu, n'ont jamais de mémoire:
Il faut, pour te confondre, en dire ici l'histoire.
En quarante, ou fort peu de temps auparavant,
Il sortit du collége, âne comme devant;
Mais son père ayant su que moyennant finance,
Dans Orléans, un âne obtenait la licence (1),
Il y mena le sien, c'est-à-dire ce fieux
Que vous voyez ici, ce rogue audacieux.
Il l'endoctora donc, moyennant sa pécune,
Et croyant qu'au barreau ce fils ferait fortune,
Il le fit avocat, ainsi qu'il vous l'a dit,
Et le para d'habits qu'il fit faire à crédit;
Mais, de grâce, admirez l'étrange ingratitude:
Au lieu de se donner tout-à-fait à l'étude
Pour plaire à son bon père et plaider doctement,
Il ne fut au palais qu'une fois seulement;

(1) Il faut convenir, pour être parfaitement exact, que de grands abus s'étaient glissés dans la réception des gradués aux Universités; ce fait nous est attesté par un arrêt du parlement du 25 août 1657, *sur la réformation des abus qui se commettent en la promotion des licenciés en droit et en la réception des advocats.* Cet arrêt, qui semble ne concerner que l'Université de Paris, concernait toutes les Universités, puisqu'il fut enregistré au greffe du bailliage d'Orléans, le 7 avril 1658. Ces abus existaient précisément au temps où Molière a dû passer sa thèse; ils se perpétuèrent; une déclaration du roi parut sur le même objet, le 6 décembre 1736; elle était générale, car elle fut aussi enregistrée au greffe du bailliage d'Orléans, le 20 décembre 1737. Nous avons vu plus haut que ces abus s'étaient produits à l'Université de Bologne elle-même.

Cependant, savez-vous ce que faisait le drôle ?
Chez deux grands charlatans il apprenait un rôle ;
Chez ces originaux, l'Orviétan, Bary,
Dont le fat se croyait déjà le favori.

Cette insistance ne peut partir, chez le pamphlétaire, alors surtout qu'il se sert de cette circonstance pour tourner en ridicule celui auquel il l'impute, que d'une profonde conviction et de renseignements certains. Toutes les fois qu'il l'outrage par une imputation dont il n'est pas sûr, il ne le fait que par insinuation aussi, et plus perfide peut-être que l'affirmation; mais enfin il abandonne le ton affirmatif.

Nous pourrions administrer une preuve de ce que nous avançons, mais il faudrait citer encore, et nous ne nous en sentons pas le courage.

Nous produisons les seuls documents qui existent sur ce point; et sans trancher les difficultés qui peuvent résulter de contradictions entre les personnes les *mieux instruites* des particularités de la vie de Molière et les dénégations de quelques-uns de ses parents, nous sommes portés à penser que ce grand homme a étudié à Orléans.

Et d'ailleurs, remarquons que les assertions des membres de la famille de Molière, recueillis par Grimarest, sont loin d'avoir l'autorité que ce titre pourrait leur donner; et sont même loin d'avoir celle que l'on doit accorder aux amis de Molière. Grimarest ne dit pas quels étaient ces parents; il dit, il est vrai, qu'ils lui ont assuré le contraire, et en même temps, il nous apprend qu'ils lui reconnaissent le titre d'avocat, titre qu'il aurait obtenu, après avoir *appris le droit* d'un de ses amis qui, au moment où Molière se faisait avocat, devenait comédien, et redevint avocat au moment où Molière quittait le barreau pour le théâtre.

Nous avons peine à croire à ces *cascades,* comme les appelle Grimarest. A cette époque, la profession d'avocat était sérieuse et noble, comme elle l'est de nos jours; on ne se faisait pas avocat sans avoir obtenu ses grades dans les Universités (1); il fallait, en outre, un stage,

_____

(1) Cependant nous avons eu déjà l'occasion de citer ce passage de l'édit d'avril 1679 :
« Considérant que plusieurs personnes, sans avoir fait aucune étude de droit, ayant,
« suivant la pratique ordinaire, obtenu des lettres de licence et ensuite prêté le serment
« d'avocat, etc. »

et il n'est pas possible d'admettre que Molière eût entrée dans une compagnie d'avocats comme celles du parlement ou du Châtelet après de simples études faites avec un de ses amis, même reçu avocat.

Il n'est pas non plus possible de croire qu'un comédien eût été admis, au sortir du théâtre, dans une compagnie d'avocats; ce qui serait très-difficile aujourd'hui et ne pourrait avoir lieu que par une exception fondée sur des motifs personnels, devait être impossible alors; la profession de comédien, ne fût-ce qu'au point de vue du sentiment religieux, si puissant encore au commencement du XVIIe siècle, devait s'opposer à ce que ceux qui l'avaient exercée fissent partie d'un ordre déjà si haut placé dans la société.

D'ailleurs, Grimarest écrivait en 1705, et Molière est mort en 1673; dans l'intervalle qui a séparé sa jeunesse de sa mort, et sa mort de l'époque où Grimarest écrivait, les souvenirs de quelques membres de sa famille, c'est-à-dire de ceux qui en restaient, ont pu s'affaiblir.

Mais si, comme ils le reconnaissent eux-mêmes, Molière a été avocat, il devient, à plus forte raison, certain, en réunissant les assertions de ses amis et de ses ennemis, qu'il a étudié dans la célèbre Université, digne de son génie, alors même qu'il eût voulu l'appliquer à l'art oratoire et à la science du jurisconsulte.

FORNIER (HENRI).

Henri Forner (1), connu depuis sous le nom de Fornier, était fils du célèbre docteur Guillaume Fornier et frère de Raoul Fornier dont nous avons parlé plus haut; il doit être placé au nombre des écoliers qui ont fait le plus d'honneur à l'Université d'Orléans.

Il entra dans la magistrature à la mort de Guillaume Fornier, son père, auquel il succéda dans la charge de conseiller au présidial.

On a vu que Léon Tripault, non content d'avoir travaillé à la réfor-

---

(1) Il exista un célèbre jurisconsulte espagnol de ce nom, dom Pablo Forner, né en 1750; il mourut en 1799. Tout jurisconsulte qu'il fut, il ne laissa qu'une comédie fort estimée, intitulée : *Le Philosophe amoureux.*

mation de la coutume, la commenta; Henri Fornier suivit cet exemple, et tous ses successeurs éprouvèrent ce besoin : révélation éloquente de l'imperfection de cette législation.

L'œuvre d'Henri Fornier obtint le plus grand succès; comme Tripault, il y ajouta un traité des principales coutumes de l'Orléanais.

Il avait pris pour devise : *Dùm spiro, spero.*

La mort l'enleva trop tôt à l'administration de la justice et à la science : il cessa d'espérer en 1617.

DELALANDE (JACQUES).

Jacques Delalande, fils d'un conseiller à la prévôté d'Orléans, naquit dans cette ville en 1612. Il obtint une chaire de docteur-régent en 1633.

L'année suivante, il fut pourvu d'une charge de conseiller au présidial; mais antipathique *à l'agitation du barreau et au tumulte des affaires,* il quitta cette fonction en l'année 1638, pour se livrer exclusivement à l'enseignement du droit et à l'étude des sciences.

Sa réputation grandit dans la retraite, et le roi, au cours de l'année 1673, quoiqu'il n'eût exercé la magistrature que pendant peu de temps, lui délivra des lettres de *vétérance* dans les termes les plus honorables.

Nommé échevin en 1683 et maire en 1694, son administration excita un tel sentiment de reconnaissance, qu'on lui décerna le titre un peu emphatique et d'une exagération singulière de *père de la patrie.*

Il exerça la régence pendant cinquante années, et sa renommée était tellement répandue, qu'il était consulté par tous les savants du royaume et des pays étrangers.

Le roi d'Espagne, passant par Orléans, fut complimenté par Delalande, parlant au nom de l'Université. Le roi l'entretint de ses ouvrages et exigea que Delalande les lui apportât. Celui-ci se présenta de nouveau devant le roi, portant sous son bras son commentaire de la coutume, ouvrage obligé de tous les docteurs-régents de l'Université d'Orléans. Le roi, après en avoir lu quelques passages et félicité l'auteur, lui demanda *son grand ouvrage;* il n'était pas imprimé, et cependant il était déjà connu et l'objet d'une grande estime. Le roi lui fit promettre qu'il lui en enverrait un exemplaire; mais Delalande ne put tenir sa parole; il mourut bientôt après, le 3 février 1713, âgé de 80 ans.

Son caractère était aussi doux que son esprit était vaste et éclairé. Si la Providence lui donna la science et la philosophie, elle lui réserva des cruelles épreuves domestiques. Mlle Davezan, fille d'un docteur-régent de l'Université d'Orléans, originaire de Toulouse, que nous avons fait connaître dans l'un des chapitres précédents, fut la Xantippe de ce moderne Socrate; elle abusait de la patience et de l'insouciance, résultat ordinaire de l'étude, qui caractérisaient Delalande. Impérieuse, elle s'était emparée de toute autorité dans son intérieur. Avare, elle alla jusqu'à vouloir vendre l'habit dont son mari était revêtu : un fripier fut mandé par elle pour satisfaire cette singulière fantaisie, Delalande se borna à lui dire : *Vous pourriez attendre jusqu'à ce soir que je me déshabillerai.* Sa femme insista cependant; mais le fripier, indigné, se retira sans vouloir conclure le marché.

Delalande tira une bien faible vengeance des persécutions de sa femme : il se borna, dans son commentaire de la coutume, à qualifier les personnes du sexe de *impotentis naturæ animal.*

Il laissa des ouvrages manuscrits et imprimés au nombre de huit; ceux-ci étaient tellement estimés, qu'au commencement du XVIIIe siècle on avait peine à se les procurer.

PROUSTEAU (Guillaume).

Né à Tours, d'une famille exerçant le plus humble commerce de détail (1), au cours de l'année 1628 (2).

Ce jurisconsulte obtint une chaire de docteur-régent à l'Université

(1) Le père de Prousteau exerçait la profession de marchand fripier. Au moment où Guillaume Prousteau vint à Orléans, il y existait plusieurs chefs de famille portant son nom et marchands fripiers comme son père (Voir les *Archives du palais, liasses de la prévôté*).

(2) Et non pas 1626, comme on l'a écrit par erreur, et comme le démontre l'extrait baptistaire de Prousteau, découvert par un laborieux érudit de Tours, M. Lambron de Lignim.

d'Orléans, au concours de l'année 1668, dont nous avons analysé le procès-verbal.

Il avait fait ses humanités à Tours, on ne dit pas dans quelle institution religieuse; il fit sa philosophie chez les jésuites de La Flèche; il étudia en droit à Poitiers et à Orléans, où il prit son grade de docteur.

Il commença à suivre le barreau comme avocat; il était âgé de 39 ans, lorsqu'en l'année 1667 s'offrit à lui une occasion d'entrer dans le collége des docteurs-régents.

Nous avons, dans un chapitre précédent, rendu compte du procès-verbal de son élection, fait connaître les difficultés auxquelles elle donna lieu, et indiqué les reproches qui lui furent alors adressés; nous avons vu qu'elle avait été attaquée comme entachée de brigue et de faveur; comment l'avocat général Omer Talon avait hésité à reconnaître sa validité; mais aussi comment il avait été entraîné à le faire, en considération du mérite personnel de Me Prousteau.

Ce dernier, bien avant cette promotion, cédant à son ardent amour de la science, et obéissant encore aux traditions primitives de l'école, avait visité les Universités les plus célèbres de l'Europe : il parcourut pendant deux ans l'Allemagne, l'Italie et la Hollande; il alla même en Espagne, et forma, au cours de ces voyages, des liaisons avec les jurisconsultes les plus distingués des villes qu'il parcourut.

Ses ouvrages, qui se composent de huit volumes manuscrits, consacrés entièrement à la science du double droit, placent Guillaume Prousteau au nombre des jurisconsultes les plus distingués de son temps, et ce qu'il y a de remarquable, c'est qu'il cultivait les lettres avec autant et plus de succès peut-être que le droit. La biographie de Michau le signale comme plus habile philologue que savant jurisconsulte.

On possède à Orléans deux ouvrages remarquables qui attestent, en effet, chez lui, une connaissance profonde des ressources de la langue latine : le premier est la biographie d'un de ses amis, dont le souvenir lui a paru digne d'être conservé; le second, un discours prononcé, comme recteur de l'Université, à la rentrée des cours de l'année 1708, c'est-à-dire à l'âge de 80 ans, dont le sujet était de démontrer combien la science des lettres est utile et même nécessaire à celui qui enseigne la science du droit : *Ut ostenderet quantum humaniores litteræ utiles et necessariæ sint antecessori.*

Et dans ces deux ouvrages, Guillaume Prousteau se montre aussi éminent par l'élégance et le charme de son style, par la profondeur de la pensée, que par la variété et l'étendue de ses connaissances.

Le dernier acte de sa vie fut un service rendu à la science, et suffirait à le recommander comme l'un de ses bienfaiteurs à la reconnaissance publique.

Possesseur d'une bibliothèque considérable, celle de Henri de Valois, historiographe de France, qu'il acheta à la mort de celui-ci, arrivée en 1676; acquisition au moyen de laquelle sa bibliothèque se composait de 1,600 in-fᵒ, de précieux manuscrits, au nombre desquels il faut placer les siens, et de douze cartes géographiques, production scientifique alors fort rare; il en fit donation, à la condition qu'elle serait publique trois fois par semaine, aux Bénédictins habitant le monastère de Notre-Dame-de-Bonne-Nouvelle.

Il affecta un immeuble à son entretien et à celui de son conservateur, et devint ainsi le fondateur de la magnifique bibliothèque publique d'Orléans.

Guillaume Prousteau ne se montra pas seulement l'ami et le bienfaiteur de la science et des savants : il fut le bienfaiteur des pauvres, qui, pendant la disette de 1709, l'appelaient leur père.

Il termina dans sa ville d'adoption, le 9 mars 1715, c'est-à-dire dans sa 88ᵉ année, une vie consacrée à la science et à l'humanité; sa mort fut douce comme son existence semble avoir été paisible : il succomba à une attaque d'apoplexie foudroyante.

DU CANGE.

Au moment où Mᵉ Prousteau étudiait le droit à Orléans, et comme si un lien sympathique eût réuni à l'Université de cette ville les deux hommes qui ont le plus fait pour la science, l'un par son immense libéralité, l'autre par ses immenses travaux, se trouvait un écolier qui devait conquérir une gloire considérable, et laisser à la postérité le tableau de toutes les institutions passées, par les recherches les plus approfondies de leur origine et la révélation des mystères de l'ancien langage.

Charles Dufresne Du Cange, l'auteur du *Glossaire,* né à Amiens, le 18 octobre 1610, reçu avocat en 1631, abandonna le barreau pour s'attacher au bureau des finances de la Picardie en qualité de trésorier de France, dans le but de se livrer entièrement à la tâche qu'il avait entreprise.

Historien, géographe, philosophe, généalogiste, antiquaire, paléologue, numismatiste, il réunit tous les genres de connaissances.

Il n'est pas nécessaire de pousser plus loin l'étude d'une vie paisible et scientifique, sans accidents, qui ne s'est signalée que par les résultats les plus surprenants que puissent offrir la patience, l'amour du travail, unis à une vaste intelligence.

L'ingratitude et l'oubli semblent avoir été la seule récompense que Du Cange ait obtenu pendant sa vie et long-temps après sa mort.

Mais les yeux se sont ouverts sur cette gloire, reléguée dans les bibliothèques publiques et à peine dans quelques collections d'érudits; elle se montre maintenant au grand jour, et les amis de l'étude, qui ont tant d'obligations à cet homme vraiment extraordinaire, ont payé la dette de leurs devanciers.

Sur la demande de la société des Antiquaires de Picardie, qui, la première, éléva la voix pour réparer la faute des temps antérieurs, la statue de Du Cange vient d'être inaugurée, entourée des hommages des chefs du gouvernement et de l'administration publique, des députations de toutes les sociétés scientifiques de France et de la population de sa ville natale, fière d'avoir vu naître dans ses murs celui dont les travaux serviront de base à la comparaison des institutions anciennes avec les institutions présentes et à venir.

Hommage unanime et pur s'adressant à tout ce qui constitue la vraie gloire : l'utilité, le travail et la vertu modeste !

PRÉVOT DE LA JANNÈS.

Né à Orléans, en 1676, Prévôt de la Jannès se destina d'abord à faire partie de la compagnie de Jésus, à laquelle il devait son éducation; l'état de sa santé s'y étant opposé, il fit ses études de droit, on ne dit pas dans quelle Université.

En 1720, il obtint une charge de conseiller au présidial d'Orléans.

Il quitta bientôt les fonctions judiciaires pour une chaire d'agrégé à l'Université de la ville, qu'il était revenu habiter, *où le roi le nomma, quelque temps après, professeur de droit français.*

Il fit son cours avec une grande distinction, et le prolongeait par des leçons particulières qu'il donnait aux écoliers dont il remarquait le zèle et l'aptitude.

C'est par ses soins que l'Université reprit l'ancien éclat, alors un peu affaibli, dont elle avait brillé autrefois. Il obtint, par sa persévérance, plus de solennité dans la réception aux grades universitaires; et fit renaître une émulation qui avait disparu devant la faiblesse des examinateurs et l'absence d'une publicité suffisante donnée aux *actes probatoires.*

Cette tâche honorable fut complétée par Pothier, qui lui succéda dans sa chaire.

Travailleur infatigable, il a cultivé les lettres avec le même succès que le droit, et laissé un assez grand nombre d'ouvrages et de discours.

Comme jurisconsulte, il traita surtout les matières du droit français. Entre autres : *Des principes de la Jurisprudence française;*

De la nécessité de fixer la Jurisprudence par des lois qui étendent ou qui resserrent les principes du droit naturel, suivant l'utilité des citoyens;

De la nature des preuves.

Il est aussi l'auteur d'un *Eloge de Delalande* et d'une *Histoire de la vie et des ouvrages de Domat.*

Il mourut le 26 octobre 1769, à l'âge de 55 ans.

POTHIER.

Joseph-Robert Pothier succéda à Prévost de la Jannès dans la chaire de droit français à l'Université d'Orléans.

Ce grand jurisconsulte naquit à Orléans en 1699; il y vécut, et y mourut en l'année 1772, après avoir répandu le savoir par ses leçons, préparé la régénération de la législation française par ses ouvrages, et inspiré l'amour de la vertu par son exemple.

L'éloge a épuisé toutes ses formules pour célébrer cette noble, laborieuse et scientifique existence. Nous nous arrêterons ici, nous bornant à déplorer l'indifférence et l'abandon dans lesquels cette gloire est tombée au sein même de la ville qui en fut le berceau.

Pothier ne vit plus que dans la mémoire des jurisconsultes, forcés de l'interroger, malgré le long espace de temps qui nous sépare de lui, et les transformations subies par le droit auquel la France obéit; aucun monument ne rappelle à la postérité celui qui fut l'objet du respect et de l'admiration de ses contemporains et de la postérité.

Une modeste pierre tumulaire, placée dans une des chapelles de la cathédrale, nous apprend que là reposent les restes de Pothier.

Inhumé au grand cimetière de la ville, situé alors près de la cathédrale, sa dépouille mortelle y fut oubliée, lorsque l'administration résolut de ne plus souffrir les inhumations dans les lieux entourés d'habitations et situés au centre des populations.

Le *grand cimetière*, sans perdre absolument de son ancien aspect, entouré de vastes galeries couvertes, envahies par des marchands étalagistes, et favorable, dans les temps pluvieux, à la promenade des vieillards et des valétudinaires, devint le centre de leur rendez-vous, comme s'ils avaient voulu, en évoquant les souvenirs du passé, se rapprocher du terme de toutes les choses humaines et sonder les profondeurs de leur dernière habitation.

En 1823, ce vaste emplacement devait devenir et devint en effet une halle au blé. Il fallut faire disparaître les derniers vestiges de son ancienne destination. On pensa alors, et pour la première fois depuis 1772, à la dépouille vénérable de Pothier; on arrêta, avec un noble empressement, qu'on ne laisserait pas disparaître sous les nouvelles constructions qui allaient s'élever la tombe de cet homme illustre.

La négligence avait été telle, que ces galeries, devenues momentanément des écuries pour les régiments de cavalerie en garnison ou en passage, avaient vu les pierres tumulaires ou mutilées ou enlevées. Celle qui désignait la tombe de Pothier, placée au long du mur, avait été sauvée de la mutilation : un marbrier d'Orléans l'avait, d'une main pieuse, soustraite à ces outrages. Il s'empressa de faire connaître cet honorable larcin et de restituer la pierre à l'autorité municipale, lorsqu'elle voulut se livrer à la recherche de la tombe.

Pour arriver à ce résultat, on enleva les enduits de plâtre dont étaient recouvertes toutes les pierres tumulaires qui avaient résisté à ces profanations : on eut le bonheur de retrouver les n°s 94, 95 et 97. Celle de Pothier portait le n° 96.

Cependant un doute pouvait s'élever encore ; ces tombes n'étaient pas placées à des espaces égaux ; on pouvait craindre qu'un corps inconnu ne se fût glissé au bas même des pierres tumulaires, et qu'on ne prît une tombe étrangère à la recherche tentée pour celle qui en était exclusivement l'objet.

Ce doute donna lieu aux précautions les plus minutieuses. Ce ne fut qu'après s'être assuré que du n° 94 au n° 100 il n'avait été introduit aucun autre cercueil, qu'on se décida à opérer les fouilles.

On trouva bientôt une bière qui, ouverte, offrit aux regards un squelette auquel il ne manquait que les pieds et les mains, détachés, mais encore entiers.

On remarqua, tout d'abord, que la tête était inclinée sur l'épaule gauche ; on sait que M. Pothier, destitué de toutes grâces extérieures et de tout maintien, laissait pencher sa tête de ce côté. On mesura le corps dans toute sa longueur, et l'on vit qu'il avait 1 mètre 73 centimètres (5 pieds 4 pouces) : on sait aussi que M. Pothier était d'une haute stature.

On retrouva sur son crâne et sur son menton quelques cheveux et brins de barbe d'un blanc roussâtre (1).

Enfin, les hommes de l'art constatèrent que le squelette était celui d'une personne du sexe masculin.

Il était difficile d'obtenir des preuves plus concluantes du succès des recherches.

On prit donc les précautions les plus sages pour que ces restes précieux fussent respectés jusqu'au lendemain, où ils devaient être transportés à la cathédrale et déposés dans une chapelle.

Cette cérémonie eut lieu avec une grande pompe : les corps judiciaires et administratifs, les corps savants, les officiers ministériels de tout rang s'y rendirent, et tous manifestèrent, par leur recueille-

---

(1) On se partagea autant qu'on le put ces cheveux, et quelques Orléanais, heureux d'en posséder un petit nombre, les ont mis sous verre et fait encadrer avec soin.

ment, le respect que leur inspirait l'homme auquel s'adressait cet
hommage.

En l'année 1846, on construisit une sacristie exclusivement destinée à l'évêque du diocèse ; on s'empara de deux travées latérales divisées en chapelles ; celle qui contenait les restes de Pothier était l'une
d'elles : il fallut donc transporter ces restes dans une chapelle voisine.
Ce changement fut opéré le 2 mars 1846.

On crut devoir mettre quelque solennité dans cette nouvelle inhu-
mation : toutes les autorités, tous les chefs de compagnies d'avocats,
d'avoués, de notaires, furent convoqués ; on recherchea les parents de
Pothier : il s'en trouva un bien plus grand nombre qu'en 1823 ; et,
au jour indiqué, en présence d'une assemblée assez considérable, le
cercueil de Pothier fut transféré dans le lieu qu'il occupe aujourd'hui.

C'est ainsi que fut réalisé le vœu qu'exprimait un éminent magistrat (1) dans l'éloge historique de M. Pothier placé à la tête de l'é-
dition de ses œuvres de l'année 1773. L'orateur disait, dès cette
époque, après s'être plaint avec amertume de la simplicité du tombeau qui lui avait été élevé dans le cimetière :

« C'était dans une église qu'il fallait l'inhumer. Les cendres d'un
« homme aussi saint, aussi respectable, devaient-elles être placées
« ailleurs? Et dans quelle église convenait-il mieux de les déposer que
« dans l'église cathédrale, dans l'église commune à tous les citoyens,
« dans cette église à côté de laquelle il avait vécu ; où il avait donné
« tant d'exemples de piété, où tous les jours il allait se prosterner
« devant Dieu, en prévenant le lever du soleil ? »

L'insistance de M. Letrosne, les précautions oratoires dont il en-
toure l'expression de sa pieuse supplique, autorisent à penser que
l'état des esprits lui montrait des obstacles presque insurmontables à
ce qu'elle fût exaucée. Disons-le : Pothier était janséniste ; sa vertu,

_____

(1) M. Letrosne, aussi élève de l'Université. Il a laissé un nom respecté ; son mérite
s'est transmis jusqu'à nous par deux productions également recommandables : l'une
est un discours prononcé à la rentrée des audiences du bailliage, le 15 novembre
1765 ; l'autre est cet éloge de Pothier, dont nous rapportons ici quelques passages ;
toutes les deux justifient la haute estime dont il jouissait chez ses contemporains, et
dont la tradition commence seulement à s'effacer ; et cela au double point de vue de
la science, de l'élévation des sentiments et du mérite littéraire.

sa piété et son illustration ne l'ont pas préservé des exclusions dont les sectes sont prodigues entre elles, quand elles ne vont pas jusqu'à la persécution.

Aujourd'hui, ses restes reposent dans l'église : le vœu du magistrat contemporain de M. Pothier a été réalisé; mais il pourrait dire encore ce qu'il disait alors : *Si des étrangers nous demandaient à voir son tombeau, croyons-nous qu'ils dussent en être satisfaits ?*

On élève des statues sur tous les points de l'empire aux hommes utiles, aux guerriers; on va jusqu'à évoquer les souvenirs légendaires du moyen-âge pour consacrer les gloires nationales : et la ville où Pothier est né, où il a vécu, où il est mort, qu'il a illustrée par sa science, par ses écrits, par sa vertu, reste insensible en présence de ces souvenirs et de cette gloire. Une pierre cachée dans le fond d'une obscure chapelle, une inscription menteuse placée au-dessus d'une maison moderne, sont les seuls signes auxquels on puisse reconnaître ou se rappeler qu'on est dans la ville natale de Pothier.

BRETON.

Antoine Breton de Montramier, né à Sully-sur-Loire, le 10 septembre 1712, après avoir fait son droit à l'Université d'Orléans, voulut s'adonner à l'enseignement des lois romaines; mais son père exigea qu'il suivit le barreau; il entra même dans une étude de procureur au Châtelet de Paris. Ce dernier ne tarda pas à apprécier le mérite de son clerc; il lui proposa de favoriser ses débuts, et lui promit un nombre de causes à plaider suffisant pour le mettre à portée de vivre honorablement. Mais Antoine Breton *sentit que son esprit n'était pas fait pour s'occuper en entier des épines disgracieuses qui accompagnent la procédure* (1); il résolut alors de cultiver les lettres, se mit en rapport avec les savants et les artistes, apprit l'italien et les mathématiques.

Bientôt après il revint à Orléans, et, cédant sans doute à de nouvelles sollicitations de sa famille, il fit une nouvelle tentative pour devenir avocat; *mais il vit encore mieux que son inclination n'était pas pour ce genre d'étude, et l'abandonna pour toujours.*

(1) Dom Gérou.

Ici paraît le docteur en droit : Antoine Breton ne s'occupa plus que du droit romain; *il y voyait un enchaînement d'idées qui souriait à son esprit méthodique,* et , après avoir lu les Pandectes *en entier,* il concourut pour obtenir une chaire de docteur agrégé et l'obtint en 1740. En 1747, il devint docteur-régent.

Il eut la gloire d'obtenir le suffrage de Pothier, chargé spécialement par le maire et les échevins de l'examiner, et de les fixer sur l'*avis excitatif* qu'ils avaient à donner en faveur de celui qui paraîtrait le plus digne d'obtenir la chaire vacante.

D'abord institutaire, comme le plus jeune des docteurs-régents, il sut accorder le droit romain dans ses rapports avec le droit naturel, et fit ainsi un double cours.

En l'année 1754, il fut chargé d'expliquer les Pandectes.

Ses leçons eurent le plus grand succès; mais l'importance et surtout la longueur de la tâche qu'il avait entreprise l'effrayèrent; il s'attacha à une autre branche d'enseignement : *il expliqua les règles du droit.*

Sa santé ne lui permit pas de continuer ses travaux : une maladie cruelle l'enleva trop tôt à ses utiles occupations; cependant il s'était momentanément rétabli, mais d'une manière si incomplète, qu'il n'eut que la force, et encore fallut-il pour cela tout le courage que donne l'amour de la science et du travail, de faire le catalogue de sa bibliothèque, tâche immense, car elle était composée de plus de 4,000 volumes.

Sa passion pour les livres était poussée à ce point qu'il disait que pour en avoir, il *aurait été à Rome,* expression qui est restée dans le langage familier pour désigner le dernier terme des pérégrinations, à une époque où les distances ne s'étaient pas encore rapprochées; et qu'il achetait encore, quelques jours avant sa mort, la bibliothèque d'un savant bibliophile orléanais, vendue par ses héritiers.

L'activité de son esprit ne se bornait pas à l'étude et à l'enseignement du droit. Il fit partie, non-seulement d'une société de *belles-lettres,* mais encore d'une société d'agriculture, qui s'établirent au commencement du XVIIIe siècle dans la ville d'Orléans.

On le représente comme l'homme le plus aimable dans le commerce

habituel, doué d'une mémoire extraordinaire, et d'une facilité d'élocution telle, que ceux avec lesquels il conversait *ne pouvaient pas
placer un mot; ce défaut,* il est vrai, *était racheté par les excellentes
choses qu'il disait.*

La vivacité de son imagination le rendait extrêmement impression-
nable : il tomba malade à la suite de l'élection d'un docteur-régent
qui fut, suivant lui, *l'occasion de procédés qu'il ne put approuver.*

Sa mort, arrivée le 14 mars 1781, fit éclater le profond respect
dont il était entouré et les regrets les plus honorables. On lui fit de
magnifiques obsèques, auxquelles on chanta une messe de *Requiem,*
œuvre d'un célèbre compositeur nommé *Guy Gilles;* toutes les autorités et tous les corps savants de la ville y assistèrent, prouvant
ainsi que *le mérite et les talents ont cet avantage au-dessus des richesses
et des grandes places, qu'ils se font respecter même après la mort.*

C'est dire assez qu'Antoine Breton mourut pauvre, après une vie
aussi modeste que laborieuse.

Il laissa peu d'ouvrages; sa vie est surtout celle du professeur. Cependant il défendit les Pandectes de Pothier, vivement attaquées par
le *Journal de Trévoux,* œuvre des jésuites, qui poursuivaient le janséniste dans le professeur.

Il rédigea un mémoire pour repousser un écrit anonyme, dans lequel on se proposait de démontrer que toutes les Universités de provinces devaient être supprimées, et que la seule Université de Paris
devait être maintenue, premier symptôme de la prochaine centralisation des études, au moment où les esprits s'accordaient pour fonder la centralisation administrative.

JOUSSE.

Daniel Jousse appartient à l'Université d'Orléans comme élève de
Pothier, dont il eut l'insigne honneur d'être l'ami.

Ses nombreux ouvrages l'ont mis au rang des jurisconsultes les
plus éminents de la France.

Conseiller au présidial, il pouvait rester étranger aux fortes et

longues études; il suivit l'exemple de son maître : sa vie fut tout entière consacrée au travail.

Vingt publications sorties de sa plume ont marqué son passage
dans le monde savant; elles ont joui d'une réputation incontestée,
et, de nos jours encore, la plupart d'entre elles sont placées dans
toutes les bibliothèques des jurisconsultes véritablement amis de la
science du droit et qui veulent puiser aux sources vives de l'enseignement et de la doctrine.

Placé si près de Pothier par les liens de l'amitié, il lui tint d'aussi
près par le mérite et la vertu; c'est à ces deux motifs, aussi honorables l'un que l'autre, qu'il faut attribuer cette sympathie qui les
réunit du jour où ils se connurent, et se continua sans interruption,
jusqu'à ce que la mort les séparât.

Les *Commentaires* de Jousse sont des traités dans lesquels il aborde
avec un égal bonheur le droit civil et le droit criminel.

Il cultiva tous les genres de science, et particulièrement les mathématiques, et c'est peut-être à cette impatience de son esprit, qui
voulait trop embrasser, qu'il dut de ne pas acquérir une célébrité
égale à la célébrité de celui dont il reçut les leçons et dont il aurait
dû imiter la persévérance.

Daniel Jousse paraît ne pas avoir été exempt de chagrins domestiques. Nous avons sous les yeux son testament par lequel il déshérite
son fils, au moyen d'une substitution, celui-ci n'étant pas assez *mé-
nager de ses deniers*.

Il mourut à l'âge de 74 ans, le 24 mars 1781, après de cruelles
souffrances et les opérations les plus douloureuses supportées avec
la résignation la plus religieuse.

GUYOT.

Pothier, dans le but d'élever les études de l'Université d'Orléans,
et pour mettre la dernière main à l'œuvre commencée par Prévost
de la Jannès de restaurer cette institution, en excitant l'émulation
de ses écoliers, avait fondé deux prix destinés à ceux d'entre eux qui
se seraient le plus distingués.

Ce prix, divisé en deux catégories, consistait en une médaille d'or et deux médailles d'argent. La première appartenait à l'écolier qui l'emportait sur tous les autres; les médailles d'argent à ceux qui venaient immédiatement après lui.

Au cours de l'année 1736, un des écoliers obtenait les deux médailles d'argent attestant le succès obtenu dans l'étude du *double droit.*

Celui qui avait mérité cette distinction devait être bientôt l'un des docteurs-régents les plus instruits qui aient enseigné à l'Université.

Pierre-Jean-Jacques-Guillaume Guyot, né à Sully-sur-Loire, après de fortes humanités, suivit les cours de l'institution dans laquelle Pothier enseignait; il fut l'élève de celui-ci, qui le distingua bientôt et lui donna des marques nombreuses de son estime et de son affection.

Après avoir pris ses grades, il se destina à la double profession du barreau et de l'enseignement : il devint avocat et brigua une chaire de docteur agrégé. Une chaire vint à vaquer bien avant qu'il n'eût atteint l'âge prescrit pour être nommé : il fallait avoir vingt-cinq ans, et il n'en avait que vingt-deux et demi; il fallait avoir suivi pendant un an, à titre de stage, les *thèses, disputes* et *actes probatoires* : il s'en manquait de deux mois que ce stage fût terminé.

Un seul moyen lui restait : il demanda des dispenses.

Il présenta une supplique à d'Aguesseau, alors chancelier, et celui-ci, en réponse à cette requête (du 20 décembre 1739), écrivit à l'Université, en lui apprenant la démarche faite auprès de lui par M. Guyot, et l'engageant à l'admettre au concours, *il lui donne l'assurance que, si elle le trouvait le plus capable des contendants, le roi se porterait volontiers à lui accorder les dispenses dont il aurait besoin.*

Cette lettre du chancelier leva toutes les difficultés : M. Guyot concourut, fut trouvé le plus digne, et obtint sa nomination au moyen de dispenses qui lui furent accordées, suivant la promesse consignée dans la lettre du ministre à l'Université.

Ainsi, à peine âgé de vingt-trois ans, il devint le collègue de Pothier, membre d'une Université que l'éclat de ce grand nom élevait au-dessus de toutes les autres, et dont l'exemple et les leçons devaient rendre cette fonction aussi redoutable à postuler que difficile à bien remplir.

M. Guyot resta docteur agrégé jusqu'en l'année 1740. A cette époque, M. de Chambourg étant venu à mourir, il concourut pour la chaire ainsi devenue vacante : il réussit sans combat, personne ne s'étant présenté pour la lui disputer.

Suivant l'usage, et pour obéir aux réglements, les magistrats conservateurs de l'Université furent appelés, dans cette solennité, à donner leur avis motivé sur le mérite du récipiendaire. L'accomplissement de cette formalité donna lieu à l'expression la plus flatteuse du sentiment de haute estime que le profond savoir et les qualités précieuses du récipiendaire leur avaient inspiré.

Le lieutenant général s'exprime ainsi :

« La facilité que Me Guyot a montrée dans l'interprétation des
« lois civiles et canoniques, ses réponses claires aux difficultés que
« vous lui avez proposées, sa pénétration, enfin, dans l'un et l'autre
« droit, dont j'ai été témoin, m'engage à vous exhorter, messieurs,
« à lui donner vos suffrages. »

L'avocat du roi au bailliage, M. Le Trosne, s'exprime ainsi :

« Me Guyot possède les talents nécessaire dans un degré éminent;
« il y joint les grâces d'une éloquence naturelle, la pureté de lan-
« gage, tous les agréments du discours, et des façons douces et ai-
« mables capables de faire goûter une étude dont les commencements
« sont effrayants pour les jeunes gens.

« Pour les qualités du cœur, si essentielles dans un jeune homme
« en place, et que tous les talents de l'esprit ne peuvent jamais rem-
« placer, vous ne pouvez, messieurs, choisir un meilleur confrère,
« qui vous fasse plus d'honneur et qui vous procure plus de satis-
« faction. »

M. Le Trosne continue l'éloge de M. Guyot dans des termes aussi élevés que flatteurs, et le termine ainsi :

« Dans ce sujet public de joie, le barreau seul a droit de s'affliger;
« il perd un avocat qui faisait sa gloire et un de ses principaux orne-
« ments; nous ne nous en consolons que dans l'espérance qu'il for-
« mera des sujets capables de le remplacer par la suite; et qu'ensei-
« gnant la jurisprudence, il inspirera aux jeunes gens le goût de sa
« profession, si utile et si honorable. »

Le maire se réunit aux deux magistrats de l'ordre judiciaire : « Il
« ne manquait, dit-il, qu'un concurrent à Me Guyot pour faire briller

« tous ses talents ; nous lui donnons volontiers *notre voix excita-*
« *tive ;* c'est une justice que nous croyons lui devoir. »

C'est ainsi que M⁰ Guyot, examiné par Pothier, en présence et avec
la haute et bienveillante approbation de Le Trosne, a été admis à la
qualité de docteur-régent de l'Université.

La docte compagnie n'eut pas à se repentir de son adhésion à ces
avis ; M⁰ Guyot tint dans l'avenir tous les engagements de son passé ;
il professa jusqu'à l'année 1784, époque à laquelle il mourut.

Ses dernières années furent traversées par un chagrin cruel : il perdit son fils unique, déjà marié, déjà père, et qui, après un concours
remarquable, allait recevoir le titre d'agrégé.

On a publié plusieurs éloges de M⁰ Guyot : nous avons préféré
celui que nous ont transmis les hommes considérables par leur position et par leur mérite, dont nous avons rapporté les témoignages.

Aussi modeste que savant, M⁰ Guyot ne s'est pas un instant distrait
des devoirs du professorat, il n'a pas écrit ; placé trop près de Pothier
pour publier le fruit de ses études à côté des œuvres d'un si grand
maître, il s'est borné à publier les *œuvres posthumes* de celui-ci, et
ce service rendu à la science du jurisconsulte suffit pour lui assurer
une place honorable parmi les écrivains de son époque. On pensa,
avec raison, que celui qui éditait ces ouvrages ne le pouvait faire qu'en
possédant au moins une grande partie des qualités qui avaient appartenu à leur auteur.

M⁰ Guyot, dont on a dit *qu'il était né dans une famille où le mérite*
était héréditaire, a vu grandir son fils dans la science du droit et
s'élever pour le doctorat ; la mort prématurée de ce jurisconsulte déjà
distingué n'arrêta pas M⁰ Guyot dans sa carrière laborieuse ; il suivit
l'éducation de ses petits-enfants et leur consacra les jours qui lui
restaient.

Ses études étaient variées ; il faisait partie d'une réunion d'hommes
de lettres qui s'intitulait : *Société littéraire épiscopale ;* cette société a
conservé sur ses registres le souvenir des essais littéraires et philosophiques de M⁰ Guyot.

Ce nom éminent dans la science du droit et qui tient une place si
respectable dans l'histoire de l'Université d'Orléans, devait clore la
liste des écoliers de cette Université.

Mᵉ Pierre-Marie-Joseph Guyot, petit-fils du docteur-régent, fils de celui qui allait être docteur agrégé, a été immatriculé le dernier et pour la dernière fois sur les registres de l'institution, le 16 juillet 1793 (an II).

MASSY (Robert de).

Pothier venait de mourir : cette perte fut vivement sentie par le corps universitaire ; il comprit que le sentiment dont il était animé devait être partagé par le chef de la justice lui-même, si bien fait pour apprécier le mérite de ce docteur.

Le recteur et les docteurs-régents s'empressèrent de faire part au chancelier d'Aguesseau de la mort de M. Pothier.

« Monseigneur, lui écrivaient-ils, le 3 mai 1772, nous avons
« l'honneur de vous informer de la très-grande perte que nous ve-
« nons de faire par la mort de M. Pothier, professeur de droit français
« dans notre Université, et doyen des conseillers du présidial de cette
« ville. Nous ressentons bien vivement combien la perte d'un juris-
« consulte aussi distingué par l'étendue de ses lumières que par son
« zèle pour le bien public est douloureuse pour tous les ordres de
« citoyens ; mais nous y sommes d'autant plus sensibles que nous
« sommes privés d'un confrère qui nous était extrêmement attaché,
« et dont les soins infatigables avaient excité une vive émulation
« dans nos écoles de droit.

« Nous attendons, Monseigneur, que le choix de S. M., déterminé
« par vos sages conseils, donne bientôt un successeur à ce célèbre
« jurisconsulte ; nous osons vous supplier de fixer votre attention sur
« les sujets que l'Université renferme, parmi lesquels il en est plusieurs
« que M. Pothier a formés et qui ont dignement répondu à ses vues. »

On a vu que par l'art. XV de la déclaration du roi du 6 août 1682, le concours était devenu à peu près illusoire, que la nomination des docteurs agrégés et des professeurs du droit français appartenait au roi, sur la présentation faite au chancelier, par le parlement, de trois candidats.

Le corps universitaire d'Orléans supplia le parlement de Paris de présenter les candidats qu'il lui indiquait au choix du chancelier, par une lettre dont nous ne retrouvons pas la date, mais qui doit porter celle de la lettre écrite par le recteur et les docteurs-régents au chancelier lui-même :

« Messeigneurs, disait-on au parlement, nous vous annonçons avec « douleur la perte que nous venons de faire par la mort de M. Po- « thier ; la perte d'un jurisconsulte aussi célèbre est sensible à tous « ceux qui sont animés par l'amour du bien public : nous pouvons « dire qu'elle importe à toute la France.

« C'est à vous, Messeigneurs, que le roi a confié le droit de pré- « senter à Monseigneur le chancelier de France trois sujets, parmi « lesquels S. M. doit en choisir un pour remplir la chaire vacante, « conformément à la déclaration du 6 août 1682.

« Nous avons cru qu'il était de notre devoir de vous supplier d'ac- « corder vos suffrages aux sujets qui se trouvent dans l'Université, « parmi lesquels il en est plusieurs qui ont été formés par M. Pothier « et qui ont fait valoir avec succès les instructions qu'ils en ont « reçues, particulièrement MM[es] Lebon, Robert de Massy et Pisseau, « docteurs agrégés et avocats en la cour, qui ont les qualités pres- « crites par les réglements pour être présentés à S. M. »

Il résulte de ces documents un renseignement qu'il ne nous est pas permis de négliger. Me Guyot, nommé docteur-régent, quitta le barreau, et cette nécessité est l'occasion de regrets inspirés à l'ordre des avocats par l'avocat du roi, dans l'avis favorable qu'il donna pour l'élection de ce docteur ; les docteurs-régents qui l'ont suivi n'ont pas cru devoir quitter l'exercice de cette profession ; ils ont cumulé la fonction d'avocat avec celle de docteur-régent, signe sensible de la décadence de l'Université.

Me Robert de Massy, né à Coulon, près Gien, en l'année 1740, du bailli de la justice de cette petite localité, fut *nommé* pour remplacer Pothier.

Il fallait, pour qu'il obtînt le triple agrément de l'Université, du parlement et de d'Aguesseau, qu'il fût digne de celui dont il allait prendre la place.

Cependant, il faut en convenir, cette mission dut lui paraître effrayante ; Me Robert de Massy ne se dissimula pas l'imminence du danger qu'il courait en substituant sa parole à celle de M. Pothier.

Sa correspondance au sujet de sa nomination atteste de la profondeur du sentiment qu'il éprouvait.

« Une seule chose, » disait-il en écrivant au recteur (Me Moutié) de l'Université, le 21 mai 1772, et en lui apprenant sa nomination arrêtée par une simple mesure de forme, « la seule chose qui m'em
« pêche de jouir de mon bonheur, c'est d'être chargé de remplacer
« un homme aussi célèbre que M. Pothier ; je sens toute mon in
« suffisance ; mais la ferme résolution que j'ai prise de me con
« sacrer entièrement au travail me soutient avec l'intime persuasion
« où je suis que mes confrères et vous en particulier, Monsieur, vou
« drez bien m'aider de vos conseils pour me soutenir dans une car
« rière aussi scabreuse. »

Me Robert de Massy prit possession de la chaire et professa jusqu'aux troubles nés de la révolution ; il le fit de manière à laisser un nom estimé, même après celui de Pothier : sa science était profonde, son amour du travail et son zèle infatigables.

Il cumula, ainsi que nous l'avons dit, l'exercice de la profession d'avocat avec ses fonctions de docteur-régent ; il était, en outre, bailli de plusieurs justices seigneuriales, entre autres de celle alors très-importante de La Ferté-Lowendal.

Il suffit à tout ; son cabinet était le lieu où se débattaient et souvent se conciliaient les intérêts privés les plus considérables ; son tribunal renommé par l'impartialité, l'exactitude et les lumières du juge ; ses cours fréquentés avec empressement par les écoliers.

Ce fut ainsi qu'il arriva à l'année 1789 ; il était alors bâtonnier de l'ordre des avocats.

Choisi, avec MMes Salomon et de la Place, ses confrères, au double titre de docteurs de l'Université et d'avocats pour rédiger le cahier des doléances de l'ordre du tiers-état, il concourut à la rédaction de ce cahier, qui dut être réuni à celui de toutes les corporations et de toutes les paroisses.

Mais le nombre de ces documents était si considérable qu'il devint nécessaire de le réduire à un seul, dans lequel devait être déposé le contenu de chacun d'eux : on sentit en même temps le besoin de réduire le nombre des commissaires à la rédaction ; et tous consultés, adoptèrent l'avis que neuf d'entre eux seraient chargés de ce travail aussi difficile qu'important; Me Robert de Massy fit partie de cette commission.

Cette élection nouvelle eut lieu le 2 mars 1789, et dès le 5 du même mois les commissaires rapportaient le cahier général des doléances du tiers-état; le 26 on procéda à la nomination de trente-six députés appelés à faire partie de l'assemblée générale des ordres que devait tenir le lieutenant général du bailliage, le lendemain ; Me Robert de Massy fut nommé membre de cette députation.

Après cette formalité accomplie, le grand bailli devait tenir une séance dans laquelle tous les députés à la rédaction des cahiers de doléances, déjà revus et discutés devant le lieutenant particulier, seraient l'objet d'une dernière et plus solennelle révision ; on comprit l'impossibilité de se livrer utilement à cette discussion avec le concours d'un aussi grand nombre de personnes ; on résolut de le réduire *au quart*. Me Robert de Massy fut élu le premier pour faire partie de la députation.

Enfin, le jour des élections arrivé, il fut nommé membre de l'assemblée constituante *à l'unanimité;* mais il déclina cet honneur, et ce fut son collègue, Me Salomon de la Saugerie, qui le remplaça.

Il resta dans la vie paisible de l'enseignement et du barreau. Cependant il devait payer sa dette aux fureurs révolutionnaires; emprisonné jusqu'à quatre fois, il vit sa santé s'altérer dans les prisons ; sa famille alarmée obtint, à force de sollicitations, qu'il revint au milieu d'elle recevoir les soins que son état réclamait; il sortit d'une prison pour entrer dans une autre : gardé perpétuellement à vue dans sa chambre par deux agents de police, il ne put recouvrer la tranquillité de l'âme nécessaire au retour de ses forces physiques; il mourut le 13 thermidor an III (31 juillet 1794), à l'âge de cinquante-cinq ans.

La ville perdit en lui un de ses meilleurs citoyens, la science du droit, un des hommes qui l'honorèrent le plus dans la chaire de l'enseignement et au barreau.

Me Robert de Massy n'a pas laissé d'ouvrages, mais son souvenir s'est perpétué dans la mémoire de ceux qui l'avaient entendu.

Son savoir était si profond qu'il prévalut sur la difficulté naturelle qu'il avait à s'exprimer; sa probité, comme son désintéressement, prévalut sur des formes peu bienveillantes en apparence; il était ferme dans ses opinions, les soutenait avec tenacité et quelquefois avec une certaine hauteur ; et cependant ceux de ses contemporains qui lui ont long-temps survécu ne parlaient de lui, même dans leur extrême vieillesse, qu'avec un profond respect; sa science et son désintéressement étaient l'objet d'un constant hommage.

Digne successeur de Pothier dans le professorat, il avait imité son maître, qu'il prit pour modèle dans la vie privée; après une longue carrière de services publics, de travaux persévérants, une existence simple et modeste, il ne possédait plus que les débris de sa fortune personnelle, qui avait été assez considérable.

. . . . , ...

L'exquisse de cette vie scientifique et honorable doit clore la série de celles que nous avions pris à tâche de retracer.

Deux noms auraient dû cependant trouver place ici : ce sont ceux de Me Salomon DE LA SAUGERIE et de M. DE LA PLACE DE MONTEVRAY ; mais pour nous exprimer sur le compte de l'un, qui fut nommé docteur-régent quelque temps après Me Robert de Massy, nous ne pouvons consulter que le souvenir fugitif de quelques personnes dont la mémoire, se reportant à des temps déjà bien reculés, ne peut rien préciser, et ce que nous avons recueilli s'applique plus à l'avocat qu'au docteur-régent.

Me Salomon était un professeur de droit fort instruit, sans doute, mais il était encore plus distingué par son élocution que par sa science. Doué d'un talent oratoire fort remarquable, il brilla plus au barreau qu'à la chaire du docteur; son éloquence impérieuse, si l'on en croit ce que l'on en rapporte encore, l'entraînait dans quelques écarts alors très-familiers aux avocats.

Ce récit contraste avec quelques lettres sorties de la plume de Me Salomon, éditées bien long-temps après sa mort, et qu'il était bien loin de destiner au public.

Ces lettres, adressées à ses filles, tracent, dans un style à la fois simple et élevé, tous les devoirs de la femme dans la société, fille, épouse et mère; l'amour du bien, guidé par le sentiment religieux, a inspiré ces lettres touchantes; le cœur du père, la conscience de l'homme de bien, y répandent les conseils les plus sages : elles devraient être entre les mains de toutes les femmes consacrées à l'accomplissement des saints devoirs de la vie intérieure.

M. de la Place, nommé docteur-régent, n'arriva dans la chaire de l'Université d'Orléans que bien tard ; il devait rester long-temps comme un témoignage de l'illustration des études propagées par ce corps enseignant, mais il ne put obtenir une longue carrière comme professeur ; déjà les événement annonçaient une révolution politique et sociale, et par conséquent une révolution dans les lois ; déjà les esprits, préoccupés par les grands intérêts sociaux, se détournaient des études sérieuses, qui ne vivent que du calme des esprits abrités sous de fortes institutions ; déjà les élèves disparaissaient, et les feuilles du registre des immatricules restaient en blanc.

Mais une nouvelle carrière s'ouvrit pour cet homme laborieux, celle de la magistrature.

Il fit, au rétablissement de l'ordre régulier et légal, partie de sa cour impériale et royale d'Orléans ; il porta dans l'exercice des hautes fonctions qu'il y occupa (1) le tribut des études fortes et persévérantes d'une époque où l'on puisait aux sources de la science, où la jeunesse hâtait, par d'immenses travaux, la maturité de la raison.

M. de la Place, à la fin de sa vie, charmait encore les loisirs de la vieillesse par le choix des livres et par la collection de documents historiques précieux ; il a laissé une magnifique bibliothèque attestant tout à la fois un goût éclairé en littérature et le savoir le plus étendu.

Ce que nous avons dit des hommes illustres ou distingués dont le nom se rattache à la science et à l'enseignement du droit dans l'Université d'Orléans, nous semble suffisant pour justifier la célébrité dont elle a joui pendant un espace de temps embrassant plusieurs siècles ; et cependant nous avons singulièrement restreint le cercle de nos appréciations ; nous aurions pu nous étendre davantage, et rencontrer encore des docteurs ou des jurisconsultes éminents dans les noms que nous avons eu sous les yeux ; mais notre intention n'était

_____

(1) Il fut successivement conseiller, président de chambre et premier président ; il ne voulut pas prêter le serment exigé en 1830 des fonctionnaires publics, et mourut dans la retraite à un âge avancé.

pas de faire autre chose que retracer le tableau de ce qu'elle fut dans les diverses phases qu'il lui a été donné de parcourir.

Les noms que nous avons placés ici sont indépendants de ceux qui ont pu briller d'un vif éclat dans les pays étrangers et dans les provinces de la monarchie française ; et certes, si nous pouvions consulter les annales universitaires de l'Allemagne, de la Belgique et même de l'Angleterre, si nous pouvions interroger celles des barreaux de nos anciennes provinces, nous y trouverions une foule d'hommes aussi dignes de respect et de vivre dans le souvenir des amis de la science que ceux dont nous avons rappelé les travaux ; nous sommes condamnés au silence sur ce point et cependant, après nos trop succintes révélations, ce silence sera suppléé par la juste idée que l'on peut se faire de l'existence, dans ces différentes parties de l'Europe, d'un grand nombre de jurisconsultes dignes de la noble institution dont ils sont sortis.

CHAPITRE XI.

Toutes choses humaines ont leur terme. L'Université d'Orléans devait offrir le spectacle d'une de ces institutions qui savent résister au temps, aux événements les plus considérables et les plus contraires à son existence : aux jalousies, aux querelles des sectes et à ses propres dissensions; et qui, cependant, ne pouvait cacher à des yeux attentifs, long-temps avant sa dissolution, que cet événement se préparait et était inévitable.

Examinons en peu de mots, et par des faits importants, quelle a été sa marche progressive et décroissante, et voyons comment son agonie s'est prolongée jusqu'au temps où elle fut détruite par un législateur qui, tout hardi qu'il fût, semble l'avoir respectée au point de ne pas oser prononcer sa suppression d'une manière explicite et formelle.

La fin du XIIIe siècle est témoin d'un double hommage rendu à l'Université d'Orléans par le chef de l'Eglise et par le chef de l'Etat.

Boniface VIII, en l'année 1298, confie le soin d'expliquer ses décrétales à deux Universités, l'une, la plus célèbre du monde civilisé, celle de Bologne; l'autre, non encore constituée, mais que la renommée plaçait à côté de celle de Bologne elle-même, celle d'Orléans.

Presque en même temps, Philippe-le-Bel consulte l'Université d'Orléans sur ses différends avec le pape.

Les prétentions du roi devançaient, il faut en convenir, l'esprit de son siècle. Engagé dans une guerre funeste et inattendue avec l'Angleterre, bientôt après avec les Flamands, ses finances étaient obérées. Il pense qu'il doit avoir recours, pour combler le déficit de la caisse publique, à ceux-là qui possédaient la fortune territoriale de la France; il s'adresse au clergé, comme il s'adressait d'ailleurs aux autres classes de la société : il éprouve un refus.

Le saint-siége était alors occupé par un pape d'un caractère violent et impérieux. Celui-ci ne se borna point à protéger la fortune du clergé français contre les justes exigences du roi; il voulut le soumettre entièrement à son autorité. Il disait qu'il était l'arbitre des couronnes; et, non content d'excommunier le roi, il s'apprêtait à lui nommer un successeur.

Le danger que courait le roi lui suggéra de réunir les Etats-Généraux et de leur soumettre le différend qui s'était élevé entre lui et le souverain pontife.

Il ne se borna pas à cette démarche : il convoqua un concile à Paris et voulut que l'Université d'Orléans y fût représentée.

A la même époque, cette institution était donc l'objet de l'hommage de deux pouvoirs en état d'hostilité, et recevait ainsi l'attestation la plus incontestable du rang éminent qu'elle occupait dans l'opinion des pouvoirs les plus élevés.

Cette querelle, qui menaçait d'avoir les conséquences les plus graves, se termina bientôt par la mort du pape et l'accord de son successeur avec le roi. Mais l'état de la chrétienté n'en fut pas plus calme, et les lumières des corps savants furent invoquées de nouveau par les deux pouvoirs, l'un tourmenté par l'hérésie, l'autre redoutant également le succès de l'hérésie et le pouvoir de l'Eglise.

L'hérésie devait profiter des schismes. Benoît XI et Grégoire XII sont en présence; élevés par des factions contraires au trône pontifical, ils veulent s'y maintenir. Ce scandale se termine par l'élection de Jean XXIII.

Ce souverain pontife est accusé lui-même de mauvaises mœurs. On examine de nouveau son élection : on la trouve entachée d'intrigues et de violence; il est déposé : Alexandre V lui succède.

Deux causes concouraient alors à la nécessité d'un concile.

D'un côté, la secte des Albigeois se réveillait en Angleterre et en

Bohême. Jean Wicleff, curé du diocèse de Lincoln, Jean Huss, recteur de l'Université de Prague, et Jérôme, qui prit le nom de cette cité, prêchaient une doctrine qui avait pour objet une fraternité matérielle, substituée à la fraternité morale de l'Evangile, un déisme sans culte extérieur, une société sans luxe, et par conséquent sans émulation et sans arts.

D'un autre côté, les désordres des chefs de l'Eglise, les abus des indulgences, des bénéfices; la simonie, la corruption portée jusqu'au scandale, rendaient l'hérésie populaire.

Il fallait un concile pour repousser l'hérésie; il en fallait un pour réformer les pouvoirs ecclésiastiques et rendre l'Eglise à sa dignité, à la sainteté de sa mission.

C'est à ces deux causes qu'il faut attribuer la convocation du concile de Constance (1414).

L'Université d'Orléans y fut représentée par un de ses docteurs du nom de Thierry de Dieu-Donné.

Mais cette assemblée se montra plus passionnée contre les hérétiques que jalouse de réparer les scandales offerts au monde chrétien par le pouvoir spirituel; elle fut elle-même une occasion de désordres et de scandales pires que ceux qu'elle était appelée à réprimer. Aussi, après l'exécution de Jean Huss et de Jérôme de Prague (1416), le concile de Constance se dispersa sans laisser une trace utile de son passage.

Le roi Charles VI, dans un de ces moments lucides où sa raison, reprenant son cours, rendait plus pénible encore pour la France son état de démence, crut qu'il fallait veiller à la religion outragée et compromise par ceux qui auraient dû la rendre un objet de respect pour les peuples : il convoqua un concile général de l'église gallicane dans la ville de Bourges, en cette même année 1416; mais ce projet n'eut pas de suite.

Cependant deux conciles étaient réunis, l'un à Bâle, l'autre à Ferrare, qui entretenaient le schisme et les désordres en adoptant deux papes, l'un Félix, l'autre Eugène.

Charles VII, aussitôt après avoir recouvré son autorité, pensa nécessaire de continuer le concile provincial de l'église de France, convoqué à Bourges par son père; ses conférences furent reprises, et il en sortit un réglement qui, sous le nom de pragmatique sanction, reconnut le concile de Bâle comme œcuménique, c'est-à-dire comme ayant seul autorité universelle. Il eut pour but de modérer les trop grandes entreprises des papes, qui anéantissaient les libertés de notre Église par plusieurs abus de grâces expectatives, d'annates conférant des bénéfices à des gens ignorants et grossiers, et pour résultat de reconnaître Félix comme seul souverain pontife.

Le roi voulut que les corps universitaires, et particulièrement celui d'Orléans, fissent partie de cette grave assemblée.

Ainsi, dans deux circonstances ne se rattachant pas seulement à des intérêts de législation ou scientifiques, mais à des questions de l'ordre le plus élevé, l'Université d'Orléans fut interrogée; et la sagesse de ses docteurs lui ouvrit les portes des assemblées les plus imposantes délibérant sur le droit, auquel, non-seulement la France, mais le monde chrétien tout entier était soumis.

Telle était donc son autorité, qu'elle intervenait dans les occasions les plus solennelles, conviée à le faire par les pouvoirs les plus augustes, alors que ces pouvoirs, en lutte l'un contre l'autre, tentaient une prédominance qui devait devenir définitive.

Après la réalisation de cet événement, quand le pouvoir séculier l'ayant enfin emporté sur le pouvoir clérical, et que l'Université d'Orléans, suivant le sort de l'autorité publique, se sépara de son origine pour se séculariser comme elle, elle dut se renfermer dans ses attributions devenues spéciales, et par conséquent beaucoup plus restreintes; mais elle n'en conserva pas moins le rôle considérable qu'elle avait joué dans le temps où les institutions étaient différentes; son autorité fut relativement la même. Et c'est ainsi que lorsque Henri VIII d'Angleterre voulut répudier la reine Catherine d'Aragon, qui, avant d'être sa femme, avait été sa belle-sœur, pour épouser Anne de Boulen, l'Université d'Orléans fut consultée par ce prince.

On sait que cette question de divorce présentait une question de droit des plus épineuses, en apparence.

Henri VIII avait épousé la veuve de son frère le prince de Galles; il est vrai qu'il ne l'avait épousée qu'avec les dispenses du pape, et qu'ainsi le vice de cette alliance était purgé. Mais, se ravisant bientôt, et poussé plus encore par la légèreté et l'inscontance de son caractère que par sa passion, il voulut épouser Anne de Boulen. Il fallait, pour réaliser ce projet, faire casser son premier mariage : il prétendit que les dispenses du pape ne suffisaient pas à la validité de cette union, défendue par un texte du lévitique; l'Eglise lui opposait un texte du Deutéronome.

Ce prince, qui déjà rêvait la réunion du pouvoir religieux au pouvoir séculier, semble avoir voulu se donner un prétexte et se justifier à ses propres yeux de l'acte important qu'il méditait; il consulta donc les Universités de droit, et notamment celle d'Orléans.

Nous ne connaissons pas la réponse qu'il reçut du corps universitaire orléanais; nous féliciterions davantage celui-ci de n'avoir pas répondu que de l'honneur qu'on lui fit en le consultant. Il n'y avait rien, il faut en convenir, de réel dans cet appareil de scrupule et dans ce désir de s'éclairer : le mariage légitime devait être méprisé, la passion adultère suivre son cours; malgré l'évidence des droits de Catherine d'Aragon, la morale devait être outragée et l'Eglise romaine perdre son influence dans un royaume qui devait étendre la sienne sur le monde entier.

Mais déjà, et bien avant cet apparent hommage rendu à la science de ses docteurs, l'Université d'Orléans avait reçu des princes anglais des marques bien plus précieuses de leur haute estime. La France, envahie par leurs armées, fut sur le point de passer sous leur domination; dans leur marche, jusque-là victorieuse, ils protégèrent les études de droit à Orléans ; et nous avons vu qu'au plus fort de l'invasion, les écoliers de l'Université de cette ville à laquelle il devait être donné d'arrêter cette puissance reconnue par le parlement de Paris lui-même, reçurent des lettres de sauf-conduit permettant aux étrangers et aux Français la fréquentation de ses cours.

L'Université d'Orléans se montra digne de cette distinction, et durant le siége, ses docteurs et ses écoliers se placèrent au nombre des combattants, et montrèrent, par leur courage et leur patriotisme, qu'ils étaient dignes de l'estime que leur avaient attirée la science et l'amour de l'étude.

Charles VII fut aussi généreux que le roi d'Angleterre : une grande partie des immunités qu'il accorda au corps Universitaire d'Orléans était un témoignage de sa reconnaissance.

Et, bien après lui, François Ier, qui recherchait, avec la gloire

que donnent les travaux guerriers, celle que donnent la science,
les travaux littéraires et artistiques, après la conquête de Milan,
y établit un sénat, ou plutôt un parlement, qu'il peupla de docteurs
français éminents.

On a vu que son choix se porta surtout sur les docteurs-régents de
l'Université d'Orléans, dont un assez grand nombre furent élevés à
à cette dignité, et passèrent de cette haute cour au parlement de
Paris.

A mesure que les temps s'accomplissaient, pendant la guerre comme
au sein de la paix, de la part du pouvoir ecclésiastique comme de la
part du pouvoir séculier, de la part des princes étrangers comme de
celle des princes français, l'Université d'Orléans était entourée de
protection et d'hommages.

Les troubles et les guerres apportèrent sans doute, à plusieurs reprises, une grande diminution dans le nombre de ses écoliers, un
grand relâchement dans sa discipline intérieure et dans ses études ;
mais, cependant, au milieu de ces circonstances difficiles, elle sut
conserver la haute position qui lui avait appartenue dès avant sa
constitution régulière ; et, au plus fort même de nos dissensions
civiles, politiques et religieuses, elle obtint l'honneur d'être consultée sur les questions les plus importantes de la législation.

C'est ainsi qu'Henri III, voulant réprimer les abus qui se commet-
taient dans les mariages, et sauvegarder l'autorité paternelle dans l'acte
le plus solennel de la vie civile, et au moment où il s'apprêtait à
publier l'acte législatif connu par les jurisconsultes sous la dénomination d'*ordonnance de Blois*, consulta de nouveau l'Université d'Orléans sur cette importante matière.

Enfin, en 1583, les docteurs de l'Université d'Orléans, dont presque
tous avaient commenté la coutume de ce nom et toutes celles de la
province de l'Orléanais, furent appelés par ce prince à modifier le
droit coutumier, ou du moins à faire partie de la commission qui
devait préparer cet utile et important travail.

Les rois qui lui ont succédé ne nous ont pas fourni l'occasion de
signaler les marques de leur confiance dans le corps universitaire
d'Orléans ; loin de là.

Louis XIV s'appliqua à réduire l'influence des corps enseignants ;

et désormais, la science du droit français assimilée à celle du droit
romain, l'affiliation à l'Université d'un nombre considérable d'*agrégés*
nommés par le roi, en opposition avec les docteurs-régents produits
des concours, la nomination directe par le pouvoir royal des professeurs de droit français, devaient ralentir l'émulation et disperser les
écoliers.

Aussi voyons-nous, à partir de l'année 1682, cette institution s'affaiblir, et ne renaître un instant que par l'enseignement de Pothier.

Nous avons constaté la gloire de l'Université par ses docteurs et
ses écoliers célèbres, par les témoignages de la haute confiance dont
elle fut entourée pendant plusieurs siècles; nous regettons de ne
pouvoir la suivre par le tableau variable du nombre de ses écoliers.

Et cependant, avec quelque effort, nous pouvons nous faire une
juste idée des diverses périodes de son importance et de son affaiblissement successif.

Si nous en croyons les écrivains qui nous ont précédé, dont, à la
vérité, nous redoutons l'exagération, nous admettrons comme vrai
le nombre de 5,000 écoliers au XIVe siècle.

Partout, au moins, on retrouve l'assertion qu'excepté dans les
temps des guerres ou des troubles, les écoliers se pressaient en foule
aux cours de l'Université d'Orléans; mais si, nous séparant de ces
assertions très-vraisemblables, nous jugeons du nombre des écoliers
par l'illustration de ses professeurs, nous serons convaincus que jamais elle n'a été plus florissante qu'au XVIe siècle.

Il a dû en être autrement du XIVe au XVe siècle; une quantité considérable d'écoliers ont pu fréquenter cette école à cette époque,
mais il n'est pas possible que la transformation qu'elles subirent
alors ne nuisit, en apportant quelque incertitude dans sa direction, au
zèle des écoliers et des docteurs eux-mêmes.

Le pouvoir clérical n'abandonnait qu'avec peine ce qu'il croyait
son droit; le pouvoir séculier hésitait; Philippe-le-Bel tolérait l'institution de l'Université par le pape. Mais bientôt, pressé par les habitants d'Orléans, il publie un édit de nouvelle création de cette institution. Cependant, il semble reculer devant son propre ouvrage, et,
lorsqu'au mois de juillet de l'année 1312, il approuve la bulle de 1305,
on le voit, au mois de décembre suivant, retirer cet édit, et y substi-

tuer une ordonnance portant *défense aux maîtres et écoliers d'Orléans de former Université et de faire aucuns statuts.* Cette ordonnance, il est vrai, semble avoir elle-même été retirée.

Les divisions qui avaient existé entre le corps enseignant et les habitants de la ville et forcé le roi à intervenir, et peut-être à rendre son ordonnance de décembre 1312, se sont prolongées au point qu'en l'année 1316 l'Université quitta la ville d'Orléans.

A cette époque, usant du droit qui lui avait été conféré par la bulle de 1305, de suspendre ses cours, et qui semble avoir été mis en pratique en même temps que l'édit de 1312, tant les pouvoirs étant incertains et mal définis, l'Université se retire à Nevers, où elle reste pendant quatre années.

A son retour (1320), l'harmonie et la paix ne se rétablirent pas aussitôt; il fallut l'intervention du pouvoir royal, s'étayant de l'influence et de l'autorité du pouvoir clérical, pour rétablir le calme; et, à mesure qu'on avançait vers le XVe siècle, la guerre d'invasion dont l'Angleterre menaçait la France devenait plus imminente.

Déjà, sous Philippe de Valois, les Anglais avaient ravagé les environs de Paris et gagné la bataille de Crécy (1346); les règnes de Jean-le-Bon et de Charles VI ne furent qu'une longue suite de combats et d'infortunes suspendus pendant le règne de Charles V, et qui plongèrent la France dans les périls auxquels elle n'échappa que par la constance et le courage des Orléanais.

Pendant ces désordres et ces guerres, il était impossible que la science du droit fût prospère, et si elle put être en honneur, ce ne fut qu'à de rares et courts intervalles; mais, le plus souvent, ses classes devaient être désertes et silencieuses, et la voix du docteur étouffée par le bruit des combats.

C'est ainsi que nous parvenons au milieu des événements désastreux qui signalèrent le commencement du XVe siècle.

Cependant, la paix rendue à la France par les efforts de Charles VII, la régularité dans la marche des lois, furent bientôt troublées par les dissensions qui s'élevèrent entre ce prince et son fils, entre celui-ci et les ducs de Bourgogne.

Aussi n'est-ce qu'aux règnes de Louis XII et de François Ier que recommence l'illustration de l'école d'Orléans.

Jusque-là, elle fut féconde en hommes éminents; mais il faut convenir que jamais, peut-être, une réunion de savants aussi considérable que celle qui se remarque sous ce dernier prince ne ne rencontra dans une corporation enseignante. Il était impossible que les écoliers n'abondassent pas dans une telle institution.

Le XVIIe siècle ne fut pas moins heureux que le précédent. Certes, Prévost de la Jannès et Guillaume Prousteau n'auraient pas été déplacés auprès des Pyrrhus d'Angleberme, des de l'Étoile et des Jean Robert, des Anne Dubourg et des Guillaume Fornier; mais enfin ceux-ci avaient un degré de supériorité sur les docteurs-régents qui leur ont succédé : l'amour de la science était égal, le mérite était moindre.

Faut-il voir ici l'influence du pouvoir public ? Nous ne pouvons la séparer de la gloire des études et des arts. Lorsqu'un pouvoir civilisateur encourage les savants et les artistes, ils rendent au centuple ce qu'ils ont reçu de lui. A peine la paix s'est-elle installée à l'ombre d'un trône occupé par un prince qui recherche le génie et le mérite, excite l'émulation, que les branches du savoir se développent et se chargent des plus beaux fruits.

Louis XII a préparé, par la douceur de son autorité, la gloire de François Ier.

L'Université d'Orléans mérita, sous ce prince, les louanges qui lui avaient été prodiguées dans les temps les plus reculés; c'est alors qu'on aurait pu dire d'elle, avec plus de vérité qu'on ne le disait jadis : *Universitas gentium domina.*

Le XVIIIe siècle nous la représente arrivée à cet âge où les forces combattent contre l'affaissement.

Les ordonnances de Louis XIV portaient leurs fruits : la science se disposait aux ouvrages analytiques, aux répertoires, aux manuels et aux dictionnaires; l'étude du droit français, substituée à l'étude du droit écrit, devait amener ce résultat.

Une autre cause de décadence se manifestait déjà.

Les Universités françaises avaient dispensé la science à toutes les nations voisines : les Anglais, les Allemands avaient emporté dans leur patrie les leçons qu'ils y avaient reçues. Des docteurs, sans doute illustres, enrichis de nos trésors, devenaient des professeurs dans les Universités étrangères, dignes de celles dans lesquelles ils avaient reçu un tel bienfait. Les étrangers, impatients du joug que l'amour de l'étude leur avait imposé, n'éprouvèrent plus le besoin de venir en France.

Le luxe de Louis XIV, plus encore que le nouveau privilége accordé à l'Université de Paris, avait fait de cette ville le rendez-vous des savants et des artistes les plus célèbres : les écoliers abandonnèrent les provinces.

La ville d'Orléans fut désertée. En vain Pothier donna-t-il ses leçons : il fut la lueur de la lampe qui jette une plus grande clarté au moment où elle va s'éteindre.

Le dénombrement des écoliers, prescrit par l'édit de 1682, mis en pratique en vertu d'une ordonnance de 1700, dénombrement dont nous avons les procès-verbaux sous les yeux, nous offrent le spectacle affligeant d'une décadence presque absolue ; ces actes nous donnent la mesure de l'abandon des cours de l'Université d'Orléans.

D'abord, il ne peut plus être question de ces corporations désignées fastueusement sous la dénomination de *nations*; à peine si on aperçoit çà et là quelques Picards, quelques Champenois, quelques Bourguignons, quelques Flamands ou Lorrains, qui, tous, d'ailleurs, essayaient, depuis les conquêtes de Louis XIV, de se soustraire aux droits perçus des *nationaires*, en se prévalant de leur qualité de Français (1); mais, pour des Allemands, des Écossais, des Anglais, il n'en existe pas la moindre trace.

Nous avons fait le relevé des écoliers présents à l'Université en l'année 1700; nous avons trouvé 76 Français appartenant, savoir : 46 à la ville et ses environs, 19 à la ville de Paris, 7 à la ville de Chartres, 4 à la ville de Blois. Le reste est ainsi divisé : 9 à la Touraine, 23 à la Picardie, Champagne et Bourgogne, 1 à la Flandre, 1 à la Normandie, 5 à la ville de Bourges. En tout : 115.

Il y a loin de là à ces associations dont nous avons raconté les fêtes, les banquets, les priviléges; il n'y avait plus d'éléments suffisants pour célébrer le *festum anniversarium*, parcourir la ville bannière en tête, précédées de ses bedeaux à masses armoiriées, au son de la musique, rançonner le docteur-régent au jour de son mariage,

_____

(1) Voir leurs requêtes à ce sujet dans la collection de M. de La Place.

ou les bourgeois de Beaugency, débiteurs de la maille d'or de Florence, en retard de la payer.

Et cependant, il paraît certain que quelques années avant le nombre des écoliers était bien moindre : en 1628, il n'y en avait, dit-on, que 25 (1), et en 1673, il y avait si peu d'élèves qu'il ne se trouva pas un seul Picard pour représenter sa *nation* et recevoir la *maille.*

Cet état de choses, constaté en 1700, alla en décroissant jusqu'en l'année 1783, époque à partir de laquelle le nombre des écoliers devint tel qu'il ne parut pas nécessaire de faire le recensement prescrit par l'édit de 1682 et l'ordonnance de 1700.

C'est ainsi qu'en parcourant ces procès-verbaux, nous voyons qu'en 1713, il n'y avait plus que 83 écoliers ; qu'en 1714, il n'y en avait que 64 ; qu'en 1716, époque à laquelle Pothier étudiait, il n'y en avait que 75 ; qu'en 1741, il n'y en avait que 77.

Nous n'avons pas besoin d'insister sur les corps nationaux : ils étaient dissous et ne vivaient plus que par la tradition ; et cependant tel était l'esprit des institutions, que le peu d'écoliers appartenant à ces provinces se rattachaient encore aux priviléges dont les anciennes corporations avaient joui ; que la *maille d'or* a été payée au petit nombre des Picards étudiant à Orléans jusqu'au 13 janvier 1789, jour où fut célébrée la dernière messe en l'honneur de saint Firmin, et, par conséquent, acquitté pour la dernière fois ce droit si ancien, que son origine ne peut être reconnue qu'à l'aide de pénibles recherches, en remontant au jour le plus reculé de l'existence de l'Université, et bien avant sa constitution régulière.

Nous arrivons ainsi à l'époque où devait s'effacer l'Université d'Orléans.

Un savant écrivain, Merlin, nous apprend quel fut le destin de ces corps enseignants dans la grande conflagration politique et sociale qui a changé la face de l'enseignement.

« Les Universités, dit-il, comme toutes les corporations de l'an-
« cien régime, ont été entraînées par le torrent de la révolution de

_____
(1) M. LOTTIN.

« 1789 ; mais leur suppression s'est opérée, en quelque sorte, d'elle-
« même ; aucune loi ne l'a prononcée formellement.

« Elles n'existaient déjà plus de fait lorsque, le 7 ventôse en III (1793),
« un décret de la Convention nationale institua, dans toute l'étendue
« de la France, des *écoles centrales* qui devaient être distribuées à
« raison d'une école par 300,000 habitants. »

Déjà deux décrets de l'Assemblée constituante avaient, l'un du
4 septembre 1790, déterminé le paiement des frais aux divers colléges et Universités des provinces, à partir du 1er janvier 1791, et
assigné ces paiements à la recette des districts respectifs auxquels ces
établissements appartenaient ; l'autre, du 7 du même mois, sur la
suppression des *offices et traitements,* dans son art. 13, renvoyant
d'ailleurs à l'art. 16 de la loi du 14 août 1790, ainsi conçu : « Tout
privilége en matière de juridiction est aboli ; tous les citoyens, sans
distinction, plaideront en la même forme et devant les mêmes juges, »
s'exprime ainsi : « Au moyen des dispositions contenues dans l'art. 16
« du titre II ci-dessus, les *committimus* au grand et petit sceau, les
« lettres de *garde gardienne,* les priviléges de cléricature, de sco-
« larité, du scel du Châtelet, *la conservation des priviléges des Uni-*
« *versités,* etc., sont supprimés et abolis. »

Ces prescriptions législatives constituent une importante atteinte
portée à la constitution des corps enseignants de l'*ancien régime* :
on leur enlève les biens qu'ils pouvaient posséder ; on modifie et
remplace même en totalité le mode du paiement des appointements
accordés aux professeurs ; on supprime tous leurs priviléges ; on les
fait enfin tomber sous la règle administrative ordinaire.

Ces premiers actes, qui faisaient pressentir l'abolition absolue et
prochaine de l'institution, sont suivis de deux autres : le premier, du
22 mars 1791, suspend la nomination d'un recteur de l'Université
de Paris, *jusqu'à l'organisation de l'instruction publique,* et porte,
entre autres dispositions, que les chaires de professeurs qui viendraient
à vaquer seraient remplies par les docteurs agrégés, et enfin exige des
membres du corps enseignant le *serment civique.*

Et comme il ne se manifestait pas un grand empressement pour
accomplir cette dernière disposition du décret, l'Assemblée nationale

se crut obligée, le 15 avril suivant, d'en rendre un nouveau relatif
« aux personnes *chargées de l'instruction publique;* et aux chapelains
« et desservants d'hôpitaux, des prisons et autres qui n'auraient
« pas prêté serment. »

L'art. 1ᵉʳ porte la peine de déchéance de leurs fonctions contre les
personnes qui n'ont pas prêté ce serment, et ajoute qu'il sera pourvu
à leur remplacement par les directoires des départements *qui ne se-*
ront pas astreints, dit l'art. 2, *à choisir, pour remplir les chaire*s *de*
professeurs, que parmi les agrégés de l'Université.

Certes, la situation était bien changée. Il pouvait résulter de
l'exécution de ces dispositions législatives une grande perturbation
dans le corps enseignant : des hommes choisis en dehors des réglements universitaires pouvaient leur être imposés sans être revêtus des
grades exigés de ceux qui voulaient enseigner; mais enfin, en prêtant
le serment civique, on restait professeur. Ces actes législatifs ne
peuvent donc être considérés comme prononçant la destruction de
ces anciennes institutions; tout au plus pourrait-on les considérer
comme apportant de profondes modifications dans leur régime réglementaire.

Nous allons plus loin : le décret de l'Assemblée nationale du 7 ventôse an III, que nous avons mentionné plus haut, en rapportant un
passage de Merlin, et que celui-ci considère comme ayant détruit les
Universités par la création des *écoles centrales,* n'a pas eu cette conséquence.

Le caractère des *écoles centrales* n'avait rien de commun avec celui
des Universités de droit : les unes étaient des écoles de plein enseignement, mais appliquées aux humanités et aux lettres. On avait introduit, il est vrai, une chaire de droit public dans ces écoles, mais
ce *droit public* n'avait rien de commun avec le droit proprement dit.
Créé dans un moment de travail et d'enfantement d'institutions politiques qui devaient être substituées aux institutions anciennes détruites sans être encore remplacées, cet enseignement était purement théorique et appartenait plutôt au droit public qu'à la jurisprudence. Nous avons fait voir que si les *Universités,* et particulièrement
celle d'Orléans, à une époque se perdant dans la nuit du temps féodal,
avaient eu mission d'enseigner les lettres et la philosophie, elles

l'avaient perdue au moment même de leur constitution par le pouvoir clérical ; et, à bien plus forte raison , au moment de leur constitution par le pouvoir royal.

Mais, comme le fait remarquer l'auteur du *Répertoire*, il était inutile de prononcer la destruction d'une institution détruite : *elle n'existait déjà plus de fait.* Cette proposition est justifiée par les procès-verbaux constatant le nombre des écoliers et le registre des immatricules pendant les années 1792 et 1793.

Le premier de ces procès-verbaux constate qu'il n'existait au 29 décembre de l'année 1792 que deux élèves, le second, qu'il n'en existait au 22 mars 1793 que trois.

Et en effet, le registre des immatricules ne porte que deux noms pour la première de ces années, et le même registre n'en porte que trois pour la seconde.

Mais si, au 22 mars 1793, il existait trois élèves, au 19 juillet suivant, il n'en existait plus qu'un, et le registre des immatricules, ouvert à la même époque, n'est composé que d'un seul feuillet ne portant qu'un seul nom. L'année suivante, il y avait encore une Université, mais il n'y avait plus d'écoliers ni de professeurs : dispersés ou emprisonnés, ils n'avaient pas été remplacés.

Nous n'avons plus rien à ajouter, si ce n'est une seule phrase de M. Merlin : « Tel a été l'état des choses jusqu'au décret impérial du « 17 mars 1808, sur l'*organisation générale de l'Université.* »

ÉPILOGUE.

—•⊶—

Cette Université a laissé un long souvenir dans la mémoire de ceux qui avaient été les témoins de ses succès. Dans tous les temps, depuis la reconstitution des écoles de droit, on a demandé aux divers pouvoirs qui se sont succédé la restauration de la grande école d'Orléans.

Cambacérès, archi-chancelier de l'Empire, à son passage dans cette ville, fut visité par les derniers docteurs que le temps ou la tourmente révolutionnaire avaient oubliés; ils s'enorgueillirent devant lui d'avoir appartenu à cette institution, et lui parlèrent comme s'ils étaient constitués en corps et comme ils l'auraient fait si l'ancienne Université eût continué à exister; ils lui demandèrent d'user de sa haute influence pour le rétablissement de cette école.

Sous la Restauration, la ville d'Orléans, par ses administrateurs, par ses magistrats, s'adressa deux fois au pouvoir pour obtenir cette faveur, et toujours elle invoquait la gloire de l'ancienne Université.

La Cour d'appel d'Orléans, s'associant, depuis la révolution de juillet, au vœu manifesté par ceux qui composaient cette compagnie sous la monarchie *légitime*, adressa les mêmes vœux, et cela à deux reprises différentes, au gouvernement; et toujours elle obéit à l'impulsion qui lui était donnée par le conseil général du département du Loiret et par le conseil municipal de la ville.

Ces vœux ne furent point exaucés, mais ils attestent le sentiment profond inspiré par la haute position scientifique qu'avait su conquérir et conserver jusqu'à sa fin ce foyer de lumières, dont la renommée s'est perpétuée, non-seulement dans la ville qui, à bon droit s'en glorifie, mais encore s'est étendue et perpétuée dans les pays où l'étude du droit, de la philosophie et des lettres est le plus en honneur.

On a vu un noble habitant de l'Allemagne venir exprès à Orléans visiter son école et se faire conduire dans la salle où Pothier enseignait (1).

On a vu, de nos jours, un étranger à la ville d'Orléans parcourir la cathédrale, y chercher le tombeau du grand jurisconsulte, et s'indigner de son isolement, qui le soustrait à tous les regards, et de sa modestie, accusant l'indifférence des jurisconsultes et des citoyens d'une ville pourtant si fière de lui avoir donné le jour et de l'avoir possédé jusqu'à sa mort.

Pour nous, que ni l'éclat des études et de la position sociale ne rattachent à ces nobles souvenirs, nous avons essayé de tirer de l'oubli une grande institution, au moment où l'oubli allait s'étendre sur elle et la couvrir de ses ténèbres. Puissions-nous ne pas nous être montré trop au-dessous de cette entreprise, dont nous sommes encore effrayé au moment même où nous la terminons; ou du moins nous faire absoudre de notre témérité par le mobile même auquel nous avons obéi, et qui, nous l'espérons du moins, en frappant tous les esprits, nous conciliera leur indulgence!

(1) *Éloge de Pothier*, par M. LETROSNE.

FIN.

ERRATA.

Page 19 *(Note 2)*, *lisez :* nos recipere, *au lieu de :* non.

Mêmes page et note, *lisez :* eruditioni, — eruditione.

Page 42 *(Note 3)*, *lisez :* partibus, — pactibus.

Page 88 *(Note)*, *lisez :* usque ad, — usque an.

Page 135, *lisez :* 6 novembre 1347, — 1374.

Page 150, *lisez :* avaient aussi cela de commun, *au lieu de :* avaient aussi de commun.

Pages 178 *et* 180, *lisez :* 1673, *au lieu de :* 1773.

Page 185, la note par laquelle la fondation d'une messe à l'église de Saint-Pierre-le-Puellier est attribuée à Clément V et ferait remonter cette fondation à l'année 1226, ce qui est impossible, a été empruntée textuellement au registre de la nation picarde.

Il est cependant évident que cette fondation ne peut appartenir à un autre souverain pontife que Clément V, Honoré III, qui occupait le saint-siége en 1226, n'ayant jamais eu rien de commun avec l'école et l'Université d'Orléans; il faut donc, sans essayer à la rectifier, croire à une erreur de chiffres.

Nous ne pousserons pas plus loin cet *errata*, dans lequel nous n'avons cru devoir relever que les fautes qui pouvaient nuire à l'intelligence du sens des phrases dans lesquelles elles s'étaient glissées, ou qui s'opposaient à l'appréciation d'un fait ; nous abandonnons les autres à la correction du lecteur.

27

TABLE DES MATIÈRES.

www.ingramcontent.com/pod-product-compliance
Lightning Source LLC
Chambersburg PA
CBHW071047280326
41928CB00050B/1490